中国经济学名家文集（多卷本）系列

汪海波文集

第七卷

经济管理出版社
ECONOMY & MANAGEMENT PUBLISHING HOUSE

图书在版编目（CIP）数据

汪海波文集/汪海波著. —北京：经济管理出版社，2011.2
ISBN 978-7-5096-1291-0

Ⅰ．①汪… Ⅱ．①汪… Ⅲ．①经济—文集 Ⅳ．①F-53

中国版本图书馆 CIP 数据核字（2011）第 040496 号

出版发行：经济管理出版社
地　　址：北京市海淀区北蜂窝 8 号中雅大厦 11 层
邮　　编：100038
电　　话：（010）51915602
印　　刷：三河文阁印刷厂
经　　销：新华书店
责任编辑：赵伟伟
责任印制：黄　铄
责任校对：蒋　方

720mm×1000mm/16　　　350.75 印张　5406 千字
2011 年 6 月第 1 版　　2011 年 6 月第 1 次印刷
定　　价：980.00 元（全十卷）
书　　号：ISBN 978-7-5096-1291-0

作者像

目　录

试论城市街道居民生产服务
合作社的分配问题 *

今年九月，我们在天津、北京等地对城市街道居民生产服务合作社进行了调查，并且参加了天津市试点之一的鸿顺里生产服务合作社的收入分配工作。这里，我们对生产服务合作社的分配问题提出一些初步的看法。

总出发点： 城市街道居民生产服务合作社的经济特点之一就在于：它和国营经济之间存在着直接的依存关系。前者在半成品和生产工具的供应上、厂房的设置上、技术的指导上乃至在劳动组织和生产管理制度的建立上，均依赖于后者，而前者在生产上（主要是在劳动力的补充上）对后者也有重要的作用。因此，合作社收入的分配必须有利于集体的生产和各种服务事业的发展，有利于国营经济的发展，有利于加速我国社会主义建设和向共产主义过渡的进程。这就是处理合作社收入分配问题的根本出发点。

统一分配： 每个社员的劳动均是集体劳动的一个组成部分，社员的收入也是集体收入的一部分。因此，这种收入的分配就应该是统一的。这是合作社实行公共积累所必要的，也符合于按劳分配的规律。事实表明，合作社的各项生产和服务事业以及每项事业的各个小组劳动收入的差别，往往不是由于他们支付的劳动数量和质量的差别，而是由于加工费和手续费不等所引起的。今年 8 月份，鸿顺里生产服务合作社的两个

* 汪海波、盛皿合著。原载《学术月刊》1958 年第 12 期。

缠铜丝小组平均每人应得的加工费是 25.7 元，而四个装配电门小组平均每人只有 11.47 元。二者相差 2.2 倍。但是，他们的劳动时间都是差不多的。按熟练程度来说，缠铜丝第一组成立的时间早一点，要高一些。但按技术的复杂程度来说，装配电门小组又比缠铜丝小组高一点。当然，对那些耗费劳动较多和较好的小组适当地多支付一些劳动报酬是合理的，但这也必须是在社的统一分配的原则下进行。鸿顺里生产服务合作社缠铜丝第一组比打蜡线组成立的时间较早，劳动熟练程度要高一些，劳动时间也要长一点。因此，今年 8 月份，缠铜丝第一组每人平均分的劳动报酬是 11.49 元，而打蜡线组是 10.07 元。应该认为，这种情况是合理的。

显然，这里的分析是就已经建立了生产服务合作社的情况而言的，至于在生产服务合作社还处于筹备过程中，采取"提出一定的公共积累，按小组进行分配"，作为过渡的办法，自然是适宜的。

这种由社进行统一分配的集体经济的要求，和人们意识中的资产阶级个人主义思想和资产阶级法权观念是相矛盾的。因此，它的贯彻必须政治挂帅，必须经过群众的鸣放辩论。鸿顺里生产服务合作社在讨论 8 月份的分配方案时，除了大多数社员均拥护统一分配的原则外，缠铜丝小组个别社员就提出："缠铜丝小组加工费高，按社进行统一分配，我们要吃亏。"显然，只有经过群众的鸣放辩论，才能克服这种资产阶级思想，并进一步提高广大群众集体主义的思想，从而按社进行统一分配的原则的贯彻开辟道路。

多积累，少分配：在目前的城市街道居民生产服务合作社中，对于积累和消费的比例关系的确定，应该遵循下列原则：在照顾社员实际收入的情况下实行多积累少分配。天津市确定：积累可以占到收入的 10% 到 50%。

应该说，这是新建的生产服务合作社的经济特征之一。大家都知道，在农业生产服务合作社开始发展的时间，党中央在 1953 年 2 月正式通过的《关于农业生产互助合作的决议》中规定：公共积累一般只能"占岁入的 1% 到 5%"。1956 年是全国实现高级合作社以后的第一年，党中央关于农业社的分配又确定了"少扣多分"的原则。在 1956 年手工业合作化高潮之后，对手工业合作社的分配也提出了"先工资，次治病，后积累"的原则。毫无疑问，这些规定在当时的情况下是正确的，它对于农业社和手工业社的巩固和发展起了巨大的促进作用。但是，我们认为，在目前的生产服务合作社中实行"多积累，少分配"的原则也是正确的。这种分配上的特点，不仅一般反映了我国目前形势的特点，社会主义建设的飞跃发展和人民群众共产主义觉悟空前高涨，而且也反映了城市街道居民生产服务合作社这一经济组织本身的特点。

大家知道，生产服务合作社的基本特点就是：它的主要成员都是家庭妇女。天津市街道居民中，妇女中有劳动能力的占总数的90%以上。北京市的情况也是一样。在北京的通州、丰台、宣武、西城和崇文五个区的街道居民中，劳动力的总数是186373人，其中男的只有10410人，占5%，而女的则有175964人，占95%。这样，在组织起来参加生产和服务事业的人员中，主要的也不能不是妇女。到今年7月中旬为止，天津市在已经组织起来的134000多人中，妇女就占了90%左右。

但是，家庭妇女在家庭收入中的比重是居于次要地位的，有的甚至不占什么地位。值得注意的是，在我国目前条件下，大多数城市居民在必需的基本生活资料的来源方面，又并不依赖家庭妇女入社以后的劳动收入，只是对于少数的生活困难户才是如此。对于这一点有决定意义的是下列情况：解放以后，由于工业生产的迅速发展，特别是今年工业生产的大跃进，就不只使得旧社会遗留下来的失业问题得到彻底的解决，而且大大地扩展了就业面。国营商业的工人、国家机关干部、文教卫生工作人员和国营工厂的工人一样均有着稳固的收入。城市手工业者和小商小贩也有他们的劳动收入。

关于鸿顺里选区救济户的统计资料，也可以证明生活困难户在城市居民中的比重是不大的。鸿顺里选区共有600多户，而申请生活救济的只有12户，还占不到总户数的2%。

鸿顺里生产服务合作社广大妇女社员在谈到拥护"多积累，少分配"的原则时，都说："我们在家里也要吃饭。"这种通俗的语言，就是"家庭妇女收入在家庭经济生活中不占主要地位，家庭生活的主要来源不必依赖家庭妇女的劳动收入"的生动反映。

应该考虑到：家庭妇女在参加集体生产和服务事业以后，在公共食堂和托儿所等方面，是要增加支出的。但是，事实表明，只要正确地组织这些服务事业，这些费用的增加是不多的，有的费用（如公共食堂支出）甚至还可以节省。依据天津市鸿顺里的统计，一个100人的食堂，每月可节省粮食105斤，煤球4830斤，食油200两，水3000加仑。托儿费用的支出也不高。鸿顺里生产服务合作社规定：三岁以下的婴儿每人每月1元，增托一人减少三毛；三岁至七岁的幼儿，每人每月6毛，增托一人减少一毛。

还要考虑到：在目前条件下，实行"多积累，少分配"的原则会给少数社员的生活造成困难。但是对于这些少数的生活困难户，可以社的公益金加以补助；在合作社的公益金不足的条件下也可以暂时用原来的政府救济费加以救济。

上面我们从家庭妇女收入在家庭经济生活中的地位阐述了城市街道居民生产服务合作社实行"多积累，少分配"原则的有利的经济条件，现在我们来分析它的有利的思想条件。在旧社会处于最底层的广大劳动妇女对于新的社会主义社会制度的优越性的感受是特别深的。这次组织起来参加生产又使她们的劳动力获得解放，使她们在生产技能上、经济地位上，以及文化学习上和男人的差别逐步趋于消失。在考虑合作社给妇女带来的好处时，是不能忽视这一点的。鸿顺里生产服务社广大女社员在谈到这些的时候，都激动地说："我们过去在家看孩子，围锅台。现在我们参加生产了，将来还要变成工人。这些都是共产党和合作社带给我们的。"在党的社会主义建设总路线、工农业生产大跃进以及全国人民蓬勃发展的共产主义精神的鼓舞下，妇女们向往着美好幸福的生活。社员樊素贞说："办社像盖宝塔，基不稳，塔不牢，不多积累怎么行呢？"社员高秀贞说："我们的生产要机械化，就要多积累，就要少分一点。"贫苦社员对于幸福美好的社会主义和共产主义大家庭生活的向往尤其迫切。社员张恩芝说："解放前，我家生活很苦，连粗粮都吃不上，经常挨饿。现在我们生活有了很大的提高，我们现在都吃细粮了。我们希望社里多积累一点，我们的幸福美好生活来得早一点。"

这就是生产服务合作社实行"多积累，少分配"的有利的经济条件和思想条件。但这只是问题的一方面；另一方面，上述的基本特点也要求尽可能地提高社的公共积累。

既然合作社的主要成员是家庭妇女，那合作社原来就没有生产基础，就没有或只有很少的生产资料。这样，合作社生产建设资金的积累对于扩大再生产就有着重大意义。为了组织妇女参加生产，稳定和鼓舞她们的生产热情，就必须建立和不断发展集体的生活服务事业（如公共食堂、托儿所和缝纫组等）。为了适应社员学习和提高生产技术的要求，又必须举办文教事业（如红专学校、小学、图书馆和俱乐部等）。这就要求在发展生产的基础上增加生活福利和文教基金。不容置疑，提高合作社的积累，对于加速向共产主义的过渡也是有意义的。

不能把"在照顾到社员实际收入的情况下实行多积累、少分配"的原则理解成为降低社员的收入，它的正确含义应该是：绝大多数社员由社得到的收入大于至少也要等于由于入社而引起的增加的支出，社员的收入随着生产的发展也应该逐步有所提高，但提高速度要低于生产和积累的增长速度；合作社的积累比例就是依据合作社收入的多少、并且在照顾到这一点的条件下来确定的。事实表明，做到这一点是可能的。依据我们对鸿顺里生产服务合作社缠铜丝第一组 15 户所作的粗略调查和计算，今年 8 月份在实行 13.8% 积累的条件下，在扣除了因入社而增加的支出之外，还有 13 户增加了收入，占总户数的 87%。减少收入的只有两户，占 13%。这是由于她们原来有着较高的收入。由此可见，大多数社员都增加了收入。应该指出，在合社初办时期和收入不多的条件下，即使不实行积累，全部分给社员，都不能保证原来收入高的社员不减少收入。鸿顺里生产服务合作社能够做到这一点，并不是由于具备了特殊的有利条件。在该社 7 个生产小组中，只有一个是今年 6 月份成立的，其余都是 7 月底和 8 月初成立的，而且全部都是加工生产，社的收入是不多的。这个社能够做到这一点，其他的社当然也能够做到这一点。

在生产服务合作社过渡到人民公社之后，上述积累和消费的比例关系，对于公社内部的集体经济还是适用的，至少在苦战三年的期间是如此。

提劳取酬为主的分配原则：生产服务合作社是社会主义的经济组织，但是合作社社员和全国人民一样，共产主义精神正在蓬勃地发展。因此，为了调动社员的生产和工作的积极性，为了加速社会主义建设和将来向共产主义的过渡，合作社用于个人消费的收入的分配，要贯彻以按劳分配为主的原则，又要尽可能地体现共产主义的精神。对生活困难的社员除了应得的劳动报酬之外，可以公益金给予补助，年老体衰的社员可由社所属的幸福院供养。反之，对那些生活比较富裕而又自动愿意放弃劳动报酬的也可以不参加社的分配,给予荣誉奖励。在经济条件较好和公共积累较多的合作社,还可以在由社举办的小学、保健机构、电影站、浴室和理发站等方面实行半公费乃至于全公费。这种"各取所需"的因素,将会随着全国工农业生产以及合作社本身的生产和收入的增长,随着社员共产主义觉悟的提高而逐渐扩大其范围,生产服务合作社向人民公社的过渡,为扩大"各取所需"的分配原则创造了有利的条件。

劳动日,死分活值:在目前新建的大多数的生产服务合作社中,采取劳动日的形式来贯彻按劳分配的原则是适宜的。有人认为,为了便于过渡到全民所有制,为了减少分配工作中的困难,实行固定工资制的办法要好得多。我们认为,没有疑问,实行固定工资制自然有利于向全民所有制的过渡,并且可以减少分配工作中的麻烦。但是,问题在于:目前的大多数的生产服务合作社并不具备实行工资制的条件。

第一,目前有不少合作社由于生产季节性的影响,设备和原材料供应的困难,用来加工的半成品供应不及时,以及合作社还没有把多种生产门路很好地结合起来,还没有对劳动力作妥善的安排等原因,生产是不稳定的。依据今年9月天津市和平区兴安路街的调查,组织起来的生产有31个行业,43个单位,1022人,其中属于长期固定性生产的只有15个行业,17个单位,496人,占总人数的48.53%,属于临时性生产的就有16个行业,24个单位,526人,占总人数的51.47%。生产不稳定,收入也就自然不能稳定,工资也就固定不下来。合作社才建立起来,生产不发展以及资金积累不充裕的情况就更加普遍。这样,工资的储备基金就是不足的。在这两种情况下把工资固定下来就会造成缩小积累甚至于负债的恶果。同时,把较低的社员收入水平当做工资固定下来,并不能起到稳定和鼓舞社员生产情绪的作用。如果把社员收入限制在这种较低的工资水平上,而不是随着社的生产的发展逐步予以提高,那就不利于社员生产积极性的发展,不利于社的巩固和发展。如果工资每月随着生产的变化而变化,那就不仅不能减少分配工作中的困难,反而会增加一些不必要的麻烦。由此可见,对目前大多数的合作社来说,还缺乏实行固定工资制的物质基础。

第二,从思想条件来看,在目前也是不够成熟的。家庭妇女虽然有一定的觉悟,但由于过去她们长期从事个体家务劳动,因而集体观念还不够强，自觉地劳动的习惯的培养也需要一个过程。在这种情况下，实行固定的工资制对合作社生产的发展是不利的。由此可见，对目前的大多数生产服务合作社来说，实行固定工资制，不仅不利于向全民所有制发展，反而会阻碍这一过程，不仅不利于减少分配工作中的困难，反而会增加麻烦。

当然，对那些生产和收入稳定、积累较多和社员收入水平较高的合作社来说，在做好政治思想工作和劳动管理工作的条件下，实行固定工资制是适宜的，也是有利于合作社的巩固和发展以及向全民所有制过渡的。

毫无疑问，这种按劳动日分配的制度，随着合作社生产的发展并趋于稳定、积累的增长、社员收入水平的提高以及社员共产主义觉悟进一步的提高，必然会过渡到工资制。在条件成熟的时候，不实行这种过渡是不利于合作社生产的发展的，是不利于向全民所有制的过渡的。很明显，在我国工农业生产跃进再跃进和工农业产品日益丰富的条件下，随着社员觉悟的提高，这种工资制又会进一步发展到半供给制，最后必然是全部的供给制。

工资制有两种形式：计时工资和计件工资。劳动日制也有两种形式：一是"死分活值"，即依评工标准，定期评定固定工分，依照每月收入来计算分值；二是"活分活值"，分值的计算方法和前面一样，特点在于：工分是依照每人生产的产品数量和质量来决定的。究竟采取哪种形式较好呢？我们认为，我国目前正处于社会主义建设飞跃发展和加速向共产主义过渡的时代，合作社社员的共产主义觉悟也在日益提高，在这种条件下，对合作社一切生产和服务人员无例外地实行"死分活值"的办法是比较适宜的。有人认为，"活分活值"的办法可以更好地贯彻"按劳付酬"的原则，更有利于生产积极性的提高，因而应该对那些可以进行定额计算的生产人员，实行"活分活值"办法。

应该承认，"活分活值"形式，在过去的农业社和手工业社中对生产是起了一定的推动作用的。但是，应当了解，尽管"按劳分配"在共产主义社会第一阶段是不可避免的，并且对生产起了重大的推动作用，但它毕竟是一种资产阶级法权的残余，是共产主义第一阶段的"缺点"。在可能的情况下，就必须给它以限制和削弱。目前广大劳动群众共产主义精神的高涨，也就提供了这种可能。天津市鸿顺里合作社社员提出了

"苦战三月、不要报酬"的豪迈口号,这个口号在天津市许多合作社中得到了广泛的响应。这就表明:给"按劳分配"原则以适当限制和削弱的时机成熟了。而且,也只有这样,才能逐步消除人们意识中的资产阶级法权观念,并促进人们的共产主义思想的大解放和共产主义觉悟的提高,从而推进合作社生产的发展,推动它向全民所有制和共产主义过渡的进程。还应指出,即使在过去,"按劳分配"虽然推动了生产的发展,但它并不是主要的动力。人们的社会主义和共产主义劳动态度和政治思想工作对生产起着极大的推动作用。这种作用在人们的共产主义觉悟日益提高和党的政治思想工作进一步加强的条件下大大地增长了,而前者却愈来愈显得和这种形势的发展不相适应了。当然,这并不意味着:现在就可以取消"按劳分配"原则了。与生产的逐步发展和人们的共产主义觉悟逐步提高相适应,它的取消也是一个过程。实行"死分活值"也可以贯彻"按劳分配"原则,只不过不如"活分活值"那样有力罢了。可是,现在既然可能而且必须对"按劳分配"的作用加以限制和削弱,那么,实行"死分活值"而不实行"活分活值"的办法,就是适合当前形势发展的需要的。

其次,还必须看到:"活分活值"还具有"死分活值"所没有的缺点。①在工序单一和工序固定的条件下实行"活分活值"的办法还是比较容易的,但在工序复杂而又不能做全活或不能固定工活的条件下实行"活分活值"就有复杂的计算工作。而这种情况又是常常会有的。在合作社创办时期,合作社的干部力量不强,会计制度和基层记录制度又没有很好地建立起来,这种办法的实行往往是不可能的。②实行"活分活值"要求精确地规定各个工种乃至工序的定额以及经常调整"活分活值"社员和"死分活值"社员之间工分水平的距离。否则,就是使得各个工种的生产人员以及"活分活值"的社员和"死分活值"社员的收入水平相差悬殊,从而不利于他们的团结和协作,不利于工作的调动。但在实际工作中做到这一点是不容易的,因而往往造成上述不良后果。

还应该提到"死分活值"的另一优点:即它为过渡到固定的工资制创造了有利条件。因为二者的区别仅在于工分分值的固定与否而已。

劳动报酬水平:确定社员收入水平同样应该遵循有利于国营经济的发展有利于合作社各种事业的发展的原则。具体说来,①新参加生产的一般社员不要超过学徒工工资的水平，就天津来说，就是十七八元；劳动强度高、劳动条件差或操作熟练的社员可以稍高一些；技术人员的劳动报酬应该低于国营工厂、企业同种技术人员的工资。这样，才有利于稳定国营工厂、企业工人特别是学徒的生产情绪，并能保证国营工厂、企业所需要的劳动力继续得到及时的供应。这一点，在目前城市劳动力还有很大潜力、农村又需要劳动力、因而必须在城市招工的情况下，尤其重要。而且，这样做也是合理的。一般说来，家庭妇女都没有生产技术；文化水平也比学徒工低；又不需要支出交通费。所以，把她们的收入限制在学徒工工资水平是合适的。②为了鼓励社员从事社内生产事业，一般说来，商业等服务性事业的人员的劳动报酬可以略低于一般生产人员。但对那些劳动时间特别长的劳动负担较重的服务性的工作可适当提高其收入。③公共食堂和托儿所的发展对于妇女的参加生产、对于后一代的培养、对于向全民所有制经济以及向共产主义的过渡，均有着重要的意义；但是，目前又相当普遍地存在着轻视公共食堂和托儿所工作的情绪；并且我们又需要政治条件较好和身体健康的妇女担任这方面的工作。所以，保育员和炊事员的劳动报酬可以相当于一般生产人员的收入水平。第四，为了密切生产人员和管理人员的关系，并便于消除体力劳动和脑力劳动的差别，后者的劳动报酬也要大体上等于前者的收入。但对于那些管理技能较高的人员，可适当提高其收入。

列宁论农业问题 *
——纪念列宁诞辰九十周年

农业问题在马克思列宁主义的政治经济学中占有重要的位置。列宁关于农业问题的理论是多方面的、极其丰富的。这里讨论的只是列宁论农业在国民经济中的地位和作用，以及农业的技术改造问题。

一

马克思在研究社会主义前的各个社会的经济形态时，曾经科学地阐明了农业在这些社会的国民经济中的地位和作用。马克思曾经指出："农业是一切多少固定了的社会的最初生产方式。""在古代和封建社会，耕作居于支配地位。"① 在资本主义社会条件下，农业虽然只是社会物质生产的一个部门，但是，"本国农业或者外国农业的一定发展程度，是资本的发展基础"。② 马克思对于农业在国民经济中的地位和作用还作了一般结论。他指出：农业劳动是"一切劳动部门所能够独立化的自然基础"。③"超过劳动者个人需要的农业劳动生产率，是一切社会的基础。"④ 显然，马克思的这个一般原理对于社会主义经济也是适用的。

* 汪海波、周斌（即周叔莲）合著。原载《大公报》1960 年 4 月 21 日

① 马克思：《〈政治经济学批判〉导言》，《马克思恩格斯选集》第 2 卷，第 109 页。
② 马克思：《剩余价值学说史》第 1 卷，三联书店 1959 年版，第 23 页。
③ 马克思：《剩余价值学说史》第 1 卷，三联书店 1959 年版，第 42 页。
④ 马克思：《资本论》第 3 卷，《马克思恩格斯全集》第 25 卷，第 885 页。

在马克思的时代，社会主义制度还只是一个理想，具体地研究社会主义农业也不是当时无产阶级的革命任务。这样，马克思对于社会主义制度下农业的地位和作用问题，还不可能做出十分具体的结论。

十月革命之后，在苏联国民经济恢复时期开始的时候，研究农业在国民经济中的地位和作用，研究工业和农业的发展关系，从而确定党的经济政策，就成为无产阶级革命的迫切任务。列宁在分析苏联当时经济情况时写道："我们要掌握大约三亿普特的储备，可能更多一些，没有这样的储备就不可能恢复国家的工业，就谈不到恢复运输业，更不可能去实现俄国电气化的伟大任务。"他强调指出："真正的经济基础就是粮食储备。①列宁从农业在国民经济的基础问题，我们共和国国内外政策的首要问题，就是发展全部经济，首先是发展农业的问题。"②列宁在这里提出了首先发展农业，通过发展农业来发展工业和整个国民经济，这是一个极重要的原理。

斯大林后来在阐述列宁这个著名原理时写道："因为要在我们当时所处的经济破坏的情况下扩展工业，首先必须给工业创造某些市场的、原料的和粮食的前提。……因此，列宁说，我们要建立我国经济的社会主义基础，要建设工业，就应当从农业开始。"③首先发展农业，除了给工业创造市场的、原料的和粮食的前提之外，还可以为工业提供资金。列宁说过："只要我们能够保持工人阶级对农民的领导，我们就有可能在我国用历行节约的办法把任何一点积蓄都保存起来，以发展我们的大机器工业，发展电气化，发展水力机械化泥炭开采业，完成沃尔霍夫水电站建筑工程等等。"④

列宁关于农业在国民经济中的地位和作用的分析，是以总结苏联国民经济恢复时期的实践为基础的。他写道："去年（按指 1920 年——引者）农民境况非常困难，大工业也不能迅速恢复。"⑤苏联工业生产的恢

---

① 列宁：《全体苏维埃第八次代表大会关于人民委员会的工作报告》，《列宁全集》第 31 卷，第 460 页。重点是引者加的。

② 列宁：《在莫斯科省第一次农业化代表大会上的演说》，《列宁全集》第 33 卷，第 105~106 页。重点是引者加的。

③ 斯大林：《关于苏联经济状况和党的政策》，《斯大林全集》第 8 卷，第 110~111 页。

④ 列宁：《宁肯少些，但要好些》，《列宁选集》第 4 卷，第 711 页。

⑤ 列宁：《在全俄粮食工作第三次会议上的演说》，《列宁全集》第 32 卷，第 433 页。

复，在各个年度中是不平衡的。1921、1922、1924 三年的增长速度较慢，1923、1925 两年的增长速度较快。这种情况同农业生产的状况和工业品的销售条件有着直接的联系。苏联 1920 年和 1921 年的农业歉收，影响了 1921 年和 1922 年的工业生产的发展。1922 年的农业丰收，促进了 1923 年工业生产的增长。1924 年工业生产增长速度的降低，在很大的程度上是由于 1923 年秋季苏联工业品销售困难引起的。而这种情况又是由托洛茨基分子扩大工农业产品的差价、降低农民的购买力、缩小农业作为工业的巨大国内市场的作用而造成的。1924 年，苏联播种面积达到了 9810 万公顷，比 1923 年增长了 640 万公顷。这又促进了 1925 年工业生产的发展。可见，苏联国民经济恢复时期的实践，完全证实了列宁关于农业在国民经济中的地位和作用的著名论断。

列宁指出，首先发展农业不仅在经济上，而且在政治上也有极重要的意义。他写道："没有这种储备（按指粮食储备——引者），国家政权便会化为乌有。"[①] 1918~1920 年的国内战争，使苏联的国民经济受到进一步的破坏。1920 年的农业歉收，又使情况更加恶化，工人和农民的生活处于极端困难的地步。在这种情况下，改善工农劳动群众的物质生活，就成为巩固工农联盟、巩固苏维埃政权的极重要的条件。很明显，要改善农民生活，必须发展农业。要改善工人生活，也必须发展农业。列宁写道："因为要改善工人生活状况，就需要有粮食和燃料。……要增加粮食的生产和收成，增加燃料的收购和运输，非得改善农民生活状况，提高他们的生产力不可。"[②]

列宁关于农业在国民经济中的地位和作用的理论，虽然是在苏联国民经济恢复时期提出的，但是由于它深刻地反映了社会主义经济的本质，反映了社会主义经济体系中的工业和农业的发展关系，因而它就不只是在苏联国民经济恢复时期适用，而且对社会主义建设也有重要的指导意义。

---

① 列宁：《全体苏维埃第八次代表大会关于人民委员会的工作报告》，《列宁全集》第 31 卷，第 460 页。
② 列宁：《论粮食税》，《列宁选集》第 4 卷，第 515~516 页。

二

十月革命发生在小农经济占优势的俄国。这样，在革命胜利之后，在从资本主义到社会主义的过渡时期中，必然存在着以大机器生产为基础的社会主义工业和以手工劳动为基础的个体农民经济的矛盾。19 世纪末年，恩格斯在论无产阶级革命必须建立工农联盟和无产阶级革命政党对农民应该采取的正确政策的时候，对这个问题曾经作过原则的阐述："当我们掌握国家政权的时候，我们根本不能设想我们会像我们不得不对大土地所有者采取办法那样，去用强力剥夺小农（不论有无报偿，都是一样）。我们对于小农的任务，首先是要把他们的私人生产和私人占有变为协作社的生产和占有，但不是使用强力手段，而是依靠示范和为这个目的提供社会帮助的办法。"① 恩格斯的这个著名理论，后来成了无产阶级政党解决农民问题的纲领性的指示。

但是在恩格斯的时代，改造小农经济还不是无产阶级革命的实践任务，恩格斯还不可能全面地解决这个问题。在无产阶级革命实践上，第一次遇到这个问题的是列宁。列宁依据对苏联过渡时期经济的深刻分析，提出了合作社计划。这个计划不仅解决了农业社会经济关系的改造问题，即把个体农民所有制改造成为合作社集体所有制的问题，而且关系到农业的技术改造问题，即把以落后的手工劳动为基础的农业改造成为以现代技术为基础的农业的问题。

列宁着重地分析过农业技术改造在发展农业生产方面的巨大作用。他指出，城市给乡村以技术援助，就"为大大提高耕作和一般农业劳动的生产率打下物质基础"。② 列宁还认为："拖拉机是彻底摧毁旧农业和扩大耕地的最重要的工具。"③

列宁曾经强调实行电气化对发展农业生产的特别重要的作用。他说，

---

① 恩格斯：《法德农民问题》，《马克思恩格斯文选》（两卷集）第 2 卷，1955 年莫斯科版，第 434 页。
② 列宁：《土地问题提纲初稿》，《列宁选集》第 4 卷，第 285 页。
③ 列宁：《在全俄苏维埃第八次代表大会俄共（布）党团会议上所作关于租让问题的报告》，《列宁全集》第 31 卷，第 437 页。

在无产阶级革命取得胜利的条件下，"在计划地实行电气化，那特别是小农会得到极大好处"。①列宁还认为，在社会主义制度下，实行电气化可以通过节省劳动的办法来缩短工作时间，可以改善劳动条件，可以解放大量的妇女劳动力。列宁写道："家家户户有了电灯和电气取暖设备，就能使千百万'家庭女奴隶'不再把一生中的大部分时光消磨在乌烟瘴气的厨房里。"②

关于实现农业技术改造在促进工业发展上所起的重要作用，列宁也有过精辟的论述。他认为，实现农业技术改造，必然提高农业劳动生产率。"农业生产率的提高必然会促进我国工业的发展。"③因为随着农业劳动生产率的提高，农业就会给工业提供更多的粮食和原料，开拓更为广阔的市场，提供更多的建设资金，这样就必然促进工业的发展。

列宁对农业技术改造的条件，也做过科学的分析。他曾经指出："机器导致生产集中和资本主义协作在农业中的运用。一方面，采用机器需要大量的资本，因而只有大业主能办到；另一方面，只有在生产大量农产品时使用机器，才不会亏本；而扩大生产是采用机器的必要条件。"④列宁在这里分析的，虽然是农业机械化和资本主义大农业之间的关系，但它也反映了农业机械化和农业大生产之间的一般联系，因而它对于农业的机械化和社会主义大农业之间的关系，也是适用的。关于这一点，斯大林后来做过这样的说明："……要重新装备农业，就必须逐步地把分散的个体农户联合为大农庄即集体农庄。"⑤可见，把个体农民经济改造成为社会主义的集体经济，乃是实现农业技术改造的根本前提。

除了这个根本前提之外，列宁还曾着重指出，大机器工业的发展是实现农业现代化的物质基础。要供给农村拖拉机，"必须把我们的生产率提高到能够自己制造这些拖拉机的程度"。⑥同时，列宁也很注意地方小工业在农业技术改造方面的作用。列宁曾经把发展小工业当作发展农业的极重要的措施。值得注意的是，列宁是从小工业易于充分发挥地方各级

① 列宁：《论法国共产党的土地问题提纲》，《列宁全集》第33卷，第113页。

② 列宁：《一个伟大的技术胜利》，《列宁全集》第19卷，第42页。

③ 列宁：《在莫斯科省第一次农业代表大会上的演说》，《列宁全集》第33卷，第106页。

④ 列宁：《俄国资本主义的发展》，《列宁全集》第3卷，第197页。

⑤ 斯大林：《论联共（布）党内的右倾》，《斯大林全集》第17卷，第53页。

⑥ 列宁：《在俄共（布）第八次代表大会上关于农村工作的报告》，《列宁全集》第29卷，第185页。

组织的积极性的角度来提的。列宁写道："党和苏维埃机关的所有工作人员，必须全力以赴、全神贯注地去组织和唤起各地方在经济建设事业中的较大主动性——省里的要大；县里的更大；乡和村里的还要大；——其目的就是要迅速地即使是用'小'资产和在小范围内对振兴农民经济，靠发展附近的小工业来帮助农民经济。"① 在这里，我们得到的启发是，列宁不仅重视大工业，而且也重视小工业；不仅重视大工业在农业技术改造方面的作用，而且也重视小工业在发展农业方面的作用。这是马克思主义的辩证法，它同形而上学的观点是针锋相对的。

在马克思主义的发展史上，列宁第一次具体地分析了社会主义制度下农业在国民经济中的地位和作用以及农业的技术改造问题。列宁的这些思想，对于我们今天深刻地理解毛主席关于国民经济的发展要以农业为基础，以工业为主导，使优先发展重工业和迅速发展农业相结合的理论，具有极大的启发意义。

---

① 列宁：《论粮食税》，《列宁选集》第 4 卷，第 527 页。重点是引者加的。

谈谈"三包一奖"制度 *

一

"三包一奖"制度是我国农业集体经济的产物，是我国人民在农业合作化运动中的一项重要创造。它是适合我国集体所有制的社会主义农业生产的一项良好的经营管理制度，对于我国农业生产的发展和农业生产合作社的巩固，曾经起过重要的促进作用。这种经营管理制度，不仅适合于农业生产合作社，而且也适合于现阶段的人民公社。有的同志认为，"三包一奖"制度是农业合作化的产物，人民公社化以后就不适用了。这种看法是不正确的。应该指出，人民公社化以后，农村生产关系发生了一系列的深刻变化，农业集体化程度提高了，出现了部分的公社所有制，它包含着某种程度的全民所有制成分，还出现了带有共产主义萌芽性质的部分供给制。但是，现阶段的人民公社，还实行着以大体上相当于原来高级农业生产合作社的生产队为基础的社会主义集体所有制，还实行着而且在今后相当长的时期内仍将实行社会主义的"各尽所能，按劳分配"的原则。这种生产关系，决定了人民公社继续坚持和不完善"三包一奖"制度是十分必要的。

首先，"三包一奖"仍然是适合人民公社的良好的生产责任制度，而

---

* 汪涛（即汪海波）著。原载《东风》1961 年第 1 期。

且是公社和生产队指导作为生产的基层单位——生产小队的重要的生产责任制度。实行这个制度，就可以使得生产小队和社员明确自己的生产责任，增强他们的责任心。事实上"三包一奖"制度，已经成为当前人民公社指导农业生产上的一项基本的、全面的责任制度。这项制度的实施，对于促进广大社员积极性的不断提高，对于人民公社的巩固和农业生产的发展，都起了十分巨大的作用。实行"三包一奖"制度，既然能够加强生产小队和社员的生产责任心，发挥他们的劳动积极性，就必然会提高劳动力利用率和劳动生产率。这就是说，它可以促进生产小队节约地、合理地组织和使用劳动力，把劳动力用在最需要的地方，把农活做在最省工的时期，做到用较少的劳动力做出较多的农活。它还可以促使生产小队加强劳动定额管理和评工记分工作，推动劳动竞赛运动，提高社员劳动出勤率和劳动效率。实行"三包一奖"制度，还必然促使生产小队合理地使用土地，扩大耕地和提高土地利用率，因地种植，适当安排茬口，实行轮作和间作，因地因时制宜地贯彻执行农业"八字宪法"，进行农田基本建设。同时，还可以促使生产小队充分地发挥牲畜、农具和其他生产资料的效能，坚持"勤俭办社"方针，合理地使用生产投资，节约生产费用和管理费用。所有这一切，必然促进生产的发展，而在生产发展的基础上，又可以保证社员生活相应地提高。

其次，实行"三包一奖"制度，是维护和加强生产队所有制的重要环节。有的同志认为，实行"三包一奖"制度，鼓励了生产小队发展生产的积极性，就会妨碍生产队经济的发展。这完全是一种误解。应当了解，生产队的生产主要是通过"三包一奖"制度由生产小队来完成的。"三包一奖"制度，不仅体现了生产小队小部分所有制，主要的还是体现了生产队基本所有制。按照这个制度的要求，生产小队收获的农产品和其他经营收入，凡是在包产任务以内的，都应该如实上缴给生产队，统一分配；超产部分也应该按规定的比例，上缴小部分给生产队统一分配，大部分归生产小队分配。至于生产小队要搞包产任务以外的经营，那必须在保证完成包产任务的条件下才能进行。而且包产任务以外的经营收入，也应该提出小部分，上缴生产队统一分配。由此可见，所谓"三包一奖"制度可以调动生产小队发展生产的积极性，主要也就是指的发展生产队生产的积极性。生产小队的生产搞好了，生产队的收入才能增加，公共积累才能扩大，生产队的经济才能得到发展；否则，生产队经济的发展，就成为无本之木、无源之水了。

再次，"三包一奖"是人民公社贯彻执行"各尽所能，按劳分配"原则的有效措施。实行这个制度，就可以使得劳动较好和经营管理较好的生产小队获得超产奖励，获得较多的收入。而那些劳动较差和经营管理较差的生产小队就不能获得超产奖励，基础完不成包产任务还得赔产，他们就要获得较少的收入。当然，这样一来，在一个生产队里面，各生产小队之间的口粮标准、工资水平和劳动日分值就会出现有高有低的差别。应该不应该承认这个差别呢？承认这个差别会不会影响那些收入较少、口粮标准、工资水平和劳动日分值较低的生产小队的劳动积极性呢？这个差别是必须承认的，承认这个差别也就是承认按劳分配原则，也就是保护生产小队的集体劳动的成果。承认这个差别，才能进一步调动那些生产较好、收入较多的生产小队的积极性，继续鼓足干劲，争取更多的超产；同时，也能激发那些生产较差、收入较低的生产小队发愤图强，艰苦奋斗，使得他们在公社和生产队的领导和支持下，在其他生产小队的协助下（按照自愿两利、等价交换的原则），努力争取超产。这样，就可以调动所有的生产小队的劳动积极性。反之，如果不承认这个差别，采取"拉平分配"的办法，势必引起相反的结果。当然，调动群众的劳动积极性，应该首先和主要依靠思想政治教育，但在现阶段还实行按劳分配原则的条件下，必须把政治挂帅和物质鼓励结合起来。只有这样，才能充分地发挥劳动积极性。还须看到，超产以后的奖励，不只有物质上的奖励，而且有政治上的表扬。它意味着超额完成了国家和公社给予的生产任务，意味着为社会主义建设作出了较多的贡献。反之，减产以后的赔罚，也不仅有物质上的赔罚，而且也有政治上的批评。它意味着没有完成国家和公社给予的生产任务，意味着为社会主义建设作出的贡献较少。

最后，实行"三包一奖"制度，还有利于把国家、集体和社员三者的利益结合起来。在当前人民公社的"三级所有，队为基础"的根本制度下，公社的生产计划应该建立在生产队的生产计划和生产小队的包产计划的基础上，但公社也有权根据国家计划要求向生产队提出建议，并且对生产队计划作必要的平衡调整。这样，生产小队的包产计划，既体现了国家计划的要求，同时也体现了集体和社员的需要。实行"三包一奖"制度，促进了生产的发展，既可以使国家多收购一些农、副产品，更好地满足国家建设的需要，也可以增加公社、生产队的公共积累，还可以提高社员的生活，这对国家、集体和社员三方面都是有利的。同时，"三包一奖"也是人民公社实行"统一领导、分级管理"的一种良好形式。按照这项制度实行"三包"以后，不仅使生产小队有明确的生产责任，而且使生产小队在公社和生产队的统一领导下，便于在经营管理上发挥主动性和积极性。此外，在人民公社化以后，又进一步规定：作为包产单位的生产小队具有小部分所有权，并且把超产奖励部分作为生产小队小部分所有的最重要的内容，这就使生产小队在经营管理上有了更大的主动性。

如上所述，"三包一奖"不仅适合"三级所有，队为基础"的现阶段人民公社的根本制度，而且体现了"各尽所能，按劳分配"和"统一领导，分级管理"的原则。因此，贯彻执行"三包一奖"制度，有利于正确地处理公社、生产队和生产小队之间的关系，正确地处理生产小队与生产小队之间的关系，有利于提高生产小队和社员的生产责任心，发挥生产小队经营管理的主动性和社员的劳动积极性。所以，实行"三包一奖"制度，不仅过去需要，现在需要，而且在今后相当长的时期内也还需要。

二

实践证明，贯彻执行"三包一奖"制度，应当紧紧掌握以下几个重要环节：

首先，坚决实行"四固定"，把劳动力、土地、耕畜、农具固定给生产小队使用，是贯彻执行"三包一奖"制度的基础。劳动力、土地、耕畜、农具，是生产小队组织生产的必要条件，只有把它们固定给生产小队使用，生产小队才有可能主动地有计划地使用它们和充分地发挥它们的效能，努力完成和超过包产任务；也才便于生产小队节约地合理地使用劳动力、土地、耕畜和农具，合理地使用投资，节约生产费用和管理费用。

其次，要使生产小队有相应的经营管理权力。在作物安排、产量指标和技术措施等方面，应该经过社员群众讨论，由生产队和生产小队共同商量制定，而不应当只由生产队包办。在保证完成包产任务的前提下，生产小队有权因地种植，有权制定技术措施，有权安排各种农活。生产小队还有权掌握和使用属于它所有的那部分资金，有权处理按照规定获得的超产奖励。只有这样，在"四固定"基础上建立起来的"三包一奖"制度，才能得以贯彻实行。

再次，坚持搞好劳动定额管理和评工记分，建立定期发工资的制度，也是贯彻执行"三包一奖"制度的重要保证。"三包一奖"制度，调动了生产小队集体的积极性。但是，只有把这种集体的积极性建立在集体中每个成员的积极性的基础上，"三包"指标才能保证实现。要调动社员群众的劳动积极性，必须在政治挂帅的前提下，贯彻按劳分配原则。而搞好劳动定额管理和评工记分，是贯彻按劳分配原则的主要依据。评工记分不仅是贯彻按劳分配原则的依据，决定社员的劳动报酬，而且还包含有生动的政治内容，评定每个社员对社会主义建设贡献的大小。定期发工资的制度，可以使按劳分配原则定期地、经常地得到兑现。这就要以进一步调动社员群众的劳动积极性，保证完成生产任务。

最后，也是最重要的，贯彻执行"三包一奖"制度，必须坚持政治挂帅和大搞群众运动。实行这个制度，牵涉到公社、生产队与生产小队之间的关系，以及生产小队与生产小队之间的关系。正确地处理这些关系的问题，就必须实行政治挂帅。这首先就得原原本本地把党的政策贯彻到底，让广大社员群众所掌握。其次，就是加强党的思想政治工作。要教育生产小队的干部和社员群众，树立全面完成"三包"指标的观念，既要保证完成包产指标，又要注意提高劳动生产率和降低成本。既要节约劳动力，又不能用减少增产措施的消极办法来缩减用工量。既要坚持"勤俭办社"方针，又不能只顾节约生产费用，而不顾生产的需要。而要实现这些要求，就必须坚决地依靠群众，发动群众，大搞群众性的超"包产"的劳动竞赛运动。只有这样，"三包一奖"缺席的实行和"三包"指标的实现，才能有可靠的群众基础。

三

　　贯彻执行"三包一奖"制度，必须使"三包"指标落实。

　　包产是"三包一奖"的中心，把包产指标落实下来，是实行"三包一奖"制度的首要环节。所谓落实，就是必须经过群众讨论，实事求是地确定包产指标，使它切合实际，既不能过低，也不能过高。包产指标过低了，固然不利于发挥包产单位的积极性，起不到推动生产的作用，不能充分地发挥生产潜力。但是，如果过高了，包产单位感到超产无望，不愿意接受，即使勉强接受了也会挫伤他们的积极性。包产指标过低或过高了，都不能算是落实，也不能发挥它的应有作用。因此，包产指标必须体现既要积极，能够起到推动生产的作用，而又要留有余地，使包产单位有产可超、有奖可得的精神。这种切合实际的包产指标，多年来的实践经验证明，应当是略高于平常年景的上一年的实际产量，略低于当年可能达到的产量。这样的包产指标，经过广大社员的积极努力就可以达到并且超过，从而也就能够进一步激发社员群众的生产积极性。有的同志认为，包产指标订得越高越好。他们所以有这种想法，主要有两个原因：①他们错误地认为，农业生产可以单纯按照主观想象的速度发展，而不受客观规律的限制。当然，我们有总路线、大跃进和人民公社这三面红旗的照耀，有勤劳勇敢的人民群众的艰苦奋斗，有农业"八字宪法"，这些就可以从根本上保证我国农业高速度地发展。但是，这并不是说，我国农业的发展就会不受客观条件的限制。几年来，由于农田水利等基本建设的飞跃发展，农业抗灾能力大大提高了。但是，当前农业生产还在很大程度上受自然条件的影响，人力还不能完全控制自然。农业技术改造虽然开展起来了，但还为时不久，动力机械还不多，农业生产在当前还主要靠人力和畜力耕作。因此，我们应当既看到有利条件，又看到不利条件，把革命热情和科学精神结合起来，反对片面地、不切实际地把包产指标订得过高的做法。②他们认为，包产指标订得高一点，生产队的收入就可以多一点，积累也可以多一点。毫无疑问，维护和加强生产队的基本所有制是完全正确的；但是，用过高的包产指标的办法是不可能达到这个目的的。因为，这样就会限制生产小队的积极性，就会妨碍包产任务的完成，其结果，不但不能增加生产队的收入，反而会减少生产队的收入，影响生产队积累的增长。如果包产指标留有余地，有产可超，就可以调动生产小队的积极性，完成和超额完成包产任务，增加生产队的收入和积累。应当了解，"三包一奖"制度的积极作用，在于鼓励包产单位更多地增产，超过包产指标，完成和超额完成增产计划。虽然有超产得奖、减产受罚这两方面的规定，但其主旨在奖而不在罚，最好是大家都超产而得奖，不因减产而受罚。因为多超产，不论对生产小队和生产队，还是公社和国家，都大有好处。包产指标过高了，不是中途修改、陷于被动，就是到头来，奖罚不能兑现，其结果就不能发挥"三包一奖"制度的积极作用。当然，包产指标过低了，同样也不能发挥这个制度的积极作用。

包工指标也必须经过群众讨论，逐项落实。确定包工指标时，首先必须保证满足生产发展的需要，但同时必须注意劳动力的节约使用。前者是完成包产任务的必要条件，后者是提高劳动生产率所必需的。能够实现这两方面的要求的包工指标，就是落实的、切合实际的包工指标。包工指标确定以后，一般是余工归生产小队，超工生产队也不补，以鼓励生产小队节约使用劳动力，用尽可能少的劳动，取得尽可能多的生产成果。如果包工指标偏高，或者偏低了，就不能发挥它的节约劳动力的使用和保证生产需要的积极作用，就会影响包产任务的完成和生产小队与生产小队之间的合理分配。所以，包工指标必须适应包产任务的需要，确定得恰当，切合实际。

包成本指标也必须落实。包成本指标，同样必须保证生产发展的需要，保证包产任务的完成，同时又要坚持贯彻执行"勤俭办社"的方针，节约生产费用。成本包定后，一般也是节约归生产小队，超支生产队也不补，以鼓励生产小队合理地使用生产投资，节约生产费用和管理费用。既能够保证生产的需要，又能够最大限度地节约使用投资的包成本指标，就是落实的、切合实际的包成本指标。如果包成本指标不切合实际，过低或者过高了，就不能发挥它应起的作用，对于坚持"勤俭办社"方针和生产的发展，都是不利的。

在"三包"落实的基础上，坚持有始有终，奖罚严明，切实兑现，是贯彻执行"三包一奖"制度的一个重要环节。"三包"指标既定，就要认真地执行。生产小队实际生产结果超过了包产指标的，必须按照规定比例，兑现超产奖励；反之，没有达到包产指标的，就需要分别不同情况，作适当处理。这就是说，凡是因为不可抗拒的自然灾害或其他客观原因而减产的，就可以酌情免予赔罚，或少赔罚；凡是由于主观努力不够，经营管理不善而减产的，就必须按照规定赔产。这不仅是把"三包一奖"缺席贯彻到底，充分发挥它的作用的至为重要的一环，也是巩固这种制度所必要的。当然，强调奖罚必须兑现，主旨还是在奖而不在罚，特别重要的是必须把政治挂帅和奖罚兑现密切结合起来。这样，才能巩固这种生产责任制度，加强生产小队的责任心和积极性。

严肃认真地执行"三包一奖"制度。还需要及时地解决执行中所发生的问题。我们知道，目前农业生产受自然界的制约的程度还很大，生产过程中的某些重大变化，往往是事先难以完全预料到的。这样，就可能出现原订的"三包"指标不尽适合客观实际的情形，甚至确定无法实现。在这种情形下，仍然需要坚持"三包一奖"制度，经过生产队和生产小队双方充分协商，实事求是地修订"三包"指标，继续执行调整后的"三包一奖"方案，决不能因为情况发生变化而放弃"三包一奖"制度。

关于扩大再生产公式的初步探讨 *

马克思在研究社会资本再生产时所揭示的再生产公式，是马克思关于社会资本再生产理论的最基本的内容。这些公式虽然具有资本主义商品价值的形式，但它反映了社会物质资料再生产的规律，反映了社会生产两大部类的对比关系。因此，它不仅对资本主义社会是有效的，而且对社会主义社会也是有效的。正确认识马克思关于再生产的公式，在理论上和实践上都是有重要意义的。从学术界有关社会资本再生产的论文来看，我们认为对这个问题的有些看法是不全面的。下面提出我们对这个问题的一些粗浅看法，向大家请教。

一

有的同志在阐述马克思关于社会资本再生产的公式时写道："简单再生产的条件是：$I(v+m) = IIc$。扩大再生产的条件是：$I(v+m) > IIc$。"[①] 也有同志认为，简单再生产的基本条件是"$I(v+m) = IIc$"。"扩大再生产的条件是：$I(c+v+m) > Ic + IIc$。如果从两大部类之间的关系来看，这个条件可以表示为：$I(v+m) > IIc$。"[②] 还有同志认为，"简单再

* 实学（即汪海波、周叔莲）合著。原载《光明日报》1961 年 12 月 4 日。
① 刘国光：《列宁关于社会生产两大部类比例关系学说的发展以及这个学说对社会主义建设的意义》，《经济研究》1959 年第 11 期，第 12 页。
② 王必：《资本主义再生产与经济危机》，《前线》1960 年第 7 期，第 24 页。

生产的条件是：①$I(v+m)=IIc$。②$I(c+v+m)=Ic+IIc$。③$II(c+v+m)=I(v+m)+II(v+m)$。扩大再生产的条件是：①$I(v+m)>IIc$。②$I(c+v+m)>Ic+IIc$。③$II(c+v+m)<I(v+m)+II(v+m)$。"[1] 简单再生产的三个公式，虽然各有其独立的意义，但实际上可以归结为$I(v+m)=IIc$这样一个公式。扩大再生产的两个公式或三个公式，虽然也各有独立的意义，但同样也可以归结为$I(v+m)>IIc$。所以，上述三种看法实际上是相同的。

我们认为，简单地说来，简单再生产的基本公式可以归结为：$I(v+m)>IIc$。但如果把扩大再生产的基本公式也概括为：$I(v+m)>IIc$，则是不全面的。按照我们对马克思的扩大再生产原理的了解，除了$I(v+m)>IIc$这个首要的基本的公式以外，还必须有$II(c+m)>I(v+\frac{m}{x})$这个基本的公式。

列宁说过："公式本身什么也不能证明，它只能在过程的各个要素从理论上解释清楚以后对过程绘图说明。"[2] 因此，我们在论到再生产公式之前，有必要对马克思的再生产理论作简要的分析。

马克思对扩大再生产的分析是从简单生产开始的。他从价值补偿和物质补偿的观点出发把社会总产品从而把社会总生产区分为两大部类，即生产生产资料的第一部类和生产消费资料的第二部类，即I与II；同时又把每一部类的产品区分为已经消耗的不变资本、可变资本和剩余价值，即c、v与m。

马克思分析了简单再生产条件下两大部类之间的交换，并得出了简单再生产的基本公式：$I(v+m)=IIc$。这个公式表明了两大部类在简单再生产过程中的相互作用，第二部类为了维持简单再生产所需要的生产资料是由第一部类提供的，第一部类所需要的消费资料是由第二部类提供的。

马克思在分析了两大部类的可变资本与剩余价值的实现以后，得出了简单再生产的第二个条件：$II(c+v+m)=I(v+m)+II(v+m)$。这个

---

① 吴兆浩：《社会主义制度下生产资料生产与消费资料生产的关系》，上海人民出版社1956年版，第6~8页。

② 列宁：《市场理论问题述评》，《列宁全集》第4卷，第48页。

公式表明了第二部类在整个社会简单再生产中的作用，表明了两大部类所需要的消费资料都是由第二部类提供的。

马克思在分析了两大部类不变资本的实现以后，得出了简单再生产的第三个条件：$I(c+v+m)=Ic+IIc$。这个公式表明了第一部类在整个社会简单再生产中的作用，表明了两大部类所需要的生产资料都是由第一部类提供的。

简单再生产的三个公式虽然各有它的独立的意义，但第一式既然反映了第二式的要求，也反映了第三式的要求，所以第二式和第三式都可以归结为第一式。同时，第二式和第三式虽然也都反映了两大部类在简单再生产中的对比关系，但只有第一式才在最纯粹的形态上反映了这一点。因此，我们认为，概括地说，简单再生产的公式就是：$I(v+m)=IIc$。

我们现在接着来探讨马克思关于扩大再生产公式的分析。

资本积累是扩大再生产的源泉。剩余价值又是积累的源泉。因此，"为要积累，人们就须把剩余生产物一部分转化为资本。如非借助于奇迹，能转化为资本的，是限于能被使用在劳动过程上的物（即生产资料），和劳动者能依以维持生存的物（即生活资料）"。[1]

为了实现扩大再生产，首先就需要追加的生产资料。这种追加的生产资料只能由第一部类的剩余生产物提供。但是，为了使两大部类能够从第一部类的剩余生产物中取得追加的生产资料，就不能像简单再生产那样，$I(v+m)=IIc$，而必须是$I(v+m)>IIc$。关于这一点，马克思写道："因为（1）第一部类已经把它的剩余价值一部分，合并在他自己的生产资本内……（2）第Ⅰ部类要用他的剩余生产物，供第Ⅱ部类积累上必要的不变资本以材料。"[2]

既然社会生产两大部类实现扩大再生产首先必须有追加的生产资料，$I(v+m)>IIc$正是反映了这个要求，因此，它是扩大再生产的首要的基本条件。这个公式反映了第一部类在第二部类和整个社会扩大再生产过程中的决定作用。

从这里可以看出：第二部类的发展是以第一部类的发展作为前提条

① 马克思：《资本论》第1卷，人民出版社1953年版（下同），第726页。
② 马克思：《资本论》第2卷，第649页。

件的。在社会生产力发展和资本有机构成提高的条件下，第二部类的发展，还必须以第一部类的优先发展作为前提条件。从这一方面来看，第二部类的发展是有限制的，这就是：$I(v+m) > IIc$。如果 $IIc = I(v+m)$，甚至于 $IIc > I(v+m)$，那么，第二部类就不能获得追加的生产资料，扩大生产就是不可能的。

社会生产两大部类要实现扩大再生产，除了首先要从第一部类剩余生产物中获取追加的生产资料以外，还要从第二部类剩余生产物中获取追加的生活资料。但 $I(v+m) > IIc$ 只是反映了前者的要求，并没有反映后者的要求。在 $I(v+m) > IIc$ 中，只是表明两大部类所需要的追加的生产资料是由 Im 提供的，只是表明 IIc 是要用同 $I(v+m)$ 相交换的，但未表明两大部类需要的追加的生活资料是由 IIm 提供的。$I(v+m) > IIc$ 只是表明第一部类对于第二部类和整个社会扩大再生产的决定作用，但它没有反映第二部类对于第一部类和整个社会扩大再生产的制约作用。因此，$I(v+m) > IIc$ 虽然是扩大再生产的首要的基本公式，但不是全部公式。只有这个公式还不能保证扩大再生产的实现。

为了说明这一点，我们假定社会总产品的构成图式为：

I 5000c + 1250v + 1250m = 7500

II 1000c + 500v + 500m = 2000

我们还假设 $\dfrac{m}{x}$ 是表示 m 中用于资本家个人消费的部分。在这里，假设 $I\dfrac{m}{x} = I250m$。

这样，这个图式是符合 $I(v+m) > IIc$ 的要求的，即 $I(1250v + 1250m) > II1000c$。但在 $I(1250v + 250m)$ 与 $II(1000c + 500m)$ 相交换之后，IIm 就没有多余的了。这样，无论是第一部类，或者是第二部类都不可能从 IIm 中获得追加的必要生活资料，因而都不可能实现扩大再生产。

上例告诉我们：仅有 $I(v+m) > IIc$ 这样一个公式，还不能保证扩大再生产的实现，还必须有 $II(c+m) > I(v+\dfrac{m}{x})$ 这样一个公式。

马克思说："在我们是讲可变资本的限度内，第 II 部类为第 I 部类也为他自己而从事积累，因为第 II 部类必须在必要消费资料的形态上，再生产他的总生产物一个较大的部分，从而也特别是再生产他的剩余生产物一个较大的部分。"[1] 这就是说，为了保证两大部类扩大再生产的实现，第二部类的剩余生产物必须为第一部类和第二部类提供追加的必要生活资料。

$II(c+m) > I(v+\dfrac{m}{x})$ 既然反映两大部类扩大再生产必须有追加的必要生活资料的要求，因而，它也是扩大再生产的基本公式。这个公式反映了第二部类对整个社会和第一部类扩大再生产的制约作用。

第一部类对第二部类的扩大再生产虽然有决定的作用，但第二部类对第一部类的扩大再生产也有重要的不可忽视的制约作用。关于这种相互作用，马克思做过这样很好的说明："像第 I 部类必须由他的剩余生产物，把追加的不变资本，供给于第二部类一样，第 II 部类也要在这个意义上，把追加的可变资本，供给于第 I 部类。"[2] 在社会生产力和资本有机构成提高的条件下，第一部类是必须优先增长的。但从它必须获得追加的必要生活资料来看，这种增长也是有限制的。这个限制就是 $II(c+m) > I(v+\dfrac{m}{x})$。如果 $I(v+\dfrac{m}{x}) = II(c+m)$，甚至于 $I(v+\dfrac{m}{x}) > II(c+m)$，那么，第一部类的发展也是不可能的。

马克思在总结扩大再生产所需要的全部公式时写道："所以，在资本主义生产内，$I(v+m)$ 不能与 IIc 相等……但 $I(v+\dfrac{m}{x})$ 必须常常比 $II(c+m)$ 小。较小若干，就看第 II 部类资本家在 IIm 中无论如何都必须消费的部分来决定。"[3]

可见，有些同志把扩大再生产的公式归结为（或者实际上归结为）$I(v+m) > IIc$ 这个公式，是不全面的，是不符合马克思关于扩大再生产的原理和扩大再生产的公式的。在这里，有些同志忽视了简单再生产与扩大再生产的区别，忽视了 $I(v+m) = IIc$ 与 $I(v+m) > IIc$ 的区别。在简单再生产的条件下，Ic 和 $II(v+m)$ 都是分别在各该部门内部实现的，只有 $I(v+m)$ 与 IIc 才是依靠两大部类之间的交换实现的。在简单再生产

---

[1][2] 马克思：《资本论》第 2 卷，第 652 页。
[3] 马克思：《资本论》第 2 卷，第 658 页。

的条件下，$I(v+m) = IIc$ 这个公式既反映了第一部类对第二部类的决定作用，也反映了第二部类对第一部类的制约作用。因此，概括地说，只要具备 $I(v+m) = IIc$ 这样一个公式，就可以实现简单再生产。在扩大再生产的条件下，情况就不同。按照扩大再生产的要求，一方面需要追加的生产资料，另一方面需要追加的消费资料。但 $I(v+m) > IIc$ 只反映了追加生产资料的要求，只反映了第一部类在扩大再生产中的决定作用，而没有反映追加必要的消费资料的要求，没有反映第二部类在扩大再生产中的制约作用。反映这一点的是 $II(c+m) > I(v+\dfrac{m}{x})$。因此，扩大再生产必须有两个公式，即 $I(v+m) > IIc$ 和 $II(c+m) > I(v+\dfrac{m}{x})$，而不能归结为 $I(v+m) > IIc$ 一个公式。

二

有的同志认为，列宁在论述社会资本扩大再生产时也只提到 $I(v+m) > IIc$ 这个公式，因此，要保证扩大再生产的实现，只要这样一个公式就行了。

列宁在说到社会资本扩大再生产时，确实只提到了 $I(v+m) > IIc$ 这个首要的基本公式。但这并不等于列宁否定了 $II(c+m) > I(v+\dfrac{m}{x})$ 也是扩大再生产的基本公式。

在我们看来，由列宁进一步发挥的第二部类在扩大再生产中的作用的原理，不仅没有否定 $II(c+m) > I(v+\dfrac{m}{x})$ 的存在，而且进一步论证了它存在的必然性。列宁说："当然，说积累'不依赖'消费品的生产是不行的，因为要扩大生产就需要新的可变资本，因而也就需要消费品。"[1] 列宁还曾经强调过第二部类对第一部类扩大再生产的制约作用。他说，为了扩大生产（绝对意义上的"积累"），必须首先生产生产资料，而要

---

① 列宁：《论所谓市场问题》，《列宁全集》第 1 卷，第 68~71 页。

做到这一点，就必须扩大制造生产资料的社会生产部门，就必须把工人吸收到那一部门中去，这些工人也就对消费品提出需求。列宁还指出：即使在资本有机构成提高的条件下实现扩大再生产，即便是"v 与 c + v 之比愈来愈小"，也"不可以认为 v 会等于零"。① 既然无论是第一部类或者第二部类的扩大再生产，无论是资本有机构成不变的条件下，或者资本有机构成提高条件下的扩大再生产，均需要追加的必要生活资料，那么，$\text{II}(c+m) > \text{I}(v+\frac{m}{x})$ 就是扩大再生产的客观要求。列宁的这些思想，不仅没有否定马克思提出的 $\text{II}(c+m) > \text{I}(v+\frac{m}{x})$ 这个公式的必要，而且进一步阐发了这个公式赖以存在的理论基础。

还需指出：列宁在论述有机构成不变以及有机构成提高条件下的扩大再生产的实现过程时，也都运用了马克思的下列图式：

$\text{I}\ 4000c + 1000v + 1000m = 6000$

$\text{II}\ 1500c + \ \ 750v + \ \ 750m = 3000$

如前所述，这个图式既体现了 $\text{I}\ (v+m) > \text{II}c$ 的要求，也体现了 $\text{II}(c+m) > \text{I}(v+\frac{m}{x})$ 的要求。可见，列宁对于扩大再生产的分析，也是从上述两个公式的要求出发的。

那么，为什么列宁在谈到社会资本扩大再生产时，只是明白地提出了 $\text{I}(v+m) > \text{II}c$ 这个首要的基本公式，而没有提出 $\text{II}(c+m) > \text{I}(v+\frac{m}{x})$ 这个基本公式呢？我们认为，这个情况是同列宁的研究对象的特点、特别是同当时的研究任务有联系的。

列宁说过：对资本主义制度来说，生产的发展主要靠生产资料。"这真正是'为生产而去生产'，生产扩大了，而没有相应地扩大消费。但这种矛盾并不是教条，而存在于实际生活中，这正是一种同资本主义的本性和资本主义的社会经济制度的其他各种矛盾相适应的矛盾。"② 列宁甚至强调说："一切积累在消费品市场并未相应扩大甚至还缩小的情况下

---

① 列宁：《论所谓市场问题》，《列宁全集》第 1 卷，第 71 页。
② 列宁：《俄国资本主义的发展》，《列宁全集》第 3 卷，第 35 页。

也为生产资料开辟新的市场。"[1] 正因为资本主义生产的发展，主要靠生产资料，而不是消费资料，因而 $I(v+m) > IIc$ 就比 $II(c+m) > I(v+\dfrac{m}{x})$ 处于更加重要的地位。如前所述，$I(v+m) > IIc$ 反映了追加生产资料的要求，而 $II(c+m) > I(v+\dfrac{m}{x})$ 反映了追加生活资料的要求。我们认为，这就是列宁强调并且明白提出 $I(v+m) > IIc$，但没有明白提出 $II(c+m) > I(v+\dfrac{m}{x})$ 的原因之一。我们认为，这一点也可以用来说明为什么马克思在《资本论》中，极为详尽地分析了 $I(v+m) > IIc$，但只是简要地论述了 $II(c+m) > I(v+\dfrac{m}{x})$。

当然，对列宁来说，更重要的原因，还是他当时面临的革命任务，从而也是研究任务。大家知道，列宁在 19 世纪末年有关"市场问题"的著作，主要是为反对民粹派的错误观点而作的。民粹派错误地认为，在资本主义制度下，社会产品中的不变资本部分和可变资本部分的实现是没有困难的，而剩余价值部分的实现却是有困难的。民粹派由此作出的结论：资本主义在俄国的发展是不可能的。这个结论，必然导致否认俄国当时面临的资产阶级民主革命中的无产阶级领导权，以及民主革命向社会主义革命的转变。而列宁用来反对这种错误观点的主要论据是：资本主义生产的发展，从而资本主义国内市场的扩大主要靠生产资料，而不是消费资料，即依靠生产资料生产的优先增长。为了达到这个结论，只要分析了 $I(v+m)$ 必须与 IIc 相交换的原理，并把它同资本有机构成提高的因素结合起来，就可以做出的。至于马克思关于再生产的其他许多原理 [其中当然也包括 $II(c+m) > I(v+\dfrac{m}{x})$ 这个公式] 并未充分展开。我们认为，这就是列宁没有明白提出 $II(c+m) > I(v+\dfrac{m}{x})$ 这一公式的最重要的原因。

为了说明这一点，我们把列宁有关"市场问题"的最主要著作《俄国

---

① 列宁：《评经济浪漫主义》，《列宁全集》第 2 卷，第 128 页。

资本主义的发展》有关这个问题的论述较为详细地引在下面。

列宁在论述了社会资本简单再生产的实现过程［其中包括 $I(v+m)$ 与 IIc 相交换的过程］之后指出："至于这种追加生产（指扩大再生产——引者）是怎样同简单再生产结合起来的问题，我们认为无须详加考察。我们的任务并不是专门研究实现的理论，而说明民粹派经济学家的错误以及从理论上对国内市场问题做出一定的结论，上述的一切就已经足够了。"

"马克思的实现论对我们所关心的国内市场问题做出的主要结论如下：资本主义生产的扩大，因而也就是国内市场的扩大，与其说是靠消费品，不如说是靠生产资料，换句话说，生产资料的增长超过消费品的增长。……可见，资本主义国内市场的扩大，在某种程度上并'不依赖'个人的消费的增长，而更多地靠生产的消费。"

但即使如此，列宁也还同时指出："但是如果把这种'不依赖性'理解为生产消费完全脱离个人消费，那就错了，因为前者能够而且也应该比后者增长得快些（其'不依赖性'也仅限于此），但是不言而喻，生产消费归根到底总是同个人消费相关联的。"① 显然，列宁的这些思想，不仅是 $I(v+m) > IIc$ 的理论基础，也是 $II(c+m) > I(v+\frac{m}{x})$ 的理论基础。

可见，只看到列宁明白地提出了 $I(v+m) > IIc$，而没有明白地提出 $II(c+m) > I(v+\frac{m}{x})$，而不看列宁的全部思想，不考虑列宁的研究对象的特点，特别是列宁的研究任务，就得出结论说：列宁认为，扩大再生产只有一个公式，即 $I(v+m) > IIc$，是不妥当的。

这里应该强调指出：如果对列宁的研究对象和研究任务来说，只强调 $I(v+m) > IIc$ 是适宜的话，那么，对我们的研究对象和研究任务来说，就必须同时提出 $I(v+m) > IIc$，以及 $II(c+m) > I(v+\frac{m}{x})$。对资本主义生产来说，"这真正是'为生产而生产'，生产扩大了，而没有相应地扩大消费。"而对社会主义生产来说，生产是为了消费，是为了人民

---

① 列宁：《俄国资本主义的发展》，《列宁全集》第 3 卷，第 32~34 页。

日益增长的物质和文化的需要。在社会主义制度下，在生产发展基础上，人民的生活必然得到提高。有的同志在论述马克思扩大再生产原理对社会主义建设的指导意义时，只提 $I(v+m) > IIc$ 一个公式是不妥当的。我们认为，全面地认识马克思关于扩大再生产是两个公式，即 $[I(v+m) > IIc 和 II(c+m) > I(v+\frac{m}{x})]$，而不是一个公式，即 $[I(v+m) > IIc]$，对于正确认识和运用马克思关于扩大再生产的理论，对于实现社会主义的生产目的，都是必要的。

关于社会主义级差地租产生原因的探讨 *

社会主义级差地租的产生原因，是级差地租理论中的根本问题。正确认识这个问题，对于正确处理集体所有制经济与全民所有制经济之间以及集体所有制经济内部各单位之间的关系，具有重要的意义。本文想就这个问题提些粗浅想法，并对学术界的一些观点提出商讨意见，以就教于同志们。

一

探讨社会主义级差地租产生的原因，必须从分析社会主义生产的经济条件着手。有的同志把社会主义级差地租仅仅看成是收入分配问题，只是从分配方面探讨其产生的原因，我们认为这是不恰当的。当然，社会主义级差地租既是生产方面的问题，也是分配方面的问题。但是生产决定分配，脱离了生产的经济条件，不但级差地租的产生，就是级差地租的分配，也不可能得到正确的说明。

从生产方面看，社会主义集体所有制经济中还有着级差地租存在的条件和原因。

在社会主义农业中，存在着土地肥沃程度的差别，土地距离市场远近的差别，土地上追加投资的生产率的差别，概括说来，还存在着优等

---

* 汪涛、栗联（即汪海波、周叔莲）合著。原载《经济研究》1962 年第 2 期。

地与劣等地的差别。诚然，在社会主义制度下，随着生产的发展和技术的进步，一切土地都会得到逐步改良。但正如马克思所说的："土地总面积的绝对丰度的增进，不会废止这种不等，而是增大它，或任其照旧不变，或只是缩小它。"① 土地位置的差别和土地上追加投资的生产率的差别的变化，也不可能达到平衡状态，更不可能保持平衡状态。

由于存在着优等地与劣等地的差别，因而劳动生产率也就有差别，在同量土地上投入等量的劳动和资金的条件下，从优等地获得的产品就要比劣等地多。这部分较多的收入就是级差土地收入。②

关于社会主义制度下还存在着优等地与劣等地的差别，因而还存在级差土地收入的问题，马克思有过清楚的说明，他说，在资本主义消灭以后，"社会劳动要耕作丰度不同的各种土地，在此际……所用的劳动有种种差异"。③

但是，优等地与劣等地的差别只是社会主义级差地租产生的条件，级差土地收入只是级差地租的实体。要使级差土地收入表现为级差地租，必须有特定的经济条件。级差土地收入是会永远存在下去的，但是作为特定经济范畴的级差地租，却只是在特定的经济条件下，才会存在。可见，事情仍像马克思所说的那样，"地租（指级差地租——引者）是实行土地经营时那种社会关系的结果。它不可能是土地所具有的多少是经久的持续的本性的结果。地租来自社会，而不是来自土壤"。④

在社会主义制度下，级差地租存在的根本原因，是农业生产资料集

---

① 马克思：《资本论》第3卷，人民出版社1953年版（下同），第862页。
② 有的同志把级差地租的实体叫做补充收入，也有同志把它叫做额外收入。还有同志把它叫做级差土地收入。我们认为，在这些概念中，级差土地收入是较为确切的。它表明了这种收入产生的条件是优等地与劣等地的差别，它表明了这种收入是优等地收入与劣等地收入之间的差额，它还表明了这种收入的稳固性。这样，它就反映了这种收入的特点，它既把这种收入同工业中的额外收入区分开来，又把它同农业由于其他原因而形成的临时性的额外收入区分开来。
③ 马克思：《剩余价值学说史》第2卷，三联书店1957年版（下同），第264页。
④ 马克思：《哲学的贫困》，《马克思恩格斯全集》第4卷，人民出版社版（下同），第190页。

体所有制。① 正是由于集体所有制的存在，从优等地获得的级差土地产品，只能是属于经营优等地的集体生产单位所有，而不能是属于经营劣等地的集体生产单位所有，也不能是属于代表全民的国家所有。这样，级差土地产品也就表现为实物形态的级差地租。

在农业生产资料的集体所有制的条件下，价值规律在农业中的作用就有它的特点。农产品的社会价值不像工业品那样一般是由中等的生产条件决定的，而是由劣等地的生产条件决定的。由于优等地是有限的，由它提供的农产品，不能满足国家建设和人民生活的日益增长的需要。这样，就要同时耕作劣等地与优等地。但在存在集体所有制的条件下，要保证经营劣等地的集体生产单位实现扩大再生产，就必须使它们能够从农产品价格中补偿生产费用，并获得一定的积累。这样，农产品的社会价值就只能由劣等地的生产条件来决定。如果农产品的社会价值由中等地的生产条件来决定，那么，经营劣等地的集体生产单位不仅不能获得合理的盈利，甚至不能补偿生产费用；不仅不能实现扩大再生产，甚

---

① 有的同志认为，工业中也存在生产资料的集体所有制，但不存在级差地租，因此，"级差地租产生的根本原因，是农业生产资料集体所有制"的提法，过于一般了，而应该提为"土地经营的集体所有制的垄断"。他们还说，列宁就是把资本主义级差地租发生的原因归结为土地经营的资本主义垄断的。

我们认为，土地经营的集体所有制垄断应该包括两个方面的内容：土地的有限，以及土地为集体生产单位占用。因此，如果只是谈到社会主义级差地租产生的原因，那提农业生产资料的集体所有制就已经足够了。如果把级差地租产生的条件和原因都包括在内，那就要提土地经营的集体所有制垄断。

我们这样说与，是否符合列宁的原理呢？按照我们的体会，列宁提出的土地经营的资本主义垄断，也包括着两个方面的内容：土地的有限，以及土地为资本主义企业占用。比如，列宁说："一种是土地经营（资本主义的）的垄断。这种垄断是由于土地的有限而产生的，因此是任何资本主义社会的必然现象。"（《列宁全集》第5卷，人民出版社版〔下同〕，第103页。重点是引者加的）列宁谈到资本主义级差地租发生的原因的时候，也只是提到资本主义的生产关系。比如，列宁说："在资本主义农业中级差地租是不可避免的……"（《列宁全集》第5卷，第99页）列宁在其他很多地方（见《列宁全集》第13卷，第274页；《列宁全集》第21卷，第48页等），也有同样的论述。当列宁把资本主义级差地租产生的条件（土地有限）和原因（土地为资本主义企业经营）一并包括在内时，他又把级差地租的发生归结为土地经营的资本主义垄断（《列宁全集》第5卷，第99、102、103页）。这一点，我们在前面分析土地经营的资本主义垄断这一概念时，已经做了说明。除此以外，从列宁的下述论断也可以得到证明。列宁说："第一种地租（指级差地租——引者）是由于土地有限，土地被资本主义农场占用而产生的……"（《列宁全集》第13卷，第274页。重点是引者加的）列宁在其他很多地方（见《列宁全集》第5卷，第99页；《列宁全集》第21卷，第47页），也有同样的论述。可见，列宁有时把资本主义级差地租的发生，归结为土地经营的资本主义垄断，有时归结为土地有限以及土地被资本主义农场占用。这也表明：土地经营的资本主义垄断，是包括土地有限和土地被资本主义农场占用这样两个方面的内容。

我们这样提，是否一般化呢？也不是。按照我们的认识，社会主义级差地租的条件是优等地与劣等地的差别，它的实体是级差土地收入，它的原因是农业生产资料的集体所有制。我们在前面已经分析了社会主义级差地租的条件及其实体。我们在这里只是分析它的原因。所以，如果不是把级差地租的条件、实体与原因孤立起来看，就绝不能认为"社会主义级差地租产生的根本原因，是农业生产资料的集体所有制"的提法，过于一般了。

至不能维持简单再生产。马克思说过："生产物（也包括土地生产物在内）的市场价值的决定，是一种社会的行为……。这不是根据于土地及其丰度的差别，而必然是根据于生产物的交换价值。"① 所以，国家在制订计划价格的时候，要按照由劣等地的生产条件来决定的农产品的社会价值② 来规定农产品的收购价格，才能既保证集体生产单位实现扩大再生产，又调动集体生产单位经营农业的积极性。

正因为农产品的社会价值是由劣等地的生产条件决定的，优等地产品的个别价值就同社会价值发生了差额。在集体所有制的条件下，这个差额只能归经营优等地的集体生产单位所有，因而表现为货币形态的级差地租。

从上述的分析中，我们可以看到：级差地租发生的根本原因是农业生产资料的集体所有制。对集体所有制经济的商品生产部分来说，级差

---

① 马克思：《资本论》第 3 卷，第 864 页。

② 朱剑农同志认为："关于农产品的社会价值，究竟是取决于什么的问题，从严格的意义上说来，应该说是取决于劣等地生产物平均价值，才是最确切的。"（《论社会主义制度下的级差地租》，《江汉学报》1961 年第 2 期，第 6 页。重点是引者加的）照朱剑农同志看来，似乎马克思主义经典作家关于农产品社会价值决定于劣等地的生产条件，或劣等地产品价值的提法，不是最确切的。我们的看法相反，马克思主义经典作家的这个提法是科学的，而朱剑农同志的农产品的社会价值取决于"劣等地生产物平均价值"的提法，是不确切的。

首先，应该指出，马克思主义经典作家从来都没有一般地谈论劣等地的生产条件，而总是把它具体地确定为劣等的肥沃程度、劣等的位置和劣等的追加投资的生产率。大家知道，马克思总是把农业中超额利润的固定化（这一点是同农产品的社会价值由劣等地的生产条件决定直接相联系的），同农业生产中的自然基础联结在一起的（《剩余价值学说史》第 2 卷，第 249、339、342 页）。列宁在谈到劣等地的生产条件的时候，总是指的土地最贫瘠、土地离市场最远以及土地上追加投资的生产率最低。当他谈到劣等地的生产价格的时候，也总是指的由上述三个条件决定的生产价格（《列宁全集》第 5 卷，第 102~103 页；第 13 卷，第 274 页；第 21 卷，第 47 页）。

现在的问题是：决定农产品社会价值的，当然不只是这三个条件，还有其他的条件（比如劳动者熟练程度、劳动组织、经营管理水平等），那么，马克思主义经典作家为什么只提这三个条件，而没有提其他的条件？其他的条件是由劣等的水平决定呢？还是由中等的水平决定呢？大家知道，劣等地的生产条件这个概念，是马克思在《资本论》第 3 卷第 6 篇（即"地租篇"）在分析资本主义级差地租的时候才提出的。由于在农业中存在着土地有限以及优等地与劣等地的差别的特点，在资本主义条件下，农产品的社会价值就必然是由劣等地生产条件（如前所述，这是指的劣等的肥沃程度、劣等的位置以及劣等的追加投资的生产率）决定的。除了这三个条件，其他的条件像工业中一样，也是社会平均的生产条件。这些原理，马克思在"地租篇"以前，已经反复地作过详尽的阐述。这对马克思来说，是不言自明的。

根据上面的分析，我们还可以看到：朱剑农同志的"关于农产品的社会价值……取决于劣等地生产物平均价值"的提法是不确切的，因为除了土地的肥沃程度、土地的位置和土地上追加投资的生产率这样三个条件是劣等地的生产条件以外，其他的生产条件仍然是社会平均的生产条件。而社会平均的生产条件，不是经营劣等地的集体生产单位的平均生产条件，而是全部集体生产单位（既包括经营劣等地的集体生产单位，也包括经营中等地和优等地的集体生产单位）的平均生产条件。

因此，我们认为，农产品社会价值是由劣等地的生产条件决定的提法，是科学的。我们在分析问题的过程中，仍然使用了这个概念。

地租的发生还同商品生产和价值规律的作用有联系。但在这里，级差地租发生的根本原因也不是价值规律的作用，而是集体所有制。从根本上说来，在社会主义制度下存在商品生产，也是由集体所有制与全民所有制的并存决定的；价值规律在农业中作用的特点也是由于农业生产主要由集体所有制经济各生产单位经营决定的。

从上述的分析中，我们还可以看到：社会主义级差地租所反映的社会关系，一方面是集体所有制经济内部相互独立的生产单位之间的关系，是它们之间的等价交换关系，是它们之间的经济差别的关系；另一方面是集体所有制经济与全民所有制经济之间的关系，是它们之间的等价交换关系。我们正是把反映这种特定的由农业生产资料集体所有制形成的社会关系的级差土地收入，称作社会主义级差地租。

可见，社会主义级差地租的性质既同资本主义级差地租是根本对立的，又同小农经济级差地租有根本的区别。它不反映资本家和地主对无产者的剥削关系，也不反映个体农民之间的关系。它所反映的是社会主义劳动者之间的特定的关系。

二

有些同志否认社会主义制度下存在着产生级差地租的经济条件，否认社会主义有级差地租，只承认有级差土地收入。晏永乾同志认为，级差地租这一经济范畴，只存在于资本主义经济中，而不存在于社会主义经济中。他认为，按照马克思关于资本主义级差地租的理论，级差地租是由于土地经营的资本主义垄断而产生的，它的实质是超额利润,它的地租化是由于存在大土地所有制。他从这里作出结论："基于上述对级差地租的产生及这个范畴的认识，我们认为，在社会主义制度下，继续沿用级差地租这一范畴，无论在理论上和实践上都是不适合的。"[①] 我们的看法相反，把社会主义集体经济中的级差土地收入称作级差地租，无论在理论上或实践上都是适当的。

---

① 晏永乾：《试论级差土地收入及其分配》，《光明日报》1961 年 9 月 18 日第 4 版。

　　我们认为，在社会主义制度下，确实不存在资本主义性质的级差地租。但这并不等于不存在社会主义性质的级差地租。土地经营的资本主义垄断和超额利润只是资本主义级差地租固有的不可分割的特征，而不是级差地租一般固有的不可分割的特征。至于租金的形式，那只是资本主义级差地租的一般特征，而不是资本主义级差地租的固有的不可分割的特征，① 更不是级差地租一般的固有的不可分割的特征。为了说明这一点，有必要较为详细地探讨一下马克思对小土地所有制经济级差地租所作的分析。

　　马克思依据小土地所有制性质的分析指出：一般说来，在小土地所有制经济中不存在绝对地租，但存在级差地租。马克思说："不管在这里土地生产物的平均市场价格是怎样规定的，级差地租，即丰度较大或位置较优的土地所有的商品价格超过部分，在这里，必然和在资本主义生产方式内一样，是明明白白存在的。即使这个形态是出现在还没有一般市场价格发展的社会状态内，这个级差地租也是存在的；在这条件下，它是表现为多余的剩余生产物。不过它是流入那些在较有利自然条件下实现他的劳动的农民口袋里。"②

　　马克思的这个分析告诉我们：①在小农经济中，也存在优等地与劣等地的差别，因而也存在级差土地收入。不过，因为"小土地所有制，依照它的性质，就排斥劳动社会生产力的发展"，③ 因此，在这里级差土地收入，只同"丰度较大或位置较优的土地"相联系，而不同农业集约化程度较高的土地相联系。②小土地所有制经济是级差地租发生的原因。正因为存在着小土地所有制，级差土地收入才归经营优等地的农民所有，才会流入这种"劳动的农民口袋里"，才会表现为级差地租。③"在这个形态上，是不要支付什么租金的；……这种剩余利润（马克思在假借的

---

　　① 马克思说："资本主义的土地耕作，是以机能资本与土地私有权的分离当作假定，所以原则上排斥地主自己经营的情形。"（《资本论》第3卷，第980页）因此，在资本主义制度下，级差地租一般的都是由农业资本家以租金形式交给地主。但是，马克思主义经典作家也一再指出："在资本主义农业中级差地租是不可避免的，即使在村社的、国家的、无主的土地上经营也是如此。"（《列宁全集》第5卷，第99页。重点是引者加的）即使在农业资本家就是土地所有者的场合，"那也不会在问题上面引起变化。"（《资本论》第3卷，第844页）显然，在无主的土地上和自有的土地上经营的场合，级差地租就归农业资本家所有，而不采取租金的形式。因此，租金形式只是资本主义级差地租的一般特征，而不是它的固有的不可分割的特征。

　　② 马克思：《资本论》第3卷，第1050~1051页。

　　③ 马克思：《资本论》第3卷，第1054页。

意义上使用了这个资本主义的经济范畴，实际上指的是小农经济的级差地租——引者）是归于农民，和他的劳动的全部收益一样。"① 可见，小土地所有制经济的级差地租反映了相互独立的个体农民之间的关系，反映了他们为共同市场而生产的竞争关系，② 反映了他们之间的等价交换的关系，反映了他们之间的贫富差别和阶级分化关系（级差地租既是构成这种差别的重要因素，又是促进这种分化的重要因素）。按照我们的体会，正是因为小农经济的级差土地收入反映了这种特定的由个体农民的所有制形成的经济关系，马克思才把它确定为小土地所有制的级差地租。

　　经过上述的分析，我们可以看到：小土地所有制的级差地租产生并不是由于土地经营的资本主义垄断，它的实质也不是超额利润，它也不采取租金形式，但这并不妨碍它成为级差地租。可见，土地经营的资本主义垄断、超额利润和租金形式，只是资本主义级差地租的特征，而不是级差地租一般的特征。根据上述的分析，我们还可以看到：构成级差地租一般的特点的，主要是如下的几点：它的产生条件是优等地与劣等地的差别，它的实体是级差土地收入，它产生的原因是特定的生产资料所有制，它总反映着由特定的生产资料所有制所形成的经济关系。

　　在理论上说来，就是这样。我国的社会主义实际又是怎样呢？如前所述，在社会主义农业中还存在着优等地与劣等地的差别，还存在着土地级差收入，还存在着生产资料的集体所有制，因此，级差土地收入就表现为级差地租。社会主义级差地租反映着集体所有制经济与全民所有制经济之间以及集体所有制经济内部各生产单位之间的经济关系。可见，把集体经济中的级差土地收入称作级差地租，不仅是符合马克思列宁主义关于级差地租的一般原理，而且也是符合社会主义经济的实际情况的。

　　有的同志担心，把集体所有制经济中的级差土地收入确定为级差地租，就会混淆它同资本主义级差地租在性质上的根本区别。应该说，这种担心是不必要的。我们并没有一般地谈论级差地租，而是把它具体地确定为社会主义的级差地租。大家知道，马克思把小土地所有制经济中的级差土地收入确定为小土地所有制的级差地租。但是，并没有因此而

---

　　① 马克思：《资本论》第 3 卷，第 1050 页。
　　② 列宁说："为共同市场而劳作的独立生产者之间的关系叫做竞争。"（《列宁全集》第 1 卷，第 81 页）

混同了它同资本主义级差地租的根本区别。相反，正是马克思揭露了这种根本性质的区别。根据同样的道理，把集体所有制经济的级差土地收入确定为级差地租，也不会混淆它同资本主义级差地租的根本对立，不会妨碍揭示这种对立。

也有同志提出疑问：为什么一定要把集体所有制经济中的级差土地收入称作级差地租，把它就叫做级差土地收入有什么不妥呢？我们认为，如果把集体经济中的级差土地收入就称作级差土地收入，那在科学上就没有前进一步，就没有揭示出这种收入在经济性质上的特点。什么叫做级差土地收入呢？按照我们的理解，级差土地收入这个概念的内容只是包括：它的产生条件是优等地与劣等地的差别，它是优等地收入与劣等地收入之间的差额，这种差额收入带有稳固性。它既同工业中的额外收入相区别，又同农业中由于其他原因而形成的临时性额外收入相区别。从某种意义上讲，优等地与劣等地的差别，以及由此而产生的收入上的差别，是和人类从事农业生产同时发生的；如果抛开它在不同的社会带有不同的性质这一点不说，这种级差土地收入还要永远存在下去。但集体所有制经济中的级差土地收入是由农业生产资料的集体所有制所形成的，它反映着特定的社会经济关系。如果把集体所有制经济中的级差土地收入叫做级差土地收入，就没有把它同各种不同经济条件下的级差土地收入在经济性质方面区别开来，就没有揭示出这种收入在经济性质上的特征。要揭示这种收入在经济性质上的特征，就必须把它确定为社会主义的级差地租。

三

有些同志认为，社会主义级差地租发生的根本原因，不是农业生产资料的集体所有制，而是土地的经营垄断，是商品生产。王珏同志认为，社会主义级差地租发生的原因是："第一，必须对优等地作为经营对象加以垄断。""第二，由于我国目前社会主义阶段存在商品经济制度，必须实行等价交换，而不是无偿调拨，当然也就有产品的社会价值与个别价值之间的差额问题，级差地租的范畴也就会存在。"①王玠同志在列举这两点的时候，都是脱离了农业生产资料的集体所有制的，这就说明，他认为，社会主义级差地租的发生是同集体所有制无关的。我们认为，这是值得商榷的。

我们先来讨论他的第一个论点；②他的第二个论点同邓翰维同志发表在《江汉学报》1961年第1期的文章的论点是一样的，我们放在后面一并讨论。能否说，社会主义级差地租的发生，是和集体所有制无关的"对优等地作为经营对象加以垄断"呢？不能。首先应该说明，马克思主义经典作家曾经把资本主义级差地租的发生，归结为土地经营的资本主义垄断。但他们从来没有谈论什么脱离了资本主义所有制的、抽象的"土地经营垄断"，而总是谈的土地经营的资本主义垄断。马克思在总结资本主义级差地租发生的原因的时候写道：级差地租"是由一种能被独占并且已被独占的自然力由资本利用而生出。"③列宁在发挥马克思的这一著名原理时写道："一种是土地经营（资本主义的）的垄断。……这种垄断的结果使粮食价格取决于劣等地的生产条件，对优等地的投资，或者说，生产率较高的投资所带来的额外剩余利润，则构成级差地租。"④如果结合社会主义的实际来运用这个原理，那也只能像前面已经分析的那样，社会主义级差地租的发生的根本原因是生产资料的集体所有制。抽象的生产关系是从来都不存在的，抽象的"土地经营垄断"也是从来都不存在的。用客观上并不存在的经济条件，来说明客观上存在的级差地租，自然是不可能的。

如果硬要脱离生产资料的集体所有制来抽象地谈论"土地经营垄断"，那么，这种"土地经营垄断"只能被理解为：土地的有限以及土地

---

① 王玠：《关于级差地租讨论的意见》，《光明日报》1961年9月18日第4版。

② 我们在下面只是分析脱离了生产资料的集体所有制，来抽象地谈论"土地经营垄断"，是不对的。这里也须顺便指出：即便是结合了集体所有制，如果只提优等地经营的集体所有制垄断，也是不妥的。因为级差地租的发生，不只是由于优等地为集体生产单位经营，而且也因为劣等地为集体生产单位经营，级差地租就是反映着经营优等地与经营劣等地的集体生产单位之间的关系。如果只是优等地而不是全部土地（社会主义国营农场经营的土地除外）为集体生产单位经营，就不可能有级差地租发生。列宁说："土地的有限……造成一定的垄断，就是说……全部土地都被农场主占用……"（《列宁全集》第5卷，第102页。重点是引者加的）如果从一般意义上理解，列宁的这个原理，对于社会主义级差地租也是适用的。

③ 马克思：《资本论》第3卷，第843~844页。

④ 列宁：《土地问题和"马克思的批评家"》，《列宁全集》第5卷，第103页。

为某一生产单位所使用。但这又不能叫做"土地经营垄断"。如前所述，按照列宁的"土地经营的资本主义垄断"的经典定义，应该包括两个方面的内容："土地有限，土地被资本主义农场占用。"① 在这两方面内容中，最重要的最根本的还是后一方面。"土地有限"总是会存在的。"土地被资本主义农场占用"，只是在资本主义条件下才会有的。从一般意义上来理解，那也必须是土地为特定的不同的生产资料所有制的生产单位所经营。因为只有当土地被不同的所有者经营的时候，才有可能发生土地经营垄断的问题；当土地为同一个所有者内部各个生产单位经营的时候，就不会发生土地经营垄断的问题。

现在我们来讨论商品生产是不是社会主义级差地租发生的根本原因。邓翰维同志认为，"级差地租从它的本质说来，是一个商品经济的范畴。""社会主义阶段，仍然存在着商品生产，存在着农产品作为商品的情况。在这样的条件下，级差地租的发生便成为客观必然的了。"②

邓翰维同志说他的论断是依据马克思《资本论》第三卷第三十八章关于资本主义级差地租的一般概念的分析得出的。但我们认为，他的这个论断并不符合马克思关于资本主义级差地租的理论，即便对资本主义级差地租来说，也是不妥的。

大家知道，马克思确实把资本主义级差地租完全看作是同商品经济相联系的范畴，把资本主义级差地租的发生同价值规律在农业中发生作用的特点联系起来，把级差地租的形成过程同农产品价格的形成过程结合在一起分析的，并把资本主义级差地租确定为个别生产价格与社会生产价格之间的差额。我们认为，马克思这样做是完全正确的。因为商品生产是资本主义生产的一般特点，剩余价值生产是资本主义生产的本质。因此，资本主义级差地租的发生，必然同价值规律的作用联系在一起，必然同农产品价格形成过程结合在一起，必然表现为超过平均利润以上的余额，必然表现为个别生产价格与社会生产价格之间的差额。也正是在这个意义上，马克思批判了"地租不是由农业生产物的价格生出，而

---

① 详见本卷第 36 页注①。
② 邓翰维：《对现阶段农村人民公社级差地租问题的初步探索》，《江汉学报》1961 年第 1 期，第 10 页。重点是引者加的。

是由它的量生出"① 的错误观点。

但是，必须指出：即便对资本主义级差地租来说，马克思也未脱离资本主义生产资料所有制，来说明价值规律在农业中的作用，来说明级差地租的发生。马克思在研究资本主义地租的"绪论"中，开宗明义就指出：他所研究的农业是资本主义农业。这就意味着资本的自由竞争和平均利润率的形成。② 正是由于资本主义在农业中的统治，正是由于资本自由竞争和平均利润率规律在农业中的作用，才使得农产品的价格取决于劣等地的生产条件，才有级差地租的发生。列宁也是这样看待级差地租发生问题的，他反复指出：土地经营的资本主义垄断，使得粮食价格决定于劣等地的生产条件，由此才有级差地租。③ 可见，马克思主义经典作家虽然认为，资本主义级差地租的发生是同商品生产和价值规律的作用有联系的，但是他们并没把资本主义级差地租产生的根本原因归结为商品生产和价值规律的作用，而是归结为资本主义的生产资料私有制。问题的关键在于：商品生产和价值规律的作用归根到底是由资本主义生产资料私有制决定的。

把"级差地租从它的本质说来，是一个商品经济的范畴"，当作具有一般意义的命题提出来，更不妥当。资本主义级差地租发生的根本原因虽然不是商品生产和价值规律的作用，但级差地租的产生总还同商品生产和价值规律的作用联系在一起。在其他的经济条件下，商品生产和价值规律的作用不仅不是级差地租发生的根本原因，而且级差地租的发生并不一定同商品生产和价值规律的作用有联系。这首先就是小农经济的级差地租。马克思依据小农经济的自给性生产（这是主要的）和商品性生产相结合的特点指出：级差地租可以表现为"商品价格超过部分"，也可以表现为"多余的剩余生产物"。应该指出：马克思这里所说的"多余的剩余生产物"，不是商品的使用价值形态，不是商品，而是自给性产品。因为马克思在这里明白指出："在还没有一般市场价格发展的社会状态内……它（指级差地租——引者）是表现为多余的剩余生产物。"④ 可

① 马克思：《资本论》第 3 卷，第 1027 页。
② 马克思：《资本论》第 3 卷，第 801 页。
③ 列宁：《土地问题和"马克思的批评家"》，《列宁全集》第 5 卷，第 103 页。
④ 马克思：《资本论》第 3 卷，第 1051 页。

见，马克思认为，在小农经济中，不仅商品生产部分，而且自给性生产部分也包含着级差地租。原因何在呢？按照我们的体会，是否完全同商品经济相联系，并不是级差地租一般的特征，构成它的最基本特征的，是看级差土地收入是否反映特定的"实行土地经营时那种社会关系"。② 而在小农经济中，无论是商品性生产，或自给性生产部分的级差土地收入，均反映着小农经济之间的关系，因而均表现为级差地租。

把社会主义级差地租的本质归结为商品生产，更不妥当。当然，社会主义集体所有制经济的产品除了一部分用于满足自身的需要以外，还有一部分是当作商品向外出售的。就商品部分来说，级差地租的发生是同商品生产和价值规律的作用有联系的，级差地租的形成过程同农产品价格的形成过程也是结合在一起的，级差地租也表现为个别价值与社会价值之间的差额。但从根本上说来，社会主义商品生产的存在，还是由于集体所有制与全民所有制的并存；价值规律在农业中的作用的特点，也是由于农业主要是由各个集体所有制的生产单位经营决定的。可见，即便就商品生产部分来说，级差地租发生的根本原因，也还是集体所有制。

应该着重指出，集体所有制经济的产品中有自给性产品的部分。在目前，这部分产品还占有较重要的地位。当然，自给性产品和商品是有联系的。为了统一核算的需要，自给性产品也具有商品价值形式。自治性产品也可以转化为商品。但无论如何，自给性产品总是存在的，它同商品的区别也是不能抹煞的。因此，如果坚持社会主义级差地租是由存在商品生产决定的观点，那么，按照逻辑的发展，必然会得出结论：集体所有制经济中的自给性生产不存在级差地租。但这个结论是不正确的。无论是商品性生产部分或自给性生产部分中的级差土地收入，都反映着特定的社会关系，因而都表现为级差地租，事实上.邓翰维同志自己也认为，自给性产品中也包含着级差地租。但这样，他就不能不陷于逻辑的矛盾中了。

邓翰维同志还引证马克思的下述论断来证明自己的观点："就使绝对地租消灭，差额仍会存在，如果这种差额是由土地自然丰度的差异引起的。若完全把自然差异之可能的均衡丢开不说，这种差额就和市场价格

---

① 马克思：《哲学的贫困》，《马克思恩格斯全集》第4卷，第190页。

的调节连在一起，从而，会和价格及资本主义生产一同消灭。"在邓翰维同志看来，马克思是把级差地租的消失和价格的消失联系在一起的，因而就证明商品生产是社会主义级差地租存在的根本原因。

我们认为，从马克思的这段话只能得出这样的结论：社会主义级差地租发生的根本原因是生产资料的集体所有制，而不是商品生产。马克思的这段话，对于理解社会主义级差地租的发生，具有极重要的意义。但邓翰维同志没有全文引出。我们把它补充引在下面。

马克思在前述引语的后面接着说："这样，只留下如次的一点：即，社会劳动要耕作丰度不同的各种土地，在此际，虽然所用的劳动有种种差异，但在一切等次上，都能成为更生产的。较劣土地无论如何不会像在资本主义社会一样，发生这样的作用，以至较优的土地必须被支付以更多的劳动。宁可说第Ⅲ级土地所省下的劳动，会用来改良第Ⅲ级土地，第Ⅲ级土地所省下的劳动，会用来改良第Ⅱ级，最后，第Ⅱ级所省下的劳动，会用来改良第Ⅰ级。所以，全部由土地所有者们吞去的资本，将被用来使土地劳动平均化，并减少农业一般所使用的劳动。"①

马克思这段话告诉我们：在资本主义消灭以后，优等地与劣等地的差别，从而级差土地收入还会存在。社会主义社会如果建立了单一的全民所有制，这些级差土地收入就归社会所有，由社会用来改良劣等地。这时候级差地租也就消灭了。但在还存在集体所有制的条件下，级差土地收入是归经营优等地的集体生产单位所有的，因而就还表现为级差地租。马克思曾经假定在资本主义消灭以后建立起来的社会主义制度是社会主义全面的全民的所有制，商品生产不再存在。这样，自然"差额……会和价格及资本主义生产一同消灭"。而现在的情况是：社会主义集体所有制与社会主义全民所有制并存，商品生产仍然存在。虽然商品生产对集体所有制经济商品性生产部分的级差地租的发生还是有作用的，但归根结底级差地租的发生还是由于生产资料集体所有制的存在。

---

① 马克思：《剩余价值学说史》第 2 卷，第 264 页。

四

有些同志认为，不仅在社会主义集体所有制农业中，而且在社会主义全民所有制的农业中也存在着级差地租。这也涉及对社会主义级差地租产生原因的看法，需要进行专门的讨论。

在社会主义全民所有制的农业中，[①]自然也存在着优等地与劣等地的差别，也存在着级差土地收入。但这种级差土地收入并不表现为级差地租。在社会主义全民所有制的农业生产单位中，生产资料是属于全民所有的，而不是属于各个生产单位所有的。国营农业生产单位之间的关系，不是不同的所有者之间的关系，而是同一的全民所有制内部的各个生产单位之间的关系。国营农业生产单位是由代表全民的国家直接领导经营的，是直接受到国家计划的指导的。当然，集体所有制农业生产单位也要接受国家计划的指导，但那是间接的。集体所有制农业生产单位是由各个集体独立经营的。这样，在国营农业生产单位之间，就不像集体所有制农业生产单位那样，存在着土地经营垄断的关系。国营农业生产单位的产品（包括级差土地收入）不是属于各个生产单位所有的，而是属于全民所有的，并且由国家按照全民的需要进行分配的。马克思在论到级差地租消失的经济条件时，曾经指出：由经营优等地节省下来的劳动，将由社会用来改良劣等地。[②]马克思的这个原理在国营农业生产单位中，已经得到了实现。所以，在社会主义全民所有制农业中，并不存在级差地租。

朱剑农同志认为，在社会主义全民所有制农业中也存在着级差地租。他提出的论据是："社会主义全民所有制的国营农场……还不是完全成熟了的全民所有制。"因为"国营农场实行企业全额利润按一定比例留成的制度……。这表明：国营农场优等土地上所产生的级差土地收入，依然

---

①　我们这里谈的社会主义全民所有制农业，只是指社会主义国营农场的全民所有制部分，不包括生产队（国营农场的基本核算单位）和生产小队（国营农场的包产单位）的小部分集体所有制部分，也不包括国营农场职工的"自留地"部分。

②　参见马克思：《剩余价值学说史》第2卷，第264页。

作为级差地租而由直接经营这些优等土地的农场，从中占有一部分。"①

首先，我们认为朱剑农同志的这个论点，是不符合马克思关于级差地租产生的原理的。级差地租是由不同的生产资料所有者所形成的经济关系呢，还是由同一的生产资料所有者内部的分配方面的原因所形成的经济关系呢？按照我们对马克思关于级差地租一般原理的理解，只能是前者，而不是后者。如前所述，马克思把资本主义级差地租发生的原因归结为资本主义的生产资料私有制，把小土地所有制级差地租归结为个体农民的私有制。马克思还提出过一个具有一般意义的命题，即地租"是实行土地经营时那种社会关系的结果"。②可见，级差地租总只能是由不同的生产资料所有者所形成的经济关系。这是马克思关于级差地租理论的最基本的内容。朱剑农同志却把国营农场级差地租的起因，归结为由按劳分配原则决定的利润分成制度，那就是认为级差地租可以是由同一所有者内部的分配制度而引起的经济关系。这是不符合马克思关于级差地租产生的原理的。

在这里，朱剑农同志把两种经济关系，即由不同的生产资料所有者所形成的经济关系，同由同一所有者内部的分配制度所形成的经济关系混同起来了。这是由于他只看到了二者的某些共同点，但忽视了二者的本质区别。在现实经济生活中，经营优等地的集体所有制生产单位可以获得级差土地收入，经营优等地的国营农业生产单位也可以分得一部分级差土地收入。但在这里，存在的不只是量的差别，从根本上说来，它是质的差别。①前者是生产资料的集体所有制引起的，后者是由全民所有制内部的按劳分配原则引起的。②集体所有制经济中的级差土地收入原则上或者大部分都要归经营优等地的集体所有制生产单位所有，当然，国家也可以通过农业税和工农业产品的交换提取一部分，但只能是一部分。国营农业生产单位的级差土地收入的大部分，是要通过利润上缴和税收交付给国家的，经营优等地的国营农业生产单位通过利润提成（利润提成只包括一部分级差土地收入，不全是级差土地收入）而获得的级

① 朱剑农：《论社会主义制度下的级差地租》，《江汉学报》1961年第2期，第9~10页。从朱剑农同志的全文看，他在这里所说的社会主义全民所有制农业，也只是指的国营农场的全民所有制部分，不包括生产队和生产小队的小部分集体所有制，也不包括国营农场职工的"自留地"。因此，他同我们讨论问题的范围是一致的。

② 马克思：《哲学的贫困》，《马克思恩格斯全集》第4卷，第190页。

差土地收入，只能是一部分。这正是两种不同的经济关系的反映。③由于各个集体所有制生产单位占有的级差土地收入状况的不同，它们之间的劳动报酬水平会发生显著的差别（这种差别不只是由级差土地收入引起的，还有其他因素）。这种差别不只是反映了它们的劳动状况的不同，而且也反映了它们占有优等地与劣等地的状况的不同。在全民所有制经济中，职工的工资标准大体上是一致的。当然，由于经营优等地的国营农业生产单位可以通过利润提成制度，获得一部分级差土地收入，不同国营农业生产单位成员之间的实际工资收入也会发生某些差别（这种差别也不只是由级差土地收入引起的，也还有其他因素），但它不会像集体所有制生产单位之间那样显著。在这里，实际工资收入差别所反映的只是按劳分配原则的要求。由此可见，把这两种不同的经济关系区分开来，把集体所有制经济的级差土地收入确定为级差地租，把全民所有制经济的级差土地收入就确定为级差土地收入，是符合马克思关于级差地租产生的原理的，是符合客观实际情况的。

还需要指出，朱剑农同志的国营农业生产单位存在级差地租的说法，同马克思关于级差地租消失的原理，也是不符合的。马克思说过级差地租消失的经济条件是："如果土地所有权变为人民所有，资本主义生产的基础就一般废止了，劳动条件在劳动者面前独立化的基础也就废止了。"①但朱剑农同志认为，应该把马克思的"土地所有权变为人民所有"，"看作共产主义的全民所有"；"在国营农场中，'资本主义生产的基础'，是废止了，但还存在有它的痕迹"。因为"在社会主义国营农场的利润留成中，既然还有一部分要单独用之于本场职工的福利和奖励，这就是国营农场职工的'资产阶级法权'"，②这个论据也是欠妥的。①朱剑农同志在这里并没做任何论证，就断定说，要把马克思的"土地所有权变为人民所有"，"看作共产主义的全民所有"，这是不能说服人的。②马克思在这里明白指出："土地所有权变为人民所有"，"劳动条件在劳动者面前独立化的基础"的废止。显然，这只是指的生产资料的全民所有制的建立，而并不包括按需分配原则的实现，并不要求共产主义全民所有制的实现。

---

① 马克思：《剩余价值学说史》第 2 卷，第 261 页。
② 朱剑农：《论社会主义制度下的级差地租》，《江汉学报》1961 年第 2 期，第 11 页。

在这种经济条件下，从优等地上节省下来的劳动，将由社会用于改良劣等地。③朱剑农同志认为，国营农场在生产资料所有制方面也存在"资产阶级法权"，这是不符合列宁的著名原理的。列宁说："社会主义则把生产资料变为公有财产（指社会主义全民所有制——引者）。只有在这个范围内，也只能在这个范围内，'资产阶级的法权'才不存在了。""但是它在另一方面却依然存在，依然是社会各个成员间分配产品和分配劳动的调节者（决定者）。"①列宁在另一个地方，还把与社会主义集体所有制企业并存的社会主义全民所有制企业称作"彻底社会主义式的企业"。②我们体会，所谓"彻底社会主义式的企业"，也就是指的在生产资料所有权方面，不带有"资产阶级法权"的企业。可见，朱剑农同志在这里又把分配方面的"资产阶级法权"，和生产资料所有权方面的"资产阶级法权"混同起来了。这又证明：朱剑农同志的应把马克思的"土地所有权变为人民所有""看作共产主义的全民所有"的说法，是没有根据的。

朱剑农同志为了论证级差地租只有在共产主义全民所有制条件下才能消失，还引证了列宁的话："工农业之间就没有任何差别了，任何地租也不可能产生了。"③我们认为朱剑农同志在这里误解了列宁的原意。列宁的原意是指的工农业生产之间不能清除的差别，即土地的有限。为了证明这点，我们把这段话的全文引在下面。列宁在论述资本主义级差地租产生的时候写道："要形成'平均生产率'，要使它来决定价格，那就必须使每个资本家不仅能够一般地投资于农业（既然正如我们所说的，农业中存在着自由竞争），而且能够在任何时候（突破现有的农场的数目）建立新的农场。如果情况是这样，工农业之间就没有任何差别了，任何地租也不可能产生了。但是。正由于土地的有限，情况并不如此。"④可见，列宁只是指明：在土地有限的条件下，在资本主义农业中，必然产生级差地租；列宁并未指明：只有在工农之间经济差别消失以后的共产主义全民所有制的条件下，级差地租才能消失；列宁也没指明：社会主义国营农场必然存在级差地租。

---

① 列宁：《国家与革命》，《列宁全集》第 25 卷，第 453 页。
② 列宁：《论合作制》，《列宁全集》第 33 卷，第 427 页。
③ 参见《江汉学报》1961 年第 2 期，第 15 页。
④ 列宁：《土地问题和"马克思的批评家"》，《列宁全集》第 5 卷，第 102 页。重点是引者加的。

朱剑农同志还提出："国营农场土地生产物的价格，是不是依照虚假的社会价值决定，也是国营农场对其作为经营对象的土地有没有级差地租的重要标志。"国家收购国营农场的农产品，"与收购集体经济的农产品采取相同的价格。可见，国营农场中的优等地，依然有级差地租。"①

我们认为，在集体所有制经济中存在着虚假的社会价值，在全民所有制经济中并不存在虚假的社会价值。

为了说明这一点，我们首先探讨一下马克思对虚假的社会价值所作的分析。①马克思指出，优等地产品生产价格也依照劣等地产品生产价格决定，"这就是由市场价值决定。它在资本主义生产方式的基础上，是通过竞争来贯彻的；由此，生出了一个虚假的社会价值。"可见，在资本主义制度下，虚假的社会价值的产生是资本家之间相互竞争的结果。②马克思又说："这个对于社会劳动时间在农业生产上的实现原是负数的东西，现在，对于社会一部分人，即地主，是成为正数了。"这就是说，在资本主义大土地所有制条件下，从优等地上获得的较多的产品，是归地主占有了。这是资本主义条件下虚假的社会价值的最本质的内容。③马克思还进一步指出："如果我们设想资本主义的社会形态被扬弃了，社会被组织为一个有自觉有计划的共同结合体……社会对于这种土地生产物，就不会依照 $2\frac{1}{2}$ 倍这个生产物内包含的现实劳动时间来购买；地主阶级的基础就消灭了。"②可见，级差土地收入归全社会所有，乃是虚假的社会价值消失的经济条件。

现在我们依据马克思对"虚假的社会价值"的分析，进一步探讨社会主义制度下的虚假的社会价值问题。①如前所述，在集体所有制经济中，农产品社会价值是由劣等地生产条件决定的。如果只从全民所有制的农业来看，农产品的社会价值是可以由劣等地也可以由中等地或优等地的生产条件决定的。当然，在全民所有制与集体所有制并存的条件下，既然集体所有制要求农产品社会价值由劣等地的生产条件决定，那么全民所有制农业生产单位的产品也是必须由劣等地的生产条件决定的。因

① 朱剑农：《论社会主义制度下的级差地租》，《江汉学报》1961 年第 2 期，第 10 页。
② 马克思：《资本论》第 3 卷，第 864 页。

为全民所有制与集体所有制是相互联系的，整个国民经济是统一的整体。但这仍然是起因于集体所有制，起因于集体所有制和全民所有制的并存，而不是起因于全民所有制本身。因此，在集体所有制经济中，有着产生虚假的社会价值的经济条件；而在全民所有制经济中则无这种条件。②在集体所有制经济中，级差土地收入虽然不像资本主义社会那样，是归地主占有的，但还是归经营优等地的集体所有制生产单位所有的，而不是归社会所有。因此，集体所有制经济中的级差土地收入，就是虚假的社会价值。而在国营农场中，级差土地收入绝大部分是归全社会所有的，因而不是虚假的社会价值。可见，虽然集体所有制生产单位和国营农场的级差土地收入均表现为个别价值与社会价值之间的差额，但对前者来说，是虚假的社会价值，对后者来说，就不是虚假的社会价值。

现阶段我国农村级差地租的分配问题 [*]

  现阶段我国农村人民公社的级差地租应当如何分配，特别是在生产大队和生产队之间应当如何分配，这是一个具有实践意义的问题。

  在这个问题上，我们不同意邓翰维同志的看法。邓同志认为：现阶段农村人民公社的土地是归生产大队所有的，"级差地租原则上应当属于生产大队所有，由生产大队进行统一分配"。虽然他也指出，"要使自然条件好的生产队获得级差地租Ⅰ，经营效果好的生产队获得级差地租Ⅱ。"但他认为生产队只"应该享有部分级差地租"。[①]邓翰维同志的这个观点是有代表性的。

  我们认为，单纯的生产大队的土地所有权，并不能决定级差地租应该归生产大队所有。只有在生产大队是独立的经营单位和基本核算单位的条件下，级差地租才应该归生产大队所有。当然，在这个情况下，生产大队也必须依据按劳分配和承认差别的原则，把一部分级差地租分给作为包产单位的生产队。但是，在生产队作为独立经营单位和基本核算单位的情况下，级差地租就不应该归土地所有者——生产大队所有，而应该归土地经营者——生产队所有。当然，生产队也需要上交一部分级差地租给生产大队。

  邓翰维同志认为："地租的占有既然是'土地所有权由以实现的经济

---

  * 汪嘉周（即汪海波、周叔莲）合著。原载《江汉学报》1962年第2期。

  ① 邓翰维：《对现阶段农村人民公社级差地租问题的初步探索》，《江汉学报》1961年第1期。以下引文凡未注明出处的，皆见该文。

形态'，因此，现阶段人民公社的级差地租原则上应当属于生产大队所有，由生产大队进行统一分配……"否则，生产大队的"土地所有权就成为有名无实了"。邓翰维同志的论据是马克思的这个原理，即"地租的占有是土地所有权由以实现的经济形态"。但我们认为，从马克思的这个原理中，并不能得出上述结论。我们知道，马克思曾经假定，在资本主义消灭以后建立起来的社会主义制度，是全面的全民的社会主义所有制。从这个前提出发，马克思曾多次指出，随着资本主义的消灭，级差地租也会消灭。可见，马克思的上述原理只是对社会主义以前各种土地私有权形态下的地租分配规律的概括，并未包括社会主义级差地租的分配。为了说明这点，我们先把马克思对于这个问题的论述，全部引在下面。

"地租不管属于何种特殊的形态，它的一切类型，总有这个共通点：地租的占有是土地所有权由以实现的经济形态；并且地租又总是以土地所有权，以某些个别的人对于地球某些部分有所有权这一个事实，作为假定。土地所有者，可以是代表共同体的个人，在亚洲埃及等地就是如此；这种土地所有权，也可以只是某些人对直接生产者人身的所有权的附属品，例如在奴隶制度或农奴制度下就是如此；它可以是不生产什么的人对于自然的纯粹私有权，对于土地的单纯所有权名义；最后，（请注意，这里说的是最后——引者）它还可以是这样一种对于土地的关系，这种关系，例如对于殖民家或自耕小土地私有者，对于孤立的尚未社会地发展的劳动，好像在某些地段的生产物由直接生产者占有和生产的事实里面，已经直接地包含着。"①

从上面这段引文中可以看出：第一，在这里，马克思对占有地租的各种土地所有权作了全部的论述，但都是指的社会主义以前的各种土地私有权形态。第二，马克思在这里所说的土地所有权只是指土地私有权而言。

邓翰维同志也引用过这段文字，但他同我们的看法不同。他说：马克思这里所讲的土地所有权不只是指的土地私有权；"因为马克思在这句话的后面接着就指出：'土地所有者，可以是代表共同体的个人……'"这里的问题是：马克思这里所说的"共同体"，是以生产资料公有制为基础的原始公社呢，还是生产资料私有制已经产生、原始公社制度已经处

---

① 马克思：《资本论》第3卷，人民出版社1953年版（后同），第829页。重点是引者加的。

于瓦解状态的"共同体"呢？这个"代表共同体的个人"，是氏族社会的领袖呢，还是在生产资料私有制的基础上产生的专制君主呢？我们认为是后者，而不是前者。所谓"土地所有者，可以是代表共同体的个人，在亚洲埃及等地就是如此。"是什么意思呢？马克思在《资本主义生产以前的各种形态》一书中，对这种土地所有权作了详细的说明。他说："在大多数基本的亚细亚的形态里面……每一个单独的人事实上已经失去了财产……因为那是由以作为这许多集体之父的专制君主实现出来的统一体通过这单独的人所属的公社而分配给他的。""公社的一部分剩余劳动属于这个最终作为一个人而存在的最高集体，而这种剩余劳动在贡赋等等的形式中表现出来……"马克思还明白指出：领主的所有权，"就其最原始的意义上来说，在这里……才第一次看到。向徭役制过渡等等，也在这里奠下基础。"① 可见，这个"共同体"的基础，已经不是土地的原始公社所有制，而是"专制君主"的私有制，是"最原始意义上"的"领主所有权"。因而，这里也不存在原始公社的产品的平均分配，而是"剩余劳动"的占有，是"贡赋"的占有。这种"贡赋"也就是"领主所有权"在经济上的实现。可见，这个"代表共同体的个人"的土地所有权，并非原始公社的土地所有权，它更不意味着马克思的上述原理，可以包括社会主义的土地公有权。

还有同志认为，马克思在这里列举的土地所有权形态虽然都是土地私有权，但他在《资本论》另一个地方指出：在土地的资产阶级国有的条件下，级差地租要归于国家。② 在这里，地租的占有也是土地的资产阶级国家所有权在经济上实现自己的形态。因此，马克思的这个原理，也包括了土地公有制条件下地租的分配。但我们认为，在资本主义私有制基础上的资产阶级国家所有制，不过是集体的资本家所有制。级差地租为资产阶级国家所有，只是表明集体的资本家土地所有，只是表明集体的资本家土地所有权在经济上的实现。这是一种建立在资本主义生产私有制基础上的土地公有权，它丝毫都不意味着马克思的上述原理，也可以包括社会主义级差地租的分配。

---

① 马克思：《资本主义生产以前的各形态》，人民出版社 1956 年版，第 5~7 页。重点是引者加的。
② 参见马克思：《资本论》第 3 卷，第 864 页。

现在的问题是：马克思在提出这个原理时虽然没有包括社会主义级差地租的分配，但能不能把它当作一个一般的原理，运用于社会主义社会呢？在邓翰维同志看来这是肯定的，而我们的回答是否定的。

大家知道，土地和生产资料的社会主义公有制，是作为土地和生产资料的私有制的对立物而产生的。在社会主义土地公有制的条件下，自然有着与土地私有制条件下根本不同的地租分配的规律。如果说，单纯地依靠土地所有权来占有地租，是土地私有权本质的表现，那么，社会主义的土地公有权的本性却从根本上排斥这一点。马克思说："单纯的法律上的土地私有权，不会为所有者创造任何地租。"① 从一般的意义上来理解，任何的单纯的土地所有权也不会创造地租。地租总是劳动的产物。因此，如果单纯地依靠土地所有权去获取地租，就意味着无偿地占有劳动。这一点，同社会主义公有制的本性是不相容的。马克思对这个问题，也有明白的指示。马克思说："从一个高级的经济社会形态的观点看，个别人对于土地的私有权，是和一个人对于另一个人的私有权一样完全悖理。甚至全社会，全国，以至一切同时的社会全体，都不是土地的私有者。他们只是土地的占有者，土地的利用者。他们必须像家庭的贤父亲一样，把土地改良，然后传给后代。"② 这就是说：从社会主义和共产主义社会制度的观点看，不仅个别人，甚至全社会都不能单纯地依靠土地所有权去获取地租。

马克思虽然确定了在土地私有制的条件下，地租归土地所有者所有是一条客观规律，但同时，马克思又严正地指出了土地私有者占有地租对于社会生产力发展的严重阻碍作用。马克思在论到资本主义土地私有权的时候写道：地租归土地所有者所有，"这同时就是合理农业的最大障碍之一"。③ "因为它会限制租地农业家的生产投资，因为在结局上这种投资不是于他们有利，而仅有利于地主"；并且必然产生"地力的剥削和滥用，代替土地……的自觉的合理的经营"。④ 既然这样，那么，我们为什么一定要像土地私有制那样，不把级差地租归土地经营者而归土地所有者

---

① 马克思：《资本论》第 3 卷，第 988 页。
② 马克思：《资本论》第 3 卷，第 1012 页。重点是引者加的。
③ 马克思：《资本论》第 3 卷，第 809 页。
④ 马克思：《资本论》第 3 卷，第 1060~1061 页。

呢？这样做，也是不利于社会生产力发展的。

　　土地是生产大队的，因而级差地租也必须归大队的观点，同已有的社会主义实践也是矛盾的。大家知道，苏联的土地是属于国家所有的，但是国家并没有凭借土地所有权去占有地租。我国城市郊区大部分土地也是国有的，但国家也并没有依此去占有地租。当然，无论是苏联的集体农庄和我国的农村人民公社，都应当把一部分级差地租上交国家。但这并不是因为土地国有制，而是因为农业生产在各个方面都受到了国家的巨大支援。生产大队必须从生产队提取部分级差地租的原因，也在这里。所以必须这样做，是因为生产队在生产的投资，农田基本建设等各个方面，都受到生产大队的直接支援。但不能因此说，生产大队是依据土地所有权，从作为独立经营单位的生产队中占有级差地租的。

　　那么，在生产队作为独立经营单位和基本核算单位的情况下，级差地租不归土地所有者——生产大队所有，而归土地经营者——生产队所有，是否就像邓翰维同志说的那样，生产大队的土地所有权便成为"有名无实的了"呢？不能这样说。在土地和生产资料私有制的条件下，土地所有者与土地经营者的利益是对立的。在这种条件下，如果土地所有权不占有地租，那对土地所有者来说，在经济上确实是毫无意义的。但在社会主义制度下，在我国农村人民公社中，情况就根本不同。①作为土地所有者的生产大队和作为土地经营者的生产队是分离的，又是结合的；生产大队无偿地把土地固定给生产队使用，为生产队经济的发展提供了根本的生产资料；生产队经济的发展，又会反过来促进生产大队经济的发展。生产大队的土地所有权并不表现为占有地租，而是表现为大集体经济与小集体经济之间的互助合作。占有地租是同土地的社会主义公有制的本性相排斥的，而互助合作却是社会主义公有制的本质表现。②土地归生产大队所有是为了便于在全大队的各个生产队之间合理地使用土地，便于在大队范围内实行因地种植，进行农田水利基本建设，等等。这是和土地私有制条件下的情况根本不同的。

如何在扩大再生产的图式中反映劳动生产率提高的影响 *
——试把劳动生产率提高的影响纳入马克思的扩大再生产图式

一

大家知道，马克思和列宁关于社会再生产的基本原理以及体现这些原理的再生产图式，不仅对于资本主义社会是有效的，而且对于社会主义社会也是有效的。但是，马克思和列宁的再生产图式舍象了许多因素。在社会主义国家的国民经济计划工作中，要运用这些图式，就必须把它进一步地具体化。本文拟就再生产图式具体化问题的一个方面，即在扩大再生产图式中反映劳动生产率提高的影响，提出一些粗浅的看法，就教于学术界的同志们。

如何在扩大再生产图式中反映劳动生产率提高的影响呢？劳动生产率的提高对于扩大再生产的影响是多方面的，其中最重要的一个方面，

* 实学（即周叔莲、汪海波）合著。原载《江汉学刊》1962 年第 4 期。

就是引起剩余劳动率①的提高。把劳动生产率的提高所引起的剩余劳动率的提高这一因素，引入扩大再生产图式，不仅是再生产理论研究中需要解决的问题，同时也是社会主义建设实践提出的问题。

大家知道，马克思在《资本论》中所制定的扩大再生产图式假定：①社会资本有机构成是不变的。②两大部类的剩余价值率是不变的。③第一部类的积累率也是不变的。马克思假定资本有机构成不变和剩余价值率不变，也就是假定劳动生产率不变。对马克思当时的研究任务来说，这样做是完全必要的。马克思给《资本论》提出的任务是"揭露近代社会的经济的运动法则"，②即是说明资本主义社会的发生、发展、灭亡以及必然为社会主义社会所代替的法则。从这个总任务出发，"实现论"的任务在于阐明"社会总资本的再生产过程和流通过程"，③从而，一方面说明了资本主义再生产的产品实现的可能性，另一方面也揭露了资本主义再生产过程中的矛盾，特别是无限制地扩大生产的倾向与有限的消费之间的矛盾，说明资本主义的社会产品只有通过各种"困难"、"波动"、"危机"等等而实现。在"实现论"中，马克思着重分析和表明了资本主义的生产和消费的"矛盾是怎样实现的，并且把它摆到首要地位"。④为了达到这一点，是可以而且应该把扩大再生产中的诸种复杂因素（其中包括劳动生产率提高的因素）抽象掉的。这样做，不仅不妨碍、而且能够在最简明的形态上，揭示社会资本再生产的规律，并指明资本主义所固有的矛盾，即人民的消费没有随着生产的巨大增长而相应地增长这一矛盾是怎样实现的。

列宁在《论所谓市场问题》一文中，把资本有机构成提高这一因素，引入了马克思的扩大再生产图式。但他还是假定：剩余价值率和第一部类的积累率是不变的。资本有机构成的提高是劳动生产率增长的重要标志。

---

① 我们认为：在社会主义制度下，不存在"劳动力价值"、"剩余价值"和"剩余价值率"等资本主义经济范畴，但还存在着"必要劳动"和"剩余劳动"、"必要产品"和"剩余产品"等范畴。关于这一点，马克思说过："把任何一种社会化的生产……当作前提，我们总是能够区分出劳动的两部分，一部分的生产物是直接供生产者及其家属用在个人的消费上，别一个部分——那总是剩余劳动——的生产物总是用来满足一般的社会的需要，而不问这个剩余生产物是怎样分配，也不问是谁当作这种社会需要的代袭。"（《资本论》第3卷，人民出版社1956年版，第1150页）马克思在其他很多地方以及列宁在他的著作中，都有类似的论述。因此，我们认为，在社会主义制度下，也就存在着"剩余劳动率"和"剩余产品的价值率"等范畴。

② 马克思：《资本论》第1卷，人民出版社1956年版（后同），初版序，第4页。

③ 列宁：《再论实现论问题》，《列宁全集》第4卷，人民出版社1958年版（后同），第71页。

④ 列宁：《再论实现论问题》，《列宁全集》第4卷，第68页。

就这方面说，列宁考虑了劳动生产率提高的因素。但在这里，列宁也把劳动生产率增长的一个最重要影响，即剩余价值率的提高这一因素舍象了。这对列宁当时的研究任务来说，也是完全适宜的。列宁的这篇论文主要是为批判民粹派而写的。民粹派错误地认为，资本主义在俄国没有市场，不能发展，因而马克思主义不适用于俄国。列宁的这篇论文"就是为驳斥这个论据而写的"。[①] 而列宁用来反对这个错误观点的主要论据，就是生产资料生产的优先增长；[②] 而生产资料生产的优先增长，又是以资本有机构成的不断提高为前提的。[③] 为了达到生产资料生产优先增长的结论，只要把资本有机构成提高这一因素纳入马克思的扩大再生产图式，就已经足够了。至于其他因素（包括由劳动生产率的增长所引起的剩余价值率的提高），也是可以而且应该舍象的。这也便于在最简明的形态上揭示出生产资料生产优先增长的规律。

可是，对于我们当前的研究任务来说，把劳动生产率的提高所引起的剩余劳动率的提高这个因素，引入扩大再生产图式，却是绝对必要的。大家都知道，劳动生产率的不断增长，是社会主义的经济规律。同时，劳动生产率和剩余劳动率的提高，又是社会主义经济高速度发展的极重要因素。在社会主义国家的国民经济计划工作中，当运用马克思、列宁关于扩大再生产的原理来确定国民经济各个部门的比例关系和发展速度时，是不能不考虑上述这些因素的作用的。

应该着重指出，马克思在《资本论》第2卷的扩大再生产图式中，虽把劳动生产率提高所引起的剩余劳动率提高这个因素舍象了，但在《资本论》第1卷中，却对这个问题作过极完整极深刻的论证。当然，马克思分析的是资本主义经济。但如果抛开马克思理论所包含的资本主义特殊性质，而只就它的一般内容来看，那么，它对社会主义经济的研究，仍有指导的意义。本文就是试图依据马克思的一般理论，把劳动生产率提高所引起的剩余劳动率的提高这一因素，纳入由马克思提出并由列宁发展了的扩大再生产图式。

---

① 列宁：《论所谓市场问题》，《列宁全集》第1卷，人民出版社1957年版，第63页。
② 参见列宁：《俄国资本主义的发展》，《列宁全集》第3卷，人民出版社1959年版，第33~34页。
③ 参见列宁：《论所谓市场问题》，《列宁全集》第1卷，第69~73页。

二

为了便于说明问题，我们先从理论上考察劳动生产率提高对于剩余劳动率的影响，然后再把它纳入扩大再生产的图式。

大家知道，剩余劳动率就是剩余劳动与必要劳动的比率。在劳动日长度已定的条件下，要增加剩余劳动，就必须缩短必要劳动时间。这就必须提高劳动生产率。因为，"劳动生产力的增加……会缩短生产一种商品社会必要的劳动时间"；从而"会把劳动者生产他的生活资料或其等价所需的劳动日部分缩短"。①

应该指出，要缩短必要劳动时间和相对地延长剩余劳动时间，从而提高剩余劳动率，并不是提高任何生产部门的劳动生产率都能达到的。首先必须是提高生产劳动者的生活资料的部门的劳动生产率。因为正是这些部门劳动生产率的提高，才能直接降低生产生活资料的社会必要劳动时间，才能缩短必要劳动时间和相对延长剩余劳动时间。但是，"一商品的价值，不仅由该商品所由以取得最后形态的劳动量来决定，而且也由它的生产资料所包含的劳动量来决定"。②因此，如果那些为生产劳动者的生活资料而供给生产资料的部门的劳动生产率有了提高，它们的成品的价值降低了，那也会缩短生产生活资料的社会必要劳动时间，从而提高剩余劳动率。至于那些既不供给劳动者的生活资料、又不供给这种生活资料赖以形成的生产资料的部门，即使劳动生产率有了提高，也不会影响剩余劳动率的变化。

这样，我们可以得到，与生产劳动者的生活资料有关的生产部门的劳动生产率有了提高，就会引起必要劳动的缩小和剩余劳动的增加；反之，就会引起必要劳动的增加和剩余劳动的减少。可见，剩余劳动率是与这些生产部门的劳动生产率成正比例的。

应该着重指出，在社会主义制度下，随着社会劳动生产率的提高，劳动者的实物劳动报酬必然会得到提高。马克思曾经说过："把工资还原

① 马克恩：《资本论》第 1 卷，第 374、650 页。
② 马克思：《资本论》第 1 卷，第 375 页。

为它的一般基础，那就是，还原为自己的劳动生产物中加入劳动者个人消费内的部分"；如果"把这一个部分从资本主义的限制解放出来"，它就会"扩大到一方面为社会已有的生产力……所许可，另一方面为个人的完全发展所必要的消费的范围"。[①] 所以，在社会主义制度下，劳动生产率的提高对剩余劳动率的影响，与在资本主义制度下，有着不同的性质和情况。不过，在劳动生产率和劳动者实物报酬同时增长的条件下，只要实物报酬增长的速度低于劳动生产率提高的速度，那么，必要劳动的缩小和剩余劳动的增加，仍然可能发生。而事实上，为了不断地扩大社会主义积累，加速社会主义扩大再生产，以便在生产发展的基础上不断提高人民的生活水平，劳动者实物报酬增长的速度，总是必须低于劳动生产率提高的速度的。

可见，在劳动日长度已定的条件下，剩余劳动率的变化决定于两个因素：一是劳动生产率的增长速度，一是实物劳动报酬的增长速度。前者以正的方向作用于剩余劳动率的变化，后者以反的方向作用于剩余劳动率的变化。现在，我们把这种关系用公式表示出来。

假设：$(v+m)$ 代表劳动日，或劳动日的价值生产物；劳动日或 $(v+m)$ 是不变的；

v 代表必要劳动，或劳动报酬基金；[②]

m 代表剩余劳动，或剩余产品的价值；

m' 代表剩余劳动率，或剩余产品的价值率；

c_e 代表单位产品的社会必要劳动量，或单位产品的价值量；

z_p 代表实物劳动报酬；

t_n 代表劳动生产率的增长速度；

t_z 代表实物劳动报酬的增长速度；

o 代表基期；

I 代表本期。

这样，基期的必要劳动量，即 v_o 可以表示为 $c_e z_p$；增长后的实物报酬

① 马克思：《资本论》第 3 卷，第 1147~1148 页。

② 这种劳动报酬基金，在社会主义制度下，也是存在的。关于这一点，马克思说过："可变资本不过是生活资料基金或劳动基金一种特殊的历史的现象形态；那种劳动基金，是劳动者维持他自己及再生产他自己所必要的，在一切社会生产的制度下，都要由他自己不断地生产和再生产出来。"（《资本论》第 1 卷，第 709 页）

量可以表示为 $z_p + z_p t_z$，即 $z_p(1 + t_z)$；劳动生产率提高后的单位产品的劳动量可以表示为 $c_e \div (1 + t_n)$；[1] 因而，本期的必要劳动量，即 v_1 可以表示为 $z_p(1 + t_z) \times [c_e \div (1 + t_n)]$。

这样，基期的剩余劳动率可以表示为：$m_o' = \dfrac{m_o}{y_o}$。本期的剩余劳动率可以表示为：

$$m_1' = \frac{m_1}{v_1} = \frac{(v + m) - v_1}{v_1} = \frac{(v + m) - \{[z_p(1 + t_z)] \times [c_e \div (1 + t_n)]\}}{[z_p(1 + t_z)] \times [c_e \div (1 + t_n)]}$$

这个公式既可以用来计算个别企业的剩余劳动率的变化，也可以用来计算全社会的剩余劳动率的变化。因为在全社会各个企业的 m_o'、t_n、t_z 相等的假定下，个别企业与全社会在这个问题上的区别，只是工人人数的不等。但人数的差别只会影响到剩余劳动量，不会影响到剩余劳动率。为了说明这一点，我们举一实例如下：

假定原来每个单位产品等于一个单位劳动时间。假定工人总数是 250 个单位，每个单位工人的必要劳动是 4 单位劳动时间，或 4 单位产品；这样，全社会的工人的必要劳动就是 $250 \times 4 = 1000$ 单位劳动时间，或 1000 单位产品。再假定每个单位工人的剩余劳动也是 4 单位劳动时间，或 4 单位产品；这样，全社会工人的剩余劳动也是 $250 \times 4 = 1000$ 单位劳动时间，或 1000 单位产品。这样，基期的剩余劳动率就是：$m_o' = \dfrac{m_o}{v_o} = \dfrac{1000}{1000} = 100\%$。

我们再假定劳动日长度不变，即仍等于 8 单位劳动时间，但劳动生产率提高了一倍。因此，每个单位产品所包含的劳动时间由一个单位下降到半个单位。假定实物劳动报酬也提高了 25%，即每个单位工人的实物报酬由 4 单位产品增加到 5 单位产品。我们还假定，全社会工人总数也由 250 个单位增加到 400 个单位。这样，全社会工人的必要劳动就是

---

[1] 劳动生产率的提高，既可以用生产单位产品的劳动量的减少来表示，也可以用单位劳动时间内生产产品数量的增加来表示。本文在运算时所说的劳动生产率的提高，都是指单位劳动时间内产品增加的百分数。比如说劳动生产率提高 10%，即是指同样劳动时间内生产的产品增加 10%。由于生产单位产品所需的劳动量和劳动生产率成反比例，因此劳动生产率提高以后的单位产品的劳动等于 $C_e \times \dfrac{1}{1 + t_n}$，即 $C_e \div (1 + t_n)$。

$400 \times 5 = 2000$ 单位产品，但还是 1000 单位劳动时间。全社会工人的劳动总量现在是 $400 \times 8 = 3200$ 单位劳动时间；除去 1000 单位劳动时间的必要劳动以外，剩余劳动时间就从 1000 单位劳动时间增加到 2200 单位劳动时间。这样，本期的剩余劳动率就是：$m_1' = \dfrac{m_1}{v_1} = \dfrac{2200}{1000} = 220\%$。就是说，剩余劳动率提高了 122%。这个结果，可以用前述的公式直接计算出来：

$$m_1' = \frac{m_1}{v_1} = \frac{(v+m) - v_1}{v_1} = \frac{8 - \{[4(1+25\%)] \times [1 \div (1+100\%)]\}}{[4(1+25\%)] \times [1 \div (1+100\%)]}$$

$$= \frac{8 - (5 \times 0.5)}{5 \times 0.5} = \frac{8 - 2.5}{2.5} = \frac{5.5}{2.5} = 220\%$$

可见，这个公式反映了劳动生产率的增长速度和实物报酬的增长速度对于剩余劳动率的影响；它是可以用来计算全社会的剩余劳动率的变化的。

现在，我们进一步考察劳动生产率提高对于剩余劳动总量的影响。这种影响首先表现在：劳动生产率提高以后，每个劳动者劳动报酬基金降低了（这一点，只要实物劳动报酬增长的速度低于劳动生产率提高的速度，就可能发生），必要劳动减少了，剩余劳动相应地增多了，剩余劳动率提高了，每个劳动者将提供更多的剩余劳动量。但劳动生产率的提高对于剩余劳动量的影响，并不只是表现在这一点上；它还表现在：由于每个劳动者的劳动报酬基金降低了，同一的劳动报酬基金总量就能够推动较多的劳动者。而剩余劳动总量正是等于每个劳动者提供的剩余劳动量乘上劳动者总数。劳动生产率的提高对于剩余劳动量是这种两重影响，可以用下列公式表示出来。

假设：$\sum p$ 代表工人总数；

$\sum v$ 代表必要劳动总量，或劳动报酬基金总量；

$\sum m$ 代表剩余劳动总量，或剩余产品的价值总量。

这样，$m = m'v$ (1)

$$\sum p = \frac{\sum v}{v} \tag{2}$$

$$\sum m = \sum pm = \frac{\sum v}{v} \cdot m'v = \sum vm' \tag{3}$$

（1）式表明：劳动生产率愈高，剩余劳动率愈高，每个劳动者提供的剩余劳动量也愈多。（2）式表明：劳动生产率愈高，每个劳动者的劳动报酬基金愈低，一定量的劳动报酬基金所能推动的劳动者人数也会愈多。（3）式集中地反映了劳动生产率提高对于剩余劳动总量的这两重影响，即劳动生产率愈高，每个劳动者提供的剩余劳动量愈多，同时一定量劳动报酬基金所推动的劳动者人数也愈多，因而，剩余劳动总量也就愈大。

现在仍以上面的实例来说明。依据前述假定，则 $\sum m_o = \sum v_o m'_o = 1000 \times 100\% = 1000$ 单位劳动时间；$\sum ml = \sum vl m'_I = 1000 \times 220\% = 2200$ 单位劳动时间。

三

现在我们依据前面的说明，把由劳动生产率的提高而引起的剩余劳动率的提高这一因素，纳入由马克思提出并由列宁发展的扩大再生产图式。

先说明一点：图式中的符号，均表示社会主义的经济范畴。除了前面已经作过说明的以外，再补充指出：c 表示生产资料的补偿基金；g 表示积累基金，$\dfrac{m}{x}$ 表示非生产领域的个人消费和集体消费的基金。[①]

马克思提出的扩大再生产的发端公式如下：

I $4000c + 1000v + 1000m = 6000$ ·····················v/c = 1/4

II $1500c + 750v + 750m = 3000$ ·····················v/c = 1/2

马克思在这里假定 $m' = 100\%$。为了便于在下面说明劳动生产率提高对于剩余劳动率的影响，我们先在这里再补充假设：每个单位产品的社会必要劳动量，即 Ce = 1 单位劳动时间。第一部类的工人总数，即 $I\sum p = 250$ 个单位；第二部类的工人总数，即 $II\sum p = 187.5$ 个单位。两大部类每个单位工人的必要劳动或劳动报酬基金，即 v = 4 单位劳动时间，或 4 单位产品。两大部类每个单位工人的剩余劳动或剩余产品的价值，即 m = 4 单位劳动时间，或 4 单位产品。这样，I（v + m）= I（1000v + 1000m）；II（v + m）= II（750v + 750m）。

我们也按照马克思原来的假定，即第一部类的积累率是不变的，逐年

---

① 马克思指出：这部分消费基金，按其用途，可分为国家管理基金、文化教育卫生基金和社会保险基金（参看《哥达纲领批判》，《马克思恩格斯文选》（两卷集）第 2 卷，莫斯科外国文书籍出版局 1955 年版，第 20 页）。

均是以 $\frac{1}{2}$ I m 用于积累。同时，我们还按照列宁的原来假定，即社会生产基金有机构成是变化的；其提高的比例，也同列宁所假定的一样。① 这样，

$$\text{I}\ (1000v + 500m) = \text{II}\ 1500c$$

$$g^{\text{I}}500m = 450c + 50v\cdots\cdots\cdots\cdots\cdots\cdots\cdots\cdots\cdots\cdots v/c = 1/9$$

$$g^{\text{II}}60m = 50c + 10v\cdots\cdots\cdots\cdots\cdots\cdots\cdots\cdots\cdots\cdots v/c = 1/5$$

经过积累以后，社会产品的分配如下：

$$\text{I}\ 4450c + 1050v + \left(500\frac{m}{x}\right) = 6000\cdots\cdots\cdots\cdots\cdots v/c = 1/4.24$$

$$\text{II}\ 1550c + 760v + \left(690\frac{m}{x}\right) = 3000\cdots\cdots\cdots\cdots\cdots v/c = 1/2.004$$

我们假定劳动生产率是变化的。大家知道，劳动生产率的提高比社会生产基金有机构成的提高要快得多；社会生产基金有机构成的变化只能近似地反映劳动生产率的变化。② 根据这一点，并且依据上述社会生产基金有机构成提高的状况，我们假定与生产劳动者生活资料有关的生产部门的劳动生产率，提高了10%。应该说明，上述的第一部类（包括生产劳动者的生活资料的生产资料的部门）和第二部类（包括生产劳动者的生活资料的部门）的生产基金有机构成提高的速度是不等的，它们的劳

---

① 应该指出：在社会主义制度下，积累率比资本主义要高，社会生产基金有机构成提高的速度也要快。但我们为了要在纯粹的形态上，即在第一部类积累率和资金构成提高比例相等的情况下，考察劳动生产率提高引起的剩余劳动率提高以及由此给扩大再生产带来的影响，并且为了同马克思和列宁的扩大再生产图式进行比较，所以我们把社会主义制度下的这些特点舍象了。这就使得社会主义制度的优越性，在我们的演算中，没有得到充分的反映。但本文的中心任务，是在考察劳动生产率提高对于扩大再生产的影响，其他问题不想涉及。这是需要说明的。另外，下面图式中 $\frac{m}{x}$ 部分之所以占到这样大的分量，也是受到上述有关积累率的假定的影响。在社会主义国民经济计划的实践中，$\frac{m}{x}$ 是不会占到这样大的分量的。

② 马克思说："投在一个产业部门的资本的价值构成，即可变资本对不变资本的确定的比，总表示一个确定的劳动生产率程度。"（《资本论》第3卷，第37页）因为，"只要生产资料的量与合并在它里面的劳动力比较而言增大了，这种增大总表示着劳动生产率的增进"。"资本技术构成上的这种变化……（会反映到资本的价值构成上来"不过，"变化的资本价值构成，只近似地表示它的物质成分的构成的变化。……理由简单就是劳动生产率增进的结果，劳动所消费的生产资料的范围固然扩大了，但和它的范围比较，它的价值则已减低。……所以，不变资本与可变资本的差额的增大，与生产资料量（不变资本就是转化为这个）与劳动力量（可变资本就是转化为这个）的差额的增大相比较，是小得多的。前者之差，虽与后者之差一同增加，但只以较小的程度增加。"（《资本论》第1卷，第782~785页）可见，劳动生产率提高的程度，比资本有机构成提高的程度，要大得多。就一般意义上理解，马克思的这个原理，对于社会主义制度下的劳动生产率和生产基金构成变化的关系，也是适用的。

动生产率的提高状况也是有差别的。但为了简明起见，我们把这种差别抽象了。

我们还假定实物劳动报酬是不变的，即 $t_z = 0$。我们的任务是要说明：劳动生产率的变化对于剩余劳动率的影响。为了在简单的形态上考察这个问题，舍象这个因素是必要的。但即使把这个因素加入在内，也不会影响我们的结论。因为我们在第二节已经证明：在劳动生产率提高的情况下，即使实物劳动报酬上升，但只要实物劳动报酬不是同劳动生产率依同一比例增加，剩余劳动率仍然是会提高的。

此外，我们还假定劳动日长度是不变的，即 $(v + m) = 8$。

这样，依据第二节的公式，即

$$m_I' = \frac{m_I}{v_I} = \frac{(v+m) - v_I}{v_I} = \frac{(v+m) - \{[z_p(1+t_z)] \times [c_e \div (1+t_n)]\}}{[z_p(1+t_z)] \times [c_e \div (1+t_n)]}$$

即可计算出剩余劳动率的变化。这就是：

$$m_I' = \frac{8 - \{[4(1+0)] \times [1 \div (1+10\%)]\}}{[4(1+0)] \times [1 \div (1+10\%)]} = \frac{8 - 3.6}{3.6} = \frac{4.4}{3.6} = 122\%$$

依据第二节另一个公式，即 $\sum m = \sum vm'$，还可以算出第一部类和第二部类的剩余劳动总量。这就是：

$I \sum m_I = I(\sum v_I m_I') = I(1050 \times 122\%) = I\,1280m$；

$II \sum m_I = II(\sum v_I m_I') = II(760 \times 122\%) = II\,927m$。

这样，第二年社会总产品的构成是：

$I\ 4450c + 1050v + 1280m = 6780$

$II\ 1550c +\ 760v +\ 927m = 3237$

$I\ (1050v + 640m) = II\ 1690c$

$II\ (1550c + 140m)$

$g\ II\ 157m = II\ (140c + 17v) \cdots\cdots\cdots\cdots v/c = 约\ 1/8$

$g\ I\ 640m = I\ (610c + 30v) \cdots\cdots\cdots\cdots v/c = 约\ 1/20$

$g\ II\ 34m = II\ (30c + 4v) \cdots\cdots\cdots\cdots v/c = 约\ 1/8$

$I\ 5060c + 1080v + \left(640\frac{m}{x}\right) = 6780 \cdots\cdots v/c = 1/4.7$

$$\text{II} \ 1720c + 781v + \left(736\frac{m}{x}\right) = 3237\cdots\cdots\cdots v/c = 1/2.2$$

我们假定与生产劳动者的生活资料有关的生产部门的劳动生产率，比第一年提高了 20%。这样，

$$m'_I = \frac{8 - \{[4(1+0)] \times [1 \div (1+20\%)]\}}{[4(1+0)] \times [1 \div (1+20\%)]} = \frac{8-3.3}{3.3} = \frac{4.7}{3.3} = 142\%$$

$$\text{I} \sum m_I = \text{I}(1080 \times 142\%) = \text{I} \ 1534m$$

$$\text{II} \sum m_I = \text{II}(781 \times 142\%) = \text{II} \ 1109m$$

这样，第三年社会总产品的构成是：

$$\text{I} \ 5060c + 1080v + 1534m = 7674$$

$$\text{II} \ 1720c + \ 781v + 1109m = 3610$$

$$\text{I}(1080v + 767m) = \text{II} \ 1847c$$

$$\text{II}(1720c + 127m)$$

$$g\,\text{II} \ 138m = \text{II}(127c + 11v)\cdots\cdots\cdots\cdots v/c = 约 \ 1/11$$

$$g\,\text{I} \ 767m = \text{I}(739c + 28v)\cdots\cdots\cdots\cdots v/c = 约 \ 1/26$$

$$g\,\text{II} \ 31m = \text{II}(28c + 3v)\cdots\cdots\cdots\cdots v/c = 约 \ 1/11$$

$$15799c + 1108v + \left(767\frac{m}{x}\right) = 7674\cdots\cdots\cdots v/c = 1/5.21$$

$$\text{II} \ 1875c + 795v + \left(940\frac{m}{x}\right) = 3610\cdots\cdots\cdots v/c = 1/2.35$$

我们假定劳动生产率比第一年提高了 40%。这样，

$$m'_I = \frac{8 - \{[4(1+0)] \times [1 \div (1+40\%)]\}}{[4(1+0)] \times [1 \div (1+40\%)]} = \frac{8-2.8}{2.8} = \frac{5.2}{2.8} = 186\%$$

$$\text{I} \sum m_I = \text{I}(1108 \times 186\%) = \text{I} \ 2061m$$

$$\text{II} \sum m_I = \text{II}(795 \times 186\%) = \text{II} \ 1479m$$

这样，第四年社会总产品的构成是：

$$\text{I} \ 5799c + 1108v + 2061m = 8968$$

$$\text{II} \ 1875c + \ 795v + 1479m = 4149$$

以下各年，依此类推。

现将各年两大部类产品及社会总产品的增长速度表列如下：

表一

	第一年	第二年	第三年	第四年
第一部类产品	6000	6780	7674	8968
为上一年的%	—	113.00	113.20	116.90
第二部类产品	3000	3237	3610	4149
为上一年的%	—	107.90	111.40	115.00
社会总产品	9000	10017	11284	13117
为上一年的%	—	111.20	112.60	116.20

为了便于进行比较,我们把马克思在《资本论》中和列宁在《论所谓市场问题》中所作的关于扩大再生产的计算,也附录于后。

按照马克思的假设,各年社会总产品的构成如下:

第一年　I $4000c + 1000v + 1000m = 6000$

　　　　II $1500c + 750v + 750m = 3000$

第二年　I $4400c + 1100v + 1100m = 6600$

　　　　II $1600c + 800v + 800m = 3200$

第三年　I $4840c + 1210v + 1210m = 7260$

　　　　II $1760c + 880v + 880m = 3520$

第四年　I $5324c + 1331v + 1331m = 7986$

　　　　II $1936c + 968v + 968m = 3872$

这样,各年两大部类的产品及社会总产品的增长速度,有如下表:

表二

	第一年	第二年	第三年	第四年
第一部类产品	6000	6600	7260	7986
为上一年的%	—	110.00	110.00	110.00
第二部类产品	3000	3200	3520	3872
为上一年的%	—	106.67	110.00	110.00
社会总产品	9000	9800	10780	11858
为上一年的%	—	108.98	110.00	110.00

按照列宁的假设,各年社会总产品的构成如下:[①]

第一年　I $4000c + 1000v + 1000m = 6000$

　　　　II $1500c + 750v + 750m = 3000$

---

① 这里的数字,和列宁《论所谓市场问题》中的数字略有出入。引者对原著中的个别数字作过一些校正。

第二年　　Ⅰ 4450c + 1050v + 1050m = 6550

　　　　　Ⅱ 1550c + 760v + 760m = 3070

第三年　　Ⅰ 4950c + 1075v + 1075m = 7100

　　　　　Ⅱ 1600c + 766v + 766m = 3132

第四年　　Ⅰ 5467.5c + 1095v + 1095m = 7657.5

　　　　　Ⅱ 1632.5c + 769v + 769m = 3170.5

这样，各年两大部类的产品及社会总产品的增长速度，有如下表：

表三

	第一年	第二年	第三年	第四年
第一部类产品	6000	6550	7100	7657.5
为上一年的%	—	109.20	108.40	107.90
第二部类产品	3000	3070	3132	3170.5
为上一年的%	—	102.30	102.30	101.20
社会总产品	9000	9620	10232	10828
为上一年的%	—	106.90	106.30	105.80

四

现在，我们依据前面的研究和分析，做出相应的结论。

首先，把劳动生产率提高所引起的剩余劳动率提高的影响纳入扩大再生产图式，并没有改变马克思和列宁在扩大再生产图式中所体现的结论；相反，它再一次和进一步地证明了，马克思和列宁关于扩大再生产的基本原理的无比正确。其中很重要的两条基本原理是：

（一）要实现扩大再生产，不仅要求第一部类的剩余产品能够为社会提供追加的生产资料，还要求有追加的劳动力，因而还要求第一部类的剩余产品能够提供追加的生活资料。与扩大再生产的这两个条件相适应，扩大再生产也要有两个基本公式，即 $Ⅰ(v + m) > Ⅱc$ 和 $Ⅱ(c + m - \dfrac{m}{x}) >$

$I(v + \dfrac{m}{x})$。① 如果只有第二个式，没有第一个公式，没有追加的生产资料，固然不能实现扩大再生产；但如果只有第一个公式，而没有第二个公式，没有追加的生活资料，也是不能实现扩大再生产的。马克思的扩大再生产图式证明了这一点，列宁把有机构成提高的因素纳入以后的扩大再生产图式也证明了这一点，我们把劳动生产率提高所引起的剩余劳动率提高的因素纳入以后的扩大再生产图式，再次证明了这一点。这就是说，逐年的扩大再生产之所以能够得到实现，就是因为具备了下列的两个条件，使逐年都有追加的生产资料和追加的生活资料：

第一年　$I(1000v + 1000m) > II\,1500c$

如 $II(1500c + 750m - 690\dfrac{m}{x}) > I(1000v + 500\dfrac{m}{x})$

第二年　$I(1050v + 1280m) > II\,1550c$

$II(1550c + 927m - 736\dfrac{m}{x}) > I(1050v + 640\dfrac{m}{x})$

第三年　$I(1080v + 1534m) > II\,1720c$

$II(1720c + 1109m - 940\dfrac{m}{x}) > I(1080v + 767\dfrac{m}{x})$

第四年　$I(1108v + 2061m) > II\,1875c$

$II(1875c + 1479m - \dfrac{m}{x}) > I(1108v + \dfrac{m}{x})$

（二）生产资料的优先增长，是在技术进步条件下实现扩大再生产的客观要求。随着技术的进步和劳动生产率的提高，必然使得同一活劳动量同越来越大的劳动手段量相结合，必然使得同一活劳动量加工的劳动对象量越来越大；因而必然使得社会生产的技术构成（即生产资料量与

---

① 详见本卷《关于扩大再生产公式的初步探讨》一文。这里需要说明一点：我们在该文中是把扩大再生产的第二个基本公式表述为 $II(c+m) > I(v+\dfrac{m}{v})$。但是，考虑到马克思的下述论断："$I(v+\dfrac{m}{x})$ 必须常常比 $II(c+m)$ 小。较小若干，就看第 II 部类资本家在 IIm 中无论如何都必须消费的部分来决定。"（《资本论》第 2 卷，第 658 页。着重点是引者加的）所以，在这里，我们把第二个基本公式补充表述为 $II(c+m-\dfrac{m}{x}) > I(v+\dfrac{m}{x})$。应该指出，在社会主义制度下，资产阶级在经济上作为一个阶级是消灭了，当然也就不存在资本家的个人消费。如前所述，这里的 $\dfrac{m}{x}$ 是表示非生产领域的个人消费和集体消费的基金。

使用它们的活劳动量的比例）不断地提高，必然使得社会生产基金的有机构成（即生产资料的补偿基金与劳动报酬基金的比例）不断地提高。这样，就必然要求生产资料生产的优先增长。

同时，联系到上述的扩大再生产的公式来看，$I(v+m) > IIc$ 既是技术不变条件下扩大再生产的基本前提，也是技术进步条件下扩大再生产的基本前提。$I(v+m) > IIc$ 这个公式本身并不一定就意味着生产资料生产的优先增长。但是，要使得这个基本前提条件不断地当作技术进步条件下扩大再生产的结果被保持下来，并不断地成为扩大再生产的新的出发点，从而使得扩大再生产能够不断地进行，这就要求有生产资料的优先增长。否则，在技术不断进步的情况下，$I(v+m) = IIc$，甚至 $I(v+m) < IIc$ 的情况，都可能出现。如果是这样，就会没有追加的生产资料，就会使扩大再生产成为不可能。

列宁所发展的扩大再生产图式，证明了上述这个科学原理。我们的图式，再次证明了这个科学原理。从表一可以看出：第一部类逐年的增长速度是 113.0，113.2，116.9；而第二部类逐年增长的速度只有 107.9，111.4，115.0。正因为这样，所以 $I(v+m) > IIc$ 能够不断地当作扩大再生产的结果而被保持下来，扩大再生产能够不断地进行。

但是，还必须指出问题的另一方面：在技术进步条件下实现扩大再生产，固然要求生产资料的优先增长，但这绝不意味着生产资料的生产可以脱离消费资料的生产而孤立地发展。$II(c+m-\frac{m}{x}) > I(v+\frac{m}{x})$ 既是一切扩大再生产的另一个基本前提，自然也是技术进步条件下扩大再生产的基本前提。要使得这个基本前提不断地当作扩大再生产的结果而被保持下来，从而使扩大再生产得以不断地进行，就要求第二部类能够同第一部类按比例地、相适应地发展。绝不能认为，第一部类增长的速度愈高于第二部类增长的速度，就愈能促进社会生产的高速度发展。否则，$II(c+m-\frac{m}{x}) = I(v+\frac{m}{x})$ 甚至 $II(c+m-\frac{m}{x}) < I(v+\frac{m}{x})$ 的情况，都会出现。如果是这样，就会没有追加的生活资料，就会使扩大再生产成为不可能。

把劳动生产率提高所引起的剩余劳动率提高的影响纳入扩大再生产

图式所得出的结果，不仅再一次和进一步地证明了马克思和列宁关于扩大再生产的上述两个重要原理的正确，并且还可以据此做出新的结论。那就是：与生产劳动者的生活资料有关的生产部门劳动生产率的增长，是提高扩大再生产速度的极为重要的因素。应该指出，这一点只有在把劳动生产率的提高而引起剩余劳动率的提高这一因素纳入扩大再生产的图式以后，才可以看得出来。为了说明这一点，我们把前面的表一、表二、表三作一比较：

从表二和表三的比较中可以看到：无论是第一部类产品、第二部类产品或社会总产品的增长速度，表三比表二都要低。这是由于表二假定有机构成、剩余劳动率和第一部类积累率都是不变的；而表三假定剩余劳动率和第一部类积累率不变，但假定有机构成是提高的。这样，表三的逐年积累用于新增加的 c 的部分比表二多，而用于新增加的 v 的部分比表二少。但是，c 只转移价值，只有 v 才创造新价值。这样，表三逐年增加的 m 总量，就比表二少。但积累量不仅取决于积累率，也取决于 m 总量。所以，虽然表二、表三的第一部类积累率是相等的，但表三逐年增加的积累量仍然比表二少。这就使得表三的社会总产品及其各部分的增长速度都比表二低。然而，在实际上，随着有机构成的提高，随着劳动生产率的提高，剩余劳动率也会提高，从而社会扩大再生产的速度会加快。但列宁在这里假定：剩余劳动率是不变的。前面已经说过，列宁这样做，是完全必要的。列宁当时的任务，并不在于证明劳动生产率提高对于社会总产品及其各部分增长速度的影响；而是在于证明劳动生产率提高对于两大部类在增长速度方面的对比关系的影响，在于证明生产资料生产的优先增长，以便同民粹派作斗争。为此，只须假定有机构成是提高的，其他因素则是可以舍象的。

但如果把表一同表二、表三比较一下，就可以看到：无论第一部类产品、第二部类产品或社会总产品的增长速度，表一都超过了表二，更超过了表三。它们之间的区别在哪里呢？三个表中都是假定第一部类的积累率是不变的。区别在于：表一在假定有机构成提高的同时，还假定由劳动生产率所决定的剩余劳动率也是变化的。如前所述，与生产劳动者的生活资料有关的生产部门劳动生产率愈高，m′ 也愈高，每个劳动者提供的 m 量也愈多。而且，劳动生产率愈高，一定量的 v 所代表的劳动者人数也会愈多。这样，虽然表一有机构成也是逐年提高的，虽然逐年新增加的 v 总量比表二要少，但逐年新增加的 m 总量，还是比表二多。由于新增加的 m 总量是不等的，所以表一同表二的第一部类积累率虽是相同的，但表一逐年的积累量较表二为多。因此，表一的增长速度就比表二要高；当然，更比表三要高。可见，与生产生活资料有关的劳动生产率的增长，是提高社会扩大再生产速度的极为重要的因素。

在我国，农业是主要的生活资料的来源。因此，提高农业劳动生产率，对于促进社会主义经济高速度发展，就具有特殊重要的意义。当然，要较大地提高农业劳动生产率，就必须用先进技术装备农业；这就要求把发展农业和发展工业很好地结合起来。

结合上面关于扩大再生产两个基本原理的分析，我们可以达到这样的实际结论：认真地全面地贯彻党中央和毛泽东同志提出的以农业为基础发展国民经济的根本方针，在这个方针的指导下，正确地安排农业和工业的比例、轻工业和重工业的比例，是高速度和按比例地发展我国国民经济的重要保证。

关于社会主义级差地租的若干问题[*]

一

社会主义社会是否存在级差地租的范畴，是级差地租研究中的根本问题，为了讨论这个问题，就必须首先探索马克思列宁主义关于级差地租一般的理论。

马克思指出，资本主义级差地租的实质就是超额利润。它的特点是稳固的。这是"因为土地的差异，有一个自然的基础，那是持久的"。^①但级差地租"是由一种能被独占并且已被独占的自然力由资本利用而产生"的。^②"级差地租的形成和土地私有权毫无关系，土地私有权只是使土地占有者有可能从农场主手中取得这种地租。"^③马克思正是把这种由农业生产资料的资本主义所有制所形成的，反映资本家和地主对工人的剥削关系的级差土地收入，称作资本主义级差地租。

马克思依据小土地所有制经济性质的分析指出，在这里不存在绝对地租，但还存在级差地租。①在这种经济中还存在优等地与劣等地的差别，还存在级差土地收入。但是，这种经济的性质，"排斥劳动社会生产

* 实学（即汪海波、周叔莲）合著。原载《中国经济问题》1963 年第 5 期。
① 马克思：《剩余价值学说史》第 2 卷，三联书店 1957 年版（下同），第 340 页。
② 马克思：《资本论》第 3 卷，人民出版社 1953 年版（下同），第 844 页。
③ 列宁：《土地问题和"马克思的批评家"》，《列宁全集》第 5 卷，人民出版社 1959 年版，第 103 页。

力的发展"，因而，级差土地，收入的形成只同"丰度较大或位置较优的土地"有联系，同土地上追加投资的劳动生产率的差别没有联系。②但级差地租的发生却是由于小土地所有制经济的存在。由于它的存在，级差土地收入才是"流入那些在较有利自然条件下实现他的劳动的农民的口袋里"，因而才表现为级差地租。③"在这个形态上，是不要支付什么租金的"；级差地租"是归于农民"。① 可见，小土地所有制经济的级差地租反映了相互独立的小土地所有制经济之间的经济关系，反映了它们之间的竞争② 和等价交换关系，反映了它们之间的贫富差别和阶级分化关系。③ 由于级差土地收入反映了这种由小土地所有制经济所形成的社会关系，马克思才把它确定为小土地所有制经济的级差地租。

可见，级差地租一般的主要的本质特征是：它的产生条件是优等地与劣等地的差别，它的实体是级差土地收入，它的产生原因是特定的生产资料所有制，它总反映着由特定的生产资料所有制所形成的社会经济关系。

现在依据这个一般理论，并结合社会主义经济的实际，来探讨社会主义级差地租范畴的问题。在社会主义农业中，也还有优等地和劣等地的差别和级差土地收入。同时，由于还存在集体所有制，级差土地收入就只能归经营优等地的集体企业所有，而不能归经营劣等地的集体企业所有，也不能归代表全民的国家所有，因而也就表现为级差地租。可见，社会主义级差地租所反映的社会经济关系，一方面是相互独立的集体经济之间的关系，是它们之间的等价交换关系和经济差别关系；另一方面是全民经济与集体经济之间的关系，是它们之间的等价交换关系。这种由农业生产资料集体所有制所形成的，并反映这种特定的社会关系的级差土地收入，就是社会主义级差地租。

但汪旭庄等同志认为，"集体农业企业单位……经营垄断着有限的可耕地"，只是社会主义级差土地收入形成的原因，决定级差土地收入转化为级差地租形态的关键，是"土地所有权与使用权是否分离"，因而在我

---

① 引文均见马克思：《资本论》第 3 卷，第 1054、1051、1050 页。

② 列宁说："为共同市场而劳作的独立生产者之间的关系叫做竞争。"（《列宁全集》第 1 卷，人民出版社 1955 年版，第 81 页）

③ 级差地租是构成这种贫富差别的重要因素，也是促进这种分化的重要因素。

国不存在级差地租范畴。他们说，这是依据马克思的资本主义级差地租理论的，这个理论也把资本主义剩余利润形成的原因，"同它转化为级差地租而归土地所有者占有的原因截然分开的"。①

但马克思从来认为，"它（级差地租——引者）会发生，总是因为个别的支配着那种被独占的自然力的资本的个别生产价格，和……一般生产价格间，有一个差额。"②级差地租的形成和土地私有权毫无关系。在土地所有者与农业资本家分离的条件下，可以有级差地租的发生，但即使农业资本家就是土地所有者，"那也不会在问题上面引起变化"，剩余利润也"转化为地租"。还需进一步指出，马克思正是从这个基本原理出发，在考察资本主义级差地租形成的时候，假定土地私有权是不存在的。他说："在分析级差地租时，我们是由这个假设出发：最劣等地不支付地租（绝对地租——引者）"。"这样一个假设，无异抽出土地私有权"。但是，"级差地租的法则却不仅与这种地租无关，并且依照级差地租的性质，理解级差地租的唯一的方法，就是把 A 级土地（最劣等地——引者）的地租，假定为 = O"③可见，这些同志的观点不仅不符合马克思的资本主义级差地租的基本原理，而且不符合马克思考察这个问题的方法论。

应当指出，这些同志的观点是有矛盾的。他们说，列宁提出的"两种垄断即土地经营的垄断和对土地所有权的垄断，形成两种地租即级差地租和绝对地租，是千准万确的"。④但既然这"是千准万确的"，那么为什么土地的资本主义经营垄断又只是剩余利润形成的原因，它转化为级差地租要取决于土地所有权与使用权的分离呢？必须了解，这种说法实际上还是把级差地租的产生归结为土地私有制。而这就不符合列宁的"两种垄断形成两种地租"的著名论断。

这些同志的观点，是根据了马克思的这个说明："它（土地私有权——引者）不是这个剩余利润的创造的原因，而是它转化为地租形态的原因，是这一部分利润……由地主……占有的原因。"⑤在《资本论》的

①　汪旭庄、顾存伟、夏顺康：《农村人民公社级差土地收入的形成问题》，《学术月刊》1962 年第 1 期（下同），第 4、5，7 页。

②　马克思：《资本论》第 3 卷，第 844 页。

③　马克思：《资本论》第 3 卷，第 975、977、979 页。

④　《学术月刊》，第 5 页。

⑤　马克思：《资本论》第 3 卷，第 846 页。

某些地方还可以找到类似的说明。但这些说明的科学含义，是指的土地所有权与使用权的分离不是剩余利润形成的原因，还是剩余利润转化为级差地租的原因呢？是指的它不是级差地租形成的原因，还是级差地租采取租金形式归地主占有的原因呢？我们认为是后者，而不是前者。这一点，从前述马克思关于资本主义级差地租形成的引语中，已经可以得到说明。当然，仅有这些引语还是不够的，更重要的还在于，究竟应该怎样理解马克思的上述说明：是从表面字句来理解呢？还是把它同马克思关于土地经营的资本主义垄断是级差地租形成的原因的根本原理、关于考察级差地租的方法论、关于小土地所有制经济的级差地租理论联系起来理解呢？显然，应该按照后一种形式来理解。但如果这样，那就只能把马克思的上述说明理解为：土地所有权与使用权的分离，不决定级差地租的形成，但决定级差地租采取租金形式归地主占有。只有这样，才符合上述的马克思的一系列的原理。这一点，我们在前面已经证明过了。现在的问题是："剩余利润"和"级差地租"、"地租"和"租金"这些范畴之间无疑是有区别的，那么，为什么马克思在上述说明中，用"剩余利润"来代替"级差地租"，用"地租"来代替"租金"呢？因为在马克思看来，级差地租"那不外是剩余利润"；[①] 因为"为了要科学地分析地租……摆脱一切使它成为混杂不清的附加物，纯粹地予以考察，是重要的"，[②] 因而，他假定地租和租金是一致的。[③]

　　还需要进一步指出，把级差"地租形态的存在以'转化'为关键，而'转化'又以'分离'为关键"，[④] 当作具有一般意义的命题，当作研究问题的方法论提出来，就更不妥当。马克思十分明确而肯定地说过：在小土地所有制经济中，级差地租"必然和在资本主义生产方式内一样，是明明白白存在的"。[⑤] 显然，在这里，级差地租的形成同土地所有权与使用权的分离，是无关的。

　　可见，土地所有权与使用权的分离并不是级差地租形成的条件，并

---

① 马克思：《资本论》第 3 卷，第 1202 页。
② 马克思：《资本论》第 3 卷，第 815 页。
③ 马克思在另一个地方明白地指出了这一点。他说："在各种与资本主义生产方式相适应的关系存在的地方，地租与租金必须是一致的。而这里研究的，也正是这种通常的形态。"（《资本论》第 3 卷，第 986 页）
④《学术月刊》，第 7 页。
⑤ 马克思：《资本论》第 3 卷，第 1050 页。

不是级差地租一般的本质特点；汪同志等以此来否定社会主义级差地租范畴是不妥的。

汪同志等提出："社会主义制度下的级差土地收入与资本主义制度下的级差地租具有不同的特点"，因而不存在级差地租范畴。[①]但这并不妨碍社会主义级差土地收入也表现为级差地租。马克思说："一说到生产，总是指一定社会发展阶段上的生产"，"可是，生产的所有各时代共同地具有某些特征、某些共同的规定。生产，一般是一个抽象，但是在它真正把共同之点提出来、固定下来、因而省得我们重复的限度以内，是一个合理的抽象"。但是也不能"因为统一而忘记了本质的差别"。[②]马克思的这个原理，具有方法论的指导意义。显然，一说到级差地租，总是指特定社会经济条件的级差地租。但若干种社会经济条件下的级差地租也具有某些共同的规定，级差地租一般也是一个合理的抽象。只是不要因为统一而忘记了本质的差别。马克思正是依据这个方法论，正是依据级差地租一般的原理，把在性质上与资本主义级差地租有根本区别的小土地所有制经济的级差土地收入，确定为小土地所有制经济级差地租。[③]但马克思并没有因此而混淆了这种地租的本质差别。同样，我们也可以把在性质上与资本主义级差地租有根本区别的集体所有制经济级差土地收入确定为社会主义级差地租，也可以不因此而混淆二者在性质上的根本对立。

汪同志等还认为只要用级差土地收入这一范畴就可以反映集体所有制经济的级差土地收入的经济实质，"而不须再借助于别的经济范畴"。[④]但级差土地收入这一范畴的内容只是包括：它的产生条件是优等地与劣等地的差别，它是优等地与劣等地收入的差额，它带有稳固性。从某些意义上说，这种收入是同人类从事农业生产同时发生的；如果抛开它在不同社会条件下具有不同性质不说，它还要永远存在下去。因此，如果把集体经济的级差土地收入称作级差土地收入，就没有把它同各种社会

---

①《学术月刊》，第 8 页。

② 马克思：《政治经济学批判》，人民出版社 1955 年版，第 148 页。

③ 顺便指出，汪同志等认为，马克思说小土地所有制经济存有级差地租，"并不是说它本身就是级差地租的范畴"，而是"借用了级差地租的范畴"（《学术月刊》，第 8 页）。这显然是不能说服人的。这不仅是因为马克思十分明白而肯定地说过，小土地所有制经济存有级差地租，而且从本质上说来，小土地所有制经济的级差土地收入具有级差地租一般的共同的本质特征，因而，他才把它确定为小土地所有制经济的级差地租。

④《学术月刊》，第 8 页。

经济条件下的级差土地收入区分开来，就没有揭示出它的经济性质的特征，在科学上，就没有前进一步。要揭示这种特征就必须把它确定为社会主义级差地租。只有这一范畴才能反映由农业生产资料集体所有制所形成的社会关系。

还需指出，把集体经济的级差土地收入确定为社会主义级差地租，不仅在理论上，而且在实践上也具有重要的意义。这样，一方面可以把它同资本主义的和小土地所有制的级差地租从根本上区别开来，另一方面又可以把它同全民所有制经济的级差土地收入从原则上区别开来。这样，就既不会把集体企业之间的经济差别（级差地租是构成这种差别的重要因素）当作资本主义的阶级差别和小土地所有制的贫富差别，从而否定这个差别，而把它看成是社会主义集体企业之间的差别，它同社会主义是相容的，这个差别是必须承认的，必须依照等价交换的原则来处理集体企业之间的经济关系；又不会混淆国营企业与集体企业的原则界限，像对待国营企业那样，实行调拨，而是遵守等价交换原则来处理国营企业与集体企业的经济关系。

二

农产品价格决定问题，是级差地租形成研究中的重要问题。

在社会主义制度下，农产品价值也必须由劣等地的生产条件规定。这是由土地经营的集体所有制的经营垄断规定的。在社会主义农业中还存在优等地与劣等地的差别。但社会主义建设的发展不仅需要优等地，而且需要劣等地参加耕作。但要保证经营劣等地的集体企业能够实现扩大再生产，就必须使得它们能够从农产品价格中补偿费用，并且获得一定的盈利。因而，农产品的社会价值就必须由劣等地生产条件来决定。而这同时就意味着：不仅经营劣等地的集体企业，而且经营优等地的集体企业的产品，都统一地由劣等地的生产条件决定。这是价值规律的要求，[1] 是集体所有制的要求。可见，按照劣等地的生产条件来决定农产品

---

① 马克思说："同种商品的市场价格的同一性，就是价值的社会性质。"（《资本论》第 3 卷，第 864 页）

社会价值，是保证经营劣等地的集体企业实现扩大再生产和调动所有集体企业经营积极性的必要条件。

有人说，我们的这种看法是同马克思的下述论断"但若说，资本主义生产由共同结合体代替了，生产物的价值还会保持不变，却是错误的"①是矛盾的，而且完全是不加分析地套用了马克思关于资本主义条件下农产品价格决定的原理。

首先，马克思所说的"共同体"是全面的全民的社会主义所有制呢？还是全民所有制与集体所有制并存的社会主义制度呢？我们认为是前者，而不是后者。马克思在这里也像在《剩余价值学说史》②和《哥达纲领批判》③中一样，都是把资本主义的消灭同商品生产的消灭结合在一起的。但只有在全面的全民的社会主义所有制建立以后，才有提出消灭商品生产的可能。马克思的这个观点，在恩格斯的著作中，也可以得到证明。恩格斯在《反杜林论》中指出："一旦社会领有了生产资料，那么商品生产……就将被消除。"他在另一个地方还明白指出："社会掌握全部生产资料。"④马克思和恩格斯都是马克思主义的创始人，他们的这些观点都是在 19 世纪 70 年代左右形成的，《资本论》第三卷是恩格斯编的。因此，完全可以有根据地认为，马克思和恩格斯一样，都认为在资本主义消灭之后，社会占有的不是一部分生产资料，而是全部的生产资料。可见，马克思的上述论断，对于集体所有制和商品生产条件下农产品价格决定问题，并没有回答，而且就当时的情况来看，也不可能回答这个问题。

所以，现在的任务在于：依据马克思的农产品价格决定的一般原理，并结合社会主义经济的实际来探讨这个问题。列宁在概括马克思关于资本主义农产品价格决定的原理时写道："这种垄断（土地经营的资本主义垄断——引者）的结果使粮食价格取决于劣等地的生产条件。"⑤从资本主义生产目的看，从资本必须获得平均利润看，依照劣等地的生产条件决定农产品价格，是资本经营劣等地的绝对必要条件。但从再生产看，这

① 马克思：《资本论》第 3 卷，第 864 页。

② 马克思：《剩余价值学说史》第 2 卷，第 264 页。

③ 马克思：《哥达纲领批判》，《马克思恩格斯文选》第 2 卷，莫斯科外国文书籍出版局 1955 年中文版，第 21 页。

④ 恩格斯：《反杜林论》，人民出版社 1956 年版，第 298、310 页。

⑤ 列宁：《土地问题和"马克思的批评家"》，《列宁全集》第 5 卷，人民出版社 1959 年版，第 103 页。

同时又是资本主义商品生产实现扩大再生产的必要条件。在小土地所有制经济条件下，农产品价格大体上也是由劣等地的生产条件决定的。否则，马克思说的"级差地租，即丰度较大或位置较优的土地所有的商品价格超过部分"① 就不可能存在。这也是符合小土地所有制经营目的的。当然，对它来说，并不像资本主义经济那样，除了要求农产品价格补偿不变资本和可变资本的支出以外，还要求提供平均利润。"对于他，在收回真正的成本以后，就只有他付给他自己的工资，还表现为绝对的界限"。② 但要使得小土地所有者的生产资料和生活资料的支出得到补偿，农产品价格大体上也必须按照劣等地生产条件决定。从再生产看，这自然也是小土地所有制商品生产实现再生产的必要条件。社会主义集体企业生产的目的，既同资本主义是对立的，又同小土地所有制有根本的区别，它是为了满足集体和社会的需要。但从再生产看，依照劣等地生产条件决定农产品价格，也是集体所有制实现扩大再生产的必要条件。

而且，从一般意义说，马克思的下述论断对社会主义农产品价格决定也是适用的。马克思说："生产物（也包括土地生产物在内）的市场价值的决定，是一种社会的行为……这不是根据于土地及其丰度的差别，而必然是根据生产物的交换价值。"③ 这一点，在资本主义条件下是资本主义商品生产关系的表现；在小土地所有制条件下是小土地所有制商品生产关系的表现；在社会主义制度下是集体所有制商品生产关系的表现，这就是为什么不仅经营劣等地的集体企业，而且经营优等地的集体企业的产品价格也都统一地按照劣等地生产条件决定的原因。

可见，我们的看法既不同马克思的上述论断相矛盾，也不是不加分析地套用了马克思关于资本主义农产品价格决定的原理。

有人说，农业和工业都是社会主义所有制，农产品价格也应该像工业品价格一样，都由中等的生产条件决定。这种看法忽视农业和工业两个重要的区别。①作为农业基本生产资料的土地是有限的。当然，这只是农产品价格必须由劣等地生产条件决定的条件。②在农业中主要是集体所有制。对这种经济来说，依照劣等地的生产条件来决定农产品价值，

---

① 马克思：《资本论》第 3 卷，第 1050 页。
② 马克思：《资本论》第 3 卷，第 1052 页。
③ 马克思：《资本论》第 3 卷，第 864 页。

是保证它们实现扩大再生产的必要条件。当然，国家对农业各方面的支援，大大地改善了集体企业实现扩大再生产条件。但既然是集体企业，国家对它就不可能像对待国营企业那样，在必要的情况下，在一定时期内，可以采取"包下来"的办法。对集体企业来说，生产费用和必要的盈利只能从农产品价格中取得。当然，在集体企业之间也存在着协作关系。但既然是集体所有制，那也必须遵循等价交换原则来处理它们之间的经济关系。这些就说明：集体所有制是农产品价格必须由劣等地生产条件来决定的原因。

还有人说，依照劣等地生产条件决定农产品价格，经营劣等地的集体企业很容易获得生产费用和盈利，不利于促进经营管理的改善，不利于促进农业的发展。

首先需要消除一个误解：马克思和列宁从来都认为，资本主义农产品价格是决定于劣等地的生产条件，而不是劣等的生产条件；他们也从来不一般地谈劣等地的生产条件，而总是把它具体确定为劣等的丰度、劣等的位置和劣等的追加投资生产率。① 至于其他的劣等生产条件（如劣等的经营管理等）是不包括在内的。原因在于：资本主义农产品价格之所以必须由劣等地生产条件来决定，是由于农业的特点，即土地有限，土地经营的资本主义垄断，而除此以外的生产条件同工业相同，因而也都是社会平均的生产条件。

那么，马克思为什么在说到资本主义农产品价格决定时，只提到劣等地生产条件，而没有提到其他的生产条件？这是因为农产品价格决定问题，是马克思在《资本论》第三卷第六篇《地租篇》在分析级差地租的时候提出的。在这里，马克思只是依据农业的特点提出了劣等地的生产条件。至于其他的生产条件，仍像他已经详细地分析过的那样，是社会平均的生产条件。这对马克思来说，是不说自明的。只要不是孤立地、而是全面地理解马克思的理论，这一点也是可以看得出的。

我们在这里所说的，也是依照劣等地的生产条件（不是劣等的生产条件）来决定农产品价格。如果这样了解这个问题，那就可以看到：在

---

① 参见马克思：《哲学的贫困》，《马克思恩格斯全集》第4卷，第183~184页；列宁：《土地问题和"马克思的批评家"》，《列宁全集》第5卷，第102页。

这种情况下，如果经营劣等地的集体企业不在经营管理方面达到社会平均的水平，仍然得不到合理的盈利，甚至会亏本。反之，如果它超过了社会平均的经营管理水平，它不仅可以获得合理的盈利，还可以获得临时性的额外盈利。还需要指出，按劣等地生产条件决定农产品价格，经营劣等地集体企业可以获得合理的盈利，保证了它们改进技术、扩大生产的资金需要；经营优等地的集体企业可以获得级差地租，调动了它们改进技术、扩大生产的积极性。可见，按劣等地生产条件决定农产品价格，可以促进经营管理的改善、技术的进步和农业的发展。

也有人说，如果按照劣等地生产条件来决定农产品价格，就会影响工业的积累，就会妨碍工业的发展。表面看来，农产品价格由劣等地生产条件决定，是会影响工业的积累的，但实际情况却相反。要增加工业的积累，一方面需要增加来自工业的积累，另一方面要适当地增加来自农业的积累。为此，就需要在发展工业和农业的基础上，增加工业和农业的剩余产品的基金。这就要求正确地处理工业和农业的关系。而按照劣等地的生产条件决定农产品价格，就是正确处理工业和农业关系的一个重要方面，它既可以保证经营劣等地的集体企业实现扩大再生产，又可以调动所有集体企业的积极性，它适合集体经济的要求。这样，就必然会促进农业的发展和农业剩余产品基金的增加。在这个基础上，国家就可以农业税和工业农业产品的交换，为工业提取较多的积累。农业是国民经济发展的基础，农业的发展就可以促进工业的发展和工业剩余产品基金的增加，促进工业内部积累的增长。

最后，需要指出：在社会主义制度下，农产品价格虽然也是劣等地生产条件决定的，但是它的形成原因、性质和作用却是根本区别于资本主义的。在资本主义制度下，农产品价格由劣等地生产条件决定，是土地的资本主义经营垄断的结果。在这里，它是土地的集体所有制经营垄断的结果。在资本主义制度下，按照劣等地生产条件决定农产品价格，是资本主义经济关系的反映。在这里，它是集体企业与集体企业、集体企业与全民企业经济关系的反映。在资本主义制度下，按照劣等地生产条件决定农产品价格，以及由此而来的级差地租，是归地主占有的。这就破坏了农业生产力，并加深了资本主义制度固有的阶级对抗。在这里，它却可以促进农业和工业的发展，并加强工人和农民的联盟。

三

我们在前面实际上已经说明了哪一部分农业收入是级差地租的问题，已经说明了级差地租的量的规定的问题。但从当前学术界的讨论来看，在这方面还有一些问题，而且还牵涉到考察这个问题的方法论。在此，我们专门讨论一下这个问题。

马克思在概括级差地租Ⅰ和级差地租Ⅱ的共同特点时写道："最后地说，级差地租就其性质言，不过是投在土地上的各个等量资本有不同的生产率的结果。"[①] 从一般意义说，社会主义级差地租也是集体企业用同量资金和劳动投在同量土地上，由于劳动生产率不同而产生的级差土地收入。至于其他的产品和收入，并不是级差地租。

但是有些同志却把农村人民公社有的基本核算单位在实行"三包一奖"制度过程中的超产部分都看作级差地租。[②] 这样，他们就把级差地租同生产成本、[③] 一般收入和临时性的额外收入混同起来了。实际上，超产部分的构成是很复杂的，它有多种多样的情况。但即使在由追加资金和劳动而带来级差地租的场合，超产部分也不可能全部是级差地租，而只能是一部分。在这里，超产部分首先包括为实现超产而增加的成本支出。这部分成本未列入原订的"三包"计划，它必须包括在超产部分中。其次，它还包括由追加劳动而增加的一般收入。最后，才是由追加资金和劳动而带来的级差地租。当然，就超产部分来说，由追加资金和劳动而带来的级差地租，也有多种多样的情况。如果追加资金和劳动是投入优等地，在劳动生产率提高的场合，固然可以提供级差地租，劳动生产率不变也可以提供级差地租，即使劳动生产率下降，但只要不下降到劣等

---

① 马克思：《资本论》第3卷，第880页。

② 王玠同志说："实行三包一奖制中的超产奖励，基本上应该是体现级差地租Ⅱ。"（《关于级差地租讨论的意见》，《光明日报》1961年9月18日。《光明日报》把Ⅱ印成Ⅰ，按前后文看，应该是Ⅱ）晏永乾同志也有同样的看法（尽管他否定了社会主义级差地租范畴）。他说："有无超产和超产多少，集中地反映了各生产队经营的集约化程度和社员支付的劳动数量和质量的差别，因此它构成了级差土地收入Ⅱ的内容。"（《试论级差土地收入及其分配》，《光明日报》1961年9月18日第4版）

③ 为了同"三包一奖"制度的包成本概念在内容上一致起来，这里所说的成本，也只包括生产资料的补偿基金，而不包括劳动报酬基金。

地的劳动生产率水平，也还可以提供级差地租。如果追加资金和劳动是投在劣等地，则必须在劳动生产率提高的场合，才有级差地租。但无论在哪一场合，超产部分总要包括三部分，即增加的生产成本、一般收入和级差地租。级差地租总只能是它的一部分。这是一种情况。

超产部分也可能只是包括增加的成本支出和一般收入，而不包括级差地租。在追加资金和劳动投入劣等地，但劳动生产率没有提高的场合，就是如此；在追加资金和劳动投入优等地，但追加投资生产率下降到劣等地生产率水平的时候，也是如此。

超产部分也可能只是由经营管理的改善，因而节约了人力物力的耗费，并把节约下来的人力、物力投入生产而增加的临时性额外收入。在这里，超产部分也不包括级差地租。

超产部分还可能是上述两种情况或三种情况的多种多样的结合。

为了清楚起见，举例于下：假定某一基本核算单位有甲、乙、丙、丁四个包产单位，分别耕种四块等量的劣等地，原来都不提供级差地租。假定这个基本核算单位的"三包"计划如下：

	甲	乙	丙	丁
包产（元）	5000	5000	5000	5000
包工（劳动日）	4000	4000	4000	4000
包成本（元）	1000	1000	1000	1000

假定"三包"计划执行的结果，甲完全按原订的"三包计划"实现的。乙在原订的包工、包成本的指标以外，还追加1000个劳动日和1000元资金。但追加投资的生产率，按收入计算，提高了一倍。这样，乙就超额3000元实现了包产指标。丙在原订的包工包成本指标之外，追加2000个劳动日和1000元资金。但劳动生产率没有变化。这样，丙也超额3000元实现了包产指标。丁虽然没有追加劳动和资金，但由于改善了经营管理，也超额500元实现了包产指标。

这样，我们可以看到：在乙的3000元超产部分中有1000元是追加的成本支出，有1000元是由追加劳动而创造的一般收入，只有1000元才是由追加投资的劳动生产率与劣等地生产率有了差额而形成的级差地租。在丙的3000元超产部分中，有1000元是追加的投资，有2000元是由追加劳动所创造的一般收入。在这里超产部分并不包括级差地租。丁的500元超产部分是由改善经营管理而形成的临时性额外收入，也不是级差地租。现以表格示之于下：

	甲	乙	丙	丁
包产完成情况（元）	5000	8000	8000	5500
包工完成情况（劳动日）	4000	5000	6000	4000
包成本完成情况（元）	1000	2000	2000	1000
超产部分（元）	0	3000	3000	500
其中包括：1）增加的生产成本	0	1000	1000	0
2）由追加劳动而创造的一般收入	0	1000	2000	0
3）由追加劳动的生产率的提高而形成的级差地租	0	1000	0	0
4）由改善经营管理而形成的临时性的额外收入	0	0	0	500

　　上表只列举了超产部分构成的几种简单情况，实际上它还有多种多样的复杂情况。但即使如此，也可以看到：把超产部分都当作级差地租是不对的，这就会把集体企业的经济差别都看作级差地租，这是不妥的。

　　如前所述，社会主义级差地租反映了集体经济之间的社会经济关系，因而必须从全社会范围内来确定哪一部分农业收入是级差地租。在社会范围内，最劣等地不提供级差地租，比它好的优等地都提供级差地租。优等地提供多少级差地租，就决定于它的生产率与劣等地生产率之间的差额。

　　但有些同志仅从一个公社的范围内来考察级差地租，他们把一个公社范围内的最劣等地就当作最劣等地，并将其他土地同这块土地相比较，来计算其他土地提供的级差地租。但实际上，一个公社范围内的最劣等地，也可能是社会范围内的最劣等地，但也可能是优等地。如果是后一种可能，那不仅会把优等地能够提供的级差地租量降低了（因为它是以公社范围内的劣等地，而不是以社会范围内的劣等地作标准计算的），而且把能够提供级差地租的优等地（从社会范围来看）也当作了不能提供级差地租的劣等地（从公社范围来看）。这样，他们就会把一部分级差地租看漏了。当然，由于某种需要从一个公社范围来考察级差地租也是可以的。但必须明白，依此确定的级差地租量，还不是它的最后界限。要确定它的最后界限，必须从全社会考察。这些同志之所以只从一个公社范围来考察级差地租，是因为他们把级差地租只是看作一个公社内部各级集体所有制之间的经济关系，而没有看到它同时还是社会范围内的集体企业之间的经济关系。

如前所述，级差地租是由等量劳动投入等量土地上的劳动生产率的差别而引起的。因此在考察级差地租量的规定时，在确定有无级差地租以及有多少级差地租时，必须依据各块土地上劳动生产率的差别。

但有些同志在考察级差地租时，却是依据各个集体企业全部土地平均的劳动生产率的差别，来确定级差地租的有无和有多少的问题。他们在考察一个公社的各个基本核算单位的级差地租时，把劳动生产率最低的基本核算单位说成没有级差地租；在考察一个基本核算单位的各个包产单位的级差地租时，又把劳动生产率最低的包产单位说成没有级差地租。这样，他们就要得出一个不能自圆其说的结论：在得不到级差地租的基本核算单位中，有些包产单位却能得到级差地租。这显然是不对的。在实际上，任何集体企业只要它经营的不全是劣等地，它总可以从优等地上获得级差地租。我们在前面只是为了简单起见，才假定某一基本核算单位和它的包产单位都是经营劣等地。在实际生活中，这种情况也可能会有。但更普遍的，乃是既有优等地，又有劣等地；有的优等地多些，有的劣等地多些。因此，在确定级差地租的有无及其多少时，不能依据各个集体企业土地平均的劳动生产率的差别，而必须依据各块土地的劳动生产率的差别。否则，就不能正确解决这个问题。

可见，要正确地确定哪一部分农业收入是级差地租，要正确地确定级差地租的量，就必须把级差地租和生产成本、一般收入以及临时性的额外收入区分开来，就必须从全社会范围内来考察，就必须依据各块土地上劳动生产率来确定。否则，就不可能从理论上正确解决这个问题。很显然，在理论上正确阐明这个问题，又是在实践中正确处理级差地租分配的必要条件。

工业发展速度问题是一个尖锐的政治问题 *
——驳"四人帮"诬蔑《条例》的谬论

华国锋同志在全国工业学大庆会议上的重要讲话中说:"建设速度问题,不是一个单纯的经济问题,而是一个政治问题。特别是从国际阶级斗争的形势来看,这个问题的政治性质就更加尖锐。"华国锋同志的这一重要指示,深刻地阐明了建设速度问题的重要意义,坚持和捍卫了马列主义、毛泽东思想,是我们深入批判"四人帮"破坏社会主义建设、反对加快工业发展的罪行的锐利武器。

1975 年,为了实现敬爱的周总理根据毛主席的指示在四届人大提出的四个现代化的宏伟目标,落实伟大领袖毛主席关于"把国民经济搞上去"的指示,在国务院领导同志主持下起草了《关于加快工业发展的若干问题》的《条例》。《条例》遵照毛主席关于无产阶级专政下继续革命和发展我国社会主义工业的理论,吸收了大庆的经验,针对"四人帮"的干扰和破坏给国民经济带来的问题,提出了解决这个问题的具体办法。它虽然还是个讨论稿,还不完善,还要修改。但基本上是一个马克思列宁主义的文件。起草《条例》这件事曾报告了毛主席、党中央。就在起草的过程中,"四人帮"为了达到篡党窃国、复辟资本主义的罪恶目的,于1976 年发动了突然袭击,在全国闹了一场批判《条例》的丑剧。他们连篇累牍发表文章,混淆是非,颠倒黑白,把《条例》打成"大毒草",并背着毛主席和党中央发行批《条例》的小册子达数千万册,流毒全国。他们

---

* 周珬波(即周叔莲、吴敬琏、汪海波)合著。原载《中国经济问题》1977 年第 4 期。

攻击、诬蔑华国锋同志和中央其他领导同志，其气焰之嚣张，手段之毒辣，到了无以复加的地步。我们一定要高举毛泽东思想伟大旗帜，把"四人帮"强加给《条例》的种种诬陷不实之词统统推倒，把被他们颠倒了的是非重新颠倒过来，还其历史的本来面目。

"四人帮"攻击《条例》的矛头指向哪里？

《条例》的出发点是要加快工业和整个国民经济的发展，巩固无产阶级专政。"四人帮"攻击《条例》正是从这里开刀。他们疯狂反对加快工业和国民经济的发展，反对加快社会主义建设，胡说提加快工业发展就是"反对继续革命"，就是"复辟资本主义"。他们甚至公然把《条例》中关于"工业的发展速度问题是一个重大的尖锐的政治问题"的正确提法，诬蔑为是"反对以阶级斗争为纲"，是"以目乱纲"，是"修正主义"。明目张胆地把矛头直指马列主义、毛泽东思想。

伟大导师列宁曾经说过，无产阶级在夺取政权并打破资产阶级的反抗以后，就不可避免地要提出社会主义建设的任务，而且愈往前去就愈要提出这个任务。列宁曾把经济建设问题提到"基本问题"、"首要问题"的高度。① 他说："既然资产阶级政权已被推翻，组织建设就成为主要任务了。"② 列宁高度重视建设速度问题，一再提出要加快建设速度。他有一句脍炙人口的名言："或是灭亡，或是开足马力奋勇前进。历史就是这样提出问题的。"③ 列宁既重视农业的发展，也重视工业的发展，把大工业看成社会主义的唯一物质基础，指出："没有高度发达的大工业，那就根本谈不上社会主义，而对于一个农民国家来说就更谈不上社会主义了。"④ "四人帮"反对提加快工业发展，其矛头不正是指向列宁主义吗？

毛主席历来极其重视建设速度问题。在全国解放前夕，毛主席就批判了那种复兴中国经济的悲观论点，指出中国经济建设的速度将不是很

---

① 《列宁全集》第 33 卷，第 105 页。
② 《列宁全集》第 29 卷，第 38 页。
③ 《列宁全集》第 25 卷，第 35 页。
④ 《列宁全集》第 32 卷，第 399 页。

慢而可能是相当快的，悲观的论点没有任何根据。在我国社会主义建设高潮中，毛主席及时提出了加快农业、工业和整个社会主义建设的速度问题。毛主席强调指出，只有经过社会生产力的比较充分的发展，我们的社会主义的经济制度和政治制度，才算获得了自己的比较充分的物质基础，我们的国家才算充分巩固，社会主义社会才算从根本上建成了。毛主席还提出要用五六十年的时间，在经济上超过美国。为了加快社会主义建设速度，毛主席全面总结了国内外的经验，为我们制定了"鼓足干劲、力争上游、多快好省地建设社会主义"的总路线，制定了以农业为基础、工业为主导的发展国民经济的总方针，提出了工业化的道路和两条腿走路的一整套方针，等等，在马克思主义发展史上，第一次全面解决了按照社会主义原则办工业的道路问题。毛主席亲自树立的大庆红旗，就是学习毛泽东思想，把无产阶级专政下继续革命的伟大理论运用于工业战线的典范，是用革命化统帅工业化，走中国自己工业发展道路、高速度发展工业的典范。"四人帮"在毛主席健在时，猖狂反对按毛泽东思想制定的《条例》，把矛头直接指向毛主席，其反动气焰嚣张到何种程度，可见一斑。

　　"四人帮"否认工业发展速度问题是一个重大的、尖锐的政治问题，充分暴露了他们穷凶极恶的反革命面目。解放以来，我国工业虽然有了迅速的发展，但是总的来说，还比较落后，离开毛主席提出的工业化要求相当远，与国内外阶级斗争发展的形势不相适应。因此，继续加快工业发展速度，具有重大的政治意义。诚如《条例》所指出的：只有加快工业的发展，才能有力地支援农业，带动整个国民经济的发展；才能有力地增强国防，做好反侵略战争的准备；才能进一步加强无产阶级专政的物质基础，更好地支援世界人民的革命斗争。《条例》从国际国内存在阶级斗争这一点出发，提出工业发展速度问题是一个重大的尖锐的政治问题，这个提法是完全符合马列主义、毛泽东思想的，怎么能说是"反对以阶级斗争为纲"，是"以目乱纲"呢？事实上，反对无产阶级进行阶级斗争的，正是他们一帮！他们胡说什么"不要怕降低速度，下降也可以"，"少产几百万吨钢是小事"，"不出一架飞机也是大好形势"。其罪恶目的就是要让无产阶级专政没有强大的物质基础，使中国人民在帝修反面前手无寸铁，以便他们借助国际帝国主义、修正主义的力量在中国复辟资本主义。这帮祸国殃民的害人虫，用心何其毒也！

"四人帮"攻击《条例》是为了颠覆无产阶级专政

《条例》的主要内容，就是要按照社会主义原则，对工业进行整顿，加快工业和整个国民经济的发展。所谓整顿，就是根据毛主席制定的路线、方针、政策，针对"四人帮"的干扰破坏，在上层建筑、生产关系、生产力等各个方面采取切实有效的措施，解决工业管理和企业管理存在的问题。这个整顿是非常必要和及时的。整顿就是革命，整顿就能出速度。但是，由于整顿击中了"四人帮"这些乱臣贼子阴谋破坏工业发展的要害，致使"四人帮"对整顿怕得要死，恨得要命。他们暴跳如雷，狂呼"整顿就是翻案"、"整顿就是复辟"的反革命口号。他们故意抹煞《条例》中关于上层建筑革命和生产关系革命的规定，把加快发展工业问题仅仅归结为是一个生产力的问题，以此给《条例》扣上"唯生产力论"的大帽子。

"四人帮"在此使用的完全是资产阶级庸俗经济学的卑劣手法。资产阶级庸俗经济学为达到维持资本主义之目的，故意抽掉资本主义生产关系，用谈论一般的自然的生产规律来代替资本主义生产关系的研究，以此掩盖资本主义生产方式所固有的矛盾，从生产力观点美化资本主义。"四人帮"也对生产关系视而不见，两眼只盯着"生产力"三个字，还诬说别人是"唯生产力论"，大动棍子，为的是要颠覆无产阶级专政，复辟资本主义。

发展生产只是一个生产力问题吗？当然不是。马克思说："社会生产过程既是人类生活的物质生存条件的生产过程，又是一个在历史上经济上独特的生产关系中进行的过程，是生产和再生产着这些生产关系本身，因而生产和再生产着这个过程的承担者、他们的物质生存条件和他们的互相关系即他们的一定的社会经济形式的过程。"[①] 因此，任何再生产过程都是生产方式全面再生产的过程，即是物质资料的再生产和生产关系的

---

① 马克思：《资本论》第 3 卷，第 925 页。

再生产的统一。社会主义再生产也不例外，不过性质不同，这里是物质资料的再生产和社会主义生产关系的再生产的统一。由此可见，决不能把加快发展社会主义工业归结为只是一个生产力的问题。

生产力不仅是生产中最活跃、最革命的因素，而且是生产发展的决定因素。革命就是为了解放生产力。无产阶级专政的一个重要任务，就是迅速发展生产力，实行技术革新和技术革命，创造比资本主义更高的劳动生产率。列宁说过："无产阶级取得政权以后，它的最主要最根本的利益就是增加产品数量，大大提高社会生产力。"① 社会主义的唯一的物质基础，就是同时也能改造农业的大机器工业。因此，我们必须看到无产阶级专政下发展生产力，特别是发展工业生产力的政治意义，十分重视技术革新和技术革命。《条例》中对于发展生产力的问题，对于技术革新和技术革命的问题，给了应有的重视，提出了必要的措施，这是完全正确的。"四人帮"把它诬蔑为"唯生产力论"，就是不让我们发展生产力，加强社会主义制度的物质基础。

加快工业发展当然包括生产关系的不断完善的问题，而且以此为前提。社会主义生产关系和生产力之间存在着又相适应又相矛盾的情况。这就要求我们以阶级斗争为纲，坚持社会主义方向，继续进行生产关系领域的革命，使之适应生产力的发展。因此，加快社会主义工业发展的过程，也就是社会主义生产关系巩固、完善和发展的过程。《条例》运用历史唯物主义的观点，坚持抓革命促生产的方针，对生产关系领域的革命作了一些必要的规定，这是完全正确的。"四人帮"攻击《条例》反对生产关系方面的继续革命，这完全是诬蔑，是不实之词。

加快社会主义工业发展还包括上层建筑领域的革命问题。社会主义经济是在无产阶级专政的国家领导下按照统一计划进行的。因此，加快社会主义工业和整个国民经济的发展速度，更必须十分重视上层建筑领域的革命。在社会主义社会里，上层建筑和经济基础之间也存在着又相适应又相矛盾的情况。因而也要求我们以阶级斗争为纲，坚持社会主义方向，继续进行上层建筑领域的革命，使之适应经济基础。这就是要把巩固无产阶级专政的任务落实到基层，在企业中坚决贯彻执行毛主席的

---

① 《列宁全集》第 33 卷，第 159 页。

革命路线，不断地促进人的思想革命化。这样，在加快工业发展的过程中，社会主义上层建筑必将不断巩固、发展，无产阶级专政必将日益巩固。《条例》在这方面也做了必要的规定，提出了整顿的措施，特别提出了"首先整顿党的领导"，"把坏人篡夺了的权力夺回来，使领导权掌握在真正的马克思主义者和工人群众手里。"这就打乱了"四人帮"篡党夺权的部署，难怪"四人帮"恨之入骨。他们反对整顿，反对《条例》对生产关系和上层建筑领域里的革命提出的要求，就是反对无产阶级专政下的继续革命，妄图颠覆无产阶级专政。

托洛茨基的幽灵再现

历史往往惊人的相似。苏联 20 年代有过一场关于工会问题的争论，涉及的是如何进行经济建设，特别是工业建设问题。托洛茨基散布了一系列修正主义谬论，反对列宁的革命路线和政策，疯狂破坏社会主义革命和建设。托洛茨基曾把这场争论说成是列宁从"政治上"看问题而他是从"经济上"看问题，列宁关心的是"形式上的民主"，而他关心的是"提高生产"。"四人帮"借此大做文章，诬蔑《条例》贯彻的是"托洛茨基的思想"，是"违背"列宁指示的。但人们翻开历史一查，就发现，原来和托洛茨基的言行丝丝入扣的不是别人，正是"四人帮"自己。托洛茨基的幽灵就附在"四人帮"身上。

"四人帮"把工会问题争论的实质说成是列宁重视政治不重视经济，重视革命不重视生产，托洛茨基重视经济不重视政治、重视生产不重视革命，这纯粹是篡改历史，诋毁列宁，美化托洛茨基。这场争论的实质，斯大林在《联共（布）党史简明教程》中曾经做过科学的总结，指出：实际上当时争论的是"关于如何对待反对战时共产主义的农民，关于如何对待非党工人群众，总的是关于党在国内战争已告结束的时期如何对待群众的问题"。[①] 当时活跃工业是首要的任务。列宁认为，只有用说服教育的方法，才能吸引工人群众参加工业建设。托洛茨基则反对采取说服方

---

① 《联共（布）党史简明教程》，第 279 页。

法，提出了"扭紧螺丝"和"整刷工会"的反动口号，主张把军事方法搬到工会里来，对群众用专制高压的办法。这种主张理所当然地遭到列宁的痛斥。

在这场争论中，列宁全面分析了革命和生产、政治和经济的辩证关系。列宁一方面指出政治是经济的集中表现，另一方面又指出任何政治归根到底都是为生产服务的。列宁多次说过"政治同经济相比不能不占首位"。应当怎样理解列宁这个指示呢？"四人帮"把它歪曲为是列宁不重视经济，认为经济问题没有政治意义。事实上，列宁在这里讲的是从政治上看问题和从经济上看问题的关系，指示我们对于任何问题，包括经济问题，都要首先从政治上正确地处理。因此他说："一个阶级如果不从政治上正确地处理问题，就不能维持它的统治，因而也就不能解决它的生产任务。"① 列宁也正是把当时面临的经济问题，首先从政治上来看，来处理的。

从政治上正确处理问题，就要采取一些具体措施，正确解决一些关键问题。列宁在这场争论中一再肯定过一个题为《工会在生产中的任务》的《报告提纲》。列宁为什么肯定这个《提纲》？就是因为这个提纲从政治上正确处理了当时面临的经济问题。这个《提纲》为了达到加速发展生产的目的，对当时需要解决的一些重要问题，如党和群众的关系，国家、企业和个人的关系，改进劳动组织和加强劳动纪律问题，贯彻按劳分配问题，关心群众生活问题等等，都根据当时情况，提出了切实可行的措施。列宁称赞它"是一个好的纲领"，"实事求是的纲领"，"提出了具体的、实际的、迫切的和切实的任务"。②

我们再来看一看《条例》是不是符合列宁这些指示的基本精神。《条例》首先就是从政治上正确处理加快工业发展问题的。它指出工业发展速度问题是一个尖锐的政治问题，并对加快工业发展必须解决的一系列重要问题作出了规定，提出了措施。这些虽然还有待于修改、充实，但总的精神是符合马列主义，符合毛主席的一贯教导的，和列宁当时的指示精神也是一致的。列宁认为应该采取措施改进生产组织，加强劳动纪律，

① 《列宁全集》第32卷，第72页。
② 《列宁全集》第32卷，第24、74页。

"四人帮"则攻击《条例》中整顿企业管理的措施是什么"资本主义管卡压";列宁认为应该采取措施贯彻按劳分配原则,"四人帮"则诬蔑《条例》中贯彻按劳分配的措施是什么"物质刺激"如此等等,不正说明违背列宁指示的正是"四人帮"自己吗?

　　托洛茨基在这场争论中把自己打扮成是重视经济、重视生产的。这纯粹是欺人之谈。事实上,托洛茨基是既破坏革命,又破坏生产,既反对无产阶级政治,又反对社会主义经济。列宁当时就揭露托洛茨基挑起工会问题的争论为的是破坏革命和建设,一针见血地指出:托洛茨基和布哈林的错误使得"党离开经济任务,离开'生产'工作",[①]托洛茨基在这场争论中的表现绝非偶然。他根本反对列宁、斯大林关于一国建成社会主义的理论,因此一贯反对社会主义建设。他诬蔑"一国社会主义的理论是一个庸俗的改良主义乌托邦",胡说这种理论是要灌输"革命已经彻底完成、社会矛盾将不断地缓冲"的"思想"。托洛茨基没有提出过任何关于改进工业或农业、关于改善国内商品流转、改善劳动者的生活状况的具体问题。他甚至反对农业丰收,胡说农业丰收"破坏经济","使城乡关系尖锐化",煽动农民反对社会主义工业化。他还曾恶毒攻击斯大林的工业化计划,诬蔑加快工业发展速度是"冒险主义","牺牲群众的日常需要","造成可怕的危机"。

　　究竟谁是托洛茨基?不是已经十分清楚了吗?"四人帮"攻击《条例》的那套谬论,和托洛茨基在这场争论中反对列宁时散布的那些谬论,完全是一模一样的。"四人帮"故意混淆两类矛盾,颠倒敌我关系,鼓吹"全面专政",疯狂镇压革命干部和革命群众,这一切就是托洛茨基的衣钵。"四人帮"歪曲政治和经济、革命和生产的关系,把发展工业看成是一个单纯的经济问题,是"唯生产力论",胡说"卫星上天"必然"红旗落地",鼓吹社会主义必然演变为修正主义,千方百计破坏工农业生产,这些也都和托洛茨基如出一辙。"四人帮"诬蔑《条例》中贯彻按劳分配的正确措施是"物质刺激",其源也来自托洛茨基。托洛茨基早就攻击按劳分配原则是资本主义原则。从"四人帮"攻击《条例》,我们清楚地看到了托洛茨基幽灵的再现。难怪他们要公开为托洛茨基翻案。江青胡说

---

① 《列宁全集》第32卷,第74页。

什么"别提斯大林了！托洛茨基的事还不知道怎么样呢?""四人帮"反诬《条例》是托洛茨基思想，不过是贼喊捉贼，为了掩盖他们自己的真实面貌而已。

为什么"四人帮"和托洛茨基如此惊人地相似呢？这是有深刻的历史根源和阶级根源的。他们都是逆历史潮流而动的反动派，是没落的地主、资产阶级的政治代表，是国外一切仇恨社会主义制度的阶级敌人的走狗。因此，他们必然要疯狂地反对社会主义革命和社会主义建设，同时也必然逃脱不了历史的审判，要被人民扫进历史垃圾堆！

"四人帮"把《条例》打成"大毒草"，是他们篡党窃国的一个重要组成部分。为了"批判"《条例》，他们使尽了气力，用尽了种种卑鄙手段。但具有极大讽刺意味的是，《条例》不仅没有被批倒，而且越批越香了。就在"四人帮"批《条例》批得最猖狂时，工人同志就说："不批不知道，一批呱呱叫。"这充分说明《条例》反映了全国人民要求加快工业和整个国民经济发展的强烈愿望。现在"四人帮"被粉碎了，为高速度发展工业和整个国民经济扫除了最大障碍。让我们高举毛主席的伟大旗帜，在华国锋同志的领导下，为夺取新的胜利而努力奋斗吧！

论社会主义工资及其具体形式 *
—— 驳斥"四人帮"对社会主义工资的污蔑

"四人帮"为了颠覆无产阶级专政、复辟资本主义，长期以来肆意攻击和疯狂破坏社会主义的工资制度，对我国的社会主义革命和建设事业造成了严重的危害。直到现在，它的影响还有待于彻底肃清。清除这方面的流毒，具有重大的现实意义和深远的理论意义。

一 社会主义的工资是不是"资本主义的旧范畴"?

"四人帮"为了搞垮社会主义的工资制度，公然否定我国国营企业工资的社会主义性质。王洪文在 1975 年的一次讲话中说："从内容上看，八级工资制、按劳分配、货币交换，这些资本主义社会存在，社会主义也有。""四人帮"通过原上海市委写作组组织编写的《社会主义政治经济学》，以"理论的形式复述王洪文的荒谬论断，写道：社会主义制度下的"工资范畴及其具体形式，不论是计时工资还是计件工资，都是资本主义社会留下来的。"换句话说，社会主义的工资是一个资本主义的旧范畴!

这是对社会主义工资性质的根本歪曲。

什么是经济范畴? 马克思指出："经济范畴只不过是生产的社会关系的理论表现，即其抽象。"① 作为社会主义经济范畴的工资，是社会主义生

* 吴敬琏、周叔莲、汪海波合著。原载《光明日报》1977 年 12 月 5 日、12 日。
① 马克思：《政治经济学的形而上学》，《马克思恩格斯选集》第 1 卷，人民出版社 1972 年版，第 108 页。

产关系的抽象。按劳分配是要通过一定的劳动报酬形式来实现的，工资就是国营工业企业劳动报酬的基本形式。这就说明，社会主义工资同资本主义工资是根本不同的经济范畴。资本主义工资，反映的是资产阶级同无产阶级之间的关系，它的本质，是劳动力的价值或价格。而社会主义工资，反映的是社会主义劳动者同社会整体之间的关系，它的本质，是劳动产品经过社会扣除后归劳动者个人消费的部分。前一种关系是剥削关系，后一种关系是"大家都有按各人能力劳动的平等义务，一切劳动者都有按劳取酬的平等权利"①的互助合作的关系。怎么能够把这两个本质不同的经济范畴混为一谈呢?

社会主义工资和资本主义工资的本质根本不同，决定了社会主义工资的社会作用，也和资本主义工资根本不同。在资本主义社会，资本家采用各种"血汗工资制"，加强对工人的剥削。社会主义工资体现了按劳分配的原则，在整个社会的利益摆在首位的前提下，它把劳动者的个人利益同整体利益结合起来，它能够促进社会主义生产不断增长和不断完善，使工人的生活水平逐步得到提高。

社会主义工资数量决定的规律，也和资本主义工资根本不同。资本主义工资是劳动力商品的价值或价格的转化形式，因而它的水平是由价值规律决定的，并受到市场供求状况的影响。前一个因素的作用，使资本主义工资限制在生产和再生产劳动力所必需的生活资料的价值限度内；后一个因素的作用（由于资本主义社会相对过剩人口的经常存在），使工资被压低到劳动力价值以下。正如恩格斯所指出的："一条规律把劳动力的价值限制在必需的生活资料的价格上，另一条规律把劳动力的平均价格照例降低到这种生活资料的最低限度上。"②社会主义工资不受这两条规律的支配。马克思科学地预示了在共产主义社会（包括社会主义社会）个人消费品分配的数量规律，他指出：它的数量将会"扩大到一方面为社会现有的生产力……所许可，另一方面为个性的充分发展所必要的消

① 斯大林：《在党的第十七次代表大会上关于联共（布）中央工作的总结报告》，《列宁主义问题》，人民出版社 1964 年版，第 559 页。

② 恩格斯：《〈英国工人阶级状况〉1892 年德文第二版序言》，《马克思恩格斯选集》第 4 卷，人民出版社1972 年版，第 281~282 页。

费的范围"。① 我国社会主义建设的实践表明，工人的工资是随着生产的发展和社会劳动生产率的提高而增加的，这和资本主义社会里，在一极是资本家所占有的资本和财富的积累，在另一极是工人的贫困的积累的状况，形成了鲜明的对照。

当然，社会主义工资和资本主义工资从表现形式方面看，确有相似之处。资本主义工资的本质是劳动力的价值或价格，可是它却"表现为劳动的价格，表现为对一定量劳动支付的一定量货币"。② 社会主义工资的本质，是劳动者从社会领取相当于他为社会提供的劳动量（扣除他为社会基金而进行的劳动）的个人消费品，它并不反映两个互相对立的主体之间的关系，然而在现象上，却表现为工人为国家劳动后，从他的"雇主"——国家那里领得的"报酬"，也就是表现为"对一定量劳动支付的一定量货币"。这种表现形式，①掩盖了社会主义社会中工人和自己的国家之间的真实关系，使一些只从现象上看问题的人不把自己看作社会的主人，而把自己看作是国家的雇员。②它还使一些人看不到工资数量的多少首先取决于整个社会劳动生产率的高低，因而这些人不是首先关心整个社会经济的发展，而是斤斤计较个人报酬的多少。③林彪一类资产阶级代表人物如上台，就可以利用这种形式，打着社会主义工资的旗号搞资本主义制度。因此，我们必须在坚决贯彻按劳分配原则的同时，坚持政治挂帅，抓紧对职工的思想教育工作，使他们从社会主义生产关系的本质上认识社会主义工资，从而认识个人利益对于整体利益的依存关系，认识个人利益应当服从于整体利益的道理，并进一步认识社会主义工资同资本主义工资不同的本质。

"四人帮"及其舆论工具，同马克思主义背道而驰，把社会主义工资与资本主义工资混为一谈，完全承袭了资产阶级庸俗经济学以表面现象淆乱事物本质的衣钵。其目的，是丑化社会主义制度，为他们复辟资本主义制造舆论。

---

① 马克思：《资本论》第3卷，《马克思恩格斯全集》第25卷，第990页。
② 马克思：《资本论》第1卷，《马克思恩格斯全集》第23卷，第585页。

二 计件工资在社会主义生产中有没有积极作用？

计件工资是"四人帮"集中力量攻击的一种工资形式。前述那本《社会主义政治经济学》给社会主义的计件工资开列了好几条罪状，并且说，它"不利于生产的发展"。难道事实真如"四人帮"所说的那样吗？当然不是。

计件工资和计时工资一样，是社会主义劳动报酬的一种具体形式。两者不同的是：在计时工资的条件下，劳动量是以一定质量劳动的延续时间来计量，而在计件工资的条件下，则是以一定时间内劳动所凝结成的产品数量来计量。如果承认按劳分配原则，就应当同时承认在原则上计件工资和计时工资都是可以采取的，问题只在于这两种工资形式适应的具体条件不同。在产品数量能够反映劳动量的条件下，计件工资制是实现按劳分配原则的良好工资形式。因为在这种条件下，劳动者取得的报酬数量同他的实际劳动贡献直接联系在一起，这样，就把劳动者的个人利益和社会利益紧密结合起来，这对调动劳动者的积极性来为社会创造更多的产品，效果十分明显。

有一篇题为《鞍钢工资形式历史资料》的调查报告，记载了计件工资制在鞍钢生产中曾起过的积极作用：①鼓励工人增加生产。②促进劳动组织的改善。③促进工人学习技术，提出合理化建议。④减少了旷工现象，提高了出勤率，工人工作主动，服从纪律。以上几点，综合反映在劳动生产率的提高上。实行计件工资制后，鞍钢各厂矿普遍减少了人员。初轧木工场3个月完成了7个月的生产任务，实行计件制前人不够，实行计件制后人多余了，主动提出要求减少。⑤增加了工人的工资收入。随着生产的提高，工人的计件超额工资也增加，1952年工人超额工资占标准工资的4.5%，1954年增加到15.2%。⑥促进了产品成本降低。弓长岭铁矿实行计件工资制后，单位产品成本降低35%，人工成本降低37%。⑦促进了企业管理工作。各单位为了适应推行计件工资制的需要，都加强了原料、材料、燃料、工具、备具、备件的收发保管制度，健全了产品检查和验收制度，加强了机器设备的定期检修制度和交接班制度，健全了基层原始记录和统计制度等等。调查报告还记录了鞍钢 1958 年取消计件工资制，1959 年又部分恢复计件工资制的情况。樱桃园铁矿取消计件制后，劳动效率下降了，掘进工人每工作日效率由实行计件制时的 1.435 立方米降至 0.944 立方米，降低 34%，运矿工人每工作日效率由 6.4 车降至 4.8 车，降低 25%，劳动生产率比 1958 年同期降低 9.5%，从 1959 年 7 月恢复计件制以后，人工效率已接近和达到过去实行计件制时的效率。[①]

上述调查说的是"文化大革命"前的情况。"文化大革命"中的情况又如何呢？据黄埔港的调查，该港 1971 年 9 月由计件制改行计时制，1972 年出现了严重的压船、压车、压货现象，主要经济指标大幅度下降。比如，1964~1966 年实行计件制时，装卸工人劳动生产率平均每人每年为 3089 吨，装卸定额完成 106.79%；1972 年分别下降到 2423 吨和 72.9%。1973 年 10 月起，该港又实行计件制，情况迅速好转，各项指标又迅速上升。1974~1977 年 10 月，装卸工人劳动生产率平均每人每月为 257 吨，比 1972 年提高 27.2%，平均每月完成装卸定额的 126.7%，比 1972 年提高 73.8%；老、中、青工人的工资收入都有所增加，而每千操作吨工资却比 1972 年下降了 11%。

这些材料充分说明计件制在一定条件下能够起积极作用。这是谁也否认不了的。

当然，在实行计件工资制时，曾经出现过一些消极的现象。但是，对于这些消极现象的由来，必须进行具体的分析，决不能像"四人帮"那样，把一切罪过都归之于计件工资制本身。

首先，计件工资制通过产品数量来计量劳动者提供的劳动，这种特点，使它的适用范围有局限性。对于产品质量要求高、不易检查、机械化程度高、生产连续性大的劳动，用产品数量来反映劳动量的多少，就很不准确。对于劳动工序无法分割开的行业、工种或场合，如采用自动生产线的场合，更无法通过产品数量反映每个劳动者的劳动量。如果不考虑具体条件，盲目推广计件工资制，就会使按劳分配原则不能得到很好的贯彻，从而带来某些消极后果。可是，从这种情况，并不能得出一概否定计件工资制的结论来。当然，随着社会主义工业化和现代化的发

① 劳动经济科学研究所编：《工资问题论文集》，1964 年版，第 255~278 页。

展，随着机械化、自动化程度的提高和笨重体力劳动的减少，在社会主义经济中计件工资制的适用范围会缩小。然而，在目前，在搬运、采掘、建筑等行业主要还是靠手工劳动的情况下，在这些行业中采用计件工资制对于社会主义事业是有好处的。

其次，实行计件工资制，要求有健全的产量统计、质量检查、原材料消耗定额和领发料制度，特别要求有正确的劳动定额。否则，就无法通过产品数量计算每个劳动者提供的劳动量。决不能把管理工作没有跟上而出现的问题，算成计件工资制本身的缺点，更不能由此否定计件工资制。

再次，在社会主义阶段，必须把贯彻按劳分配原则同加强政治思想教育结合起来。不论劳动报酬采取哪一种具体形式，只要放松了思想工作，都会出现这样或那样的消极后果。这方面出现的问题，显然应当用加强政治思想教育工作的方法去解决，而不能由此否定计件工资制本身。

从以上的分析可以看到，我们和"四人帮"在社会主义计件工资问题上的分歧，归结起来，是承认或否定按劳分配原则的问题。我们主张实行计时工资和计件工资相结合，以计时工资为主的工资制度，认为计件工资制仍然还有存在的必要，就是因为它在一定条件下能够体现多劳多得、少劳少得、不劳动者不得食的社会主义原则。"四人帮"则正是由于计件制有助于贯彻按劳分配原则，才用伪造事实、杜撰论据等卑劣手法，妄图把计件工资制一棍子打死。上述那本《社会主义政治经济学》把他们加给社会主义计件工资的种种罪名都归因于"它所体现的资产阶级法权"，按照"四人帮"的逻辑，也就是归因于它体现了按劳分配的原则。这就明白无误地告诉我们，"四人帮"反对社会主义的计件工资制，实质上是反对社会主义的按劳分配原则。

"四人帮"全盘否定社会主义的计件工资制，企图从革命导师的言论中寻找根据。然而，这是枉费心机，因为革命导师根本没有这种观点。列宁早在1918年4月就强调，对于"实行计件工资"等加强劳动纪律和提高劳动生产率的措施，"应当全力予以支持、巩固和加强"。[1]毛主席在1942年12月写的《经济问题与财政问题》中，尖锐地批评了边区公营工业企业中平均主义的薪给制，强调必须代之以计件工资制。解放以后，

---

[1]《关于苏维埃政权当前任务的六条提纲》，《列宁全集》第27卷，第292页。

毛主席也从来没有全盘否定计件工资制，而是肯定它为社会主义工资的一种具体形式，对它要采取分析的态度。"四人帮"的"理论"，并不是来自马克思主义，而是来自托洛茨基主义。早在 20 年代，托洛茨基分子普列奥布拉任斯基就在一本名叫《新经济》的书中提出过"计件制对我们的经济是异己的，并且会拉我们退向资本主义"的荒谬观点。"四人帮"拾托洛茨基主义的牙慧，却妄图冒充为马克思主义的理论，这就充分暴露了他们用机会主义篡改马克思主义的卑劣用心。

三　实行物质奖励就是"搞修正主义"吗？

"四人帮"不仅反对社会主义计件工资制，也反对社会主义的奖励制度。前述那本《社会主义政治经济学》写道：奖金"更没有跳出'做事为了拿钱'这个资产阶级框框"，因此搞奖金必然使企业"滑向修正主义邪路"。这纯粹是横加罪名，危言耸听，是"四人帮"打着反对修正主义的革命旗号，干他们攻击社会主义按劳分配的反革命勾当。

我们认为，在社会主义社会，实行物质奖励制度是必要的。原因在于：工资作为劳动报酬的基本形式，能在相当大的程度上反映劳动者提供的劳动的数量和质量，但是往往反映得不全面，不确切，因而需要以奖金作为补充。例如在实行简单计时工资制的情况下，工资只是通过工人的劳动能力（劳动熟练程度、体力强弱等），来反映他可能支出的劳动量。这个可能支出的劳动量同工人在生产中实际提供的劳动量常常是不一致的。所以，为了比较准确地反映劳动者实际提供的劳动量，就需要建立一定的奖励制度，对实际表现好的劳动者给予奖励。在实行简单计件工资制的情况下，工资是通过产品数量反映工人的劳动贡献的，它虽然基本上反映了工人实际的劳动支出，但也无法反映劳动质量的某些方面（如安全、节约、进行技术革新的努力等）。因此，有时也需要用奖金作为劳动报酬的补充形式，对劳动质量高的工人给予奖励。可见，由于奖金这种形式灵活机动，可以根据劳动者的实际劳动表现给予补充的报酬，以更好地贯彻按劳分配原则，所以，它是社会主义劳动报酬的必要的补充形式。

　　同时，目前我国实行的是低工资制，广大职工的收入水平还不高，有一小部分职工家庭生活还有困难。在这种情况下，对劳动表现好、实际劳动支出多的劳动者给予适当的物质奖励，以补偿由于劳动耗费增加而增添的开支，鼓励劳动者发挥劳动积极性，就更加必要了。

　　这里，我们以天津市建筑业水泥纸袋的回收为例，来说明实行奖励制度是完全必要的。建筑业中大量使用的水泥纸袋，是用上等的红松木纸制成的，每个价值五角。过去实行纸袋回收的制度，为了鼓励工人仔细拆封、妥善保管，每上交一个完好的纸袋奖励三分钱，当时有的单位纸袋收回率达60%~70%。后来放松了这项工作，取消了奖励办法，纸袋使用一次便损毁，浪费了大量资财。1974年下半年，有单位总结经验教训，加强了勤俭节约的教育，恢复了奖励制度，使纸袋收回率又达到或超过了过去的水平。据天津第六建筑公司一个灰土班的统计，从1974~1976年，这个班就回收纸袋3万多个，为国家节约14000多元，小组得奖金900多元。据计算，如果天津市各单位水泥纸袋回收都能达到这样的水平，全市每年可以节约水泥包装纸数百吨，折合木材几千立方米。人们在总结这个经验时说：实行合理的奖励制度，不但有利于生产，有利于节约，而且有利于培养工人的集体观念和艰苦奋斗精神，是正确处理国家、集体和个人三者关系的生动体现。[①] 水泥包装耗费对于整个国民经济来说，不过是沧海一粟，我们却可以因小见大，看到搞好奖励制度对迅速把我国国民经济搞上去具有多么重大的意义。

　　从我国工业企业实行奖励制度的许多实际材料中也可以证明，"四人帮"及其舆论工具把奖金说成是资本主义原则的体现，完全是信口雌黄。奖金作为实现按劳分配原则的劳动报酬的辅助形式，体现的正是"以集体利益和个人利益相结合的原则为一切言论行动的标准的社会主义精神"，[②] 这怎么能和做事为了拿钱的资本主义原则等同起来呢？同样，也不能把实行物质奖励同所谓"奖金挂帅"混为一谈。所谓"奖金挂帅"，指的是用奖金统帅一切，把奖金当作调动群众积极性的主要的甚至是唯一的手段，反对无产阶级政治挂帅。这当然是极端错误的。实行奖金制绝

---

① 参见《天津日报》1977年10月21日。
② 毛泽东：《〈严重的教训〉一文按语》，《毛泽东选集》第5卷，第244页。

不意味着要把奖金变成发展社会主义生产的主要的甚至是唯一的动力，也绝不意味着可以否定政治挂帅。我们提倡的是政治鼓励和物质鼓励相结合，以政治鼓励为主。然而，只强调政治思想教育的作用，不重视物质鼓励的作用，不把二者结合起来，也是不能充分调动起广大群众积极性的。道理很简单，因为按劳分配是社会主义社会的客观规律，谁要企图"取消"或"改变"这种规律，是不能不受到惩罚的。"四人帮"破坏按劳分配，造成了严重恶果，这个教训我们一定要记取。

　　我们也要看到，实行奖励制会有某些消极作用，特别是在奖励制度规定得不合适，或者评奖工作组织得不好的情况下，消极的后果更为明显，这是必须注意防止的。但是，我们决不能图省事、怕负责而不去利用奖励的积极作用，在应该实行奖励制度的场合不去实行；更不能以奖励制实行中的缺点来否定奖励制本身。1922 年，布哈林分子托姆斯基借口奖励制执行中的缺点，要求放弃奖励制。列宁在给政治局委员的信中坚决驳斥了这种意见。他写道：照托姆斯基的说法，工会奖励制已蜕化成"对国家的掠夺"，"其实工会奖励制的失败，应当促使我们更加努力地研究和改进实行奖励制的方法，而决不是放弃奖励制"。①

　　"四人帮"在反对社会主义奖励制度时，经常引用毛主席在九届一中全会上的一段讲话，企图以此"证明"毛主席是反对实行奖励制的。这是蓄意歪曲。毛主席对于奖励制度有过一系列的指示。1942 年，毛主席在《经济问题与财政问题》中指出，工厂应奖励最有成绩的工人与职员，批评或处罚犯错误的工人与职员。没有适当的奖惩制度，是不能保证劳动纪律与劳动积极性的提高的。1945 年在党的七大上，毛主席提出："必须实行劳动竞赛，奖励劳动英雄和模范工作者。"② 解放以后，我们党实行了社会主义的奖励制度，并为此规定了一系列正确的方针政策。文化革命前虽有刘少奇修正主义路线的干扰，但决不能因此抹杀我们党的一切工作，更不能把正确的说成是错误的，否定毛泽东思想的主导地位。在大跃进的年代里，我们曾实行过年终跃进奖，收到了很好的效果。毛主席曾十分明确地肯定了我国以计时加奖励为主的工资制度，肯定了跃

---

① 列宁：《给斯大林转政治局委员的信》，《列宁全集》第 38 卷，第 315 页。
② 毛泽东：《论联合政府》，《毛泽东选集》第 8 卷，人民出版社 1967 年横排本，第 992 页。

进奖。"四人帮"抛开毛主席的这一系列指示，孤立地引述毛主席在九届一中全会上的那段话，并且掐头去尾，只引"搞什么奖金"这一句，以此作为他们反对奖金制度的根据，完全是别有用心的。其实通观毛主席的这一段指示的全文，意思是十分清楚的，毛主席并不是一般地反对奖金，而只是反对"不提倡无产阶级政治"去"搞什么奖金"。"四人帮"在这里恶意歪曲毛主席的指示，是他们摘取毛主席的片言只语来否定毛泽东思想体系的又一次拙劣表演。

毛主席关于奖励制度的思想是和列宁的思想完全一致的。列宁在十月革命胜利后不久，就提出了在社会主义经济中实行奖金制度的问题。他在1919年指出："不能取消鼓励成绩优良的工作特别是组织工作的奖金制度。"① 1920年列宁又说："对于任何重大成绩都要经常给予适当的奖励（实物奖金或其他）。"② 1921年，列宁进一步指出："必须系统地研究和拟定一些推广奖励制的办法，以便把奖励制包括到全体苏维埃职员的整个工资制度里去。"③ 可见，列宁关于实行奖励制的思想是一贯的。

前述那本《社会主义政治经济学》为了否定列宁的上述明确指示，硬说列宁指示采取的这些措施只是在非常条件下的一种权宜之计，是"一种暂时的让步"，对社会主义建设没有普遍的指导意义。这是故意歪曲和贬低列宁的指示。列宁在《俄共（布）党纲草案》中明确指出："在完全的共产主义制度下奖金是不允许的，但在从资本主义到共产主义的过渡时代，如理论推断和苏维埃政权一年来的经验所证实的，没有奖金是不行的。"④ 列宁在这里明确指出，搞奖金决不是暂时的权宜之计，而是由社会主义理论和社会主义建设得出的科学结论，是从资本主义到共产主义的过渡时代所需要的。在列宁的著作中，确有好几处在提到"奖励"的同时讲到"让步"。这能不能给"四人帮"的论客们以支持呢？也不能。在《俄共（布）党纲草案》论农村方面任务的一节中，列宁说到"实行奖金制度"，同时说到"有时不得不做出的部分让步纯粹是由极困难的状况引

①④ 列宁：《俄共（布）党纲草案》，《列宁选集》第8卷，人民出版社1972年版，第748页。
② 列宁：《生产宣传提纲（草稿）》，《列宁全集》第31卷，第365页。
③ 列宁：《关于副主席（人民委员会和劳动国防委员会副主席）工作的决定》，《列宁全集》第33卷，第299~300页。

起的"。[①] 有人引用这段话来说明，社会主义工业企业中实行"奖金制度"是"让步"。其实这完全是曲解。列宁在这里讲的是对私人合作社、私商的"奖金制度"。在农村利用私商，同在粮食贸易中实行国家垄断相比较，当然是一种让步。这种奖金和社会主义企业中的奖金完全是两码事。1921 年 2 月，列宁又一次讲到"让步"，这又是讲的什么问题呢？列宁说得很清楚，这是对以一部分工厂产品奖励工人的法令而言的。[②] 当时在经济状况极为困难的情况下，实行了国营企业以一部分产品分给工人的"奖励"办法，这种办法使每个工人都成为部分产品的所有者甚至出卖者，当然是一种在特殊情况下的让步，这与正常情况下的社会主义企业的奖金制度是完全不同的。所以，把"让步"的帽子戴到正常情况下的社会主义企业的奖金制度的头上去，完全是张冠李戴，歪曲列宁的指示。

"四人帮"诋毁社会主义奖励制度的实质，同他们反对计件工资制一样，也在于攻击和否定社会主义的按劳分配原则。他们的中心思想无非是一句话：按劳分配是一切消极作用的根源，越是符合按劳分配原则，消极作用就越大，越要"滑向修正主义邪路"；反之，按劳分配原则越是遭到破坏，消极作用也就越小。这真是荒谬绝伦！

四　我们同"四人帮"在计时工资上的根本分歧

社会主义的计时工资，是社会主义劳动报酬的一种具体形式。对于许多劳动部门和工种，这种工资形式基本上是能够使报酬量和劳动者提供的劳动量相适应的。在机械化和自动化的程度高、技术要求复杂的部门和工种，计时工资是比较适合的工资形式。

"四人帮"极力反对社会主义的计件工资和奖励制度，那是不是说，他们就赞成社会主义的计时工资呢？答复也是否定的。尽管"四人帮"不时在口头上作出赞成计时工资的声明，甚至有时还用抬高计时工资的办法来否定计件工资和奖励制度，但在实际上，我们和他们在计时工资问

---

① 列宁：《俄共（布）党纲草案》，《列宁选集》第 3 卷，人民出版社 1972 年版，第 751 页。

② 参见列宁：《关于粮食税的报告》，《列宁全集》第 32 卷，第 401~402 页。

题上也同样存在着根本分歧。分歧的焦点，仍然在于是否承认社会主义的按劳分配原则。

前述那本《社会主义政治经济学》给计时工资下了一个定义："计时工资是以劳动时间作为计算劳动报酬的单位，即在一定时间内，根据所评定的工资等级，发给固定工资。"问题在于，这里讲的"工资等级"究竟是根据什么评定的？如果离开了劳动质量（包括劳动熟练程度、劳动强度和技术水平等）这个基本依据，那么，按照"所评定的工资等级"付给的劳动报酬，是不能反映劳动者提供的劳动量的。该书论述计时工资时，完全回避了按照劳动质量规定工资等级的问题。这不是偶然的疏忽，而是反映了"四人帮"的理论观点。1975 年，针对"四人帮"对我国工业的破坏，在中央负责同志的领导下，起草了《关于加快工业发展的若干问题》（即《二十条》）。《二十条》强调必须坚决实行按劳分配原则，指出："不分劳动轻重，能力强弱，贡献大小，在分配上都一样，不利于调动广大群众的社会主义积极性。"由于《二十条》强调了按劳动轻重、能力强弱、贡献大小给予劳动报酬，便惹恼了"四人帮"，他们开动宣传机器，大兴问罪之师。"四人帮"的帮刊《学习与批判》上的一篇文章说得很露骨："所谓按能力强弱、贡献大小进行分配，就是公开宣扬为钞票而劳动，谁劳动得好钞票就拿得多，这是赤裸裸的物质刺激货色。"试问，离开了"按能力强弱、贡献大小进行分配"，即离开了"多劳多得、少劳少得、不劳动者不得食"的原则，计时工资的等级怎样来确定？不按劳动，只能按"四人帮"所宣扬的平均主义来决定了。这样的"计时工资"还能体现社会主义的按劳分配原则吗？很明显，他们的罪恶企图就是要使体现按劳分配原则的计时工资制名存实亡。

"四人帮"否定社会主义的一切工资形式，这看起来实在荒诞不经，令人难以置信，然而它却是"四人帮"否定按劳分配原则的反革命思想体系的必然的结论。由于"四人帮"破坏按劳分配原则，在许多地方造成了"干和不干一个样，干多干少一个样，干好干坏一个样"的局面，甚至是"多干不如少干，少干不如不干，不干不如捣蛋"，严重挫伤了群众的积极性，阻碍了生产的发展。

当前，为了加快社会主义工业发展速度，达到天下大治，我们必须彻底肃清"四人帮"在工资问题上的流毒和影响。在大力提倡共产主义劳动态度的同时，必须坚决贯彻按劳分配原则，实行计时工资与计件工资相结合，以计时工资为主，精神鼓励与物质鼓励相结合，以精神鼓励为主的方针，充分调动广大劳动群众的积极性，掀起社会主义建设的新高潮。

必须坚持合理的规章制度 *
——批判"四人帮"破坏社会主义企业规章制度的谬论

王张江姚反党集团为了达到乱中夺权、复辟资本主义的罪恶目的，拼命反对社会主义企业合理的规章制度，大搞无政府主义。他们公然鼓吹"要建立没有规章制度的企业"，提出"要总结一个没有规章制度而搞好生产的典型"。谁加强企业管理，坚持合理的规章制度，他们就攻击谁实行"资产阶级的管、卡、压"，搞得许多企业有章不循，无章可循，纪律松弛，管理紊乱，给社会主义建设造成了严重的损失。

毛泽东同志指出："一个团体要有一个章程，一个国家也要有一个章程。"① 社会主义企业也不能例外，必须有必要的规章制度，这是马克思主义的常识。因为一个现代化的企业，成百、成千、成万人在一起，分工协作，共同劳动，如果没有统一的指挥，没有科学的管理，没有严密的规章制度，而是各行其是，互不协调，这就不仅使生产无法正常进行，而且还会导致工人的伤亡和国家财产的破坏，导致社会主义工业本身的毁灭。恩格斯曾经说过："想消灭大工业中的权威，就等于想消灭工业本身。"② 这里所说的"权威"，就是大工业生产中的统一管理和指挥。它是从现代企业社会化的劳动过程中产生出来的客观需要。生产社会化的程度越高，生产的各个环节越需要紧密配合，就越需要有一套严格的科学的管理制度。在社会主义制度下，只有建立一套合理的管理制度，才能

---

* 原载《新湘评论》1977 年第 12 期。
① 毛泽东：《关于中华人民共和国宪法草案》，《毛泽东选集》第 5 卷，第 129 页。
② 恩格斯：《论权威》，《马克思恩格斯选集》第 2 卷，第 552 页。

保护和发展社会主义的生产关系，充分调动广大工人群众的劳动积极性；才能根据国家的计划，把工人群众的积极性集中到最需要的方面来；才能按照生产发展的客观规律，合理地使用人力、物力和财力，取得最大的经济效果。"四人帮"妄图否定大工业中的权威，取消企业的一切规章制度，这就充分暴露了他们破坏社会主义经济的反动嘴脸。

建立健全合理的规章制度，不仅是生产斗争的需要，也是阶级斗争的需要。在社会主义社会这个历史阶段中，还存在着阶级斗争，不仅极少数的敌人要千方百计地破坏社会主义生产，而且封建主义和资产阶级的腐朽思想和作风，小资产阶级的自发势力，无时无刻不在侵袭着人们的头脑，腐蚀我们的职工队伍。在这种情况下，一个社会主义企业，如果不坚持无产阶级政治，不建立健全必要的规章制度，就会给阶级敌人以可乘之机，就无法抵制形形色色的资产阶级、小资产阶级思想的腐蚀侵袭，以致造成劳动纪律松弛，资本主义泛滥，不仅使国家在经济上遭到严重损失，而且还会影响社会主义制度的发展和无产阶级专政的巩固，在政治上带来极大的危害。在"四人帮"及其帮派体系干扰破坏严重的少数地方，不就已经出现了生产无人管，劳动无人干，贪污盗窃严重，投机倒把盛行，工厂交不出产品，工人发不出工资等触目惊心的事例么！因此，为了有效地进行生产，我们必须十分重视加强企业的生产管理工作，必须十分重视建立健全必要的规章制度。只有这样，才有利于保护和发挥大群众的社会主义积极性，并有利于同极少数阶级敌人的斗争。"四人帮"别有用心地鼓吹"规章制度取消论"，就是妄图为资本主义势力大开方便之门，以实现其破坏社会主义生产关系，瓦解无产阶级专政的物质基础，全面复辟资本主义的罪恶目的。

为了给"规章制度取消论"制造"理论根据"，"四人帮"把社会主义企业的一切管理制度都斥之为"资产阶级的管卡压"，这就完全混淆了社会主义与资本主义两种管理制度的本质区别，是对我国社会主义制度的根本否定。

规章制度是上层建筑的一个组成部分，也是建立在经济基础之上，并为巩固和发展一定的经济基础服务的。资本主义企业的规章制度，是资本主义生产关系的产物，体现了资产阶级的意志。资本家在制定企业规章制度时，总是凭借自己占有的生产资料，利用先进的科学技术成就，最大限度地榨取工人的剩余劳动，促使工人为资产阶级创造更多的利润。所以，资本主义企业的规章制度，是资本家立法，工人守法，它的本质是把工人当奴隶，反映了资本家和工人之间压迫与被压迫的关系，是资本家剥削工人和劳动人民的手段。社会主义企业的规章制度则与此相反，它不是建立在生产资料私有制的基础之上，而是建立在社会主义公有制的基础之上的；其目的不是为了掠夺工人和劳动人民，而是为了更好地调动劳动群众的社会主义积极性，有效地组织生产，发展社会主义经济，以不断提高人民的生活水平，增强无产阶级专政的物质基础。这种规章制度，是按照"从群众中来，到群众中去"的群众路线产生出来的，体现了工人阶级的意志，是我们建设社会主义的重要武器。"四人帮"蓄意抹杀社会主义制度和资本主义制度的区别，只能表明他们所推行的，是一条极左路线。

列宁曾经指出："农奴制的社会劳动组织靠棍棒纪律来维持"，"资本主义的社会劳动组织靠饥饿纪律来维持"，"共产主义（其第一步为社会主义）的社会劳动组织则靠推翻了地主资本家压迫的劳动群众本身自由的自觉的纪律来维持"。[①] 在私有制社会里，剥削者与劳动者的利益是根本对立的。所以奴隶主、封建主只有依靠皮鞭和棍棒，资本家只有依靠饥饿、失业这一条无形的鞭子，才能强迫劳动者服从他们的指挥和管理，遵守他们的规章制度。在社会主义社会里，劳动群众是生产者，又是企业和国家的主人，劳动者的个人利益同国家利益、集体利益在根本上是一致的。因此，只要我们贯彻社会主义的物质利益原则，做好政治思想工作，广大劳动群众就能够不断提高组织性和纪律性，自觉地执行各项规章制度。大庆工人正是由于有高度主人翁的政治责任心，所以能自觉从严，一丝不苟，充分发挥主观能动性，不仅岗位责任制度规定的能条条落实，制度没有写上的也能主动做好。张春桥竟然把工人阶级自己制定并自觉遵守的规章制度和革命纪律，同地主阶级压榨农民的封建枷锁混为一谈，胡说什么"大庆那个岗位责任制，不是什么新发明，王熙凤整顿大观园，也就是老妈子、小丫头来个岗位责任制"，真是荒唐至极！"四人帮"抓住事物的某些表面现象，把一切社会主义的新生事物都看成

① 列宁：《伟大的创举》，《列宁选集》第4卷，第9页。

和旧社会没有什么区别，只能证明他们顽固地站在地主资产阶级的反动立场上，至死不变。

"四人帮"还荒谬地认为，有了规章制度，就没有自由，就会"束缚群众的手脚"，就是"管卡压"，这是蓄意把集中和民主、纪律和自由、服从指挥和发挥群众的主动性绝对对立起来，充分暴露了他们的唯心主义、形而上学的反动世界观。

按照合理的规章制度办事，是为了工人群众有效地进行生产，而不是用来束缚群众手脚。这是规章制度和自由之间的正确关系。恩格斯在批判杜林时指出："自由不在于幻想中摆脱自然规律而独立，而在于认识这些规律，从而能够有计划地使自然规律为一定的目的服务"。[①] 按照辩证唯物论的观点，自由就是对客观规律的认识，以及利用客观规律对世界的改造。社会主义企业正确的规章制度，一部分是反映生产过程中人们之间的社会关系的；一部分是反映生产过程中人与自然的关系的。它们都是劳动群众实践斗争经验的总结，体现了社会主义生产发展的客观规律，是企业循着社会主义方向，有条不紊地进行生产的必要条件。按照科学的规章制度办事，就是按照事物发展的客观规律办事。它不但不会束缚群众的手脚，相反，由于把革命热情和冲天干劲建立在科学的基础上，就能使广大群众的主动性和创造性得到正确的充分的发挥，从而更加有效地进行生产、改造自然。反之，违背反映客观规律的规章制度，就会造成人身和设备事故，这哪还有什么自由可言呢？因此，我们既要充分发挥人的主观能动性，又要建立健全反映客观规律的规章制度，并且使二者在生产实践的基础上统一起来。

"四人帮"拼命煽动无政府主义，借口反对"管卡压"，反对合理的规章制度，其目的不仅是要把我们的企业搞乱，把生产搞瘫痪，而且妄图利用所谓"管卡压"这根大棒，把一大批坚持社会主义的领导干部打下去，篡党夺权，颠覆无产阶级专政，建立他们的"帮天下"。如果他们的罪恶阴谋一旦得逞，那就不但会对工人阶级和广大人民群众搞资产阶级的"管卡压"，而且要实行封建法西斯专政。因此，要保护人民的自由，保护广大群众的社会主义积极性，就必须有除恶务尽的决心，彻底

---

① 恩格斯：《反杜林论》，《马克思恩格斯选集》第 3 卷，第 153 页。

摧毁"四人帮"及其资产阶级帮派体系，肃清他们的流毒和影响，夺取这场政治斗争的彻底胜利。

毛泽东同志运用对立统一规律，深刻分析了社会主义生产关系和生产力、上层建筑和经济基础之间的关系，指出它们之间存在既相适应又相矛盾的情况，要求"我们今后必须按照具体的情况，继续解决上述的各种矛盾"。作为上层建筑一部分的规章制度，它和社会主义经济基础的关系也是这样，既有相适应的一面，即有科学的合理的部分，对此我们应当肯定和坚持，并保持相对的稳定；又存在相矛盾的一面，即存在不合理、不健全的部分，需要按照具体情况进行改革与完善。"当然，在解决这些矛盾以后，又会出现新的问题。新的矛盾，又需要人们去解决。"①随着科学技术的进步和社会主义经济基础的发展，原来合理的规章制度，有的部分又可能变成不合理了，需要进行新的改革，需要增添群众的新鲜经验。我们一定要在揭批"四人帮"的斗争中，把企业的各项管理制度迅速地建立和健全起来，并不断使之充实和完善，促进国民经济的高速度发展，为在本世纪内把我国建设成为社会主义的现代化强国而努力奋斗。

---

① 毛泽东：《关于正确处理人民内部矛盾的问题》，《毛泽东选集》第 5 卷，第 374~375 页。

按劳分配不是产生资产阶级的经济基础 *

　　王张江姚"四人帮"为了颠覆无产阶级专政，复辟资本主义，疯狂诋毁社会主义制度。他们大肆宣扬按劳分配是产生资产阶级的经济基础，就是这种反革命活动的一个组成部分。

　　"社会阶级在任何时候都是生产关系和交换关系的产物，一句话，都是自己时代的经济关系的产物。"① 资产阶级是资本主义剥削关系的产物，而按劳分配却是和资本主义相对立的社会主义经济关系。从这样的经济基础上，怎么能产生出资产阶级来呢？所以，"按劳分配是产生资产阶级的经济基础"的提法荒谬悖理，本来是显而易见的。然而，"四人帮"却玩弄诡计，拼凑"论据"，力图证明按劳分配关系必然"分泌"出资本主义的剥削关系。好像这样一来，他们所谓"按劳分配是产生资产阶级的经济基础"的谬论也就得到了论证。拆穿了看，他们的这套理论体系破绽百出，很不像样，然而他们到底是一批惯于施展骗术的文痞，他们玩弄的花招，在一段时间内确实迷惑过一些人，因此今天还有必要加以深入的剖析。"四人帮"的"论据"，大致有两类：一是无限夸大按劳分配的缺陷，硬说按劳分配必然引起两极分化和贫富对立；二是把一些跟按劳分配无关的问题扣在按劳分配的头上，硬说按劳分配必然产生高薪阶层和走资派。以下，我们就来逐一加以批驳。

---

　　* 汪海波、周叔莲、吴敬琏合著。原载《经济研究》1978 年第 1 期。
　　① 恩格斯：《反杜林论》，《马克思恩格斯选集》第 3 卷，第 66 页。

一、按劳分配不会引起两极分化

马克思主义认为，按劳分配是社会主义社会个人消费品分配的基本原则，它对于促进社会主义的生产，巩固社会主义公有制和加强无产阶级专政，有着重要的作用。同时也认为，它还有缺陷，即：就产品按劳动分配这一点说，还是由资产阶级的权利原则支配的，等量劳动和等量劳动相交换，因而人们的"富裕的程度还会不同"。[①]

"四人帮"抓住按劳分配的这种缺陷，加以无限夸大，把它说成产生资本主义的根源。姚文元在他 1975 年那篇臭名昭著的黑文中断定，从按劳分配"带来的那一部分不平等"，"必然会产生两极分化的现象"，使资本主义"发展起来"。"四人帮"这样说，究竟有什么根据？据说根据是有的，就是在价值规律的作用下，从小商品生产的土壤中不可避免地产生资本主义。在按劳分配中，通行着等量劳动相交换的原则，因而也会"分化"出资本主义来。

为了弄清楚按劳分配是否必然引起两极分化，那就有必要把按劳分配的经济关系同小商品生产作一对比。

马克思主义关于小商品生产是产生资本主义的基础的原理，无论在历史上或理论上都是完全正确的。从历史上看，在封建社会末期，资本主义是在小商品生产的基础上产生出来的。从理论上说，价值规律的作用必然导致小商品生产者向两极分化：少数小商品生产者上升为拥有资本的资本家，而多数小商品生产者则沦为一无所有的无产者。价值规律的作用必然导致两极分化，使少数小商品生产者上升为资本家，是无偿占有他人劳动的结果。

在按劳分配中通行的一种形式的一定量的劳动可以和另一种形式的同量劳动相交换的原则，和商品的等价值交换有原则区别。正如马克思所指出，在这里，交换的内容和形式都已经改变了，"因为在改变了的环境下，除了自己的劳动，谁都不提供其他任何东西，另一方面，除了个

---

① 列宁：《国家与革命》，《列宁选集》第 3 卷，第 251 页。

人的消费资料，没有任何东西可以成为个人的财产"。① 按劳分配和小商品生产不同，不是建立在生产资料私有制的基础上，因而不可能产生自发的资本主义趋势。

从我国历史看，在工业方面，按劳分配制度正是在无产阶级夺取政权以后，在剥夺或改造资本主义私有制，建立社会主义全民所有制的基础上，才建立起来的。它是消灭资本主义的伟大成果，并且是作为资本主义的对立物而产生的。就农业说，所以要在农村搞社会主义改造，建立社会主义制度（包括按劳分配制度），一个极重要的原因正是为了避免农民的两极分化。如果建立起来的按劳分配制度，还是两极分化的经济基础，那要搞经济上的社会主义革命干什么呢？"四人帮"的这个谬论，难道不是要全盘否定我国经济上社会主义革命的伟大成果吗？

从理论上说，能否从按劳分配制度中找出它必然引起两极分化的根据呢？不能。按劳分配原则要求每个劳动者各尽所能地为社会劳动，社会在作了各项扣除之后，按照劳动者提供的劳动数量和质量分配个人消费品，它不承认任何人有权根据对生产资料的排他的所有权，占有比别人更多的产品，就是说，不允许无偿占有他人劳动。在这种情况下，虽然劳动力较强、技术水平较高、赡养人口较少的劳动者生活上的富裕程度要高些，但是他们并不能凭借对于生产资料的所有权占有他人的劳动，并因此而逐步上升为资本家。同样，富裕程度较低的劳动者仍然是公有的生产资料的所有者，而且在正常情况下，他们的基本生活是受到社会保障的，决不会沦为一无所有、只能以出卖劳动力为生的无产者。既然情况是这样，在按劳分配的条件下，怎能发生贫者愈贫、富者愈富的两极分化趋势呢？

"四人帮"无法从经济关系的分析中得出他们所需要的结论，便想出新的花招，从思想引出"产生资产阶级"的结论来。姚文元说，实行按劳分配，它所"刺激起来的资本主义的发财致富、争名夺利思想就会泛滥起来"，资本主义"也会发展起来"。按劳分配是否必然使得"资本主义思想"泛滥起来，以及是否由此引起资产阶级的产生呢？回答也是否定的。

---

① 马克思：《哥达纲领批判》，《马克思恩格斯选集》第 3 卷，第 11 页。

　　按照马克思主义经济基础决定上层建筑的原理，资产阶级的思想意识，只能从资本主义经济基础上产生。因此，毛主席才在我国生产资料所有制的社会主义改造基本完成的时候指出："由于我国的社会制度已经起了变化，资产阶级思想的经济基础已经基本上消灭了。"①资产阶级思想虽然是由资本主义经济基础产生的，但一经产生就具有相对独立性，它并不会随着资本主义经济基础的消灭而立即消灭。在社会主义制度下，不但还存在着老资产阶级，而且，由于生产力还没有得到很大发展这个根本原因的存在，资本主义和资产阶级还会从社会主义经济的"缝隙"中产生出来。这是社会主义社会资产阶级思想长期存在的社会经济的和阶级的根源。资产阶级思想无疑会在社会上有广泛的影响，但它并不是从社会主义制度本身产生的。总之，如毛主席所说："反映旧制度的旧思想的残余，总是长期地留在人们的头脑里。"②在这里，毛主席把旧思想的根源归之于资本主义旧制度，而不是归之于社会主义的按劳分配。

　　按劳分配不是资产阶级思想产生的原因，相反，资产阶级思想的存在是必须实行按劳分配的条件之一。马克思在论证按劳分配必然性时指出：社会主义"在各方面，在经济、道德和精神方面都还带着它脱胎出来的那个旧社会的痕迹"。③这显然包含资产阶级思想在内。按劳分配制度反过来又是改造资产阶级分子和资产阶级传统习惯的一个有力武器。列宁指出，只有在劳动数量和产品分配方面"对富人、骗子、懒汉和流氓实行计算和监督，才能清除万恶的资本主义社会的这些残余，清除人类的这些渣滓，清除这些无可救药的、腐烂的、坏死的部分，清除这些由资本主义遗留给社会主义的传染病、瘟疫和溃疡"。④斯大林也说，"不劳动者不得食""是反对剥削者，反对那些自己不劳动而强迫别人劳动，靠剥削别人发财致富的人的"，"还反对那些好逸恶劳，想靠别人养活的人"。⑤

　　按劳分配还是形成社会主义精神的经济基础之一。毛主席说过，合作社政治工作的任务，是"反对自私自利的资本主义的自发倾向，提倡

　　① 毛泽东：《关于正确处理人民内部矛盾的问题》，《毛泽东选集》第5卷，第385页。
　　② 毛泽东：《〈中国农村的社会主义高潮〉的按语》，《毛泽东选集》第5卷，第244页。
　　③ 马克思：《哥达纲领批判》，《马克思恩格斯选集》第3卷，第10页。
　　④ 列宁：《怎样组织竞赛》，《列宁选集》第3卷，第396页。
　　⑤ 斯大林：《在全苏集体农庄突击队员第一次代表大会上的演说》，《斯大林全集》第13卷，第223页。

以集体利益和个人利益相结合的原则为一切言论行动的标准的社会主义精神"。① 按劳分配，多劳多得，少劳少得，能够把发展社会主义生产的集体利益和提高劳动者生活的个人利益结合起来。所以，按劳分配的经济关系，正是社会主义的政治思想工作得以有效进行的经济基础。正因为按劳分配具有这样的作用，因而只要某一个地区按劳分配原则削弱或破坏了，那么这个地区的资产阶级思想就会泛滥起来，新老资产阶级的破坏活动也就猖狂起来，社会主义经济制度和社会主义精神就会受到破坏。过去由"四人帮"及其死党控制的某些地区不就是这个情况吗？

当然，按劳分配仅仅是在当前的生产力条件和思想觉悟条件下同好逸恶劳、不劳而获等资本主义倾向做斗争、把劳动者个人利益同集体利益联系起来的手段。它并不足以消除全部资产阶级思想，而且它本身也还没有完全超出"资产阶级权利"的狭隘眼界。要完成对资产阶级思想的改造，还需要许多其他条件，归根到底，是生产力的条件，即劳动生产率的极大提高，产品的极大丰裕，并在一定的物质基础上大力进行共产主义思想教育，提高人们的共产主义觉悟。在这些还没有完全做到以前，各种属于资产阶级思想体系的思想，总是要表现出来的。它们并不是由按劳分配产生的。实际上，即使不搞按劳分配，比如搞什么绝对平均主义，像1958年刮的"共产风"那样，资产阶级思想还会更加严重地表现出来。其所以更加严重，是由于按劳分配遭到了破坏。这种情况不仅说明资产阶级思想并非来源于按劳分配，而恰好说明按劳分配是同资产阶级思想做斗争的一种武器。

社会主义经济制度（包括按劳分配制度）对全体劳动者来说，是一条共同富裕的道路。毛主席说过："实行合作化，在农村中消灭富农经济制度和个体经济制度，使全体农村人民共同富裕起来。"② 毛主席这里讲的是农村社会主义制度，但对整个社会主义制度都是适用的。按劳分配就是这样一种制度。

从历史发展趋势看，随着社会主义建设的发展和经济上社会主义革命的进一步深入，这条共同富裕道路的美丽画卷将会越来越清楚地展现

① 毛泽东：《〈中国农村的社会主义高潮〉的按语》，《毛泽东选集》第5卷，第244页。
② 毛泽东：《关于农业合作化问题》，《毛泽东选集》第5卷，第187页。

在人们的面前。在我国社会主义制度建立以后，劳动人民的生活已经有了显著的提高。但整个说来，生活还不很富裕，各部分劳动者之间（如体力劳动者与一部分脑力劳动者之间、工人和农民之间以及各个集体经济单位之间）的生活还有不少的差别，特别是那些生产水平不高的生产队，在遇到严重自然灾害的时候，有些社员的生活甚至会发生困难。但这种整个生活还不富裕的情况，同按劳分配没有本质的联系，它是由目前社会生产力发展水平决定的。随着我国社会生产力的发展，劳动者的生活必然得到普遍的提高。

对于目前各部分劳动者之间的生活差别，需要作具体分析。有的是同按劳分配有关的，有的则是由于存在着两种社会主义公有制（全民所有制和集体所有制，在集体所有制中目前大多数还是生产队所有制），使得按劳分配的作用受到限制的结果。因为在两种公有制存在的条件下，就不能做到像列宁讲的社会全体公民"同等地工作，并同等地领取报酬"。①此外，还有许多复杂的因素。比如，由于重男轻女的旧传统习惯形成的男女同工不同酬状况等。这些历史上形成的不合理的因素，显然同按劳分配制度是不相干的，而且还是对按劳分配的一种限制。但随着我国社会生产力的发展和经济上社会主义革命的深入进行，不仅这些历史上形成的不合理的状况会逐步地得到改革和消除，而且随着小集体所有制过渡到大集体所有制，集体所有制进一步过渡全民所有制，就能做到列宁所说的"整个社会将成为一个管理处，成为一个劳动平等、报酬平等的工厂"。②这时，同按劳分配相关联的富裕程度的差别虽然还会存在，但两种公有制对按劳分配的限制，以及由这种限制所形成的不同单位劳动者生活上的差别却不存在了。因此，实行按劳分配的结果，绝不像"四人帮"舆论工具所污蔑的那样，"人们之间的贫富差别就会越来越大"，而是在富裕程度普遍提高的基础上，富裕程度的差别将会越来越小。

对全体劳动者来说，实行按劳分配不仅是一条共同富裕的道路，而且是一条走向共产主义的道路。实现由社会主义按劳分配到共产主义按需分配的过渡，必须坚持无产阶级专政下的继续革命，必须创造比资本主义更高的劳动生产率。而贯彻按劳分配原则，对于创造这些条件具有

①② 列宁：《国家与革命》，《列宁选集》第3卷，第258页。

重要作用。在无产阶级政治挂帅的前提下，正确地贯彻按劳分配原则，对于调动劳动积极性，对于促进劳动者体力和智力的发展，对于提高社会生产力，对于巩固无产阶级专政，均有重要的作用。随着社会生产力的高速度发展，集体福利的比重将逐步提高，分配中的按需分配的因素也将有所增加。

可见，"四人帮"在这个问题上对马克思主义的背叛，不仅在于他们把由按劳分配形成的富裕程度的差别，篡改为贫富差别，而且在于他们把实现按劳分配是一条共同富裕的道路、走向共产主义的道路，篡改为两极分化、产生资本主义的道路。他们歪曲和篡改马克思列宁主义、毛泽东思想，真是达到了登峰造极的地步！

二、 按劳分配不是产生高薪阶层的经济基础

"四人帮"为了给他们的谬论寻找"根据"，还打着总结苏联变修的历史经验的幌子，把苏联高薪阶层的形成，以及一部分干部和知识分子蜕化为资产阶级分子的原因，归结为实行按劳分配的结果。这既是对按劳分配原则的无耻诬蔑，又是对苏联历史的肆意篡改。

在苏维埃政权建立初期，曾经根据当时情况实行对少数专家的高薪制。但这种高薪制只适用于资产阶级专家，党员干部和党员专家的工资，大体上同工人工资是相等的。在列宁逝世以后，特别在30年代后，苏联不但没有逐步取消高薪制，反而错误地把高薪制的范围扩大到一部分党政领导干部和无产阶级自己培养出来的专家，形成了高薪阶层。这是否是贯彻按劳分配原则的必然结果呢？不，恰恰是破坏按劳分配的结果！

苏维埃政权建立初期，由于缺乏无产阶级自己的建设人才，对少数资产阶级专家实行高薪制，"用高额薪金进行收买"，[①] 以便吸引那些同苏维埃制度格格不入，甚至怀有敌意的资产阶级知识分子"明星"参加社会主义建设，是完全必要的。然而正像列宁所明确指出："专家的报酬不按社会主义标准而按资产阶级标准发给的问题，也就是说，不按劳动的

---

① 列宁：《全俄中央执行委员会会议》，《列宁全集》第 27 卷，第 286 页。

困难程度或特别艰难的条件而按资产阶级习惯和资产阶级社会的条件发给。"①列宁这里讲的"按资产阶级习惯和资产阶级的社会条件"就是指的脑力劳动和体力劳动严重对立的社会条件，以及资产阶级习惯于用高价收买迫切需要的供不应求的商品的习惯。总之，高薪制是不符合按劳分配的社会主义原则的。

在按劳分配的条件下，由于"默认不同等的工作能力是天然特权"②在脑力劳动者和体力劳动者之间必然形成劳动报酬上的差别。但这种差别是不应该悬殊的。因为，①在一般情况下，劳动者智力上的差别就不是悬殊的。英国古典经济学创始人亚当·斯密说过："人们天赋才能的差异，实际上并不像人们感觉的那么大。"③马克思在《哲学的贫困》中引用并肯定了斯密的这段话，指出："搬运夫和哲学家之间的原始差别要比家犬和猎犬之间的差别小得多，他们之间的鸿沟是分工掘成的。"④在社会主义的条件下，旧分工的残余虽然仍然存在，城乡对立、脑体对立却已经消灭了。社会为所有的劳动者发展自己的能力提供了旧社会所不可比拟的条件。②恩格斯在分析社会主义社会复杂劳动的较高工资问题时曾经指出，在私有制社会里，训练有学识的劳动者的费用是由私人或其家庭负担的，所以有学识的劳动力的较高的价格也首先归私人所有。"在按社会主义原则组织起来的社会里，这种费用是由社会来负担的，所以复杂劳动所创造的成果，即比较大的价值也归社会所有。"⑤当然，对于劳动者为获得知识所付出的艰辛努力，应当给予适当报酬，但对复杂劳动付给的较高报酬，其差距显然小于劳动本身的差距。此外，随着社会主义经济建设和文化建设的发展，脑力劳动和体力劳动的本质差别存在着逐步缩小的趋势。

按劳分配原则是马克思为社会主义社会生产者规定的个人消费品的分配原则。至于非生产领域的脑力劳动者的薪金则应由巴黎公社原则来调节。这个原则规定："从公社委员起，自上至下一切公职人员，都只应

---

① 列宁：《莫斯科省第七次党代表会议》，《列宁全集》第33卷，第65~66页。
② 马克思：《哥达纲领批判》，《马克思恩格斯选集》第3卷，第12页。
③ 亚当·斯密：《国民财富的性质和原因的研究》，商务印书馆1972年版，第15页。
④《马克思恩格斯选集》第1卷，第124页。
⑤ 恩格斯：《反杜林论》，《马克思恩格斯选集》第3卷，第241页。

领取相当于工人工资的薪金。"这是无产阶级专政国家本质的表现，又是"为了防止国家和国家机关由社会公仆变为社会主人"的一个极重要的办法。[①]

可见，只要正确地贯彻按劳分配原则和巴黎公社原则，就不会造成劳动报酬的差别悬殊，就不会形成高薪阶层。高薪制是违反这些原则的结果。

正如列宁所说的既然高薪制是一种妥协，是离开巴黎公社和任何无产阶级政权的原则的，那么，在变换了的条件下，当自觉为社会主义建设事业服务的专家队伍已经形成的时候，让资产阶级知识分子的代表人物领取比工人阶级的优秀分子的工资高得无与伦比的工资，那完全是不合理的、不正确的。[②]这时，高薪制就理所当然地应当废止，而由普遍实行按劳分配原则来代替。苏联30年代后不是这样做，相反对无产阶级自己的专家和党员干部实行高薪制，正是违反了列宁所指出的原则。

这样，我们可以看得很清楚：决不能把苏联在贯彻按劳分配工作中发生的高薪制的错误，归之于按劳分配本身，正像我们不能把贯彻按劳分配工作中有时发生的平均主义错误，归之于按劳分配本身一样。由高薪制而形成的高薪阶层，以及由此引起的一部分干部和知识分子蜕化为资产阶级分子，不仅不是贯彻按劳分配的结果，而正是破坏按劳分配原则的结果。

三、按劳分配不是产生走资派的经济基础

"四人帮"鼓吹按劳分配是产生资产阶级的经济基础，要害在于证明"党内资产阶级的经济根源"是"资产阶级法权"，[③]以便为他们那个"老干部是'民主派'，'民主派'就是'走资派'"的反革命政治纲领作政治经济学的"论证"。关于这个问题，"四人帮"有两种说法：一是把党政

[①] 马克思：《法兰西内战》，《马克思恩格斯选集》第2卷，第375页；恩格斯：《〈法兰西内战〉1891年单行本导言》，《马克思恩格斯选集》第2卷，第335页。
[②] 列宁：《苏维埃政权的当前任务》，《列宁选集》第3卷，第502页；并参见《苏维埃政权的当前任务》初稿第八章。
[③] 梁效：《资产阶级就在共产党内》，《光明日报》1976年5月18日。

军领导干部同广大群众在收入上的差别，说成是阶级剥削，把级别高、工资多当作划所谓"党内资产阶级"的经济标准。一是把按劳分配的资产阶级权利说成是走资派的"命根子"，也就是说，走资派是按劳分配的经济关系的政治上的代表。这两种说法都是极其荒谬的。

"四人帮"狂热鼓吹领导干部级别高、工资多，就是走资派。他们在辽宁的那个死党到处叫嚷："三四百元一栋楼，汽车警卫样样有"的"大官"就是"党内资产阶级"。他们在河南的爪牙甚至说，工资在一百元以上的都是走资派。这是对马克思主义阶级划分学说的无耻歪曲。

列宁指出：阶级是这样一些大的社会集团，这些集团在历史上一定社会生产体系中所处的地位不同，对生产资料的关系不同，在社会劳动组织中所起的作用不同，因而领得自己所支配的那份社会财富的方式和多寡也不同。"所谓阶级，就是这样一些集团，由于它们在一定社会经济结构中所处的地位不同，其中一个集团能够占有另一个集团的劳动"。[①]

既然我们的前提是生产资料公有和按劳分配，这里就排除了占有他人劳动和人剥削人的可能。在这个前提下，劳动者之间收入的差别是由劳动的差别引起的，它怎么能够成为划分阶级的经济标准呢？列宁早就批判过庸俗社会主义者把收入状况作为划分阶级的标准的谬论。他说："从收入来源寻找社会不同阶级的基本特征，这就是把分配关系放在首位，而分配关系实际上是生产关系的结果"，"阶级差别的基本标志，就是他们在社会生产中处的地位，因而也就是他们对生产资料的关系"。[②] 在按劳分配的条件下，劳动者不论收入是高是低，都是生产资料的主人。在他们之间，由于提供劳动的数量和质量不同，会有富裕程度的差别。但是，这种富裕程度的差别乃是由社会主义经济关系形成的劳动者之间生活水平的差别，并不反映阶级对立关系。它同剥削阶级和被剥削阶级之间的贫富差别是根本不同的。后者是一个阶级概念，反映的是剥削和被剥削的关系：剥削阶级依靠剥削占有愈来愈多的社会财富，并过着穷奢极欲的寄生生活；而劳动者由于受剥削穷得丧失了基本生产资料，甚至连基本生活也得不到保证。"四人帮"及其舆论工具离开对整个生产关

---

① 列宁：《伟大的创举》，《列宁选集》第4卷，第10页。
② 列宁：《社会革命党人所复活的庸俗社会主义和民粹主义》，《列宁全集》第6卷，第233页。

系，首先是各个社会集团对生产资料关系的分析，仅仅从生活水平的差别来谈贫富差别，这就从根本上背离了马克思主义。而且，即使从生活水平来看，由按劳分配形成的差别，同由阶级剥削形成的差别，也是根本不能相比拟的。由阶级剥削形成的差别是富者愈富，贫者愈贫，而在按劳分配制度下形成的富裕程度的差别，则会随着劳动者的生活的共同提高而逐渐泯灭下去。"四人帮"及其舆论工具把经济内容有着根本区别的"富裕程度的差别"和"贫富差别"混淆起来，显然是别有用心的。

华国锋同志在党的"十一大"的政治报告中指出，"'四人帮'荒谬地把级别高、工资多，当作划'走资派'的经济标准。他们故意把党政军领导干部和广大群众在分配上存在的差别，同阶级剥削混为一谈，为他们炮制的党内军内有'一个资产阶级'的谬论提出所谓经济上的论据。这完全是颠倒是非，混淆黑白。他们这一套，不过是他们提出的老干部是'民主派'，'民主派'就是'走资派'这个反革命政治纲领的一个组成部分。"[①] 华国锋同志的这段论述，透彻地揭示了"四人帮"的谬论的反马克思主义和反革命的实质。

既然按劳分配并不是产生资本主义和资产阶级、包括所谓"党内资产阶级"的经济基础，那么，"四人帮"提出的按劳分配是走资派的"命根子"，或者作为资产阶级政治代表的走资派，代表的就是按劳分配的资产阶级权利的论点，也就不攻自破了。

马克思在《路易·波拿巴的雾月十八日》这部分析阶级关系的名著中，对于一个阶级的政治代表人物同这个阶级本身之间的关系，作了精辟的论述。他说，小资产阶级民主派的代表人物，按照他们所受的教育和个人地位来说，可能和小店主有天壤之别。使他们成为小资产阶级代表人物的，是下面这种情况：他们在思想上不能越出小资产者在生活上所越不出的界限，因此他们在理论上得出的任务和作出的决定，也就是小资产者的物质利益和社会地位在实际生活上引导小资产者得出的任务和作出的决定。马克思着重指出："一般说来，一个阶级的政治代表和著作方面的代表人物同他们所代表的阶级间的关系，都是这样。"[②] 这就清楚地告

---

①《中国共产党第十一次全国代表大会文件汇编》，第 25 页。
② 马克思：《路易·波拿巴的雾月十八日》，《马克思恩格斯选集》第 1 卷，第 632 页。

诉我们：识别各个阶级政治代表的唯一标准，就是他们集中代表的是哪个阶级的物质利益。

所以，问题的症结就在于，按劳分配究竟符合哪个阶级的利益——符合无产阶级的利益，还是符合资产阶级的利益？按劳分配是作为剥削制度的对立物产生的，它反对不劳而获，锋芒指向一切剥削者，是调动广大劳动群众积极参加社会主义建设和对他们进行社会主义教育的强大武器。因此，贯彻按劳分配原则当然有利于劳动人民，而不利于剥削者。正像列宁所指出："不劳动者不得食"，"这是一切工人、一切贫农以至中农，一切度过贫苦生涯的人，一切靠工资生活的人都同意的。9/10 的俄国居民赞成这个真理。这个简单的，十分简单和明显不过的真理，包含了社会主义的基础，社会主义力量的取之不尽的泉源，社会主义胜利的不可摧毁的保障"。① 作为资产阶级代表人物的走资派，怎么可能把按劳分配这个社会主义的"基础"，社会主义力量的"泉源"，社会主义胜利的"保障"当作"命根子"来维护呢？难道他们不是恰恰相反，把按劳分配视为眼中钉、肉中刺，必欲置于死地而后快吗？他们或者用剥削制度下的分配原则来偷换按劳分配，或者用绝对平均主义来破坏按劳分配，或者交替使用这两手。

"四人帮"妄图搞臭社会主义制度从而颠覆社会主义制度，是无所不用其极的。为此，"四人帮"及其舆论工具竟然大肆宣传，"资产阶级法权"（这首先是指按劳分配——引者）是"老的资产阶级分子失去了政权和生产资料以后"拼命想"抓住"的"一根稻草"。② "它是新老资产阶级和党内走资派赖以生存的命根子！"③ 在"四人帮"及其理论仆从的笔下，老资产阶级分子竟然成了社会主义原则的忠实维护者；而社会主义原则也居然成了老资产阶级的命根子。请看，他们丑化社会主义制度、美化资产阶级到了何等反动、何等荒谬的地步！

"四人帮"编造以上种种胡言乱语，显然不是出于理论上的无知，而是出于政治上的险恶用心。如果按劳分配成了万恶之源，那么社会主义制度岂不应当毫不吝惜地加以否定，如果他们的这一套能够成立，按劳

---

① 列宁：《论饥荒》，《列宁全集》第 27 卷，第 365~366 页。
② 庄岚：《无产阶级专政和限制资产阶级法权》，《学习与批判》1976 年第 3 期。
③ 康立：《绝不能同资产阶级讲平等》，《学习与批判》1976 年第 6 期。

分配是新老资产阶级的"命根子",坚持贯彻社会主义原则就是"走资派",那么,忠实执行毛主席革命路线的革命领导干部岂不应该一干二净地加以打倒,而"四人帮"梦寐以求的反革命目标不就可以轻而易举地实现了吗?"四人帮"的这套理论,在思想上造成了极大的混乱,在实践中造成了极大的危害,对于它的流毒,我们决不能低估。我们必须奋起马克思列宁主义、毛泽东思想的千钧棒,对它进行彻底的批判。

社会主义商品生产不容诋毁*

——批驳"四人帮"诬蔑社会主义商品生产的谬论

社会主义商品生产是一个十分重要的经济问题和政治问题，它关系到工农联盟的巩固，人民生活的改善，社会主义经济的发展和无产阶级专政的巩固。万恶的"四人帮"疯狂地反对社会主义商品生产，把社会主义商品生产和资本主义商品生产等同起来，诬蔑社会主义商品生产是产生资本主义的经济基础，胡说社会主义货币必然转化为资本。这些谬论，给我国社会主义革命和建设事业带来了极大的危害。在揭批"四人帮"的第三战役中，彻底批判这些反动谬论，是十分必要的。

社会主义商品生产同资本主义商品生产有没有本质区别？

"四人帮"控制的原上海市委写作组编写的《社会主义政治经济学》说："社会主义社会的商品交换，无论从它的形式和实质来看，都是产生资本主义和资产阶级的土壤，跟旧社会没有多少差别。"

为了驳斥"四人帮"的这一谬论，有必要从以下几个方面简要地说一说社会主义商品生产和资本主义商品生产的本质差别。

首先，它们建立在不同的生产资料所有制基础上，反映着根本不同的人与人的关系。资本主义商品生产建立在资本主义私有制基础上，反

---

* 周叔莲、汪海波合著。原载《文史哲》1978 年第 2 期。

映的主要是资本家和工人以及资本家之间的关系。社会主义商品生产建立在社会主义公有制基础上，反映的主要是全民所有制和集体所有制以及集体所有制之间的关系。社会主义商品生产是没有资本家参加的商品生产，怎么能说它同资本主义商品生产没有本质差别呢？

其次，它们的生产目的根本不同。资本主义商品生产的目的是攫取最大利润。马克思说："生产剩余价值或榨取剩余劳动，是资本主义生产的特定内容和目的。"① 我们发展社会主义商品生产，不是像资本家那样为了利润，而是为了满足社会需要，为了巩固工农联盟，为了引导农民从集体所有制过渡到全民所有制。

再次，它们的商品范围不同。在资本主义条件下，商品生产漫无限制和包罗一切地扩展着，不仅劳动产品是商品，而且劳动力本身也成了商品。在社会主义商品生产中，由于建立了生产资料公有制，劳动人民掌握了生产资料，劳动力就不再是商品。而且，在全民所有制企业之间流通的产品实际上已经不是商品。

最后，价值规律的作用不同。存在商品生产就必然存在价值规律。因此，发展社会主义商品生产也必须利用价值规律。但是，在社会主义经济制度下，价值规律的作用是被严格地限制在一定范围内的；价值规律在社会主义制度下不能起生产调节者的作用，在这方面起作用的是根据国民经济有计划按比例发展规律的要求而制定的国民经济计划。价值规律对生产不起调节作用，是说不起决定作用，起决定作用的是计划。因此，社会主义商品生产是有计划按比例发展的，不会出现生产过剩的危机，更不会有生产者破产的现象。

斯大林说：不能把商品生产和资本主义生产混为一谈；决不能把商品生产看作是某种不依赖周围经济条件而独立自在的东西。他指出：社会主义商品生产并不是通常的商品生产，而是特种的商品生产。"四人帮"控制下编写的《社会主义政治经济学》竟疯狂地点名批判斯大林。事实上，斯大林的这些观点是运用马克思主义分析商品生产的方法总结苏联社会主义建设的经验得出来的科学结论。毛主席曾一再肯定了斯大林的这些观点。

---

① 《马克思恩格斯全集》第23卷，第330页。

　　马克思主义认为，商品生产是历史上几种不同的生产方式所共有的。然而，我们不能用商品生产一般的概念来代替对不同社会的商品生产的特殊性质的分析，不能忘记不同社会的商品生产的本质区别。马克思曾指出：商品生产和商品流通是极不相同的生产方式都具有的现象，尽管它们在范围和作用方面各不相同。因此，只知道这些生产方式所共有的抽象的商品流通的范畴，还是根本不能了解这些生产方式的不同特征，也不能对这些生产方式做出判断。① 马克思还说过："对生产一般适用的种种规定所以要抽出来，也正是为了不致因见到统一……就忘记本质的差别。而忘记这种差别，正是那些证明现存社会关系永存与和谐的现代经济学家的全部智慧所在。"② 马克思批判资产阶级经济学家把资本主义社会关系说成是永存的。"四人帮"抹煞社会主义商品生产和资本主义商品生产的本质差别，不过是用另一种形式来"证明"资本主义社会关系是永存的。

　　列宁在十月革命后领导俄国人民进行社会主义革命和建设的过程中，曾指出："用来交换农民粮食的国家产品，即社会主义工厂的产品，已不是政治经济学上的商品，决不单纯是商品，已不是商品，已不成其为商品。"③ 列宁在这里突出地强调了社会主义商品已不是资本主义政治经济学所说的那种商品，即已不是资本主义商品了。

　　毛主席早在 1958 年就说过：在要不要商品生产的问题上，我们还要搬斯大林，而斯大林是搬列宁的。毛主席根据我国社会主义革命和建设的经验，充分肯定了斯大林《苏联社会主义经济问题》中关于商品生产和价值规律的一系列正确观点。毛主席指出：不能孤立地看商品生产，要看它与什么经济相联系。我国现在的情况，已经把生产资料的资本主义所有制变成了全民所有制，已经把资本家从商品生产和商品流通中排挤出去，现在在商品生产和商品流通领域中占统治地位的是国家和人民公社，这同资本主义的商品生产和商品流通是有本质差别的。

　　毛主席在理论问题指示中谈到我国现在还存在的商品货币交换时说过，这"跟旧社会没有多少差别"。"四人帮"说毛主席这里说的"没有

①《马克思恩格斯全集》第 23 卷，第 133 页。
②《马克思恩格斯选集》第 2 卷，第 88 页。
③《列宁全集》第 32 卷，第 374 页。

多少差别"，就是说社会主义商品生产和资本主义商品生产没有本质差别。"四人帮"如此歪曲篡改毛泽东思想，确实是骇人听闻的。

毛主席这里说的"没有多少差别"，指的是我国还存在商品、货币，而作为商品一般和货币一般，和其他社会中的商品、货币是一样的。毛主席紧接着指出："所不同的是所有制变更了。"马克思主义是把所有制作为生产关系的总和来理解的。马克思说过："在每个历史时代中所有权以各种不同的方式、在完全不同的社会关系下面发展着。因此，给资产阶级的所有权下定义不外是把资产阶级生产的全部社会关系描述一番。"① 交换关系和分配关系是由所有制决定的，所有制变更了，也就是说交换关系和分配关系有了根本的变化，和旧社会相比有了本质差别。因此，毛主席说"所有制变更了"，也就是说商品货币交换关系的性质有了根本的变化，旧社会的商品货币关系变成了社会主义商品货币关系。这和毛主席历来关于社会主义商品生产和资本主义商品生产有本质差别的指示，是完全一致的。可见，"四人帮"妄图歪曲毛主席关于理论的指示是徒劳的，毛主席的理论指示恰好是深刻揭露他们反革命面貌的锐利思想武器。

社会主义商品生产必然产生资本主义和资产阶级吗？

"四人帮"及其舆论工具胡说社会主义商品生产必然产生资本主义和资产阶级。反动文痞姚文元说："资产阶级法权的存在，则是产生新的资产阶级分子的重要的经济基础。"他所谓的资产阶级法权，除了指按劳分配以外，主要就是指社会主义商品生产。他们连篇累牍地发表文章，说什么："总之，在社会主义社会，商品制度、货币交换的存在，还是产生资本主义和资产阶级分子的土壤。"② "不管如何，它仍然是产生资本主义的经济基础。"③

社会主义商品生产有没有转化为资本主义生产的必然性呢？没有。商品生产转化为资本主义生产必须具备两个基本条件：①货币财富或生

---

① 《马克思恩格斯全集》第 4 卷，第 180 页。
② 《红旗》1975 年第 7 期。
③ 《学习与批判》1976 年第 7 期。

产资料和生活资料大量地集中在少数人手中。②形成大量具有人身自由但失去任何生产资料的劳动者。马克思说："劳动产品和劳动本身的分离，客观劳动条件和主观劳动力的分离，是资本主义生产过程事实上的基础或起点。"①社会主义商品生产建立在生产资料公有制的基础上，在这里劳动者是生产资料的主人。社会主义制度不存在也不允许存在商品生产转化为资本主义生产必须具备的两个基本条件。

斯大林早就说过："如果注意到，在我国，商品生产没有像在资本主义条件下那样漫无限制和包罗一切地扩展着，它由于生资料公有制的建立，雇佣劳动制度的消灭和剥削制度的消灭这样一些决定性的经济条件而受到严格的限制，试问，为什么商品生产就不能在一定时期内同样地为我国社会主义服务而并不引导到资本主义呢？"②

由此可见，如果尊重事实而不是歪曲事实，坚持马列主义而不是篡改马列主义，是绝对得不出社会主义商品生产必然产生资本主义和资产阶级的结论的。

前引《社会主义政治经济学》曾把"四人帮"及其舆论工具的一些谬论集中起来加以"理论化"，说："由于社会主义生产还是商品生产，还要实现价值、利润，因而还要出现产值挂帅、利润挂帅下的资本主义生产。""四人帮"首先把社会主义利润歪曲为资本主义利润，然后进一步把增加社会主义利润诬蔑为"利润挂帅"，由此得出结论说社会主义商品生产必然产生资本主义。马克思主义认为：社会主义企业也不能不算账，不能不计盈利。"四人帮"指责所谓"利润挂帅"其矛头也完全是指向马克思主义的。

他们采取的第一个手法，是借口分析社会主义产品的两重性，胡说社会主义商品还具有私人性。该书说："一方面，社会主义公有制使社会产品开始具有直接社会性；另一方面，社会主义公有制还不完全成熟，使社会产品仍然具有一定的私人性，还要转化为商品。"而"只要社会产品还带有私人产品的传统或痕迹，只要存在着商品制度，就要计算产值，计算利润。这样，就存在着滋生产值挂帅、利润挂帅的肥沃土壤"。

---

①《马克思恩格斯全集》第 23 卷，第 626 页。
②斯大林：《苏联社会主义经济问题》，人民出版社 1961 年版，第 11 页。

　　说社会主义产品具有私人性是什么意思呢？这就是说社会主义产品仍然是私人所有，因而实际上就是否认社会主义公有制的存在。有马克思主义政治经济学常识的人都知道，产品具有私人性是以生产资料私有制为前提的，在生产资料私有制基础上的商品，才有私人劳动和社会劳动的矛盾。马克思说："使用物品成为商品，只是因为它们是彼此独立进行的私人劳动的产品。这种私人劳动的总和形成社会总劳动。"①这里讲的就是建立在私有制基础上的商品。马克思明确说过：在生产资料公有制的基础上，就不再存在私人劳动和社会劳动的矛盾了。由此，怎么能说社会主义产品还具有私人性呢？

　　该书把"社会主义全民所有制本身也还带有私有制的某些传统和痕迹"作为社会主义产品具有私人性的一个原因，这是对社会主义制度的无耻诽谤。该书说："所有的全民所有制企业，不仅相对于集体所有制企业来说是各自产品的所有者，而且，由于企业经营上的相对独立性，在全民所有制企业相互之间，也保持着'你我界限'。"（重点是本文作者加的）请看，全民所有制企业在他们笔下竟成了各自产品的所有者。事实上，社会主义全民所有制的生产资料和产品属于全社会所有，就所有制而言，它是私有制的彻底否定。所以列宁才说："生产资料已经不是个人的私有财产，它已归整个社会所有"，"在这个范围内，也只有在这个范围内，'资产阶级法权，才不存在了。'"②

　　关于社会主义集体所有制，也不能说它的产品带有私人性。因为，社会主义集体所有制也是公有制，也是对私有制的根本否定。它的生产资料和产品也是公有的，而非私有的。特别是，社会主义集体所有制是依附于全民所有制而存在和发展的，是在全民所有制领导下进行活动的。它的生产不仅是为了满足本单位成员的需要，而且是为了满足整个社会和全体人民的需要。因此也不能说这里存在私人劳动和社会劳动的矛盾。

　　社会主义商品生产之所以必要，是由于还存在两种社会主义公有制形式，而并非由于社会主义产品有什么私人性。这个问题，马克思主义早就从理论上解决了。在资本主义社会，生产的社会性和占有的私人性

①《马克思恩格斯全集》第23卷，第89页。
②《列宁选集》第3卷，第250、252页。

是基本矛盾，这个矛盾表现为商品的两重性。在社会主义社会，商品虽然还有两重性，但是，由于生产资料公有制的建立，由于劳动力已经不是商品，社会主义商品的两重性已经不同于资本主义商品的两重性。社会主义商品决没有生产的社会性和占有的私人性的矛盾，因而也决没有出现利润挂帅下的资本主义生产的必然性。

他们采取的第二个手法，是把社会主义商品生产说成是价值生产，说这种价值生产同满足社会主义国家和人民的需要是对立的。该书说：社会主义生产"仍然是商品生产。所谓商品生产，就是价值生产。在社会主义生产过程中，这种价值的生产，同满足社会主义国家和人民需要为目的的生产，既是统一的，又是对立的。"又说："正由于社会主义生产目的还同商品制度联系在一起，这就给利润挂帅提供了一个重要的经济条件。"

事情果真如此吗？当然不是。一般地说，商品生产就不仅是价值生产，而是使用价值生产和价值生产的统一。马克思一再说过，商品是使用价值和价值的统一。马克思告诉我们：简单商品生产和资本主义商品生产的目的也是不同的，前者是为买而卖，后者是为卖而买。只有资本主义商品生产才可以说是价值和剩余价值的生产，把商品生产归结为价值生产，就是抹煞简单商品生产和资本主义商品生产的区别，而把社会主义商品生产归结为价值生产，就更是混淆了社会主义商品生产和资本主义商品生产的界限，根本否定了社会主义商品生产是以满足整个社会和全体人民的需要为目的的。不论是社会主义全民所有制还是集体所有制，它的商品生产都是为了社会主义国家和人民的需要，都是按照统一的社会主义经济计划进行生产的。因此，使用价值和价值的生产，在这里是统一的，虽然有矛盾，但可以根据国家和人民的需要由国家计划加以调节，而决不会像资本主义商品生产那样必然发展为对抗，根本不存在该书所说的对立关系，也没有导致盲目追求利润、产生资本主义和资产阶级的必然性。

他们采取的第三个手法，是把社会主义企业领导人和资本家进行类比，胡说他们有同样的"社会权力"，实际上把社会主义企业领导人说成是资本家。该书引了马克思的如下一段话："每人所以能对于别人的活动或对于社会财富行使权力，就在于他是交换价值或货币的所有人，他在他的钱袋里随身携带着他的社会权力以及他同社会的联系。"① 接着说："在社会主义条件下，由于实行商品制度，每个企业（事实上是每个企业的领导人）也被赋予这方面的一定权力；也只有赋予这方面的权力，才能同社会建立联系。这就是为价值而生产、为利润而生产的经济条件。"

该书引用的马克思的那段话，见自《政治经济学批判大纲（草稿）》货币章中讲资产阶级社会的一般特征那一节。这一节讲的是资产阶级社会既不同于资本主义前的各种社会形态，又不同于未来的共产主义社会的一般特征。马克思这里讲的社会权力，指的是资本主义社会货币的权力和资本的权力。马克思在同一节曾明确指出："私人交换一切劳动产品、能力和活动，不但和以个人相互间自发地或在政治上的支配关系与隶属关系为基础的分配制度不相容⋯⋯而且也和在共同占有和共同控制生产关系这个基础上联合起来的个人所进行的自由交换不相容。"② 而"四人帮"却故意违背马克思的指示，把那段话用到社会主义制度来，胡说社会主义企业及其领导人也是马克思这里所说的"交换价值或货币的所有人"，也有资本家那样的"社会权力"。

事实上，就全民所有制而言，只有全体劳动人民，或代表全体劳动人民的国家才是企业的所有人。"四人帮"说社会主义企业及其领导人是"交换价值或货币的所有人"被赋予资本家那样的"社会权力"，是十分荒谬的。资本家的"社会权力"，就是资本的权力，就是剥削劳动者的权力。难道社会主义企业及其领导人被赋予剥削劳动者的权力吗？"四人帮"这样说的目的，既是丑化社会主义制度，也是为把社会主义企业领导人打成"走资派"制造借口。

该书说社会主义企业及其领导人只有被赋予资本主义社会里"交换价值或货币的所有人"的"权力"，"才能同社会建立联系"，这也是完全违背马克思的指示的。事实上，社会主义企业决不是依靠货币和资本，而是依靠生产资料公有制，依靠统一的国民经济计划而同社会建立联系。该书说社会主义企业及其领导人没有货币和资本的权力就不能同社会建立联系，表明"四人帮"完全是拿资产阶级市侩的目光来看社会主义制

① 马克思：《政治经济学批判大纲（草稿）》第一分册，第92页。
② 马克思：《政治经济学批判大纲（草稿）》第一分册，第95~96页。

度的。而他们这里所说的"为价值而生产，为利润而生产的经济条件"，在社会主义商品生产中也是根本不存在的。

他们采用的第四个手法，是把社会主义制度下的货币和资本主义制度下的货币等同起来，胡说社会主义制度下货币也必然转化为资本。前引《社会主义政治经济学》说：在社会主义制度下"掌握的货币，就意味着掌握了一定数量的商品，意味着拥有剥削他人劳动的权利"；"由于在按劳分配条件下，人们的货币收入量不等，因而，谁占有货币多，谁就占有商品多，并且还为某些人利用货币和货币交换无偿占有别人的劳动提供了可能"。还说：在社会主义商品流通中"以实现使用价值为目的的商品交换即 W—G—W，还会向以追求剩余价值为目的 G—W—G′转化，使 W—G—W 这一循环，从属于 G—W—G′的循环，从而使货币变成资本"。

货币的性质决定于商品的性质，因此，不能离开商品来研究货币。作为经济范畴的货币，在资本主义制度下，是资本主义商品生产关系的抽象，在社会主义制度下，是社会主义商品生产关系的抽象。资本主义货币是资本的一种形态，社会主义货币则是社会主义公有制联合起来的社会劳动的体现。两者的本质不同，它们的作用也是根本不同的。在资本主义制度下，它是资本家剥削劳动人民的手段。在社会主义制度下，它就成为进行社会主义建设和打击、消灭资本主义的工具。当然，由于社会主义社会还存在着两个阶级、两条道路和斗争，资产阶级必然会利用社会主义货币（就像他们利用社会主义商品一样）进行资本主义活动，但是就社会主义货币本身而言，它决没有转化为资本的必然性。

该书引用恩格斯的话：货币"这种商品以隐蔽的方式包含着其他一切商品，它是可以任意变为任何随心所欲的东西的魔法手段"，[①]妄图以此证明：社会主义制度下"货币可以被任何人占有，可以作为'魔法手段'被任何人利用来购买他所需要的商品"。这也是对经典著作的粗暴歪曲。恩格斯在这里明明讲的是私有制基础上的货币，怎么能把它扣在社会主义公有制基础上的货币身上。在社会主义制度下，主要生产资料不是自由买卖的，即使占有了货币，也不允许随意购买生产资料。至于劳动力，更已经退出了商品舞台，难道社会主义制度下有了货币还可以购买劳动

---

① 《马克思恩格斯选集》第 4 卷，第 162 页。

力吗？当然不能。而且，社会主义的商品生产不是私人的生产，社会主义商品流通也不是由私人从事的，它们都不能使私人从中积累货币。至于按劳分配引起的货币收入上的差别，那也不是"谁占有货币多，谁就占有商品多"。这种收入决不容许用来进行剥削。由此可见，在社会主义制度下，决不是"掌握了货币""就意味着拥有剥削他人劳动的权利"。

综上所述可以看到，尽管"四人帮"及其舆论工具费尽了心机，却提不出任何像样的论据，来证明社会主义商品生产必然产生资本主义和资产阶级。他们除了歪曲事实，就是篡改马列，总之是要丑化包括社会主义商品生产在内的整个社会主义制度，以此来达到他们破坏社会主义生产关系和生产力、颠覆无产阶级专政、复辟资本主义的罪恶目的。

社会主义生产过程中人与人之间的相互关系是阶级对抗关系吗?[*]

"四人帮"为了推行地主资产阶级的法西斯专政，特别是为了推行老干部是"民主派"、"民主派"是"走资派"的反革命修正主义政治纲领，恶毒地把社会主义生产关系诬蔑为资本主义生产关系，就中也把社会主义生产过程中人与人之间的相互关系歪曲为阶级对抗关系。

"四人帮"直接控制的原上海市委写作组编写的一本《社会主义政治经济学》把这种理论观点系统地表达了出来。我们的批判主要就是针对这本书的。

一、劳动人民同地主资产阶级之间的关系，是属于社会主义生产中相互关系的范畴吗?

"四人帮"为了"论证"社会主义生产中相互关系也是阶级对抗关系，硬把劳动人民同地主资产阶级、新的资产阶级分子以及党内走资派的关系，一股脑儿地塞进社会主义生产的相互关系中来。前述那本《社会主义政治经济学》写道：在生产资料所有制的社会主义改造完成以后，"在我国社会主义生产中，就形成了两个剥削阶级和两个劳动阶级之间的阶级关系。两个剥削阶级，一是地主买办阶级的残余，一是资产阶级。

---

* 原载《经济研究》1978 年第 6 期。

两个劳动阶级是工人阶级和集体农民。社会主义生产中的相互关系，主要就是这四个阶级之间以及它们内部的关系。社会主义生产中四个阶级的相互关系不是平列的。……在社会主义条件下，在生产过程中，最基本的仍然是无产阶级和资产阶级（包括党内资产阶级）的阶级关系。""四人帮"的这个谬论，完全是反马克思主义的。

在社会主义社会，在生产资料所有制的社会主义改造基本完成以后不久，生产中的社会关系还是"一个浑沌的关于整体的表象"。[①]但只要我们以这个"表象"为起点，运用马克思主义的抽象法对这个"浑沌的整体"进行科学的分析，就可以发现它包含着以下几种不同的社会关系。

1. 马克思主义政治经济学告诉我们：一定生产中的人与人之间的相互关系，是由一定的生产资料所有制形式决定的。在生产资料的社会主义公有制的条件下，劳动者在生产过程中处于主人的地位，他们相互之间的关系是社会主义的互助合作关系。只有这种关系才是社会主义生产中的相互关系。生产资料的社会主义公有制是这种关系赖以建立的基础；社会主义的互助合作是这种关系的质的规定性。这两点是我们鉴别各种社会关系是否属于社会主义生产中相互关系的根本尺度。

2. 在生产资料所有制的社会主义改造完成以后不久，在生产中还存在着劳动者同老的地主资产阶级的关系。这一点，同我们党采取了以社会主义企业为基地来改造剥削阶级分子的政策，是有联系的。这样，他们同劳动者还处于同一的生产过程中。

但这种关系并不属于社会主义生产中的相互关系。这种关系的性质同第一种关系是根本不同的，它不是劳动者之间的社会主义的互助合作，而是劳动者同剥削阶级之间的专政和被专政、改造和被改造的关系。我国的地主买办阶级在生产中处于被专政的地位是很明白的。我们党对民族资产阶级的政策是不剥夺公民权，但他们也须在劳动中改造成为自食其力的劳动者，他们也处于被改造的地位。

这种专政和被专政、改造和被改造的关系，同劳动者之间的社会主义的互助合作关系不同，它不是由生产资料的社会主义公有制决定的，而是起因于阶级的对立。这种对立同无产阶级夺取政权以前的情况是不

---

① 马克思：《〈政治经济学批判〉导言》，《马克思恩格斯选集》第2卷，第103页。

同的。在这之前，劳动者同剥削者之间对立的经济根源是后者对前者的剥削。但在无产阶级取得政权并对剥夺者实行剥夺以后，劳动者和老的剥削阶级之间的经济上对抗已经解决了。但从政治上和思想上来说，老的剥削阶级还是存在的。为了彻底消灭老的剥削阶级，无产阶级专政采取的一个重要手段，就是通过劳动把他们当中的大多数人改造成为自食其力的劳动者。

　　科学的抽象还要求我们，对"每一个要素可以在它完全成熟而具有典范形式的发展点上加以考察"。[①] 我们要清楚地把握社会主义生产中相互关系的本质及其包括的范围，也必须这样做。在发达的社会主义阶段上，社会主义生产中的相互关系将取得"它完全成熟而具有典型形式"。在这个阶段上，劳动者之间的社会主义的互助合作，将会得到进一步发展和完善。但他们同老的剥削阶级之间的专政和被专政、改造和被改造的关系，将不存在了。可见，这种关系同社会主义生产中的互助合作关系，在时间上和空间上都是可以分离的。事实上，这种分离并不一定要到发达的社会主义阶段上才会发生。在社会主义社会的一定发展阶段上，老的剥削阶级死光了，这种分离也就发生了。在我国农业合作化初期，曾经限制地主富农分子加入合作社，他们同集体农民并不处在同一的生产过程中。但在这时，随着合作社集体所有制的建立，集体农民之间的互助合作关系也就建立起来。这时，集体农民之间的互助合作关系同他们和地主富农之间的专政和被专政的关系，在空间上也是分离的。至于那些没有实行以社会主义企业为基地来改造剥削阶级分子的社会主义国家，这两种关系也是分离的。这种分离的情况更充分地证明：这种专政和被专政，改造和被改造的关系，同生产资料的社会主义公有制没有必然的联系，同社会主义生产中的互助合作关系有根本的区别，它根本不属于社会主义生产中相互关系的范畴。

　　3. 在社会主义阶段，在生产中还存在着劳动者同新的资产阶级分子的关系。在生产资料所有制的社会主义改造基本完成以后，资产阶级已经基本上从工业、农业和商业中被排挤了出来。这时，资产阶级不仅不能形成独立的经济体系，而且难以独立地从事工业、农业和商业活动，

---

① 恩格斯：《卡尔·马克思〈政治经济学批判〉》，《马克思恩格斯选集》第2卷，第122页。

他们往往存在于社会主义经济的隙缝中。这时，一切资本主义活动都是非法的。新的资产阶级分子为了给自己涂上一层保护色，往往需要打着社会主义的招牌。也正是由于这个原因，从劳动者中间分离出去的新的资产阶级分子，一方面要求愈来愈多地侵吞社会主义的公有财产，另一方面又要紧紧抓住社会主义劳动者这件外衣不放。这些情况使得新的资产阶级分子同劳动者还处在同一的生产过程中。但他们之间的关系并不属于社会主义生产中相互关系的范畴。新的资产阶级分子的产生不仅不是生产资料的社会主义公有制的必然结果，而且是以破坏这种公有制为前提的。它的产生是由于存在旧的资本主义经济残余和个体经济的残余，由于存在老的资产阶级，由于处于改造过程中一部分小资产阶级经常滋长的资本主义自发势力。就经济关系的本质来说，新的资产阶级分子也无偿占有劳动者创造的社会主义的公有财产，是新产生的资本主义经济的代表，他们同劳动者之间的关系，绝不是什么社会主义的互助合作，而是阶级对抗关系。

上面说的是新的资产阶级分子被揭露以前的情况。新的资产阶级分子被揭露以后，无产阶级专政的国家将根据情况给予不同的处理，有的要受到刑事处分，但多数人会放在社会主义企业中进行改造。这时他们同劳动者还处于同一的生产过程中，但劳动者同他们的关系，和劳动者同老的剥削阶级的关系是类似的，即是专政和被专政的关系。

此外，在社会主义阶段，还存在着劳动者同党内走资派的关系。英明领袖华主席在阐述毛主席关于党内走资派的论述时曾经指出："社会主义社会的主要矛盾，是无产阶级和资产阶级的矛盾，社会主义道路和资本主义道路的矛盾。这个矛盾必然要反映到执政的共产党内来，这样就会产生党内走资本主义道路的当权派。"① 这就深刻地揭明了党内走资派产生的阶级根源是资产阶级，他是资产阶级在党内的政治代表。华主席还指出：毛主席提出的"'要搞马克思主义，不要搞修正主义；要团结，不要分裂；要光明正大，不要搞阴谋诡计'三项基本原则，进一步指明了识别党内走资派的根本标准。"② 这些都说明：劳动者同党内走资派的关系，根本不是属于社会主义生产中的互助合作关系，而是政治领域中无

①② 《中国共产党第十一次代表大会文件汇编》，第 22、25 页。

产阶级和资产阶级的阶级关系。

这样，在我们对社会主义社会生产中的社会关系这个"浑沌的关于整体的表象"作了上述分析之后，就可以看到："它是许多规定的综合，因而是多样性的统一。"① 第一种社会关系是社会主义生产中的互助合作关系。在第二、三种社会关系中，劳动者虽然同地主资产阶级和新的资产阶级分子都是处在同一的生产过程中，但第二种社会关系本质上是政治领域内劳动者同老的剥削阶级之间的专政和被专政、改造和被改造的关系，第三种社会关系是经济领域中代表占统治地位的社会主义经济的无产阶级同代表新产生的资本主义经济的新的资产阶级分子的关系。我们不能因为它们都是处在同一的生产过程就说它们都是属于社会主义生产中的相互关系，正像我们不能因为稗子和稻子同种在一块田里，就把稗子也说成是稻子一样。至于劳动者同党内走资派的关系，更显然是政治领域中的无产阶级和资产阶级的阶级关系。

"四人帮"的舆论工具把他们的谬论吹嘘为马克思主义政治经济学的"发展"。但从方法论上说，他们的这一套正是马克思早就批判过的资产阶级庸俗经济学。马克思主义创始人说过："而庸俗政治经济学愈是肤浅地抓住现象的表面，仅仅用一定的方式把这种现象的表面复制出来，它就愈觉得自己'合乎自然'"② "四人帮"正是这样，他们仅仅肤浅地抓住各种社会关系都处在同一的生产过程中这个"现象的表面"，而否认这各种社会关系的本质区别，否认生产中的社会关系"是一个具有许多规定和关系的丰富的总体"。③ 这样，他们就把经济领域中的社会主义的互助合作关系，同无产阶级专政条件下的政治领域中专政和被专政关系，同经济领域中的社会主义经济同资本主义经济的关系，搅成一团，互相淆乱。但他们还恬不知耻地把它宣扬为"张春桥思想"的"贡献"。而他们的罪恶企图却正是要在理论上造成极大的混乱，把水搅浑，以便兜售他们的修正主义黑货，为他们复辟资本主义制造舆论。

根据客观事物的本来性质，把劳动者同地主资产阶级、新的资产阶级分子、党内走资派的关系，排除在社会主义生产中的相互关系之外，

---

①③ 马克思：《〈政治经济学批判〉导言》，《马克思恩格斯选集》第 2 卷，第 103 页。

② 《剩余价值理论》，《马克思恩格斯全集》第 26 卷Ⅲ，第 539 页。

是否就会导致否定无产阶级和资产阶级这个主要矛盾的存在呢？是否就会导致"阶级斗争熄灭论"呢？"四人帮"就是靠这根大棒来维护他们的这条"理论"的尊严的。但这并不能挽救他们在理论上破产的命运。只要不是像"四人帮"那样惯于搞玩弄概念的诡辩，就绝对不会得出这样的结论。事情很清楚，无产阶级和资产阶级这个主要矛盾是否存在，并不取决于要把劳动者同地主资产阶级的关系塞进社会主义生产中的相互关系中来，而是取决于以下的基本事实：在我国无产阶级取得政权，并在生产资料所有制的社会主义改造基本完成以后，虽然社会主义的生产关系和上层建筑都已占了统治地位，但资本主义生产关系和上层建筑并没完全消灭，生产关系和上层建筑方面的资本主义因素还存在。这个基本事实决定了我国社会的主要矛盾还是无产阶级和资产阶级的矛盾，社会主义道路和资本主义道路的矛盾。事实上，在生产资料所有制的社会主义改造基本完成以前，我们也是从社会主义经济成份和资本主义经济成分的斗争来论证无产阶级和资产阶级这个主要矛盾的。那为什么在这之后，非要把劳动者同地主资产阶级的专政和被专政、改造和被改造的关系纳入社会主义生产中的相互关系才能论证这个主要矛盾的存在呢？我们把这种关系排除在社会主义生产中的相互关系之外，不仅不否认无产阶级和资产阶级这个主要矛盾的存在，相反，正是肯定了这个矛盾的存在，肯定了这种关系同社会主义生产中劳动者的互助合作关系的根本区别，肯定了和突出了无产阶级和资产阶级的斗争。"四人帮"把劳动者和地主资产阶级的专政和被专政、改造和被改造关系，硬塞到社会主义生产中的相互关系里来，是有着"一箭双雕"的罪恶企图的，一方面是丑化了社会主义的生产关系，以便借口反对"资本主义"，把社会主义当作资本主义来打倒；另一方面又把资本主义的东西披上社会主义的外衣，以便借口保护"社会主义"，把资本主义的东西当作社会主义保护起来。

二、社会主义生产中劳动人民内部的相互关系是阶级对抗关系吗？

为了"论证"社会主义生产中的相互关系是阶级对抗关系，前述那本《社会主义政治经济学》又装模作样地打着马克思主义主要矛盾理论的旗号作了一番"论证"："在社会主义历史阶段，既然社会的主要矛盾是无产阶级和资产阶级的矛盾，人们在生产中的各种关系必然要受到它的支配、制约和影响。劳动人民内部的相互关系也是如此，也不可避免地打上阶级的烙印，带有阶级关系的性质，归根到底也要表现为阶级关系。"请注意：该书是从无产阶级和资产阶级这个主要矛盾来分析劳动人民内部的相互关系的。因此，这里所说的"带有阶级关系的性质"，显然指的是带有无产阶级和资产阶级的阶级关系的性质；这里所说的"表现为阶级关系"，自然也是指的表现为无产阶级和资产阶级的阶级关系。这样，"四人帮"的舆论工具就明目张胆地把劳动人民内部的相互关系的"性质"和"表现"都归结为无产阶级和资产阶级这样一种阶级对抗关系。

应该肯定，无产阶级和资产阶级这个主要矛盾，对劳动人民内部的相互关系确实是有影响的。问题在于：要全面地正确地估计这种影响。

在社会主义条件下，无产阶级在政治上、经济上和思想上都占了统治地位，是无产阶级和资产阶级这个主要矛盾的主要方面。无产阶级要求依据社会主义社会发展的客观规律，运用手中掌握的国家机器、经济力量和舆论工具等来不断地巩固、发展和完善社会主义的生产关系（包括生产中人与人之间的相互关系），使之逐步成长为共产主义。这是社会主义社会主要矛盾对社会主义生产中劳动人民内部相互关系的主要影响。但"四人帮"却完全回避了问题的这一方面，这是别有用心的。我们则必须按照事物的本来面貌指出这个主要影响，以便鼓舞劳动人民为建设社会主义和实现共产主义而斗争。

在社会主义条件下，资产阶级是主要矛盾的次要方面。但对劳动人民内部的相互关系也是有影响的。

1. 由于资产阶级的影响，劳动人民之间的社会主义的互助合作关系在某种限度内是会受到损害的。但按照事物的本来性质，这种互助合作关系是由生产资料的社会主义公有制决定的。在社会主义公有制存在的条件下，这种互助合作关系就不会根本改变。另外，社会主义生产关系（包括生产中的人与人之间的相互关系，下同）是由无产阶级专政的国家依据生产关系一定要适合生产力性质的规律建立起来的。它建立以后还会受到社会主义上层建筑的保护。资产阶级对它进行破坏是会受到打击的。所以，在社会主义条件下，由于资产阶级的破坏，劳动人民之间的社会主义的互助合作关系虽然会受到损害，但总会限制在某种限度内。就总体来说，我们仍然可以把劳动人民之间的相互关系称作社会主义的互助和合作。

2. 由于资产阶级的腐蚀作用，劳动人民中的极少数人甚至还会蜕变为新生资产阶级分子。新生资产阶级分子同劳动人民之间的关系当然是阶级对抗关系。但在社会主义生产中，劳动人民之间的关系还是社会主义的互助合作，并不能因此就把劳动人民内部的相互关系说成是阶级对抗关系。

3. 在社会主义社会，由于存在着无产阶级和资产阶级的斗争，还存在资本主义复辟的危险性。但即使资本主义复辟了，那也只是在复辟了的资产阶级与重新受到剥削压迫的劳动人民之间存在阶级对抗的关系，在劳动人民内部仍然不存在这种阶级对抗关系。

把社会主义制度下劳动人民内部的相互关系说成是阶级对抗关系，不仅在理论上、事实上是毫无根据的，而且在逻辑上也是混乱不堪的。按照列宁的说法，对立的阶级就是"允许社会上一部分人占有另一部分人的劳动"。[①]但在劳动人民内部并不存在这种剥削关系。当然，在社会主义制度下，工人和集体农民之间还是一种阶级关系；体力劳动者和脑力劳动者之间还带有阶级差别的痕迹；即使在工人内部也是存在矛盾的。否认这些矛盾的存在，当然是一种形而上学的观点。但在社会主义公有制的条件下，所有这些"阶级关系"、"阶级差别的痕迹"和"矛盾"都是建立在根本利益一致的基础上的，它并不是阶级对抗关系。

所以，无论从哪种意义上都不能说，由于存在无产阶级和资产阶级这个主要矛盾，劳动人民内部的相互关系是阶级对抗关系。我们从这个主要矛盾只能得出这样的结论：要巩固、发展和完善社会主义生产中劳动人民之间的互助合作关系，必须开展阶级斗争、生产斗争和科学实验三大革命运动，坚持无产阶级反对资产阶级的斗争，坚持无产阶级对资产阶级的专政。这是无产阶级专政下继续革命在经济战线方面的一个重要任务。这里需要着重指出：那种看不到资产阶级对劳动人民内部相互关系的影响的观点，那种认为不进行无产阶级反对资产阶级的斗争，不

---

① 列宁：《青年团的任务》，《列宁选集》第4卷，第352页。

进行社会主义教育，就可以巩固、发展和完善劳动人民之间的互助合作关系的观点，是完全错误的。

为了"论证"上述的理论观点，"四人帮"的舆论工具还歪曲地引用了恩格斯的话。他们写道：恩格斯说过，在阶级社会里，"人和人之间的关系，归根到底是阶级和阶级之间的关系"。

这是对恩格斯的话的肆意歪曲。①恩格斯在批判资产阶级政治经济学的时候，在讲到政治经济学资本主义部分的研究对象时曾经指出："经济学所研究的不是物，而是人和人之间的关系，归根到底是阶级和阶级之间的关系。"① 这显然是指的资本主义制度下资产阶级和无产阶级的关系，而并不是指的社会主义制度下劳动人民内部的相互关系。②恩格斯的这句话，是依据对资本主义生产关系本质的分析作出的科学结论，是"社会阶级在任何时候都是生产关系和交换关系的产物"② 的原理的应用，是历史唯物主义的命题。而"四人帮"则认为，由于存在无产阶级和资产阶级这个主要矛盾，"劳动人民内部的相互关系"，"也不可避免打上阶级的烙印"，因而"表现为阶级关系"。这就不是认为阶级关系是生产关系的产物，而是认为生产关系是阶级关系的产物；这也不是认为社会主义公有制决定社会主义生产中人与人之间的相互关系，而是认为资产阶级思想决定社会主义生产中的相互关系，因而是十足的历史唯心主义的命题。

"四人帮"的舆论工具为了推销他们的修正主义黑货，还疯狂攻击斯大林的科学论断。前述那本《社会主义政治经济学》根据张春桥的调子大放厥词，说什么"那种认为社会主义公有制一旦建立，社会主义生产中人们的相互关系就成为'同志式的互助合作关系'的观点，不过是一种唯心论和形而上学"。"四人帮"攻击的矛头仅仅是指向斯大林吗？不是的。

马克思主义认为，生产资料所有制形式决定生产中人们之间的相互关系。社会总生产过程包括生产（即直接的生产过程）、交换、分配和消费等方面。在这些方面均存在着人们之间的生产关系。生产资料所有制形式是指的各个社会集团对生产资料的占有关系。这种占有关系同上述

---

① 恩格斯：《卡尔·马克思〈政治经济学批判〉》，《马克思恩格斯选集》第 2 卷，第 123 页。
② 恩格斯：《反杜林论》，《马克思恩格斯选集》第 3 卷，第 66 页。

几方面关系不是平列的，后者的性质是由前者的性质决定的。马克思说过：资产阶级"私有制不是一种简单的关系，也绝不是什么抽象概念或原理，而是资产阶级生产关系的总和"。① 就是说，资产阶级私有制不是离开生产关系的总和而单独存在的关系，而是包括资本主义的生产、交换、分配和消费这样几方面关系的总和；也绝不是抽象概念，而是体现在上述几个方面的关系上。其所以是这样，因为这几个方面的生产关系都是资本主义私有制在经济上的表现。马克思和恩格斯对于生产资料所有制形式决定生产中人们之间相互关系还作过更为直接的论述，他们说：历史上"分工的每一个阶段还根据个人与劳动的材料、工具和产品的关系决定他们相互之间的关系"。② 恩格斯还说过："就是在那些在阶级对立中运动的社会里，财富只要包含着对人的支配，它就主要地、几乎完全地依靠和通过对物的支配来进行对人的支配。"③ 马克思主义创始人关于生产资料所有制形式决定生产中人们之间相互关系的论述，具有一般的方法论的意义。

资本主义劳动过程的特点是：第一，"工人在资本家的监督下劳动，他的劳动属于资本家"。"其次，产品是资本家的所有物，而不是直接生产者工人的所有物。"④ 这两点都是生产资料的资本主义私有制在经济上的表现。列宁指出，在生产资料的社会主义公有制的条件下应由劳动者自己来管理生产。同时指出：现在劳动者不是为"剥削者做苦工"，而是"为自己工作"。⑤ 这都说明：在社会主义制度下，劳动者摆脱了剥削和压迫，成为生产中的主人，他们之间的关系是社会主义的互助合作关系。

可见，斯大林关于在社会主义公有制的条件下，"人们在生产过程中的相互关系的特征，是不受剥削的工作者之间的同志合作和社会主义互助"的论断，不仅符合马克思关于生产资料所有制形式决定生产中相互关系的一般原理，而且符合列宁关于社会主义生产中相互关系的科学分析。

毛主席继承和发展了马列主义的这个原理。1957 年，在我国生产资

---

① 马克思：《道德化的批判和批判化的道德》，《马克思恩格斯选集》第 1 卷，第 191 页。
② 马克思、恩格斯：《费尔巴哈》，《马克思恩格斯选集》第 1 卷，第 26 页。
③ 恩格斯：《反杜林论》，《马克思恩格斯选集》第 3 卷，第 225 页。
④ 马克思：《资本论》第 1 卷，《马克思恩格斯全集》第 23 卷，第 210 页。
⑤ 列宁：《怎样组织竞赛?》，《列宁选集》第 3 卷，第 393 页。

料所有制方面的社会主义改造基本完成以后，毛主席就指出："推翻旧的社会制度，建立新的社会制度，即社会主义制度，这是一场伟大的斗争，是社会制度和人的相互关系的一场大变动。"①毛主席还指出：在我国现在条件下，工人、农民和知识分子内部的矛盾以及他们之间的矛盾，都是人民内部的矛盾，即是在人民利益根本一致的基础上的矛盾。从这里我们可以看到：①毛主席把社会主义生产中的互助合作关系的形成同社会主义公有制的建立是直接联系在一起的。②毛主席对社会主义制度下劳动人民内部的关系作了重要的发展，不仅指出他们根本利益的一致，而且指出他们之间还有矛盾，并把这种矛盾确定为人民内部的矛盾。

可见，斯大林的科学论断绝不是什么"唯心论和形而上学"，而是马克思列宁主义。"四人帮"攻击的矛头也不仅仅是指向斯大林，而是指向马列主义、毛泽东思想。

实际上，搞唯心论和形而上学的正是"四人帮"自己。但就是这种唯心论和形而上学也不是"四人帮"的"创造"，而是继承了老机会主义者普鲁东的反动衣钵。马克思在批判普鲁东把分工等等经济关系同资产阶级所有制割裂开来的错误时曾经尖锐地指出："分工和普鲁东先生的所有其他范畴是总合起来构成现在称之为所有制的社会关系；在这些关系之外，资产阶级所有制不过是形而上学的或法学的幻想。"②"四人帮"把社会主义公有制同生产中的相互关系割裂开来，从而否定社会主义生产中劳动人民之间的互助合作关系，从方法论上说，正是普鲁东的"形而上学或法学幻想"的变种。

还应指出：把劳动人民内部的相互关系说成是阶级对抗关系，也不是"四人帮"的"发明"，而是拾的托洛茨基的牙慧。在1929年苏联集体农庄蓬勃发展的时候，托洛茨基分子和一切"左"的空喊家都"叫嚷集体农庄内的阶级斗争"。斯大林尖锐地揭露了他们有意混淆集体农庄外的，集体农庄成立以前的阶级斗争和集体农庄内的思想斗争的原则区别。前者指的是"同占有生产工具和生产资料并用这些生产工具和生产资料盘剥贫农的富农进行斗争。这个斗争是生死存亡的斗争"。后者指的"是

---

① 毛泽东：《在中国共产党全国宣传工作会议上的讲话》，《毛泽东选集》第5卷，第403页。
② 马克思：《致巴·瓦·安年柯夫》，《马克思恩格斯选集》第4卷，第324页。

集体农庄庄员之间的斗争，他们中间一部分人还没有摆脱个人主义残余和富农思想残余，企图利用集体农庄内的某些不平等现象图利营私。而另一部分人想把这些残余和这些不平等现象从集体农庄中铲除掉"。① 简言之，前者是敌我之间的斗争，后者是人民内部矛盾。"四人帮"把劳动人民内部的矛盾归结为阶级对抗关系，完全是同托洛茨基分子的谬论一脉相承的。

这里我们又看到了"四人帮"在这个问题上疯狂攻击斯大林的另一个原因，就是说，这不仅是因为斯大林提出的在社会主义公有制条件下，"人们在生产过程中的相互关系的特征，是不受剥削的工作者之间的同志合作和社会主义互助"的科学论断，是他们推销修正主义黑货的不可逾越的障碍，而且因为斯大林早就揭露了由托洛茨基分子提出的并由他们继承的这种"理论"的伪科学性。

"四人帮"的舆论工具一方面把劳动人民同地主资产阶级的关系硬塞到社会主义生产的相互关系中来；另一方面又把社会主义生产中劳动人民内部的关系诬蔑为阶级对抗关系，包含着险恶的用心。这是为了"论证""党内资产阶级"的形成，为他们的反革命的政治纲领提供理论支柱；同时也为了对工人、农民和知识分子，特别是为了对坚持毛主席革命路线的领导干部实行封建性的资产阶级法西斯专政制造反革命舆论。

---

① 斯大林：《论苏联土地政策的几个问题》，《列宁主义问题》，人民出版社 1973 年版，第 355 页。

利润范畴和社会主义的企业管理[*]

社会主义的利润问题，是一个经济学界分歧很大、长期未能得到解决的重要理论问题。林彪、"四人帮"反党集团利用这种认识上的分歧，趁风扬土，恶毒攻击和全盘否定社会主义利润，在思想上和实际工作中造成了极为严重的后果。打倒"四人帮"以后，一年多来，情况有了很大的变化。利润不再是不可接触的东西了。然而我们也要看到，已经取得的成就是极其初步的。在利润问题上，"四人帮"造成的极度混乱，由来已久。拨乱反正，决非易事。要开创一个充分地正确地运用社会主义的利润范畴，全面改善国民经济管理的新局面，就有更多复杂的问题需要认真地加以研究和解决。摆在我们面前的任务，是充分利用"四人帮"这个反面教员，在揭批"四人帮"的斗争中提高对社会主义利润的认识，分清思想是非、理论是非和路线是非，使利润考核和企业经济核算逐步走上正轨。

"四人帮"在利润问题上反复宣传了三个相互联系的论点：①利润是"私有经济的遗物"。②以利润作为考核企业经营状况的综合指标，就是"资本主义的利润挂帅"。③企业从利润提取奖励基金，就是"修正主义的物质刺激"。现在我们就来逐一加以剖析。

---

* 吴敬琏、周叔莲、汪海波合著。原载《经济研究》1978 年第 9 期。

社会主义利润是"私有经济的遗物"，还是社会主义生产关系的表现？

"四人帮"及其舆论工具说：社会主义的经济核算要利用利润等经济范畴，在这里，"虽然所有制不同了，但是这些范畴毕竟是私有经济的遗物"，"同旧社会是没有多少差别的"。① 这样，他们就把社会主义的利润范畴和资本主义的利润范畴混为一谈了。社会主义利润究竟是不是"私有经济的遗物"呢？

经济范畴是生产关系的理论表现。"范畴也和它们所表现的关系一样不是永恒的。这是历史的和暂时的产物。"② 伴随着资本主义生产关系产生的资本主义利润这个经济范畴，必然地随着资本主义的灭亡而消逝。马克思说："利润首先只是剩余价值的一种别名。"③ 资本主义利润范畴和剩余价值一样，反映的是资本家阶级剥削无产者阶级的关系。在社会主义制度下，这种关系已经不再存在，所以由剩余价值派生的利润范畴也不再存在了。社会主义利润是一个崭新的经济范畴，它是劳动者为社会创造的剩余产品的价值表现——企业纯收入的一部分。实行经济核算制的国营企业的纯收入分为税金和利润两个部分，分别上缴给代表全体劳动者的国家。正像列宁所说，在社会主义制度下，"剩余产品不归私有者阶级，而归全体劳动者，而且只归他们"。④ 在这里，利润范畴所反映的决不是剥削关系，而是建立在生产资料公有制基础上、根本利益一致的社会主义国家和企业、企业和企业之间的关系。显然，它的本质和资本主义利润根本不同，说什么社会主义的利润范畴"是私有经济的遗物"，"同旧社会没有多少差别"，是完全站不住脚的。

问题在于，社会主义国营企业为社会创造的剩余产品为什么要表现为企业纯收入，纯收入的一部分为什么要表现为利润？我们知道，剩余价值之所以转化为利润，是由资本主义生产关系的本质决定的。资本主

---

① 原上海市委写作组编：《社会主义政治经济学》，1976年版（下同），第266页。
② 《马克思致巴·瓦·安年柯夫（1846年12月28日）》，《马克思恩格斯选集》第4卷，第327页。
③ 《马克思致恩格斯（1868年4月30日）》，《马克思恩格斯通信选集》第4卷，第52页。
④ 列宁：《对布哈林〈过渡时期经济〉一书的评论》，人民出版社1958年版，第42页。

义生产的目的，是以最少的预付资本取得最大量的剩余价值。因此。在资本家的心目中，剩余价值不是可变资本的产物，而是全部资本的产物。"剩余价值，作为全部预付资本的这样一种观念上的产物，取得了利润这个转化形式。"① 在社会主义经济自身中是否存在剩余产品价值的一部分转化为利润的条件呢？在"四人帮"看来，社会主义经济本身不存在这样的条件，因此，国营企业的利润只能是"私有经济的遗物"。

这种看法是荒谬的。只要仔细地考察一下就可以看到：社会主义国营企业剩余产品必然要取得价值的表现，纯收入的一部分必然转化为利润，其依据存在于社会主义全民所有制生产关系的内部，具体地说，存在于社会主义经济核算关系之中。

经济管理的形式必须适应于所有制的性质和生产力的状况。社会主义国营经济是建立在生产资料全民所有制的基础上的，它的力量，来源于作为生产资料主人的亿万劳动者的积极性和创造性。同时，社会主义全民所有制经济是建立在社会化大生产的基础上的，它具有高度发达的社会分工和错综复杂的协作关系。不能设想，靠某个至高无上的权威机关，用自上而下的行政命令来管理这个庞大的经济，让成千上万个企业千变万化的经济活动，事无巨细，统统由这个机关进行集中的指挥。如果这样做，只能造成严重的官僚主义和无效率状态。怎样使全民所有制经济的管理形式适合于社会化大生产的要求和公有制的本质，以便在国家的集中统一领导下充分发挥各方面的积极性，做到以最少的劳动耗费取得最大的经济效果？这是关系社会主义经济能否兴旺发达的大问题。

历史上曾经采取过所谓"供给制"的办法，那就是由国家的财政经济机关把企业收支全部包下来，企业完全没有独立性：没有独立的资金，不进行独立的核算，收入全部上缴，设备物料向上级领取，支出实报实销，企业对经营好坏不负物质上的责任。经验证明，这种办法抑制了企业的积极性和主动性，必然造成无人负责和浪费的现象，所以它不是一种好的管理办法。

另一种办法是实行经济核算制。按照这种办法，国家把一定数量的资金交给企业，由企业在国家统一领导下，独立经营，自计盈亏。企业

---

① 马克思：《资本论》第 3 卷，《马克思恩格斯全集》第 25 卷，第 44 页。

存独立的资产负债表，在国家银行有自己的账户。对资金的保管和使用负完全的责任。企业按照国家规定的计划组织生产，在计划范围内有机动处置的权力。国家按照企业完成计划的情况，给予物质上的奖惩。实行这种办法，正确解决了工厂在统一领导下的独立性问题，有利于发挥企业的积极性和主动性，因而能够保证社会主义经济多快好省地发展。

社会主义建设的实践表明，国营企业的经济核算制，不是可以实行也可以不实行，而是必须实行的。正如毛主席所说："有了严格的核算制度之后，才能彻底考察一个企业的经营是否是有利的。"① 为了实施经济核算制，需要有一系列指标来控制和监督企业的经济活动。在社会主义的经济核算体系中，企业之间作为商品的"出售者"和"购买者"相互对待；企业为社会提供的剩余产品，表现为企业销售收入抵销销售成本后的盈利（即企业纯收入，或称企业货币积累）。它以货币形式表现了企业劳动消耗和生产成果的对比，企业个别劳动时间和社会平均必要劳动时间的对比，表明企业为社会作出了多大的贡献。列宁说："各个托拉斯和企业建立在经济核算制基础上，正是为了要他们自己负责，而且是完全负责，使自己的企业不亏本"，② "使每个国营企业不但不亏损而且能够赢利"。③

"四人帮"及其舆论工具借口社会主义经济核算中的"成本、价格、利润这些价值指标，是同商品相联系着的"，断言它们是"私有经济的遗物"。④ 这是一个牵强附会的论证。社会主义经济核算确是和商品生产、价值规律相联系着的，社会主义成本、价格、盈利也确是价值范畴。但是，由此并不能证明社会主义经济核算和各种价值指标是什么旧范畴。这是由于，商品生产并不是某种不依赖周围经济条件而独立自在的东西。它的性质取决于它同什么所有制相联系。同个体所有制相联系的是小商品生产，同资本家所有制相联系的是资本主义商品生产，同社会主义公有制相联系的是社会主义商品生产。斯大林说过：社会主义的"商品生产并不是通常的商品生产，而是特种的商品生产，是没有资本家参加的商

---

① 毛泽东：《经济问题与财政问题》，解放社 1944 年版，第 114 页。
② 列宁：《给财政人民委员部》，《列宁全集》第 35 卷，第 549 页。
③ 列宁：《工会在新经济政策条件下的作用和任务》，《列宁选集》第 4 卷，第 583 页。
④ 原上海市委写作组编：《社会主义政治经济学》，第 266 页。

品生产"。① 毛主席一再肯定斯大林的这个马克思列宁主义观点，并且指出，社会主义经济单位"要利用价值法则搞经济核算"。② 可见，在马克思主义者看来，有各种不同的商品生产和与此相联系的各种不同的价值范畴，这些商品生产的性质是有根本区别的，这些利润的性质也是有根本区别的。

我们已经说明了社会主义剩余产品取得价值表现，转化为企业纯收入的客观必然性，接着就会发生一个问题：纯收入为什么要分为两个部分，剩余产品价值的一部分为什么要转化为利润呢？对于这个问题的回答是：它同样是由社会主义的经济核算关系决定的。

存实行经济核算制的条件下，企业的经营状况必须得到单独的表现，同时，国家要通过表现企业经营状况的指标来控制和监督企业的经营活动。然而，企业纯收入却无法担当这个职能。这是因为，企业纯收入水平的高低，不仅取决于企业自身的努力，而且取决于若干企业所不能决定的外部条件。在还需要运用价格对价值的背离来影响生产和流通、不可能做到价格和价值完全一致的情况下，产品价格水平的高低对纯收入水平的影响尤其巨大。为了排除价格水平对纯收入的影响，使企业经营状况得到单独的表现，国家要按照各种产品的价格水平，将一定量的纯收入以"税金"的形式集中征收到国家预算中去。企业纯收入扣除税金后的余额，才是企业利润。同纯收入相比，企业利润更确切地表现了企业经营的好坏。因此，从 30 年代初苏联社会主义工业企业经济核算制初具规模以来，实行经济核算制的各国虽有种种变通办法，但都大体保持税金和利润两种缴款形式。③ 可见，国营企业纯收入的一部分以企业利润的转化形式表现出来。企业利润正是经济核算这种社会主义经济关系的产物。

社会主义企业实行经济核算制，自计盈亏是否使企业利润成了"私有经济的遗物"呢？没有。实行经济核算制虽然使交给企业使用的资金具有"自有资金"的形态，剩余产品的一部分具有企业利润的形态，企业也好像是一个独立的生产者。但是，企业的这种独立性，是全民共同

---

① 斯大林：《苏联社会主义经济问题》，人民出版社 1961 年版（下同），第 12 页。

② 毛泽东：《在省市自治区党委书记会议上的讲话》，《毛泽东选集》第 5 卷，第 361 页。

③ 1930~1932 年苏联进行企业交纳制度改革期间，有人提出过另一种方案，即单一预算缴款方案，由于不能保证预算收入的稳定性和促进经济核算制的巩固，这种方案未被采纳。实践证明：这个决定是正确的。

占有条件下的独立性，独立经营的企业并不具有排他的所有权。斯大林说："生产资料所有者——国家，把生产资料交给某一个企业，丝毫不失去对它们的所有权，相反地，是完全保持着所有权的。"① 国营企业实行经济核算制，并不改变生产资料所有制性质，生产资料和产品（包括剩余产品）仍属于全民所有，这里没有一丝一毫私有经济的成分，怎么能说核算制使利润改变了性质，成了"私有经济的遗物"呢？

把利润作为考核企业经营状况的综合指标就是
资本主义的"利润挂帅"吗？

社会主义的利润既然是属于全体劳动者所有的剩余产品的转化形式，"四人帮"要直接把它说成是资本主义的东西，不能不遇到极大的困难。于是他们更换手法，利用我国经济学界在利润指标的作用问题上存在的某些片面的、错误观点，② 将它们推到极端，把社会主义企业进行价值核算，讲求利润说成是"资本主义的利润挂帅"，从而迂回地把利润说成是资本主义的范畴，造成人们对利润谈虎色变的精神状态。张春桥到处散布：社会主义企业"不能讲赚钱，要讲路线，不能讲钞票，不能讲成本"。③ 他们的一个爪牙甚至公然宣称："抓经济核算就是利润挂帅"。④ "四人帮"的"理论家"在论证他们的观点时说，"由于社会主义生产还是商品生产，还要实现价值、利润，因而还要出现产值挂帅、利润挂帅指导下的资本主义生产"；"社会主义核算过程中使用价值核算和价值核算的矛盾，归根到底，要表现为无产阶级和资产阶级之间的矛盾，社会主义道路和资本主义道路的斗争"；"随着价值核算代替使用价值核算成为矛盾的主要方面，经济核算的性质也就从社会主义蜕变为资本主义的了"。⑤ 这真可以

---

① 斯大林：《苏联社会主义经济问题》，第 39 页。

② 在 60 年代初期我国经济学界关于社会主义利润问题的讨论中，有一部分同志把社会主义的生产目的问题和用什么手段来达到这个目的的问题混在一起，认为强调了利润，就会模糊以至歪曲社会主义生产目的。本文作者与吴敬琏、周叔莲在《社会主义生产目的不容歪曲》（见《经济研究》1964 年第 12 期）一文中，就持有这种看法。现在看来，我们当时这种看法是不妥当的。

③ 转引自《文汇报》1977 年 1 月 16 日。

④ "四人帮"在河南的爪牙的一次讲话。

⑤ 原上海市委写作组编：《社会主义政治经济学》，第 99、270、267 页。

称得上是经济学中的超级胡话。

社会主义生产的目的是生产尽可能多和好的使用价值以满足整个社会全体劳动者不断增长的需要。这是毫无疑义的。问题是：为了实现这个目的，必须讲求经济效果，做到用最少的劳动耗费生产最多的使用价值。这就必须进行价值核算，并用利润这个价值指标对企业的经营状况进行综合的考核。

我们知道，对于企业经济活动进行控制和观念上的总结，需要有一系列的经济技术指标，它们通常包括：产量、品种、质量、原材料和燃料消耗、劳动生产率、成本、利润、资金占用等等。由于社会主义的生产目的是满足社会需要，产量、品种、质量、原材料和燃料消耗等使用价值指标有着重要的意义。但是它们只能反映经济效果的个别方面，而且不具有同名数，无法加总和进行综合对比分析。像劳动生产率这样的工时指标对核算企业经济效果也是必要的，但它也只能反映经济效果的个别方面。同以上这些指标比较起来，商品产值（或销售收入）和成本这两个价值指标是个别反映生产成果和个别劳动消耗的综合指标。但是，这两者也各有自己的局限性。销售收入可以综合反映一个企业提供给社会的有用成果的价值大小，却不能反映这些成果是花了多大的代价（消耗）取得的。成本指标对于分析企业经济活动，寻找降低消耗的具体途径有重要意义。然而，成本水平只能在可比产品之间、而不能在不同产品之间进行比较，因此成本指标在运用上有很大的局限性。利润是销售收入减去成本和税金的余额，它的数量和成本的高低成反比，和成果的大小成正比，而且通过税金的缴纳排除了企业外部因素、主要是价格因素的影响，因而是企业经营状况，即企业工作合目的程度的综合表现。怎么能说，只有使用价值核算才能同社会主义相联系，价值核算注定了同资本主义相联系，"随着价值核算成为矛盾的主要方面，经济核算就蜕变成资本主义的了"呢？

毛主席早就指出过，"一个工厂内，行政工作、党支部工作与职工会工作，必须统一于共同目标之下，这个共同目标，就是以尽可能节省的成本（原料、工具及其他开支），制造尽可能多与尽可能好的产品，并在尽可能快与尽可能有利的条件下推销出去。这个成本少、产品好、推销快的任务是行政、支部、工会三方面三位一体的共同任务。"① 在价格既定的条件下，利润的多少不正是企业三大任务完成情况的标尺，用利润指标来考核企业经营状况的好坏不是完全恰当的吗？

所谓"资本主义的利润挂帅"，顾名思义，是指资本主义以利润为目的的经营，也就是指资本主义利润在生产目的上挂帅。资本是自行增殖的价值，资本主义的利润挂帅也就是指资本家靠剥削工人发财致富，把榨取剩余价值作为自己全部经济活动的目的。资本主义生产是无政府状态的，全社会没有统一的生产计划，生产资料和劳动力在各个生产部门的分配，全靠市场规律和预期利润的大小自发调节。这和社会主义企业按照国家计划和社会需要进行生产，社会以企业利润作为考核企业经营状况的综合指标，完全是两码事。在保持社会主义性质的前提下，即在遵守国家计划和社会主义法令，不搞投机倒把和其他歪门邪道的条件下，增加利润和实现社会主义生产目的是完全一致的，企业取得的利润越多对社会越有利，这难道还有什么疑问吗？

在"四人帮"的影响下，有的政治经济学书籍断言，以利润作为考核企业经营状况的综合指标，就会使人们"单纯追求利润"，甚至"使社会主义企业变质"，② 也有人认为，这样做必然使企业转向生产利润多的品种，不生产或少生产利润少的品种，使企业不顾产品质量，并助长"唯利是图"的资产阶级思想发展。我们认为，这些说法是没有根据的。

首先，以利润作为考核企业的综合指标，并不是要把产品产量、品种等指标统统取消。除利润指标外，企业还必须完成国家规定的其他各项指标。在这种情况下，怎么能说必然会使企业不按照国家规定的计划生产呢？

其次，以利润作为考核企业经营状况的综合指标的前提是：国家通过规定适当的价格和税率，调节各种产品和同类产品不同品种的利润水平，使企业在正常经营的情况下，能得到大体相同的利润。③ 在这样的前

① 毛泽东：《经济问题与财政问题》，解放社 1944 年版，第 115 页。

② 南开大学政治经济学系、经济研究所：《政治经济学（社会主义部分）》（修订本），1976 年版，第 205~206 页。

③ 我国第一个五年计划期间，理论上的合理留利水平大体为产品、成本的 10%，视产品的需求程度而有所增减。在社会主义条件下，价格究竟应当在工资利润率、成本利润率还是在资金利润率的基础上形成，以及合理留利应该多大，都是需要研究和讨论的问题。

提下，企业争取增加盈利的努力和积极完成国家计划不仅不相矛盾，而且是相辅相成的。

同时，在实行经济核算制的条件下，企业的经济活动必须遵守一系列规则，如按国家根据产品质量规定的价格出售，在质量标准和供货时间等方面违反合同要负赔偿责任，等等。在严格执行这些规则的条件下，企业只有增加生产、降低成本、改进产品设计、提高产品质量，才能增加利润。粗制滥造或偷工减料，不仅不能增加企业利润，还将使利润减少。

既然把利润作为考核企业的综合指标只能促使企业改进经营管理，全面完成国家计划，因此，说它会破坏社会主义经济就是毫无道理的了。

至于说以利润作为考核企业的综合指标会助长唯利是图的资产阶级思想发展，这无异于把增加社会主义利润看作资产阶级思想的表现，显然是把社会主义利润和资本主义利润混为一谈了。如果承认社会主义利润和资本主义利润有本质区别，那么，按照社会主义原则努力增加社会主义利润不正是无产阶级思想的表现吗？这样唯社会主义之利是图，唯人民之利是图，又有什么不好呢？

解放以来我国社会主义工业企业实行经济核算制的经验证明：用这样一套以利润为综合指标的指标体系来考核企业的经营状况，对于增产节约运动的开展，有很大的推动作用。事实上，不讲利润，也就谈不到什么企业经济核算。"四人帮"胡批利润，乱扣"利润挂帅"的帽子，使许多企业、许多干部长期不敢讲盈利，企业管理和财务制度严重混乱，不搞经济核算，不问经济效果，一部分企业甚至长期亏损，后果是十分严重的。我们要抓纲治国，拨乱反正，就必须把扭亏增盈当作经济战线上的一项重大工作来抓。事实证明，只要加强经济核算、狠抓企业利润这一环，就能大大促进生产的发展和经营管理的改善。这方面的事例是不胜枚举的。

在我国过去的经济核算实践中，的确出现过一些问题，如各种产品的利润水平相差悬殊，使有些企业对利润水平高的产品兴趣大，对利润水平低的产品则不愿多生产，影响了计划的实现；计划指标规定得不合理，造成企业之间苦乐不均；现行指标体系只能使资金消耗情况得到反映，而不能使资金占用情况得到反映，这使企业产生对资金宽打窄用的心理，影响资金的有效利用；等等。但是，对于这些消极现象的来由，我们必须作具体的分析，不能把执行中存在的问题和以利润作为综合指标的考核制度混为一谈，借口前者否定后者。

就拿"四人帮"曾经大加渲染的所谓企业积极生产社会并不需要、然而价高利大的产品，不愿生产十分需要、然而价低利小的产品这种现象来讲，能不能说，它是由以利润作为综合指标考核企业的制度造成的呢？当然不能。在社会主义制度下，价格、税收等经济杠杆都掌握在代表全体劳动者的国家手里，国家完全能够利用这些经济杠杆，调节各种产品的利润水平，促使企业积极地承担国家安排的生产任务，满足社会需要。根本不存在给社会需要增产的产品规定很低的利润水平。给社会并不需要增产的产品规定很高的利润水平的必然性。当出现了这种利润畸高畸低的不正常情况，却诿过于企业，说它们"执行利润挂帅的方针，不顾国家和人民的需要，利大大干，利小小干，无利不干……以便赚取更多的利润"。① 这在道理上难道说得通吗？

以上的分析表明，我国企业管理之所以存在前述那些消极现象，原因并不在于用利润指际来考核企业，而在于这种考核还很不严密和严格。这里的一个中心问题，是如何从利润中排除企业外部因素的影响，使企业本身的经营努力得到单独的表现。我们知道，企业销售收入和成本水平的高低，不仅取决于企业的主观努力，而且取决于多种外部条件，如产品价格水平、资源状况、地理位置、技术装备程度等。如果不能排除这些因素的影响，客观因素的影响和主观努力的结果混在一起利润指标就无法完成它表现企业经营状况的任务。但是，这个问题并不是无法解决的。在经济核算的实践中，有两种排除企业外部因素影响的办法：第一种办法是在规定利润计划时，全面考虑企业的客观条件，使各企业的计划利润水平有相应的差异，把条件好的企业的计划利润水平定得高些，把条件差的企业的计划利润水平定得低些，计划期终结后就利润计划的完成情况进行考核，就可以比较切合实际地反映企业的经营状况，表现企业主观努力的程度。第二种办法，是把各种外部条件对纯收入的影响分别用征收单项缴款的办法分离出来，如用征收税金（流通税）的办法排除产品价格水平的影响，用征收级差收入缴款（地租、矿租）的办法

---

① 原上海市委写作组编：《社会主义政治经济学》，第 301 页。

排除资源条件、地理位置的影响，用征收固定资金缴款（利息）的办法排除装备程度的影响等等，使企业主观努力的程度在扣除这些缴款后的利润上表现出来。而这些单项缴款，也就成为激励和鞭策企业改善经营管理，加速技术进步，合理使用资金的强大经济杠杆。

在我国国营工业中，过去主要是采用第一种方法。这种方法简便易行，但是它有很大的局限性。①利润计划是由人们制定的，制定计划时对各种外部因素的估计难以完全符合实际，无论利润计划定得太保守还是太积极，都会歪曲企业的主观努力程度，使企业苦乐不均；同时，它容易造成企业在制定计划时就低不就高的保守倾向。②它不能防止一些企业用多生产价高利大的产品、少生产价低利少的产品的办法来完成和超额完成利润计划的情况。③这种方法不能形成影响企业减少资金占用，提高资金使用效率的机制。所以，应当把这种办法和前述第二种办法结合起来。

对于第二种办法，我们过去运用得十分不够。像固定资金纳款、级差收入缴款这类有力的经济杠杆，至今还没有运用起来。企业借入流动资金是向银行付息的，流动资金的主要部分——定额流动资金则由预算拨付，靠核定定额来控制。价格、税金等经济杠杆虽然在一定程度上使用了，但离充分发挥这些杠杆在经济核算制中的作用还有很大的距离。我们还不善于运用调整各种产品价格和税率、各种借款利息率的方法，影响生产和流通，促使企业改善经营管理。在这方面，看来是大有文章可做的。李先念副主席最近在全国财贸学大庆学大寨会议上指出：应该"充分地和正确地运用社会主义商品生产和价值法则的力量，来为社会主义的有计划的大生产服务"。现在我们正是应该从这方面多下工夫。

企业从利润中提取奖励基金，就是搞"修正主义的物质刺激"吗？

"四人帮"攻击和否定社会主义利润时使用的另一根大棒是"物质刺激"。他们污蔑我国工业用"对完成利润计划指标的企业实行给予相应奖

---

① 原上海市委写作组编：《社会主义政治经济学》，第 468 页。

励基金的办法，来加紧推行利润挂帅和物质刺激的修正主义路线"。① 这样，他们就把企业在完成计划以后按照国家规定的比例在利润中提取奖励基金打成了"修正主义的物质刺激"。

社会主义企业的利润提成制度不仅不违背共产主义原则，而且正是社会主义制度所要求的。在社会主义社会，必须在政治挂帅的前提下，贯彻按劳分配的原则，实行物质鼓励与精神鼓励相结合的制度，否则就会损害人们的劳动积极性，使社会主义生产遭到破坏。这是实践反复证明了的客观必然性。为了搞好社会主义生产，除了必须发挥劳动者的积极性，还必须发挥企业的积极性。为了充分调动企业的积极性，除了采取其他必要的措施以外，还需要从利润中提取企业基金，对企业进行奖励，使企业的物质利益和本单位的经营状况直接联系在一起。如果说，以劳动者个人为对象的奖金是贯彻按劳分配的补充形式，那么，国家根据企业的经营状况给予奖励基金也应该说是按劳分配原则的运用。这是完全符合社会主义原则的，决不能把它说成是什么"修正主义"。

我国社会主义工业企业在推行经济核算制的过程中，曾经实行过企业完成基本指标后，从计划利润和超计划利润中分别提取一定比例的企业奖励金的制度。后来改为企业根据完成主要产品产量和质量、新产品试制、工资总额、成本、流动资金周转和上缴利润等指标的情况，按工资总额的一定比例从利润中提取企业奖金，并从超计划利润中提取 10% 的超计划奖金。这种从利润中提取的奖励基金可以用于增加本企业职工的集体福利，加强劳动保护，奖励先进工作者，以及用于改进生产技术的某些开支。利润提成制度是社会主义经济核算制的一个重要组成部分。实践证明，只有实行利润提成制度，才能保证进行严格的经济核算，才能促进社会主义生产迅速发展。

首先，建立企业基金有利于发挥企业改进生产技术的主动性。毛主席在《论十大关系》中专门谈了在统一领导下的独立性问题。毛主席说："把什么东西统统都集中在中央或省市，不给工厂一点权力，一点机动的余地，一点利益，恐怕不妥。""各个生产单位都要有一个与统一性相联系的独立性，才会发展得更加活泼。"① 现代科学技术的发展日新月异，必

---

① 毛泽东：《论十大关系》，《毛泽东选集》第 5 卷，第 273 页。

须使企业能够在国家统一领导下放开手脚地采取主动措施改进生产技术。如果不给企业以机动权，生产技术上的一切改进都要层层呈报批准，才能取得必要的设备和资金，那就势必束缚住企业的手脚，造成停滞和落后的结果。建立企业可以自行支配的基金，给企业在一定范围内采取必要的技术组织措施的权力，提高了企业的独立性，这对于技术进步和生产发展有很大的好处。

其次，建立企业基金有利于企业发展多种经营和统筹安排职工及其家属的生活。比如我们提倡有条件的企业组织职工和家属从事某些农林牧副渔业生产，那么怎样获得所需的资金呢？这不能完全靠国家，也不能挪用企业的生产资金；有了企业基金，这个问题就比较容易解决。大庆就曾利用一部分企业奖励金购买农业生产资料，用职工的业余时间和家属的劳动力开荒种地，发展农、林、牧、副、渔业生产，既增加粮、菜、肉、油等供应，又增加职工的家庭收入。此外，如果能从企业基金中筹措职工宿舍和其他福利设施的建设资金，就更有利于解决所谓"骨头和肉的关系"，即生产建设和生活设施的关系问题。

最后，用企业资金对职工进行奖励，加强了职工对企业经营状况的关心，有利于巩固经济核算制。社会主义经济核算制度实质上是一种责任制。为了巩固企业的责任制，必须把企业经营状况的综合表现——利润同职工的物质利害联系起来，促使全体职工主动关心企业的经营状况，加强对经营活动的监督。只有把全体职工发动起来进行监督，才能有效地防止企业领导干部对国家财产采取不负责任的态度，督促企业改善经营管理，争取更好的经济效果。贯彻经济责任制度，当然首先要坚持政治挂帅，加强思想教育，同时也要开展对经济效果的核算。但是，如果企业的经济效果仅只核算一下，而不和本企业劳动者集体的经济利益发生关系，那就仍然不能保证职工经常关心经济效果，完成和超额完成任务，在这种条件下，责任制只不过建立在下级对上级负一般行政责任的关系上。而实行利润提成制度，企业计划任务完成得愈好，提取的奖励基金就越多；相反，如果企业完不成计划任务，就不仅不能提奖励基金，还要承担物质责任，影响企业所有成员的切身利益。这样才能更好地贯彻责任制，形成一种经济机制，促使企业不能不经常注意改善经营管理，提高经济效果。

总之，实行利润提成制度，是实行社会主义经济核算制的需要，把国家、企业和职工个人利益结合起来的需要，迅速发展社会主义生产的需要。

林彪、"四人帮"把企业利润提成制度污蔑为"修正主义的物质刺激"，说明他们对马克思主义一窍不通，满脑子装的是地主资产阶级的观念。否定利润提成，也就是否认社会主义制度下劳动群众的个人利益和企业劳动者集体的利益。而使群众认识自己的利益，并且团结起来为自己的利益而奋斗，正是马克思主义的基本原则。毛主席教导我们："必须兼顾国家、集体和个人三个方面"，"不能只顾一头。无论只顾那一头，都是不利于社会主义，不利于无产阶级专政的"。[1] 这些关系如果处理不好，社会主义生产是搞不好的。列宁说过："我们说，必须把国民经济的一切大部门建立在个人利益的关心上面。共同讨论，专人负责。由于不会实行这个原则，我们每一步都吃到苦头。"[2] 用利润提成奖励企业，把国家、集体和个人的利益结合起来，实现"各尽所能、按劳分配"的原则，首先是多劳，然后才是多得，而且得到好处的首先和主要的是国家，然后才是集体和个人。这里哪有什么"修正主义"的影子？

我国过去实行的利润提成制度不是没有缺点的。但是从总的方面看，二十多年来这方面的缺点，并不是利润提成制度的作用发挥得过了头，而是它的应有作用远远没有得到发挥。在实行经济核算制的初期，由于利润考核制度和职工参加企业管理的制度不很健全，加之当时规定的企业基金数量很小，使用范围有限，职工个人收入多少和企业利润水平的联系不密切，利润提成在促使企业全体职工主动关心企业经营方面所起的作用并不很大。近十几年来，由于林彪、"四人帮"的疯狂破坏，全盘否定利润考核和利润提成制度，更使许多地区和部门的经济核算制名存实亡，企业办好办坏一个样，赚钱赔钱一个样，好坏不分。目前我国大多数企业存在着劳动生产率低、产品质量差、生产成本高、流动资金周转慢、固定资金使用效率低的现象，还有一部分企业至今仍然亏损。这种情况的存在，原因是多方面的，林彪、"四人帮"破坏了我国工业企业

---

[1] 毛泽东：《论十大关系》，《毛泽东选集》第5卷，第272~275页。
[2] 列宁：《新经济政策和政治教育局的任务》，《列宁全集》第33卷，第51页。

的经济核算制，使经济管理水平大大倒退，不能不说是一个重要的原因。为了使经济管理走上正轨，充分发挥工业企业没有得到利用的巨大潜力，就不仅要尽快恢复过去的一切行之有效的管理制度，还要总结我国管理工作正反两方面的经验，探索管理制度上进一步改革的途径。

1961 年公布试行的《国营工业企业工作条例（草案）》曾经规定，企业要普遍实行"五定"、"五保"制度。国家对企业实行"五定"：定产品方案和生产规模；定人员和机构；定主要原料、材料、燃料、动力、工具的消耗定额和供应来源；定固定资金和流动资金；定协作关系。企业对国家实行"五保"：保证生产的品种、质量和数量；保证不超过工资总款；保证完成成本计划，并且力求降低成本；保证完成上缴利润；保证主要设备的使用期限。企业完成"五保"任务的，按照规定在上缴利润中提取奖励基金，完不成"五保"任务的，不能提奖。企业在保证完成"五保"任务的条件下，精简定额以内的人员，可以用工资总额的节余部分，按照国家的规定增加职工的奖金，改善职工的生活福利。这种办法虽然还需要通过试行不断改进和完善，但扩大企业权限、密切职工收入和企业经营状况联系的总方向是完全正确的。

《中共中央关于加快工业发展若干问题的决定（草案）》已经明确规定：恢复全面完成和超额完成国家计划的企业可以按比例在利润中提取企业基金的制度。这是一个完全正确、十分英明的决策。我们现在应当按照中央的决策，探讨使利润考核、企业基金的提取和使用办法趋于完善的措施。根据过去二十多年的经验教训；看来很有必要使职工的收入和企业利润有更密切的联系，就是说，要使职工的收入部分地依赖于企业的盈利状况。这个原则，不仅适用于生产工人，也适用于技术人员、科室人员和企业领导干部，甚至适用于经济管理机关的负责工作人员。

为了使企业基金的提成和使用制度完善化，看来需要冲破两种不正确的传统观念：

第一种传统观念，是认为在全民所有制经济中，不管所属企业的经营状况如何，各个企业的职工在工资收入和生活福利上都应该享受同样的待遇。我们认为这种看法是不符合社会主义按劳分配原则的要求的。因为评价劳动情况，不仅要看劳动者个人的劳动，还要看企业职工的集体劳动。为了贯彻按劳分配原则，不仅要反对劳动者个人之间的平均主义，也要反对企业之间的平均主义。毛主席说："工人的劳动生产率提高了，他们的劳动条件和集体福利就需要逐步有所改进。"① 对于经营得好的企业，职工的劳动条件和工资报酬不应当较好一些吗？对于这个问题，列宁在十月革命胜利后不久就指出，应当"使工资同工厂的总工作量相适应，使工资同铁路、水路运输等的运营额相适应"。② 1921 年，他在工会问题论战中，明确肯定了"工资和奖励应当密切联系并取决于生产计划的完成程度"的提法。③ 并强调，要"按对外贸易人民委员部、合作社以及其他贸易机关贸易额的大小和利润的多少来奖励苏维埃职员"。④ 我们已往对这一点注意不够，显然削弱了劳动者对于企业经营状况的主动关心。

还有一种传统观念，认为对普通职工可以实行物质奖励，而对领导干部则不应实行物质奖励，因为干部有更高的觉悟。对领导干部较之对群众应有更高的政治上的要求，这无疑是对的。但是既然普通职工尚且要按照劳动质量参与分配，难道领导干部不应对自己的工作质量负物质责任，不管自己的工作搞得好不好，都照拿工资，照样吃饭吗？对这个问题，列宁也早有论述。他说，奖励"应当用来奖励那些表现了英勇精神的、认真负责的……经济工作者"，⑤ 包括对外贸易部、国家银行、中央消费合作总社以至最高国民经济委员会的"负责人员"在内。⑥ 我们自己的实践也说明，对企业和管理机关领导干部的工资制度进行适当改革，使他们收入的一部分依自己所领导的单位的经营状况为转移，将大大有利于促进领导干部学习技术，学习管理，兢兢业业地完成党和人民委托给他们的任务。这对改进我国工业以至整个国民经济的管理，提高社会主义建设速度，无疑具有重要作用。

经济管理制度的任何变革，都涉及多方面的复杂问题，需要深入的调查，系统的研究和广泛的讨论，以寻求最优的方案。而要做好这些工作，首先要揭批"四人帮"的反革命修正主义谬论，突破"四人帮"设置

---

① 毛泽东：《论十大关系》，《毛泽东选集》第 5 卷，第 272 页。
② 列宁：《关于苏维埃政权当前任务的六条提纲》，《列宁全集》第 27 卷，第 292 页。
③ 列宁：《论工会、目前局势及托洛茨基的错误》，《列宁全集》第 4 卷，第 423 页。
④ 列宁：《关于副主席工作的决定》，《列宁全集》第 33 卷，第 299 页。
⑤ 列宁：《论工会、目前形势及托洛茨基的错误》，《列宁全集》第 4 卷，第 415 页。
⑥ 列宁：《俄共（布）中央政治局关于新经济政策的指示草案》，《列宁全集》第 33 卷，第 167~168 页。

的"禁区",解放思想,实事求是,根据马克思列宁主义、毛泽东思想的立场、观点、方法,根据新的实际情况去研究新的问题,才有可能正确地解决问题,开辟社会主义经济管理的新局面,对促进国民经济的高速度发展,加快建设社会主义现代化强国的步伐,做出贡献。

必须对企业领导干部实行物质奖励制度*

我国已经进入加速实现四个现代化的新时期。从 1979 年起党和国家工作的着重点即转移到社会主义现代化建设上来。现代化建设既包括技术装备现代化，也包括管理的现代化。要实现管理现代化，必须提高企业领导干部的管理水平，提高他们的积极性。在这种形势下，探讨对企业领导干部实行物质奖励问题，具有重大的现实意义。

"四人帮"当年控制的舆论工具为了破坏按劳分配原则，竭力诋毁《国营工业企业工作条例（草案）》规定的对企业领导干部必须实行奖金的制度。他们说：这种制度"那里是什么'按劳分配'"，"而是道道地地推行资本主义经济原则"。①

要揭破这个谬论，只简单地把它斥之为将社会主义的按劳分配原则肆意歪曲为资本主义经济原则是不够的，还必须从根本上说明按劳分配原则为什么对企业的领导干部也是适用的。为此，必须首先在理论上回答这个问题：企业生产的领导干部是不是生产劳动者？由于马克思在《哥达纲领批判》中讲的按劳分配原则，指的是生产领域内的劳动者个人消费品分配的基本原则。因此人们常常提出这样的疑问：企业生产的管理干部是搞脑力劳动的，他们并不像工人那样从事体力劳动，直接操作生产工具作用于劳动对象，为什么也是生产劳动者？

这种生产劳动者衡量标准，大概对小生产是适用的。因为在小生产

---

* 本文写于 1978 年 10 月，原载《社会主义经济问题初探》，湖南人民出版 1981 年 11 月版。
① 《批臭物质刺激——二评〈工业七十条〉》，《解放日报》1967 年 6 月 10 日社论。

条件下，劳动者都是直接操作生产工具作用于劳动对象，生产劳动都是同体力劳动相联系的。

　　但这种标准对资本主义社会化的大生产就不完全适用了。因为在劳动过程由个人的劳动转变为社会化的劳动以后，产品也就不再是个体生产者的直接产品，而是总体工人的共同产品。因此，"随着劳动过程本身的协作性质的发展，生产劳动的承担者生产工人的概念也就必然扩大。为了从事生产劳动，现在不一定要亲自动手，只要成为总体工人的一个器官，完成它所属的某一种职能就够了"。资本主义企业的一般管理人员虽不直接操作劳动工具作用于劳动对象，但它完成了社会化大生产所必需的组织生产的职能，即"协调个人的活动。并执行生产总体的运动……所产生的各种一般职能"。① 因而他们虽然是为资本家剥削工人服务的，但就完成一定的生产职能这方面来说，他们也是"生产工人"，也"属于生产劳动者的范围"。②

　　显然，马克思讲的这些道理，对于社会主义的社会化大生产尤其是适用的。这不仅是因为社会主义企业生产的管理干部不是资本家。也同资本主义企业的一般管理人员有区别，他不是为资本的剥削服务，而是为发展社会主义生产服务，而且因为管理这种社会职能在社会主义的社会化大生产中的地位比资本主义显得更为重要。目前我国生产社会化的程度，还远远落后于发达的资本主义国家。但从发展趋势看，在这方面肯定会超过我们。所以从生产社会化方面来说，管理对社会主义也是更加必要的。因此，担当管理这种社会职能的企业生产的管理干部也是生产劳动者。

　　这样，按劳分配原则对企业生产的管理干部也是完全适用的：不仅对体现这一原则的劳动报酬的基本形式——工资是适用的，而且对它的补充形式——奖金也是适用的。不仅是适用，而且就某些方面来说，对管理干部实行奖金制度还具有特殊重要的意义，特别是就当前情况来说更是这样。

　　因为，第一，在社会化生产条件下，企业管理不仅是保证企业生产正常进行的必要条件，而且是提高劳动生产率的重要因素。

　　现代化企业与手工业企业不同，它是一个既有严密分工，又有高度

---

① 马克思：《资本论》，《马克思恩格斯全集》第 23 卷，第 556、367 页。
② 马克思：《剩余价值理论》第 1 卷，人民出版社 1975 年版，第 444、147 页。

协作的复杂的生产体系。这种生产体系是由许多生产车间组成的，是由大量的工人和工程技术人员在一起劳动的。在现代化企业中，还拥有复杂的技术装备。依据他们在生产中的作用，一般可分为工具机、动力机和传动机。随着电子计算机在生产上的运用，还出现了自动控制机，从而形成了复杂的机器体系。要使得这种复杂的生产体系和机器体系能够正常地持续地进行生产，就必须合理地组织生产力的各个要素（包括处理好人与物的关系以及物与物的关系）。现代化企业另一个重要特点，就是专业化协作得到了高度的发展。随着专业化协作的发展，企业在组织供、产、销方面的作用也就显得更加重要。因为专业化程度越高，越是在原料、材料、燃料、动力、设备、工具等等的供应上，依赖于其他企业；同时，本企业产品的销售对象和服务对象也越来越多，越来越广泛。这样，我们可以看到：在现代化企业中，通过管理劳动，一方面把生产力的各个要素合理地组织起来，使得各部分劳动者和各个生产环节能够有秩序地工作；另一方面又把本企业的供、产、销活动和社会上其他单位的经济活动衔接起来，使得企业的生产、交换、分配和消费过程能够协调起来，从而保证企业生产能够正常地不断地进行下去。

通过管理，还可以使得生产力的各个要素得到充分节约的使用。我们可以假定：两个企业的工人人数、技术等级和劳动日长度都是相等的。但由于它们的管理水平不同，他们的劳动出勤率，工时利用率、劳动强度都是不等的，因而对社会提供的劳动量就是有差别的。管理水平的差别不仅使得他们实际支付的劳动量有差别，而且使得他们向社会提供的有效劳动量有差别，就是说，那些经营管理水平高的企业，有效劳动多些，无效劳动少些；而那些经营管理水平低的企业，无效劳动多些，有效劳动少些。由于管理水平不同，企业在充分发挥生产资料效能和节约生产资料方面，都是有差别的。这些都会影响到它们的劳动生产率。

在现代化生产的条件下，自然科学这种"知识形态上"的生产力转变为"直接的生产力"[①]是通过多种途径实现的，用自然科学武装管理人员也是其中的一个重要方面。现代化生产本身要求管理人员掌握现代的科技知识，掌握现代的管理手段（如电子计算技术和电子通讯技术）和

① 马克思：《政治经济学批判大纲》第 3 分册，第 358 页。

管理方法（如数学方法）。这些不仅是现代化生产的必要条件，而且是提高劳动生产率的强有力杠杆。列宁说过：社会化大生产"是建立在科学成就上的，因而也是建立在大批受过科学教育的专家身上"。[①] 列宁讲的专家不仅包括工程技术人员，而且包括管理人员。[②]

但管理人员不仅通过组织生产力，而且通过调节生产关系推动生产的发展。社会主义经济关系也像其他社会的经济关系一样，"首先作为利益表现出来"。社会主义国家、企业和劳动者个人三者之间的物质利益关系，是这种经济关系的一个极重要方面。在社会主义制度下，三者之间的物质利益在根本上是一致的，但也存在着矛盾。实践充分证明，无论实现三者根本利益的一致，还是解决三者之间的矛盾，都不可能是自发的。企业管理在这方面起着重要的作用。比如，反映客观经济规律要求的国民经济计划，体现并保证实现计划要求的合同制和社会主义的物质鼓励原则，都是体现了兼顾国家、企业集体和劳动者个人三方面利益的原则的。但它们的实现在很大的程度上要依赖于企业管理。通过企业管理把三方面的利益兼顾起来，从而把三方面的力量拧成一股绳，形成推动社会主义生产的强大力量。

我国建国以后，在 50 年代初期，由于没有经验，学习了苏联管理企业的一套经验。就组织生产这个共同点来说，苏联当时的管理水平是落后于发达的资本主义国家的。后来由于林彪、"四人帮"的破坏，就连这种落后的管理也遭到了严重的破坏。但当前又面临着加速实现四个现代化的任务，这样，当前落后的管理水平同实现新时期总任务之间就存在着尖锐的矛盾。

这一切说明：对企业管理干部实行物质奖励制度，对于调动他们的积极性，迅速克服管理的落后面貌，促进生产的发展，具有特别重要的意义。

第二，工资作为社会主义劳动报酬的基本形式，能够在相当大的程度上反映劳动者提供劳动的数量和质量，但是往往反映得不充分，不确切，不及时。在实行简单计时工资的条件下，情况尤其是这样。因为它只是通过职工的潜在形态的劳动，即他的劳动能力（包括体力强弱、劳

---

① 列宁：《在国民经济委员会第一次代表大会上的演说》，《列宁全集》第 27 卷，第 385 页。
② 参见列宁：《全俄苏维埃第九次代表大会》，《列宁全集》第 33 卷，第 151 页。

动熟练程度和复杂程度等），反映他可能提供的劳动量，这个劳动量和职工在生产中实际提供的劳动量常常是不一致的。在工人群众中，为了克服实行简单计时制而带来的某些平均主义倾向，可以实行计件制，在不能实行计件制的地方，则要用奖金作为计时工资的补充。在管理干部中，一般只能实行职务工资制，不便实行计件工资制。这样，从相对的意义上说，在管理干部中由实行简单计时制而带来的某些平均主义倾向就多一些，因而实行奖励制的意义也更加重要一些。

第三，就我国过去的情况看，社会主义企业生产的管理干部一方面依靠学校来培养，另一方面是从优秀的工人中提拔。由于我国社会生产力还比较低，在相当长的时期内还要实行低工资制。这样，在一般职工的生活中，"生活资料"占的比重大，"享受资料"和"发展资料"① 占的比重小。目前有一部分职工的生活甚至还有困难。从这些情况来看，对管理干部也实行奖金制度是很有必要的。当然，比较地看，目前一部分企业管理干部的工资水平高一些。但能否因此就说实行奖金制对他们没有意义呢？看来也不能这样说。按照社会主义奖金制的本来意义，是应该用来奖励对社会主义生产作了较多贡献的劳动者的。因此实行奖金制从来都不单纯只有物质鼓励的意义，同时具有荣誉的意义。而且他们的工资水平较高也只是相对于目前一般职工的工资水平来说的，且不要说从整个社会主义历史阶段来看，即使把他们同发达的资本主义国家的工资水平相比，② 那也是比较低的。

正是由于对企业领导干部实行奖励制是符合按劳分配原则的，而且具有某些特殊重要的意义，因而列宁在领导苏俄的社会主义建设中一贯主张对包括经济管理和企业管理的干部在内的全体职工都实行奖励制。早在 1919 年初他就提出："不能取消鼓励成绩优良的工作特别是组织工作的奖金制度；在完全的共产主义制度下奖金是不需要的，但在从资本主义到共产主义的过渡时代，如理论和苏维埃政权一年来的经验所证实的，投有奖金是不行的。"③ 可见，列宁认为，对包括领导干部在内的全体

---

① 恩格斯曾经把社会主义和共产主义制度的劳动者的消费资料分为"生活资料、享受资料、发展和表现一切体力和智力所需要的资料"（见《马克思恩格斯选集》第 1 卷，第 349 页）。

② 这里只是说的工资水平。至于工资性质，社会主义工资同资本主义工资是有根本区别的。

③ 列宁：《俄共（布）党纲草案》，《列宁全集》第 29 卷，第 90~91 页。

职工实行奖金制，在整个社会主义历史阶段都是必要的。1920 年列宁又强调应当用实物奖金"来奖励那些表现了英勇精神的，认真负责的、有才干的和忠心耿耿的经济工作者"。[①] 1922 年随着国民经济恢复工作的逐步展开，列宁又多次指出："政治局坚决要求实行奖励制，尽可能广泛地奖励办事迅速，提高产量和扩大国内外贸易额的负责人员。首先是对外贸易人民委员部，其次是国家银行（特别是它的贸易部）、中央消费合作社和最高国民经济委员会，都要做到这一点。"[②] "必须系统地研究和拟定一些推广奖励制的办法，以便把奖励制包括到全体苏维埃职员的整个工资制度里去。"[③] 这里顺便指出：从列宁的这些论述中，可以清楚地看到，列宁不仅主张对生产部门和企业的领导干部实行奖励制，而且主张对非生产部门领导干部实行奖励制。

中共中央在总结我国 50 年代的社会主义建设经验的基础上，于 1961 年公布试行的《工业七十条》中也曾明确规定：企业在全面完成和超额完成计划以后，所有干部（包括主要领导干部），都可以得奖。这本来是一个完全正确的决定。但后来由于林彪、"四人帮"的破坏，它并没有得到贯彻执行。但在粉碎"四人帮"以后，有的地区试行了对包括领导干部在内的奖励制度和经济制裁措施，已经开始显露了强大的生命力。济南市对经营成果好、对国家贡献大的济南水泥厂等六个单位给予了荣誉奖励和物质奖励；对经营成果差的济南食品厂等四个单位分别采取了限期改进和停产整顿的措施。在停产整顿期间，厂级领导干部扣发工资 50%，职工扣发工资 30%。[④] 这些措施当然还需要改进和完善，但已经收到了显著的效果，得到了广大干部群众的热烈欢迎。

但有人认为，企业领导干部的觉悟高，对他们可以不实行奖金制度。这种从思想觉悟而不是从实现按劳分配规律的要求来说明是否需要对领导干部实行奖金制度的方法，不能认为是历史唯物论的方法，只能看作是历史唯心论的方法。这是其一。其二，在社会主义制度下，具有共产主义觉悟的人越来越多。但也要看到：人们的觉悟是要受到客观经济条

---

① 列宁：《论工会、目前局势及托洛茨基的错误》，《列宁全集》第 32 卷，第 14~15 页。

② 列宁：《俄共（布）关于新经济政策的指示草案》，《列宁全集》第 33 卷，第 167 页。

③ 列宁：《关于副主席的决定》，《列宁全集》第 33 卷，第 299~300 页。

④ 《大众日报》1978 年 9 月 29 日。

件的制约的。事实上，也不是所有的干部都具备了共产主义觉悟。其三，即使对具有共产主义觉悟的干部来说，他们的工作目的是完全为了共产主义，但在实行按劳分配制度下，在物质生活上仍然有赖于工资和奖金。如果否定这一点，那就不仅要得出否定奖金的结论，而且要得出不要提高他们工资的结论。这显然是荒谬的。

还有人认为，对企业领导干部实行奖金制度是违反巴黎公社的下述原则的："从公社委员起，自上至下一切公职人员，都只应领取相当于工人工资的薪金。"① 这是一种误解。①作为无产阶级专政国家的公社、它的干部的薪金是属于社会总产品的扣除部分，是由马克思提出的上述原则调节的。而企业生产的管理干部是生产劳动者，他们的工资和奖金是由按劳分配原则调节的。这是两个领域、两个原则的问题，如果它们之间有什么不同的话，也不能认为是不相容的。否则，就容易得出或者否定巴黎公社原则的结论，或者否定按劳分配原则的结论。②巴黎公社实行上述原则时，还没有完成消灭资本主义私有制、建立社会主义公有制的任务，还没有建立实行按劳分配制度的基础。但上述原则并没有否定公社公职人员的劳动差别和劳动报酬的差别，不能把上述原则理解为人人都领取同等数额的薪金。马克思自己就这样赞扬过公社："公社的管理费用很低。高级负责人员每年只得到六千法郎，其他公务人员只得到工人的工资。"② 恩格斯也说过同样的话："它对所有公职人员，不论职位高低，都只付给跟其他工人同样的工资。公社所曾付过的最高薪金是六千法郎。"③ 这是一方面；另一方面，公社"公职人员都只领取相当于工人工资的薪金"，是否是同按劳分配不相容的绝对平均主义呢？也不是的。列宁对这一点作过很好的说明。他说："资本主义文化创立了大生产、工厂、铁路、邮政、电话等等，在这个基础上，旧的'国家政权'的绝大多数职能已经变得极其简单，已经可以简化为登记、填表、检查这样一些极其简单的手续，以致每一个识字的人都完全能够行使这些职能，行使这些职能只须付给普通'工人的工资'……"④ 既然国家职能这样简单，每

---

① 马克思：《法兰西内战》，《马克思恩格斯选集》第 2 卷，第 375 页。

②《卡尔·马克思关于巴黎公社的发言记录》，《马克思恩格斯全集》第 17 卷，第 674 页。

③ 马克思：《法兰西内战——〈恩格斯写的 1891 年单行本导言〉》，《马克思恩格斯选集》第 2 卷，第 335 页。

④ 列宁：《国家与革命》，《列宁选集》第 3 卷，第 207~208 页。

个识字的人都能完成，那么，根据按劳分配原则也只需要付给普通工人的工资。但在这里也需指出：列宁的这个设想，在我国社会主义现阶段并没有实现，我国国家职能还远远没有简单化到这种地步；而且在一个长时间内也不能简化到这一步。从上述两方面来看，巴黎公社的上述原则同按劳分配原则在精神上是一致的。③从实行这两个原则的目的看，在根本上也是相同的。巴黎公社的上述原则是反对剥削的，是为了防止公社公职人员由"公社的公仆"变成"社会的主人"，以保证无产阶级专政的性质，为彻底消灭阶级创造条件。按劳分配原则也是反对剥削的，实行这个原则可以促进生产力的发展，为巩固社会主义公有制和无产阶级专政以及彻底消灭阶级奠定物质基础。

对企业领导干部实行奖金制是否会形成高薪阶层呢？当时"四人帮"正是这样攻击的。但劳动者之间的劳动数量和质量的差别都不是悬殊的，所以只要正确地贯彻按劳分配原则（包括体现这一原则的工资和奖金）那就不可能形成高薪阶层。苏联在 30 年代以后把原来对资产阶级专家实行的高薪制扩大到一部分党政干部和知识分子身上，形成了高薪阶层，这不是实行按劳分配的结果，而是破坏按劳分配的结果。

也有人担心：对企业领导实行奖金制会对他们的思想起腐蚀作用。这里的问题实质仍然要归结为：奖金制究竟是体现了社会主义的按劳分配原则和兼顾国家集体和个人三者利益的原则呢？还是体现了"资本主义的经济原则"呢？如果是后者，必然会作出腐蚀干部思想的结论。如果是前者，则会作出完全相反的结论，即会形成劳动光荣、剥削可耻和把国家、集体和个人三者利益结合起来的社会主义思想。特别应当注意的是，我国是一个经历了长期封建社会的国家，现在以手工劳动为主的落后生产方法还普遍存在，因而小生产的势力和封建主义的影响难以一下子消除。小生产和封建主义的种种落后的积习和传统，包括少数干部中的"一朝为官，终身受禄"，饱食终日，无所用心，不钻研业务，不学习技术，靠地位、权力和"长官意志"办事，不倾听群众的呼声，不解决实际问题，只看"上司"的眼色当官，甚至不惜用吹牛拍马的手段邀取上级的欢心，以求官运亨通等旧习惯和传统，严重阻碍着社会主义经济正常的、迅速的发展。采取对企业领导干部实行奖金制的办法，使他们的收入部分地依自己主管企业的经营好坏为转移，能够促使他们努力地学习，兢兢业业地工作，这不仅对社会主义经济的发展会起巨大的促进作用，而且有助于小生产和封建主义旧习惯和传统的消除，有助于人们牢固地树立勤奋劳动、全心全意为人民服务的无产阶级世界观。

必须把劳动者的一部分收入和企业的
经营状况紧密地联系起来 *

在"四人帮"横行时期，社会主义的按劳分配原则和社会主义的劳动报酬制度遭到了最恶毒的攻击和最严重的破坏。这是当时我国国民经济长期停滞不前，最后甚至濒于崩溃的一个极重要的原因。经过前一段的斗争，有些问题（如按劳分配不是产生资本主义的经济基础，必须把精神鼓励和物质鼓励结合起来，必须采取计时工资和计件工资相结合、计时加奖励的劳动报酬制度，等等）在理论上已经比较清楚了。但是，为了拨乱反正，使按劳分配完全落实，还有不少问题需要进一步展开。怎样使劳动者的收入水平和企业的经营状况紧密地联系起来，就是其中的一个。弄清这个问题，对于解决充分调动劳动者的积极性这个至关重要的问题，具有重要的作用。

使劳动者的收入和企业的经营好坏相联系，
是贯彻按劳分配原则的客观要求

在我国国营企业目前实行的劳动报酬制度中，职工个人收入的多少，同他们所在企业的经营状况是没有关系的。不管在经营得好的企业还是经营得差的企业，不管在赚钱的企业还是在赔钱的企业，同一等级的职

---

* 汪海波、吴敬琏、周叔莲合著。原载《经济研究》1978 年第 12 期。

工都拿相同的工资。这种状况不利于鼓励全体职工从物质利益上关心企业的经营管理，督促干部改进企业的经营管理工作。职工收入只和他本人的劳动能力和努力程度相联系，而和他所在企业的经营状况无关，这种实际做法，是同忽视社会主义企业的作用的认识有关的。

在社会化大生产中，作为社会生产组织细胞的企业，在组织生产，改进技术，革新产品上，起着关键性的作用。社会主义经济是在全社会范围内有计划地组织起来的，这是它优越于资本主义的一个根本点。但是，决不能由此否定企业的地位和作用。企业是社会主义生产的基本单位，是整个社会生产发展的基础。要高速度地发展社会主义经济，必须调动每个企业的积极性，就像要提高整个部队的战斗力，必须提高每个连队的战斗力一样。为了加快社会主义经济的发展，重视和正确处理中央和地方的关系是必要的，也是充分发挥企业作用的一个前提条件。但在处理这种关系时必须着眼于发挥企业的积极性。这就是说，中央和地方之间的权力划分，必须有利于保证企业的独立地位，使企业能够根据生产本身的需要，自动地而不是被动地厉行经济核算，提高经济效果。这样，才不至于滥用行政方式去束缚企业的手脚，也才可能依据客观经济规律的要求，正确规定中央和地方的责任和权限，不至于只从行政的权力的转移着眼，在"放了收、收了放"的老套中循环。如果忽视企业的积极性，那么，中央和地方的积极性不仅不可能充分发挥，而且有落空的危险。因为国家的计划和政策必须依赖企业的活动才能落实，国家分配给企业的人力、物力和财力也必须通过企业的组织才能发挥作用。同时，劳动者个人积极性的发挥也有赖于企业的正确安排和组织。在社会化大生产的条件下，没有企业的经营和组织活动，劳动者的生产活动根本不可能进行，更不要说充分发挥积极性了。还有，精神鼓励和物质鼓励相结合，计时工资和计件工资相结合，计时工资加奖励等项制度也都是要依靠企业来贯彻的。因此，在处理国家和劳动者个人的关系时也绝不能忽视企业这个环节的作用。可见，使劳动者的一部分收入和企业经营好坏联系起来，以调动企业的积极性，对于发展社会主义生产，具有十分重要的意义。

有些同志承认企业的重要性和在一定限度内根据企业经营好坏对职工进行物质奖惩的必要性，但是他们认为，这种物质奖励必须限制在很小的幅度内，而且归根到底要受企业工资基金总额的限制，否则就同社会主义全民所有制的性质相矛盾。按照我国政治经济学的传统理解，社会主义全民所有制在现阶段的最高形式是国家所有制；在社会主义国营经济中，国家机关是所有者的权威代表，企业是由国家派出并对上级机关负责的经理人员负责经营的；而全体职工则作为国家的雇员从事劳动；国家为它的全体职工规定统一的劳动报酬标准，劳动者不论在哪个企业工作，都按同一标准领取报酬。在这样的体制下，普通劳动者在直接支配企业的生产资料、任用经理人员和影响经营管理上的权力是极其有限的，自然不应要求他们对经营管理的好坏承受经济上的后果。

　　问题在于，这种理解虽然在我国经济学界长期流行，却未必是正确的。我们知道，马克思主义的政治经济学不是把所有制当作一种独立的法学概念来理解，而是把它看作生产关系的总和。社会主义公有制的本质特征，不在于生产资料在法律的规定上属于全社会的劳动人民，而在于它消除了劳动力和生产资料的分离状态，劳动者自己成了生产资料的所有者，因此，社会生产过程是由劳动者自己的意志支配的。按劳分配正是一种在这种共同生产的基础上产生的共同分配形式。马克思说过，按劳分配要求"每一个生产者，在作了各项扣除之后，从社会方面正好领回他所给予社会的一切。……他以一种形式给予社会的劳动量，又以另一种形式全部领回来"。① 马克思这里说的是社会和生产者之间的按劳分配关系，没有具体涉及劳动者个人、企业劳动者集体和社会之间的关系，但是，按照提供的劳动量取得报酬这一原则对于企业劳动者集体是完全适用的。既然社会主义条件下劳动力和生产资料的直接结合，首先是在一个个企业中，由该企业劳动者集体根据社会利益主持进行的，企业劳动者集体就要对自己企业的生产成果负责，要按照企业劳动者集体劳动的总成绩取得报酬。

　　社会主义的实践表明，不仅劳动者个人提供的劳动量有差别，各个企业的劳动者集体提供的劳动量也有差别。我们假定两个生产相同产品的企业，它们拥有的职工人数及其技术等级，甚至劳动者个人的努力程度都是相同的，因此，两个企业劳动者个人劳动量的总和也是相同的。

---

① 马克思：《哥达纲领批判》，《马克思恩格斯选集》第3卷，第10~11页。

但是，在企业经营管理水平存在差别，也就是劳动者集体努力程度有差别的情况下，作为企业劳动者的集体，它们两者提供给社会的有效劳动量仍然是不等的。就是说，经营管理好的企业，有效劳动多些，无效劳动少些，职工劳动质量高些；反之，经营管理差的企业，相对说来，有效劳动少些，无效劳动多些，职工劳动质量差些。社会主义社会的个人消费品分配应当反映这两种劳动差别：首先是各个企业集体之间提供的劳动差别；然后是同一企业内部各个职工之间提供的劳动差别。否则，就会出现两种平均主义：企业集体之间劳动报酬上的平均主义；企业内部职工之间劳动报酬上的平均主义。这两种平均主义都是必须避免的。

列宁在为苏俄社会主义经济奠基时，就是按照这样的原则来设计社会主义企业的劳动报酬制度的。1918 年他在《苏维埃政权的当前任务》这个纲领性文件中明确指出：应当"根据各工厂生产的产品总额，或铁路运输业及水路运输业的经营结果来决定工资"。[①] 1920 年末到 1921 年初，当国内战争结束、重新开始社会主义建设时，他再次明确肯定："工资和奖励应当密切联系并取决于生产计划的完成程度"。[②] 并且强调指出："刻不容缓的是实行奖励制，按对外贸易人民委员部、合作社以及其他贸易机关贸易额的大小和利润的多少来奖励苏维埃职员。"[③]

但是，我们目前的劳动报酬制度，却不能全面满足上述要求。这是因为，即使严格执行现在这种类型的工资制度，劳动者所得报酬的多寡，也只能反映劳动者个人提供出来的劳动量的多少，而不能反映他通过企业劳动者集体实际上提供给社会的有效劳动量。这不仅在计时工资的情况下是这样，因为计时工资的工资率是在社会范围内按各种劳动的繁重程度和复杂程度统一规定的，而且，由于计件工资是计时工资的转化形式，计件单价不过是标准工资除以该企业平均先进定额的商数，所以，计件工资也只能比较好地克服企业内部劳动者之间的平均主义，而不能解决企业之间的平均主义问题。

为了解决这方面的矛盾，看来劳动者的报酬应当分为两个部分：一部分是按全国统一标准发给的收入，这一部分收入类似现在的工资；另

① 列宁：《苏维埃政权的当前任务》，《列宁全集》第 27 卷，第 236~237 页。
② 列宁：《论工会、目前局势及托洛茨基的错误》，《列宁选集》第 4 卷，第 423 页。
③ 列宁：《关于副主席工作的决定》，《列宁全集》第 33 卷，第 299~300 页。

一部分则是同企业经营好坏密切联系的附加收入，这一部分收入，应当成为劳动者的一种常规性的收入，并在劳动者收入中占有相当的比重。当然，企业的各类人员在经营管理上所起的作用大小是不同的，他们对经营状况应负的物质责任的大小也应当相应地有所不同。一般说来，如果由于经营管理上的缺点造成企业收入减少，其后果应当更多地由领导干部来承担。

劳动者的附加收入基金应当按利润额提取

如果上面说的这种个人消费品分配办法在原则上是正确的，接着就要解决企业职工这部分附加报酬基金应当怎样提取才能较为准确地反映企业的经营状况，才能符合经济核算和按劳分配的要求的问题。

为了回答这个问题，我们不妨先来简略地回顾一下我国国营企业在提取企业奖励金方面的经验和教训。

在我国经济核算制的发展过程中，企业奖励基金是经历了多次变化的。在我国第一个五年计划期间，经济核算制得到了全面的推广。在这期间曾经实行过企业完成基本指标后，从计划利润和超计划利润中分别提出一定比例的企业奖励金的制度。企业只要完成了基本指标，提取的奖金数不应少于工资总额的4%，但也不能超过工资总额的10%。企业奖励金可以用于增加本企业的集体福利、加强劳动保护和奖励先进生产者。

尽管这个时期的企业奖励制度还很不完善，但对我国的社会主义建设还是起了重要的促进作用。比如，在第一个五年计划期间，由于经济核算制的全面推广以及其他原因，国营企业在降低成本、提高劳动生产率、加速资金周转和上缴利润等方面，都取得了巨大的成绩。

这个时期实行的企业奖励制度，除企业基金数量少、使用范围有限、职工个人收入和企业利润水平的联系不密切等缺点外，在企业基金的提取办法上还存在以下的问题：①由于当时经济核算制度不够严密，对于企业经济活动的某些方面，如固定资金占用，没有相应的经济指标，不能在企业利润量的变化中得到反映。②由于流通税率设计上没有充分考虑经济核算的要求，各个部门利润率畸高畸低，使某些部门不论多么努力，只能拿到最低限额的奖励基金（工资总额的 4%），另外一些部门则不论超额多少，奖励基金已经到了顶（工资总额的 10%），限制了企业积极性的发挥。③由于利润和利润上缴是必须完成的基本计划指标，而且计划利润和超计划利润是分别按不同比率提奖的，超计划利润的提奖比例约为计划利润提奖比例的 5 倍，而计划利润指标是由人们规定的，未必有充分的经济根据。这就造成企业之间的苦乐不均，并且使企业在编制计划时尽量压低利润指标。

为了使企业不致产生压低利润指标的保守倾向，第二个五年计划期间改为根据第一个五年计划期间企业奖励金和企业利润总额的实际比率，在企业利润中全额分成。这种办法是以第一个五年计划期间的办法为基础的，并没有能够克服后一种办法的主要缺点。到 60 年代初，中共中央公布试行的《国营工业企业工作条例（草案)》（工业七十条）总结了我国 50 年代社会主义建设正反两个方面的经验，进一步明确规定：企业要普遍实行"五定"和"五保"制度。①企业完成"五保"任务的，按照规定在上缴利润中提取奖励基金，完不成"五保"任务的不能提取。特别具有重要意义的是，《工业七十条》规定：企业在保证完成"五保"任务的条件下，精简定额以内的人员，可以用工资总额的节余部分增加职工的奖金。这一规定能够促使企业努力节约劳动消耗，提高劳动生产率。

《工业七十条》规定的上述试验工作，由于种种原因没有继续下去。1962 年以后，企业基金的提取办法改为企业在全面完成国家批准的主要产品产量和质量、新品种试制、工资总额、成本、流动资金周转、上缴利润等六项指标以后，按工资总额 3.5%提取企业奖金；每少完成一项指标，扣提奖金 1/6，超额完成年度利润计划的企业，还可以从超计划利润中提取 10%的奖金。

从以上总的发展趋势看，企业基金和企业经营状况的关系越来越疏远，而同工资总额的关系却越来越紧密。而且对于企业基金用于奖金和集体福利部分的限制也越来越严格。例如，1958 年和 1961 年都作过这两

---

① 国家对企业实行"五定"：定产品方案和生产规模；定人员和机构；定主要的原料、材料、燃料、动力、工具的消耗定额和供应来源；定固定资产和流动资金；定协作关系。

企业对国家实行"五保"：保证产品的品种、质量、数量；保证不超过工资总额；保证完成成本计划，并力求降低成本；保证完成上缴利润；保证主要设备的使用期限。

项开支不得超过工资总额 5%的规定。到了 60 年代中期，开始实行企业奖励基金按工资总额 2%~3%提取并直接进入成本的制度。这样一来，不仅企业奖励基金的相对量下降了，而且企业奖励基金的提取同企业经营成果的好坏完全脱离了联系，原来的"活工资"完全变成了"死工资"。这样做，不仅没有根据企业劳动者提供的额外劳动给予额外报酬，而且用人越多，工资总额越大，附加收入也多，显然不利于使企业改善经营管理、节约人力、提高劳动生产率。

从我国历史上实行过的企业基金提取办法看，可供选择的企业职工附加收入基金的提取办法，大致有以下几种：按照企业完成主要经济指标的情况来提取；按照企业纯收入总额来提取；按照企业利润总额提取。我们认为，在利润水平能够反映企业经营状况的条件下，按照利润总额提取职工附加收入基金是最符合按劳分配原则的要求的。

1. 按照完成主要经济指标（如总产值、产量、品种、新产品试制、劳动生产率、资金占用等）的情况来提取。由于企业经营活动是通过多种经济指标来表现的，为使附加收入的多少全面反映企业的经营状况，势必把提取办法搞得十分繁琐，而且容易产生片面强调某几个指标和遗漏某些重要经济指标的情况。

2. 按企业纯收入提取。企业纯收入是企业销售收入和销售成本之间的差额，它比较综合地反映了企业的经营成果，但是，企业纯收入的多少，不仅取决于企业自身的工作质量，而且取决于许多外部条件，如产品价格和价值的背离程度，资源优劣状况，地理位置好坏，技术装备先进与否，等等。所以，如果按照企业纯收入提取企业职工附加收入基金，就会造成多劳少得、少劳多得的不合理的情况。

3. 利润是企业纯收入减去各种缴款（税金）的余额。如果我们用流通税、级差收入税、资金税等单项缴款排除企业外部因素的影响，使由于外部条件优越得到的超额利润归于国家预算，那么，企业利润就将成为企业经营状况的综合的、比较准确的表现。根据企业利润总额给予职工附加的报酬，就能满足我们前面提出的全面贯彻经济核算和按劳分配的要求。

当然，要使利润成为能够比较准确地反映企业经营状况的综合指标，需要使企业有稳定的供销等外部条件，需要对国民经济的指标体系作周密的设计，充分运用价格、税金、利息等经济杠杆，还需要有严格的供销合同和奖惩制度作为保证。要做到这些，需要进行大量的工作；但是只要我们有决心并善于工作，这是完全能够做到的。在还不能完全做到排除企业外部因素对于企业利润水平的影响的条件下，还可以采用按不同比例从计划利润和超计划利润提取附加收入基金的办法。但是正如前面已经指出的，这种办法有不少流弊，因而只能作为一种过渡性的办法，力求尽快用利润全额提成的办法代替它。

把劳动者的收入同企业经营效果好坏联系起来绝不是"修正主义"

早在 1967 年，在张春桥、姚文元控制的《解放日报》的一篇社论中，就把《工业七十条》规定的企业奖励基金制度，诬蔑为"修正主义的物质刺激"，说它"会使社会主义生产倒退，会使社会主义经济基础逐步蜕变，最后出现资本主义复辟"。[①]

前面已经说明：把劳动者的收入同企业经营效果好坏联系起来，既是社会主义按劳分配的要求，又是经济核算制这种社会主义经济关系的要求，还体现了兼顾国家、企业和个人三者利益的社会主义原则。现在就后一方面再作一些说明。

社会主义经济关系像其他社会的经济关系一样，"首先是作为利益表现出来"。[②]社会主义国家、企业和劳动者个人三者之间的物质利益关系的一致和结合，是这种经济关系的主要表现。要发展社会主义生产和巩固社会主义制度就必须正确处理三者之间的物质利益关系。在社会主义公有制的条件下，三者之间的物质利益在根本上是一致的，但也存在着矛盾。实践已经证明：无论是实现三者根本利益的一致，还是解决三者的矛盾，都不可能是自发的。在这个问题上如果采取漫不经心的态度，不去认真研究如何去实现三者根本利益的一致，如何去解决三者的矛盾，就会给社会主义经济的发展造成严重的危害。要兼顾三者的利益，必须

---

① 《批臭物质刺激——二评〈工业七十条〉》，《解放日报》1967 年 6 月 10 日社论。
② 恩格斯：《论住宅问题》，《马克思恩格斯全集》第 18 卷，第 307 页。

采取一系列的政治的和经济的措施。在这方面，实行政治挂帅和行政命令无疑是必要的。但必须同反映社会主义经济规律要求的经济办法（其中包括提取企业基金）结合起来，才能相得益彰，取得显著效果。如果把政治挂帅和行政命令的作用说过了头，以为可以代替经济办法，甚至可以违反经济规律，那就不仅无助于实现三者的结合，而且会破坏这种结合。在"四人帮"横行时期，已经有无数的事实证明了这一点。因此，要兼顾三者的利益，还必须采取许多经济办法。这首先是国家发展国民经济的计划以及体现这一计划要求的、并保证实现计划要求的合同制（包括国家与企业以及企业与企业之间的合同制）。建立企业奖励基金在这方面也具有不可忽视的重要作用。因为企业奖励基金是把国家、企业和个人三方面利益正确结合起来的一个重要纽带，一个衡量尺度。事情很清楚：企业要多得奖金，首先就要向社会多提供劳动。所以，企业奖金是体现了先国家、后集体、再个人，并把三者利益结合起来的社会主义原则的。因而它能调动这三方面的积极性，并把它们拧成一股绳，形成强大的力量，促进社会主义生产的发展。我国有的地区有的行业实行的基本工资加利润提成的经验，已经证明了这一点。例如：今年8月份以来，北京市崇文区修理管理处在光明自行车修配厂、花市修上鞋厂和黑白铁修配厂等三个单位试行了基本工资加提成工资的分配办法。[1]他们以门市部、车间为单位核算，根据各行业的不同情况，提取一定比例的利润作为提成工资，按职工的贡献大小进行分配。提成工资中每月分配给职工的部分，最多不超过职工当月基本工资总额的20%。经过实践已经显示了以下好处：

1. 提高了劳动效率，促进了服务工作。三个试点单位在8月份营业总收入比去年同期增长23.5%。光明自行车修配厂11个门市部，8月份共修自行车30670辆，比去年同期增加24%，比今年上半年每月平均修理数增加14.6%。

2. 扩大了企业积累。仅以从事修理、服务的25个门市部计算，提取提成工资后，8月份企业积累比去年同期增长16.2%，比今年上半年月平均数增长21.7%。上半年有亏损的门市部都转亏为盈。

---

① 见《北京日报》1978年10月19日。

3. 增加了职工的收入。试行提成工资后，8 月份平均每人增加收入6.58 元，最多的增加 14 元多。

4. 加强了企业管理。实行提成工资后，以门市部、车间为单位核算，普遍实行了定额管理，健全了民主管理制度，较好地解决了吃大锅饭，不讲核算等问题。

这个经验虽然还不完整，办法也需进一步完善，但它体现了按劳分配规律的作用，因而具有典型的意义。它说明把劳动者的收入和企业经营好坏联系起来，的确能促进社会主义经济的巩固和发展。"四人帮"把它说成是"修正主义"，会导致"资本主义复辟"，纯属诬蔑。

民主管理是贯彻按劳分配原则的一个必要的前提

分配是由生产决定的，又反过来影响生产。全面地贯彻按劳分配原则，把劳动者的收入和企业经营状况联系起来，以对社会主义公有经济实行民主管理为前提。民主管理归根到底是由生产资料的社会主义公有制决定的。劳动者既然是生产资料的主人，管理就必须体现劳动者的意志。只有通过民主管理才能有效地保证劳动者的经济利益。也只有通过民主管理，劳动者的收入和企业经营状况相联系，才有必要的前提。如果职工和群众根本不能过问企业的经营管理，但却要他们承担经营好坏的物质责任，那是不合理的。只有劳动群众自己掌握了企业的经营管理权，真正做到了一个企业管理得好，不仅是企业党政干部的成绩，也是全企业工人群众的成绩，才能要求企业劳动者集体对企业的经营好坏负责。目前我国不少职工对企业的经营管理很少有发言权。这种状况是同企业的社会主义性质根本不相容的。因此，邓副主席代表党中央在中国工会第九次全国代表大会上致词时严肃提出："为了实现四个现代化，我们所有的企业必须毫无例外地实行民主管理，使集中领导和民主管理结合起来。"①

把劳动者的收入和企业的经营状况联系起来，既是以民主管理为前提，又是巩固和发展民主管理的一个重要经济因素。我们党在解放前的

---

① 邓小平：《在中国工会第九次全国代表大会上的致词》，《人民日报》1978 年 10 月 12 日。

革命根据地办工业时，就有民主管理的传统。解放以后，这种民主管理有了进一步发展，但始终没有能够普遍实行。这除了由于刘少奇特别是林彪、"四人帮"修正主义路线的干扰以外，我们对于这个问题的重要性没有充分认识，工作不力，也是一个重要原因。我们必须在完善社会主义生产关系的过程中，把企业劳动者的物质利益和企业经营好坏联系起来。这种联系，不仅能够调动职工群众劳动的积极性，而且能够调动他们主动行使管理权，督促干部做好工作的积极性。这方面的经验是很值得认真总结的。

充分发挥企业的主动性 *

发挥企业主动性是一个突出的问题

粉碎"四人帮"以来，在华国锋同志为首的党中央的正确领导下，国民经济得到了迅速的恢复和发展。但是，我国企业的经济潜力并没有得到充分利用。建国以来，我国工业固定资产增长很快，为工业的发展提供了重要的物质基础，可是除了少数部门以外，大多数部门现有的设备利用率差，固定资产的经济效果没有很好地发挥。许多企业的设备不配套，设备完好率比较低。还有一些企业投产多年，却始终不能达到设计标准。近十余年来，是世界技术飞速进步的时期，可是我国许多企业却长期据守效率很低的陈旧工艺，原材料消耗大，成本高，产品质量差，劳动生产率低，产品生产增长的速度远低于固定资产的增长速度。这些情况说明，我国国民经济的管理存在着重大的缺陷，其表现之一就是企业缺乏机动权力，从而使企业的积极性和创造性不能充分发挥。

企业的再生产是整个社会再生产的基础。在现代生产中，企业的地位十分重要。这是因为，①现代工农业分成许多专业程度很高的部门，一般化的领导不能适应高度专业化的生产的要求，必须使各个企业能够根据本单位生产的特点，自觉运用有关科学技术，组织生产。②现代工

---

* 周叔莲、吴敬琏、汪海波合著。原载《人民日报》1978 年 12 月 31 日。

厂内部也有十分复杂的分工，这要求企业精密地组织各个环节和各个工种之间的协作，并随时调整，以消除不协调的因素。③现代技术发展十分迅速，产品设计和生产工艺日新月异，如果企业不作创造性的努力，就只能循着相沿成习的旧规行事，势必落后于时代。这种情况表明，不充分调动企业的主动性、创造性，社会主义国民经济就不可能迅速发展。

我国从 50 年代初期沿袭下来的管理形式，很不利于企业积极性的发挥。在我国的工业中，工厂的产、供、销、人、财、物和技术大权，都是掌握在远离生产实际的行政机关手中。事无巨细，都要向上级机关请示。没有层层上级机关首长的"点头"，什么事情也办不成。这就形成了公文旅行，效率极低，生产中需要解决的问题长期拖延不决等状况。企业领导人被淹没在文件、会议、报表的海洋中，企业成了上级机关拨一拨、动一动的算盘珠子。不仅如此，企业还要负担许多"苛捐杂税"。近几年来，企业的社会负担越来越重。一是各个方面都向企业借人和摊派任务，二是城市许多服务性工作都要企业来承担，三是办子弟学校和安排知识青年上山下乡等工作，也给企业增加不少负担。不少企业反映："现在是社会上管啥，企业也管啥"；"企业成了聚宝盆，谁都来伸手，要啥就得给啥。"在这种情况下，企业机构庞杂，非生产人员多，领导精力分散，怎么能发挥主动性，改进生产，改善经营呢？

承认企业相对独立性　适当扩大企业权力

社会主义经济是在全社会范围内有计划地组织起来的，这是社会主义较之资本主义具有无比优越性的地方。但是，人们对于这种优越性往往有一种误解。拿全民所有制企业来说，有人以为既然生产资料属于全社会的劳动人民所有，就只有代表全体劳动人民的国家才能发号施令，一切经济活动都应当由国家统起来，其结果往往是统得过死。殊不知这是同社会主义公有制的本质不相容的。社会主义公有制的本质，表现在劳动力和生产资料的直接结合，这种结合是在每个企业中具体地实现的。劳动人民作为生产资料的主人，决不能只是名义上的，他们有权在社会主义法制规定的范围内，对于自己所在企业的生产、流通、分配和消费作出决定。毛泽东同志说："从原则上说，统一性和独立性是对立的统一，要有统一性，也要有独立性。"① 我们必须承认企业的相对独立性，正确处理它同统一性的关系。

承认企业的相对独立性，就要在巩固中央统一领导、执行国家计划的前提下，给企业必要的权力。目前我国企业的正当权力太少，应该适当扩大企业的权力。首先，扩大企业在安排经济活动方面的权力。现在国家给企业规定的指标过多过死，而且企业的"婆婆"很多，指标由他们分头下达，往往互不衔接。今后一个企业只应有一个主管单位，少数重要的指标由它统一平衡后下达，企业按照这些指标，有权根据市场需要和原材料供应情况，编制切合实际的计划，上报国家批准。为了保证计划的完成和供产销的衔接，有必要普遍推行合同制度，通过合同明确规定相互之间的责任。违反合同造成损失的应该赔偿。其次，扩大企业财务管理方面的权力。企业的资金、设备、材料、产品或人员不得任意抽调。为了提高资金使用效果，有必要建立企业资金有偿使用的制度，企业的固定资金要交纳使用费，多余的固定资产可以要求主管机关作价调出，收入归企业支配，用于扩大生产。现在企业的更新改造资金太少，不仅不能适应技术改造的要求，甚至不能维持简单再生产，看来有必要提高固定资产折旧率和折旧费留给企业部分的比例。同时，还应该保证企业有完成生产和基建计划所需要的物资。再次，扩大企业在确定工资形式和奖金种类方面的权力。企业有权在国家统一政策和计划指导下，根据本单位的情况确定职工的工资形式以及奖励的种类和标准，有权在一定范围内提升职工工资级别。另外，还有必要给有关企业一定的直接的外贸权，有必要扩大企业在人事管理等方面的权力。总之，凡是企业职权范围内的事情，要放手让企业主动去办，上级不要乱加干涉；凡是应由上级主办单位承担的事情，上级单位一定要负责办好，不能推给企业。我们要根据马克思主义的基本原则，认真总结我国的具体经验，并借鉴其他国家的好经验，订出一套切实可行的办法来。

---

① 《毛泽东选集》第 5 卷，第 273 页。

给企业必要的利益　严格实行经济核算

多年以来，林彪、"四人帮"根本否定社会主义物质利益原则，诬蔑讲物质利益就是"修正主义"，把物质利益划为"禁区"，使得在一个时期内严重地忽视了企业和劳动者的物质利益，从而也损害了国家的利益。现在，这个"禁区"打破了，我们有可能正确地处理国家、企业和劳动者个人的利益关系，保证这三方面利益的统一。应该指出，由于长期对企业利益重视不够和研究不够，当前尤其需要提高对企业利益的认识。是否给企业必要的利益，是承认不承认企业相对独立性的关键问题。只有给企业必要的利益，使企业做的对国家有利的事情，对本企业和职工也有利，这样才能使企业有强大的经济动力来多快好省地发展生产。

要做到使企业利益和国家利益结合起来，就必须严格实行经济核算制。这就要求把企业的独立核算和物质利益结合起来，国家按照企业完成计划的情况，给予物质上的奖惩。有种意见认为经济核算仅仅就是算账，不必实行物质上的奖惩。这种意见是不正确的，这样做，必然会使经济核算有名无实，造成人力、物力、财力的严重浪费。实行严格的经济核算，首先要求企业在正常情况下必须对亏损负责。正如列宁所说："各个托拉斯和企业建立在经济核算制基础上，正是为了要他们自己负责，而且是完全负责，使自己的企业不亏本。"① 其次，要求把企业劳动者集体利益和企业经营状况密切联系起来。华国锋同志最近多次指出，如果不是由于客观的原因，企业不能办好办坏一个样，盈利亏损一个样。企业办好办坏一个样，盈利亏损一个样的现象，是再也不能容忍继续下去了。解决这个问题的办法，就是要把企业的经营好坏同企业职工的切身利益联系起来。凡是经营管理好，完成和超额完成计划，上缴利润多的企业，从利润中提取的企业基金应该多些，发给职工的奖金和用于集体福利的钱也应该多些。凡是经营管理差，完不成国家计划的企业，就不给或少给企业基金，不发或少发奖金。

---

① 《列宁全集》第 35 卷，第 549 页。

　　我国当前实行的企业基金制度，在一定程度上体现了这种要求，但是还需要逐步完善起来。为了更好地贯彻上述要求，可考虑在利润成为企业经营好坏的综合表现（做到这一点要有一系列措施配合）的条件下，实行企业自负盈亏的办法。比如可以设想，企业在完成对全社会的义务后，其利润有相当大的一部分留给企业自己支配，职工可以分享一部分利润，企业改进技术、实行扩大再生产的资金一部分也由企业支配。至于具体办法，则需要进行周密的研究，并接受实践的检验。我国过去有的地区有的行业曾对职工实行过基本工资加利润提成的分配办法。北京市崇文区今年8月份以来在三个单位试行基本工资加利润提成工资的办法，根据不同行业的情况，提取一定比例的利润作为提成工资，按职工的贡献大小进行分配，结果改进了企业管理，提高了劳动效率，增加了职工收入，扩大了企业积累。在一定程度上职工分享利润的做法，是完全可以为发展社会主义经济服务的。

　　我们有一种传统观点，认为对全民所有制企业不能实行自负盈亏，一提自负盈亏就是私有制或者资本主义。看来，这种观点没有分清各种自负盈亏的本质区别。在私有制条件下，企业的盈亏是由企业主承担的，那种盈亏，是生产资料私有制的表现。在社会主义制度下，这种私有制的"盈亏"已经不存在了。而全民所有制企业的自负盈亏，则是实现国家、集体、个人三者的利益统一的要求，是严格实行经济核算的要求，它和私有制或者资本主义制度下的自负盈亏是不能等同起来的。

发扬民主　保证职工当家做主的权利

　　包括技术人员在内的职工群众是社会主义企业的主人。只有发扬企业的社会主义民主，保证职工群众当家做主的权利，企业的权力才不至于被少数人用来谋私利，广大劳动者的利益才能有牢靠的保证，职工才会感到自己真正是企业的主人，才会充分发挥积极性创造性，把企业的各项工作办好。列宁说："群众应当有权为自己选择负责的领导者。群众应当有权撤换他们。群众应当有权了解和检查他们活动的每一个细小的步骤。群众应当有权提拔任何工人群众担任领导职务。"① 毛泽东同志也十分重视劳动者管理企业的权利，把它和管理国家、管理文化教育的权利一起看作"是社会主义制度下劳动者最大的权利，是最根本的权利"（转引自叶剑英：《关于修改宪法的报告》）。现在广大职工对企业的生产计划、经营管理、人事安排、生活福利，发言权很少；许多领导干部处理企业重大问题，很少征求群众意见，这种情况同企业的社会主义性质是不相容的。邓小平同志在中国工会第九次全国代表大会上指出："为了实现四个现代化，我们所有的企业必须毫无例外地实行民主管理，使集中领导和民主管理结合起来。"《中共中央关于加快工业发展若干问题的决定（草案)》已经把党委领导下的职工代表大会或职工大会制定为企业的基本制度。今后，所有企业的重大问题都要经职工代表大会或职工大会讨论。企业领导干部要向职工报告工作，听取职工意见，接受群众的监督。车间主任、工段长、班组长要由群众选举产生。职工代表大会和工会组织要定期评价全厂工作，提出各方面的批评建议，并有权向上级建议处分、撤换某些严重失职、作风恶劣的领导人员或管理人员。我们一定要坚持发扬社会主义民主，切实保证广大职工当家做主的权利，把群众的积极性充分调动起来，推动四个现代化大踏步前进。

---

① 《列宁全集》第27卷，第194页。

企业在社会主义经济中的地位和作用 *

正确认识企业地位和作用的重大意义

社会主义建设的实践表明，正确地认识国营企业在社会主义全民所有制经济中的地位和作用，充分发挥企业的积极性，对于高速度地发展社会主义生产，具有十分重要的意义。

但长期以来，我国经济学界对于企业在社会主义全民所有制经济中的地位和作用的研究和认识都是很不够的。许多政治经济学的著作和教材都没有设置专门章节来论述这个重要问题。一般都是在《社会主义经济核算》一章做些附带的叙述。1958 年党的建设社会主义总路线提出以后，有些政治经济学的著述已经开始阐明正确处理中央和地方的关系，但对国家与企业的关系仍然是不注意的。

由于忽视了企业在社会主义全民所有制经济中的地位和作用，因而对发挥企业积极性的一系列问题都没有进行认真的研究。首先，过去对如何考核企业就研究得不够。我们是用产量、品种、质量、消耗、劳动生产率、成本、利润、流动资金占用等八项经济技术指标来考核工业企业的。这些指标当然都是重要的，但这样考核企业，也存在不少问题。一方面，重点不突出，因此，往往不能准确地评价企业的经营状况。更

* 汪海波、周叔莲合著。原载《北方论丛》1979 年第 1 期。

不用说由于八项指标分口下达，常常互相打架，使得企业无所适从。而且产值指标名义上虽不考核，实际上仍常常是"太上皇"。因为企业生产的增长速度是由总产值的增长来表示的。另一方面，有些重要的指标，如产品销售额、固定资金占用额等则根本没有考核，因而造成有些企业重生产，轻销售，产销严重脱节，以及拼命争投资、争设备，投资效果和设备利用率很低等情况。其次，过去对企业的权力问题也研究得不够，往往把企业当作行政管理机关的附属品，当作依靠上级机关从外部推动的算盘珠，而不给企业必要的自主权。这样，企业应有的权力不仅没有受到应有的保护，这方面的制度不仅没有进一步完善，而且企业的权力曾经有过缩小的趋势。再次，过去更忽视了对企业集体利益的研究，或者把它等同于国家利益，或者把它等同于劳动者个人的利益。这样，在我国经济核算制发展的过程中，就出现过这样反常的现象：在第一个五年计划期间曾经规定企业奖励基金分别按照不同的比例从计划利润和超计划利润中提取。但到后来规定从工资总额中提取。这就是说，企业奖励基金同企业经营状况的关系越来越疏远，但同工资总额的关系反而越来越密切。这是不符合按劳分配规律的要求的。

过去，也有些同志比较注意发挥企业主动性、积极性的问题，他们通过调查研究，提出了自己的建议。例如，他们提出应该改进考核企业的办法，建议提高利润指标在考核企业的指标体系中的地位，把利润作为考核企业的综合指标；提出应该扩大企业的权限，把固定资产的折旧基金交给企业支配；提出应该照顾企业的利益，坚持实行企业从利润中分成的制度，等等。他们的这些意见，有的已经被实践证明是正确的，有的则还需要由实践进一步检验。无论如何，作为一种学术讨论，提出这些意见是完全可以的。但是这些意见不仅没有受到学术界应有的重视，而且遭到不应有的责难。这突出表明，过去对调动企业积极性确实是很不重视的。

后来林彪、"四人帮"一伙曾利用了这一点，并把它推到极端，在理论上、实践上造成了巨大的灾难。"四人帮"的舆论工具把社会主义企业是"生产的单位"这一正确提法，污蔑为"否认巩固无产阶级专政"的修正主义。① 这就否定了企业在社会主义经济中的地位，因而也就从根本上否定了调动企业积极性的重要意义。他们还污蔑"抓经济核算就是利润挂帅"；扩大企业权限是搞"资本主义自由化"；对完成计划利润的企业给予奖励基金是加紧推行"物质刺激的修正主义路线"。② 由于"四人帮"的反革命破坏，我国社会主义企业的经济核算遭到了严重的破坏。企业的资金由国家拨给，既不收费，也不考核资金利润率；企业的产品不管质量好坏和是否符合社会的需要，一律由国家包下来；企业亏损，由国家如数补贴；企业盈利，全部上缴国家，既不考虑企业的经济利益，也不考虑企业的经济责任，企业经营好坏一个样，亏本盈利一个样；企业之间的合同可以不执行，互相不负经济责任。这些情况表明：国家和企业以及企业和企业之间的经济核算关系已经成了徒具虚名的外壳，实际上还是"吃大锅饭"，即是供给制的关系。这就极大地扼杀了企业的积极性，成为多年来我国国民经济停滞不前、最后濒于崩溃边缘的一个极重要的原因。

如果我们把社会主义各国的情况作一比较，还可以清楚地看到这样一个规律性的现象：哪一国比较重视企业在社会主义经济中的地位和作用，正确发挥企业的积极性，他们的生产发展的速度就快些；哪一国不重视企业的地位和作用，不能正确发挥企业的积极性，那他们的生产发展速度就慢些。

可见，正确认识企业在社会主义全民所有制经济中的地位和作用，充分发挥企业的积极性，不仅是揭批"四人帮"这场伟大政治斗争的需要，而且是加快实现四个现代化的紧迫需要。这就是我们探讨这个问题的动因。

应该怎样认识企业的地位和作用

应该怎样来认识企业在社会主义经济中的地位呢？概括地说来，企业是社会主义全民所有制经济的基本生产单位。在社会主义全民所有制

---

① 吕达：《一个加快复辟资本主义的〈条例〉》，《人民日报》1976 年 5 月 31 日。

② 原上海市委写作组编：《社会主义政治经济学》，1976 年版，第 468 页。

的经济中，生产资料是归全体劳动人民公有的，生产是由代表全体人民的国家在全社会的范围内有计划地组织起来的。但由于社会主义全民所有制经济是建立在社会化大生产的基础上的，它具有高度发达的社会分工和十分复杂的协作关系。因而国家不可能直接组织生产资料和劳动者的结合，而必须通过企业来实现这种结合，所以，社会主义企业虽然不像资本主义企业那样完全独立地组织生产，而是要服从国家计划的指导的，但它仍然是基本的生产单位。

"四人帮"借口企业是"巩固无产阶级专政的阵地"，把企业是基本的生产单位这个正确提法污蔑为"修正主义"。这是一种典型的极左理论。①他们攻击的"修正主义"，正是列宁主义，正是毛泽东思想。在列宁生前召开的俄共（布）第十二次代表大会《关于工业的决议》明确指出：工厂是"基本工业单位"。①毛泽东同志在《论十大关系》的名著中也把工厂、合作社称作"生产单位"。②②他们所说的"巩固无产阶级专政"，恰恰是颠覆无产阶级专政。试问：如果否定了企业是基本的生产单位，认为企业不搞生产也可以，那么，社会主义生产和人民生活怎么能够提高呢？国家的经济实力和国防实力如何得到加强呢？无产阶级专政和无产阶级彻底战胜资产阶级的物质基础何以形成呢？"四人帮"的祸心不是明明要瓦解无产阶级专政吗？

作为基本生产单位的企业在社会主义全民所有制经济中起着十分重要的作用。①一切协作的劳动都需要有统一的指挥。就像一个乐队需要有统一的指挥一样。这"是每一种结合的生产方式中必须进行的劳动"。③社会主义企业通过管理，一方面把生产力的各个要素合理地组织起来，使得各部分劳动者和各个生产环节能够有秩序地有节奏地工作；另一方面又把本企业的供、产、销活动和社会上其他的经济单位的活动衔接起来，使得企业的生产、交换分配和消费诸过程能够协调起来，从而保证企业生产能够正常地不断地进行下去。各个企业的生产是互相联系、互为条件的，又都是在国家计划指导下进行的。这样，企业对生产的管理就不仅是本企业生产得以连续进行的必要条件，而且是社会的各个企业

---

① 《苏联共产党代表大会、代表会议和中央全会决议汇编》第 2 分册，人民出版社 1964 年版，第 267 页。
② 毛泽东：《论十大关系》，《毛泽东选集》第 5 卷，第 272 页。
③ 马克思：《资本论》，《马克思恩格斯全集》第 25 卷，第 431 页。

的生产得以连续进行的必要条件。②在社会主义制度下，企业一方面通过合理组织生产力，另一方面通过调节生产关系，使得劳动者的劳动积极性得到充分的发挥，使得人力、物力和财力得到最节约、最充分的使用，以提高劳动生产率和资金利润率，增进生产的发展速度和资金的周转速度。由于企业是社会主义经济的细胞，因而企业的劳动生产率和资金利润率以及生产增长速度和资金周转速度，也决定着全社会的劳动生产率和资金利润率以及生产增长速度和资金周转速度。③企业通过它的生产活动，为社会提供了产品（包括生产资料和消费资料），提供了剩余产品的价值，并培训了技术力量。这样，企业就在提供追加的生产资料和消费资料，增加资金积累和增加熟练劳动力等方面，为社会的扩大再生产准备了条件。因此，企业的生产不仅是本生产周期内整个全民所有制生产发展的基础，而且是它的下一个生产周期扩大再生产的基础。就像连队是部队的基本战斗单位，连队的战斗力是整个部队战斗力的基础一样，也像细胞是人体构成的基本要素，发达的细胞是人体健康的基础一样。

随着现代大工业的发展，企业的作用还会更加重要。

第一，现代大工业企业是一个既有严密分工、又有高度协作的复杂的生产体系。这种生产体系是由许多生产车间、辅助车间、服务部门和管理部门组成的，是由数十种甚至上百种工人和大量的工程技术人员和管理人员在一起劳动的。在现代大工业企业中，还拥有复杂的技术装备。根据他们在生产中的作用，一般可分为工具机、动力机和传动机。随着电子计算机在生产上的运用，还出现了自动控制机。这就形成了有组织的机器体系。"在有组织的机器体系中，各局部机器之间不断地交接工作，也在各局部机器的数目、规模和速度之间造成一定的比例。"① 这样，生产过程各部分之间的联系也表现为各个局部机器设备之间的联系。这种联系摆脱了人身自然条件的限制，它的连续性、严密性和精确性，不仅是手工业企业无法比拟的，而且也是那些机械化水平较低的企业望尘莫及的。要使得这种复杂的生产体系能够正常地进行生产，要使得这种复杂的机器体系能够正常地运转，并充分发挥各种生产潜力，就要求有

---

① 马克思：《资本论》，《马克思恩格斯全集》第23卷，第417~418页。

更高的管理水平。这样，企业在组织生产、促进生产发展方面的作用也就大大增长了。

第二，随着现代大工业的发展，自然科学这种"认识形态上"的生产力愈来愈迅速地、愈来愈多方面地转变为"直接的生产力"。①科学技术和企业生产的关系愈来愈密切，科学技术部门在现代大工业企业中的地位也愈来愈重要。这样，企业在组织生产方面又增加了一项愈来愈重要的内容，即对科学技术的管理。企业对科学技术的管理，也是促进生产发展的一个重要因素。随着现代大工业的发展，还要求企业管理掌握现代的科技知识。因为有组织的机器体系就是按照自然规律运转的。正像马克思说的："劳动资料取得机器这种物质存在方式，要求……以自觉应用自然科学来代替从经验中得出的成规。"②现代大工业的发展还要求企业管理运用现代化的管理手段（如应用无线电通讯技术指导生产，应用电子计算机编制计划、核算成本和控制生产过程等）和现代化的管理方法（如应用优选法、运筹法等数学方法）。所有这些，不仅是现代大工业企业正常进行生产的必要条件，而且是提高劳动生产率的强有力的手段。

第三，随着工业现代化的发展，必然要求组织专业化的生产。正如列宁指出的："技术的进步，必然引起生产各部分的专业化。""要把制造整个产品的某一部分的人类劳动的生产率提高，就必须使这部分的生产专业化。"③但随着工业生产的专业化，工业企业之间的协作关系也就愈来愈密切。因为专业化是协作的基础，协作又是专业化的条件。随着专业化协作的发展，企业在组织供产销方面的任务就显得更加重要。因为专业化越高，越是在原料、材料、燃料、动力、设备、工具等等的供应上，依赖于其他企业；同时，本企业的服务对象也就越多。总之，随着现代大工业的发展，企业在组织企业生产和促进整个全民所有制的生产方面的作用，是大大增长了。

在我国当前的情况下，企业还有某些特殊重要的作用。①由于林彪、"四人帮"的破坏和封建主义以及小生产习惯势力的影响，我国企业管理水平还是很落后的。无论在劳动力的使用，原料、材料、燃料和动力的

---

① 马克思：《政治经济学批判大纲》第3分册，第358页。
② 马克思：《资本论》，《马克思恩格斯全集》第23卷，第423页。
③ 列宁：《论所谓市场问题》，《列宁全集》第1卷，第84页。

消耗，还是机器设备的利用上都存在严重的浪费。这是一种相当普遍的现象。目前许多企业的八项经济技术指标还未完全达到本企业的历史最好水平。总之，企业在提高劳动生产率、节约物化劳动、提高设备利用率、加速资金周转以及提高资金利润率等方面都还存在着巨大的潜力。这样，即使在现有的生产条件下，只要注意发挥企业的主动性和积极性，充分发挥企业的生产潜力，就可以使得企业生产（从而使得整个全民所有制生产）大幅度地上升。我国基本建设方面也存在着摊子铺得大，建设周期长，投产项目少，工程造价高，经济效果差的情况。基本建设单位的潜力也是很大的，只要充分发挥现有企业的积极性，就可以有更多的新建项目投产，生产能力就会显著增加。②由于林彪、"四人帮"的反革命破坏，我国社会主义的计划经济遭到了严重的破坏。一方面，有些生产部门的产品形成了过多的积压，造成了很大的浪费；另一方面，有些生产部门的产品又远远不能满足社会生产的需要，拖了国民经济发展的后腿。这样，在国家计划的指导下，充分发挥企业的积极性，充分挖掘企业的潜力，大力开展增产节约运动，协调供产销关系，就有助于迅速克服目前经济发展中的某些不平衡状况，促进国民经济按比例和高速度的发展。比如，目前只要把电力工业搞上去，就可以显著提高我国工业的生产水平。③以上两点都是就现有企业说的。为了加速实现现代化，我们还要建设许多新的项目，要从外国引进一些项目。要实现这个任务，除了加强中央的集中统一领导外，也需要着重发挥各该新建企业的积极性。

我们强调重视企业的作用，并不否定作为社会主义全民所有制经济代表的国家的作用。在社会主义条件下，生产是由国家在全社会范围内有计划地组织起来的，这是社会主义经济优越于资本主义经济的一个重要方面。由于国家对社会生产实行集中的计划领导，就可以避免资本主义社会那样的生产无政府状态和周期性的经济危机，这也是合理地发挥企业积极性的一个前提条件。但是，国家的作用不能代替企业的作用。而且，如果只强调国家的作用，忽视甚至否定企业的作用，那国家的作用就不可能得到充分的发挥，甚至有落空的危险。问题在于，国家用来指导和组织社会生产的计划和政策都需要经过企业的努力才能落实；国家分配到企业的人力、物力和财力也都需要经过企业的组织才能发挥作用。

为了加快社会主义生产的发展，重视正确处理中央和地方的关系，是完全必要的。而且这也是正确处理国家和企业的关系的一个条件。但处理中央和地方的关系，并不能代替处理国家和企业的关系。社会主义的经济关系也像其他社会的经济关系一样，"首先是作为利益表现出来"。[①]国家、企业和劳动者个人三者之间的物质利益关系，是这种经济关系的一个极重要方面。[②]在社会主义公有制条件下，三者的根本利益是一致的，但也存在着矛盾。而正确地处理了中央和地方的物质利益关系，并不等于正确处理了国家和企业的物质利益关系。如果只强调处理中央和地方的关系，而忽视处理国家与企业的关系，就可能损害企业的利益，因而也会损害劳动者个人的利益（因为企业的利益和劳动者个人的利益是密切相关的）。这就会阻碍社会主义生产的发展。只有兼顾国家、企业集体和劳动者个人三者的利益，才能把三方面的力量拧成一股绳，形成强大的力量，以推动社会主义经济的发展。

我们强调企业的作用，也不否定劳动者的作用。劳动者是基本的生产力。在社会主义制度下，劳动者还是生产中的主人。因此，充分重视劳动者的作用，充分发挥劳动者的积极性，对于加快实现现代化，具有极重要的意义。但劳动者的作用，也不能代替企业的作用；而且，劳动者作用的发挥还有赖于企业作用的发挥。在社会化生产的条件下，没有企业的组织作用，劳动者根本不可能进行生产，更不要说积极作用的充分发挥了。还有，精神鼓励和物质鼓励相结合、计时工资和计件工资相结合、计时加奖励等项政策的贯彻，对于充分调动劳动者的积极性具有十分重要的作用。但这些政策的落实，都有赖于企业的组织工作。

最近中央领导同志强调指出，无论中央各部门或是地方各级领导机关都必须认真注意发挥工农业企业的积极性。这是一个十分重要的指示，对于加速实现现代化具有重大的意义。我们必须加强综合平衡，在统一计划指导下，发挥中央、地方和企业的积极性。

---

① 恩格斯：《论住宅问题》，《马克思恩格斯全集》第18卷，第307页。

② 社会主义国家中央和地方的关系，不仅仅是上层建筑领域内的集权、分权的关系。在社会主义制度下，国家是全民所有制经济的代表，因而，中央和地方的关系就不只是上层建筑方面的问题，而且是生产关系的问题。

正确处理国家和企业的关系，充分发挥企业的积极性

要充分发挥企业的作用，就必须调动企业的积极性，就必须正确处理国家和企业的关系。毛泽东同志在《论十大关系》这个纲领性文件中，在总结苏联和我国第一个五年计划的经验的基础上，就正确处理国家和企业的关系问题作过十分重要的指示。他说："这里还要谈一下工厂在统一领导下的独立性问题。把什么东西统统都集中在中央或省市，不给工厂一点权力，一点机动的余地，一点利益，恐怕不妥。""从原则上说，统一性和独立性是对立的统一，要有统一性，也要有独立性。""各个生产单位都要有一个与统一性相联系的独立性，才会发展得更加活泼。"[①] 毛泽东同志的这些话是针对第一个五年计划期间对发挥企业积极性注意不够的缺点说的，而且他还明确指出："鉴于苏联和我们自己的经验，今后务必更好地解决这个问题。"[②] 这显然是要进一步注意企业的独立性和企业的权益问题。主要由于林彪、"四人帮"的反革命破坏，毛泽东同志的这个指示并没有得到执行。在揭批"四人帮"取得伟大胜利的形势下，党中央提出了加快实现现代化的任务。现在是到了紧迫地执行毛泽东同志的这个指示的时候了！

根据毛泽东同志的指示，要正确处理国家和企业的关系，就必须注意在国家统一领导下的企业独立性，必须注意企业的权益。为此就必须进一步完善经济核算制。因为经济核算制是国家管理企业的一项基本制度，它体现了国家的统一领导和企业相对独立的原则，它既规定了企业对国家应尽的责任，又规定了企业应有的权益。当前我国经济核算制受到了林彪、"四人帮"的严重破坏，首先需要把它健全起来，同时又需要进一步完善。当前完善经济核算制有两个重要方面：一是给予企业以必要的、较多的主动权，二是把劳动者收入的一部分同企业的经营状况联系起来，总之是要适当地扩大企业的权益。

在极为复杂的全民所有制的经济中，国家不可能把每个企业的生产

---

① 毛泽东：《论十大关系》，《毛泽东选集》第 5 卷，第 273 页。
② 毛泽东：《论十大关系》，《毛泽东选集》第 5 卷，第 272 页。

经营中的细枝末节都管起来；要管只会束缚企业的手脚，妨碍企业生产力的发挥。企业要完成国家的任务，也必须在计划、生产、分配和人事管理等方面有一定的主动权。只有这样，企业才可能主动地搞好经济核算，提高劳动生产率和资金利润率，否则，企业就难以发挥主动性。例如，如果上级在计划上把企业管得死死的，不让企业有一定的机动权，能够因地制宜地使自己的生产满足国家和人民的需要，其结果必然产销脱节。如果不给企业必要的折旧基金，企业连简单再生产也无法维持，又怎么能扩大再生产、实行技术改造呢？如果不让企业有权合理使用企业基金，有权因地制宜地确定工资形式和奖金种类，又怎么能够充分实现按劳分配原则，充分调动职工的积极性和创造性呢？如果企业在人事管理上没有一定的主动权，怎样有效地提高劳动生产率呢？因此，列宁在领导苏俄建立经济核算制的过程中十分重视企业的主动权。他在 1921年 3 月在俄共（布）第十次代表会议上提出，要"发挥每个大企业在支配资金和物资方面的独立性和主动性"，并建议"提出相当的、精确的决议交人民委员会批准。"[1] 俄共（布）第十二次代表大会"关于工业的决议"中也提出："大部分国营工业都组织成托拉斯，即组织成享有广泛经济自治的联合企业，它们作为交换单位自由出现在市场上。"[2]

大庆能够取得持续高速度发展的优异成绩，是同石油工业部给它以必要的机动权分不开的。比如，在基本建设方面，石油工业部着重抓基本建设投资和新增生产能力两项指标，具体的建设项目和资金的使用等等，大庆可以根据自己的实际情况来安排。在建设过程中，如发现新的情况（如地质条件不适宜），大庆有权改变建设方案，调整建设项目。这种改变和调整只要上报石油工业部备案，不必等待层层审批，贻误时机。这样，就为大庆迅速形成综合生产能力，发挥投资效果，创造了极为有利的条件。1973 年大庆组织了新油区的会战，这个新油区在 1973 年 3 月定方案、搞设计，4 月上钻机，6 月上基建队伍，98 天出了油。到 1974年基本建成，原油生产能力相当于大庆会战头五年的规模。[3] 如果大庆不是在基本建设方面享有必要的自主权，这样的建设速度是根本不可能的。

① 列宁：《关于新经济政策问题的决议草案》，《列宁全集》第 32 卷，第 425 页。
② 《苏联共产党代表大会、代表会议和中央全会决议汇编》第 2 分册，人民出版社 1964 年版，第 263 页。
③ 《工业战线的鲜艳红旗》，人民出版社 1977 年版，第 31 页。

又如，在生产方面，石油工业部着重抓品种产量和上缴利润，其他经济技术指标则由大庆根据国家的要求，自行制定，上报备案。这就使得大庆能够因地、因时制宜，充分发挥人力、物力、财力的作用。这也是大庆年全面完成和超额完成国家计划的一个重要因素。大庆开发的头17年，原油产量，以平均每年递增28%的速度持续跃进。工业总产值，1976年等于1965年的4.4倍。每吨原油生产成本，1976年比1965年下降了50%。财政上缴，1976年等于1965年的4倍；17年累计财政上缴等于国家给大庆总投资的14.3倍。全员劳动生产率，1976年比1965年提高了79.4%。[①]

有人提出这样的疑问：在国家统一领导下，给企业以必要的主动权是否会导致全民所有制的破坏呢？这种顾虑是不必要的。生产经营管理权是由生产资料所有权决定的。但两者是可以分离的。二者发生某种状态的分离，并不会改变所有权的性质。这种情况在历史上是屡见不鲜的。在奴隶社会，大奴隶主就把自己的庄园交给属于奴隶地位的庄园管事管理。这种所有权和经营管理权的分离，并没有改变奴隶主所有制的性质。在资本主义社会，也存在着资本家把企业交给经理管理的情况。所有权和经营管理权的这种分离，也没有改变资本家所有制的性质。那么，在社会主义条件下，由代表全民所有制的国家把一部分经营管理权交给企业，为什么一定会破坏全民所有制呢？当然，社会主义的国家和企业的关系，同奴隶主和庄园管事以及资本家和经理的关系，在性质上是不同的。但这种区别不仅没有证明给企业以必要的主动权会导致全民所有制的破坏，而是更进一步证明没有这种危险性。在国家统一领导下给企业以必要的机动权，事实上是为巩固和发展全民所有制的经济服务的。"四人帮"把给企业以必要的主动权说成是"资本主义的自由化"，纯系无稽之谈。

进一步完善经济核算制的另一个重要方面，就是要把企业劳动者的一部分收入和企业经营状况联系起来。这是全面贯彻按劳分配原则的需要。社会主义建设实践表明，不仅各个劳动者为社会提供的劳动有差别，而且各个企业为社会提供的劳动也有差别。我们可以假定，两个企业的

---

①《工业战线的鲜艳红旗》，人民出版社1977年版，第19~20页。

工人人数、技术等级和劳动日长度都是相等的，但由于企业劳动者集体的努力程度不同，特别是由于企业管理水平的不同，它们为社会提供的劳动也不同。就是说，它们的劳动出勤率、工时利用率和劳动强度都会有差别。这对各种技术等级的工人来说都是如此，因而这里不仅有劳动数量的差别，而且有劳动质量的差别。退一步说，即使它们实际支付的劳动是相等的，但它们对社会提供的有效劳动仍然可以有差别。就是说，那些集体努力做得好和管理水平高的企业，有效劳动多些，无效劳动少些；而那些集体努力做得差和管理水平低的企业，无效劳动多些，有效劳动少些。这样，在劳动报酬上就会产生两种平均主义：一种是劳动者个人之间的平均主义，一种是企业劳动者集体之间的平均主义。为了全面地贯彻按劳分配，就要在劳动报酬上承认这两种劳动差别，就要克服这两种平均主义。

但目前我国的劳动报酬制度却不能全面满足上述要求。因为即使严格执行按劳分配的工资制度，劳动者所得报酬的多少，也只能反映劳动者个人之间提供的劳动量的差别，而不能反映企业劳动者集体之间提供的劳动量的差别。这不仅在计时工资的情况下是这样，因为计时工资的标准是在全国范围内按各种劳动的繁重程度和复杂程度统一规定的，而且因为计件工资不过是计时工资的转化形式，计件单价不过是标准工资除以平均先进定额的商数。所以，计件工资也只能较好地克服劳动者个人之间的平均主义，而不能解决企业之间的平均主义问题。

为了解决这方面的矛盾，看来劳动者的报酬应该分为两个部分：一部分是按全国统一标准发给的收入，另一部分则是同企业经营好坏密切联系的附加收入。前一部分收入类似现在的工资；后一部分收入，在利润能够准确反映企业经营状况的条件下，应按一定比例从利润中提取，[①]并按照劳动者提供的劳动状况，分给劳动者个人，应成为劳动者的一种常规性的收入来源，在劳动者收入中也应占一定的比重。

有人说，这种做法不符合马克思、列宁的按劳分配理论，不符合社会主义全民所有制经济中按劳分配规律的要求。这是一种误解。①马克思在《哥达纲领批判》中以及后来列宁在《国家与革命》中论述按劳分配

---

① 因为这样做是能够反映各个企业提供的劳动差别的，是符合按劳分配规律要求的。

原则时确实只是谈到了社会和劳动者个人之间的分配关系，没有具体涉及国家和企业集体的分配关系。但问题在于，马克思、列宁在这里提出的理论不仅对前一种分配关系，而且对后一种分配关系也是适用的。只有在劳动报酬上既承认劳动者个人之间的劳动差别，又承认企业集体之间的劳动差别，才比较完全地符合马克思所提出的"每一个生产者，在作了各项扣除之后，从社会方面正好领回他所给予社会的一切"的原理；①也才比较完全地符合列宁提出的"劳动平等报酬平等"的原则。② 如果只承认前一种差别，而不承认后一种差别，那就不完全符合马克思、列宁的原则。②如果说列宁在俄国十月革命前夕写的《国家与革命》还没有涉及国家与企业之间的分配关系，那么，在十月革命胜利以后，在社会主义建设实践提出这类问题时，他立即把他在《国家与革命》阐述的马克思的按劳分配理论进一步具体化了。1918年他在 《苏维埃政权的当前任务》这个纲领性文件中明确指出："应当根据各工厂生产的产品总额，或铁路运输额及水路运输业的经营结果来决定工资。"③ 1920年末和1921年初，当国内战争结束、重新开始社会主义建设时，他再次明确肯定，"工资和奖励应当密切联系并取决于生产计划的完成程度。"④ 并且强调指出："刻不容缓的是实行奖励制，按对外贸易人民委员部、合作社以及其他贸易机关贸易额的大小和利润的多少来奖励苏维埃职员。"⑤ 可见，列宁在设计苏俄的社会主义劳动报酬制度时，一贯主张把企业劳动者的收入同企业经营好坏联系起来。③还要说明一点，我们说企业劳动者一部分收入要同企业经营状况联系起来，指的是企业劳动者一部分收入要决定于企业劳动者集体提供的劳动差别。至于由于价格同价值的背离、技术装备的优劣，自然资源的好坏和地理位置的不同而引起的企业收入的差别，是不能成为决定企业劳动者集体收入多少的根据的。我们主张从利润中提取劳动者的附加收入，首先也要用税收、固定资金缴款、级差收入缴款等办法把由上述因素引起的收入差别从企业纯收入中排除出去。正是

---

① 马克思：《哥达纲领批判》，《马克思恩格斯选集》第3卷，第10~11页。
② 列宁：《国家与革命》，《列宁选集》第3卷，第258页。
③ 列宁：《苏维埃政权的当前任务》，《列宁全集》第27卷，第236~237页。
④ 列宁：《论工会、目前局势及托洛茨基的错误》，《列宁选集》第4卷，第423页。
⑤ 列宁：《关于副主席的决定》，《列宁全集》第33卷，第299~300页。

从这里我们可以看到，把劳动者的一部分收入和企业经营状况联系起来的制度，不仅同资本主义的分配关系有根本区别，因为资本主义是"劳者不获，获者不劳"，[①] 而这种制度体现的是社会主义按劳分配原则；而且同社会主义集体所有制的分配关系也有重大的差别，因为在集体所有制企业里，上述各项因素形成的收入主要是为集体企业所有的，因而即使各个集体企业提供的劳动量是相等的，但劳动报酬水平是不等的。这种制度是排除了生产资料占有这个因素的，体现的正是全民所有制按劳分配原则的特性，而不是和它的矛盾。

正是由于这种制度体现了社会主义按劳分配的原则，把企业经营状况和企业的物质利益联系起来，因而就能够充分调动企业的积极性，促进社会主义生产的发展。现在有的地区的试验已经证明了这一点。

1978 年 8 月份以来，北京市崇文区修理管理处在光明自行车修配厂、花市修上鞋厂和黑白铁修配厂等三个单位试行了基本工资加提成工资的分配办法。他们以门市部、车间为单位核算，根据各行业的不同情况，提取一定比例的利润作为提成工资，按职工的贡献大小进行分配。提成工资中每月分配给职工的部分，最多不超过职工当月基本工资总额的 20%。经过一个多月的实践，已经显示了以下好处：

1. 提高了劳动效率，促进了修理服务工作。三个试点单位的 37 个门市部、车间，8 月份营业总收入 309 万元，比上年同期增长 23.5%。光明自行车修配厂 11 个门市部，8 月份共修自行车 30670 辆。比上年同期增加 24%，比上半年每月平均修理数增加 14.6%。花市修上鞋厂各修鞋门市部普遍开展了修提包、拉锁等项目。广渠门外修鞋门市部增加了修塑料雨伞、雨衣项目，流动服务队增加了修锁、配钥匙项目。

2. 扩大了企业积累。仅以从事修理、服务的 25 个门市部计算，8 月份提取提成工资后，企业积累 13504 元，比上年同期增长 16.2%，比上半年月平均积累增长 21.7%。花市修上鞋厂有四个修鞋门市部上半年有亏损，实行提成工资后都转亏为盈。

3. 增加了职工的收入。试行提成工资的三个单位 468 名职工，8 月份平均每人增加收入 6.58 元，最多的分到 14 元多，只有 4 名职工因病未上

---

① 马克思、恩格斯：《共产党宣言》，《马克思恩格斯选集》第 1 卷，第 267 页。

班等原因没有得到提成工资。

4. 加强了企业管理。实行提成工资后，以门市部、车间为单位核算，普遍实行了定额管理，健全了民主管理制度，较好地解决了吃大锅饭、不讲核算等问题。[①]

这种办法虽然还需要进一步完善，但它大体上体现了承认两种劳动差别的原则，因而较为全面地反映了按劳分配原则的要求。它说明把劳动者的一部分收入和企业经营状况联系起来，就能有力地促进社会主义生产的发展。"四人帮"把它说成是修正主义，纯属污蔑不实之词。

最后还需说明，要充分调动企业的积极性，自然还要其他条件。如在经济方面，需要国家对企业实行"五定"；在政治方面，需要把揭批"四人帮"的斗争进行到底，把领导班子整顿好，实行民主管理，等等，因篇幅所限，就不一一论及了。

①参见《北京日报》1978年10月19日。

引进先进技术是加快实现现代化的一个重要决策 *

　　具有重大历史意义的党的十一届三中全会公报中指出，我们要"在自力更生的基础上积极发展同世界各国平等互利的经济合作，努力采用世界先进技术和先进设备"。这是党中央根据新的历史条件和实践经验所采取的一个新的重要决策，对加速实现四个现代化具有重大意义。

　　历史已经反复证明：经济落后的国家从发达的国家引进先进的技术装备，是前者能够赶上和超过后者的一个必要条件。英国是资本主义发展较早的国家，而美国和德国是后起的资本主义国家。但在 19 世纪末年，美国和德国相继赶上和超过了英国。第一次世界大战以后，英国是战胜国，德国是战败国。但后来德国又赶上和超过了英国。第二次世界大战以后，美国是战胜国，日本和联邦德国是战败国，但后来日本和联邦德国在生产技术上也赶上了美国，其中某些方面甚至超过了美国。这里的原因是很多的，引进先进技术设备是其中的重要一项。南斯拉夫和罗马尼亚等在战后的生产发展速度都比较快，善于从发达的资本主义国家引进先进技术设备也是重要原因之一。

　　为什么引进先进技术设备有这样大的作用呢？因为引进先进技术可以产生巨大的经济效果。这里我们列举四个方面。

　　1. 可以用较短的时间取得外国通过较长时间的科研才能取得的科技成果，使本国有一个较高的起点，从而加速实现现代化。据计算，一项

---

* 汪海波、周叔莲合著。原载《中国经济问题》1979 年第 1 期。

较大的科研成果从酝酿、研究、试验到投入生产，大约需要十至十五年的时间；一项合乎专利要求的机器发明，从试制到成批生产，大约需要五至七年的时间。如果引进外国专利到投产使用，不消几年就可以了，日本一般只需两年半时间。引进先进技术设备不仅是落后国家争取时间、迎头赶上发达国家的捷径，而且比自己通过研究、试验获得这项技术所费的人力和物力，要节省得多。例如，日本在 1950 年到 1975 年的 25 年中，引进了 25777 项外国技术，向外国企业支付的专利费、技术指导费等，总共不过 57.3 亿多一点美元，如果日本自己发明这些专利，从研究、试验到设计所需要的直接、间接费用，据估计大约为 1800 亿美元。这就是说，日本通过引进技术节省了大约 95% 以上的研究费用。这是非常划算的。

2. 可以提高劳动生产率和降低生产成本。以我国引进的大型化肥装置为例，引进成套设备的化肥厂与国内同样规模的化肥厂相较，全厂设备动力消耗（折成电能计算）和职工人数都低 2/3 左右。如果这些引进设备的效能得到充分发挥，还会产生更大的经济效果。又如，我国某油田的两口油井分别使用了国产钻头和进口钻头，两相比较，一只进口钻头可顶 20 只国产钻头，钻井周期缩短了 41 天，钻井成本降低了 66%，节约 273400 元。

3. 可以迅速收回投资，并提供大量积累，还可以在引进基础上改造和发展新工业。我国上海石油化工总厂塑料厂，是从日本引进的高压聚乙烯成套生产装置。在 1977 年 1 月试产以来的一年零十个月中，上缴给国家的利润和税金已达 1.2 亿多元，除收回全部建设投资外，还为国家积累了 3400 多万元的建设资金。引进先进技术设备还可以加速原有工业部门的技术改造和发展新的工业部门。日本 50 年代初钢铁工业技术设备很落后，此后从国外相继引进生产技术 300 多项，到 60 年代末，已完全改为最新式的连续化和自动化操作，形成了自己的生产体系。日本机械、汽车、化工、石油、电力等工业，也在引进技术的基础上，改造成为技术新、效率高的世界上第一流的工业部门。在利用和改造外国技术的基础上，日本还发展了一系列电子设备、人造纤维、金属加工机械、化工和石油加工设备、船用设备、建筑机械等新的工业部门。我国第一个五年计划期间，从国外引进项目中，就有现代化的钢铁联合企业、有色冶金企业、煤矿企业、石油企业、各类重型机器制造厂、拖拉机制造厂、飞机制造厂、电力站、化工厂等的技术设备。这对于我国原有工业的技术改造和发展新的工业都起了重要作用。

4. 可以提高科技队伍水平、企业管理水平和工人的技术水平。要掌握引进的现代化的技术设备，要充分发挥它的效能，就要求有掌握现代自然科学的科技人员，要求有能够组织现代化生产的管理人员，要求有能够操作现代化技术设备的技术工人。这样，引进先进的技术设备必然会促进科技人员、管理人员和技术工人业务水平的提高。引进过程就同时是科技人员、管理人员和技术工人的技术水平提高的过程。

引进先进的技术设备在加速现代化方面的作用，虽然对资本主义国家和社会主义国家都是适用的，但社会主义制度是根本不同于资本主义制度的，因而在引进先进技术设备的经济效果方面，两者也存在着原则上的区别。我们在探讨社会主义国家引进先进技术设备的经济效果时，一定要看到这个区别。资产阶级引进技术设备的目的是为了追求利润，因而往往只注意本企业的经济效果，不注意整个社会的和长期的生产需要。他们的技术引进也是在竞争和生产无政府状态的规律支配下进行的，经常出现几个企业同时或先后引进同一技术，造成浪费。日本在 1965 年由两家企业以上引进同一技术的情况，竟占当年引进技术总数的 32%。社会主义生产的目的是为了满足人民的生活需要，是有计划地发展的，因而在引进技术设备时可能兼顾企业和国家的需要，可能兼顾当前和长远的需要，可能统筹安排，避免同一技术设备的重复引进。另外，在资本主义制度下，由技术引进而引起的生产社会化，使得资本主义生产关系和生产力的矛盾尖锐化。在社会主义制度下，由技术引进而引起的生产力的发展，将促进社会主义生产关系的巩固和发展。但必须指出，技术引进的经济效果不仅取决于社会经济制度的性质，而且取决于基本建设能力、科研水平、管理水平和专业化协作水平等等因素。所以，我们要在技术引进方面取得比资本主义更大的经济效果，不仅需要充分发挥社会主义制度的优越性，而且需要提高基建能力以及科研、管理和专业化协作的水平。

就当前我国实际情况而论，引进国外先进技术装备更显得必要。一方面，由于林彪、"四人帮"的破坏，我国生产技术水平同发达的资本主义国家已经缩小了的差距又拉大了，一般说来，要落后十五年到二十年，有的生产部门还要落后；另一方面，现代科学技术以原子能的利用、电子计算机技术和空间科学技术的发展为主要标志，正在经历着一场伟大的革命，引起一系列新兴工业的诞生，广泛推动生产技术的飞跃发展。在这种情况下，我们在自力更生的基础上，引进先进技术设备，比我们自己关起门来摸索效果可能好得多。因此，引进先进技术是十分必要的。过去几年，林彪、"四人帮"的破坏所造成的经济恶果是极为严重的，使我国的计划经济实际上陷入了半计划、甚至无计划的状态，国民经济严重失调。比如，目前我国的燃料动力、交通运输和建筑材料这三个先行部门的生产就远远不能满足国民经济发展的需要。如果在这方面加强技术引进工作，就可以在较短的时间内促进这些生产部门的生产大幅度地增长，就有助于迅速克服国民经济发展的不平衡状态，从而有力地促进整个国民经济的高速度发展。

应该指出，技术引进并不是为了适应当前情况所采取的权宜之计，即使在实现了现代化以后，也是必需的。因为一个民族总有自己的长处，也有自己的短处；国家之间的科技发展也总是不平衡的，有先进与落后之分。这样，各国进行技术交流，取长补短，互通有无，利用人类的共同财富，为劳动人民造福，总是必要的。我们要善于学习、善于借鉴发达国家的经验，任何时候都不能故步自封、夜郎自大。长期以来，英国对引进技术一直持保守态度，坚持通过本国的科研成果来解决本国生产中的问题。战后美国也自恃科技力量雄厚，不太重视技术引进。这是战后英美生产发展较慢于日本、联邦德国的一个因素，自满了就要落后。

上述分析表明，在自力更生的基础上引进必要的先进技术设备，不仅不会损害自力更生，而且会在提供生产设备、增加资金积累、提高科研和管理水平、培训技术工人等方面增强自力更生的能力。"四人帮"把技术引进和自力更生对立起来，是形而上学猖獗的表现，也包藏了他们一伙破坏社会主义现代化建设的祸心。

当然，从发达的资本主义国家引进技术设备是要承受一点剥削的。

---

① 列宁：《在苏维埃第八次代表大会俄共（布）党团会议上所作的关于租让问题的报告》，《列宁全集》第31卷，第435页。

但正如列宁所说的："资本主义得到的将是多余的利润……我们所得到的将是主要的东西，为了这些东西，我们就一定能够巩固起来，最终站立起来，在经济上战胜资本主义。"① 而且，从发达的资本主义国家引进技术设备是在和平共处五项原则的基础上进行的，并不损害国家独立和领土完整。"四人帮"把它说成是"洋奴哲学"和"卖国主义"，纯系污蔑之词。

社会主义国家不仅需要从资本主义国家引进先进技术设备，而且完全能够引进。垄断资本的唯一目的是追求高额垄断利润。资本输出和商品输出是获取这种利润的重要手段。正是这种追求高额垄断利润的贪欲，驱使垄断资本向社会主义国家输出技术设备。当前的国际形势为我们的技术引进提供了十分有利的条件。就整个资本主义世界经济来说，在1974 年到 1975 年爆发了战后最深刻、最严重的经济危机以后，就转入了停滞时期。发达资本主义国家中的商品过剩和资本过剩的情况比过去更为严重，迫切需要输出。因而帝国主义国家之间争夺市场的斗争也就更加尖锐起来。像我国这样一个具有巨大经济潜力和广阔市场的国家，对它们就具有更大的诱惑力，它们竞相向我国输出技术设备也就是很自然的事情了。这样主动、有利的地位是解放以来所没有过的，也是过去列宁、斯大林领导的社会主义苏联所不曾遇到过的。在苏俄国民经济恢复时期，列宁曾设想主要通过租让制来利用外国资金和技术设备。但由于当时苏俄是世界上唯一的社会主义国家，处于帝国主义的包围之中，租让制并没有得到很大发展。外国承租人的投资额总共只有 4800 万金卢布，其中开采业为 2500 万金卢布，制造业为 1500 万金卢布。可见，租让制无论在哪个工业部门都是非常有限的。在苏联第一个五年计划期间，资本主义世界爆发了空前严重的 1929 年经济危机。只是在这个时候，斯大林抓住有利时机，在利用外国技术设备方面取得了重大的成就。苏联在 1931 年到 1933 年是世界上居第一位的机器设备的购买者。1931 年购进的机器约占世界机器出口总额的 1/3，1932 年占 1/2。1930 年进口的拖拉机占世界拖拉机出口的 40.8%，1931 年占 90.5%。苏联进口总额中机器设备的比重 1928 年为 33.6%，1931 年增加到 60.1%，这一年加上进口的各种金属占进口总额的比重高达 73%。这些对加快苏联经济建设起了重大作用。但就是这个时期，就整个情况来说，也不如当前这个时机对我们更为有利。所以，我们不能错过这个非常有利的大好时机。

引进技术设备是国际间的一种商品的买卖，因而稳妥可靠的偿付能力，也是一个必要条件。斯大林说过："我们不能只有进口，没有出口，因为我们没有能够按期付款的把握是不愿意定货的。"[①] 有了稳定可靠的偿付能力，就可以不断地进行技术引进，并使自己处于有利地位。它有助于吸引发达的资本主义国家输出技术设备，并有助于利用资本主义国家的矛盾和捍卫本国的经济独立。在社会主义生产发展的基础上，我国不仅有愈来愈多的工农业产品可供出口，而且有极为丰富的矿产品可供出口，这就保证稳妥可靠的偿付能力。就我国拥有丰富的矿产资源和广阔的销售市场来说，在技术引进方面，比有些社会主义国家更为有利。

在党中央的领导下，通过揭批"四人帮"的斗争，出现了安定团结、生动活泼的政治局面。这是实现现代化的绝对必要的政治前提，也是顺利进行技术引进的必要条件。实现社会主义现代化"这场革命既要大幅度地改变目前落后的生产力，就必然要多方面地改变生产关系，改变上层建筑，改变工农业企业的管理方式和国家对工农业的管理方式，使之适应现代化大经济的需要。"[②] 这些改变必然会大大地解放我国的生产力，同时也为最充分地发挥引进的技术设备的作用创造了必要的条件。经过二十九年的建设，我国已经初步形成了一个独立的完整的国民经济体系，有一批工程技术人员，管理干部和技术工人。这些也是技术引进和最节约地、最充分地使用引进技术设备所不能缺少的。

在这些条件下，我们及时地、正确地利用外国技术设备、资金和组织经验，就一定能够加快我国的社会主义现代化进程。但是，也要看到，由于林彪、"四人帮"的反革命破坏，由于长期"左"倾错误的影响，我国现在底子还很薄，经济上还有困难。所以，在引进技术方面，要特别注意偿还能力和国内的配套能力；也不能只是引进最先进的现代技术，还要引进那些适用的中间技术。

---

① 《斯大林全集》第 9 卷，第 158 页。
② 邓小平：《在中国工会第九次全国代表大会上的致词》，《光明日报》1978 年 10 月 12 日第 1 版。

必须保障集体农民的物质利益和民主权利 *

一

我国社会主义建设进入了加快实现四个现代化的新时期，党和国家的工作重点从 1979 年起已转移到社会主义现代化建设上来。集中精力把农业尽快地搞上去，是摆在我们面前的一项首要任务。因为农业的高速度发展，是保证实现四个现代化的根本条件。第一，农业是国民经济的基础。第二，我国农业人口在人口总额中还占有绝大的比重，农业在我国国民经济中具有特殊重要的作用。第三，建国以后，我国农业的生产和建设取得了很大的成就。但近二十年农业发展速度是不快的。后来由于林彪、"四人帮"的破坏，农业濒于崩溃的边缘。当前农业底子薄，生产水平低，远没有过关。农业生产同人民生活和国家建设的需要存在着极其尖锐的矛盾。1955 年毛泽东同志曾经郑重提醒全党：如果我们不能在大约三个五年计划的时期内基本上解决农业合作化和农业机械化的问题，"我们就不能解决年年增长的商品粮食和工业原料的需要同现时主要农作物一般产量很低之间的矛盾，我们的社会主义工业化事业就会遇到绝大的困难"。① 当前我国社会主义现代化事业遇到的正是这样绝大的困

---

* 汪海波、孙连成合著。原载《学术月刊》1979 年第 3 期。
① 毛泽东：《关于农业合作化问题》，《毛泽东选集》第 5 卷，第 181~182 页。

难! 农业问题的严重性和紧迫性，就是这样尖锐地摆在全国人民的面前。

劳动者是生产力的能动因素，要尽快地把农业搞上去，自然需要发挥我国亿万农民的劳动积极性。最近两三年内首先要采取一系列政策，充分调动农民群众的社会主义积极性，以加快农业的发展，并进而在这个基础上逐步实现农业的现代化。有人提出疑问：既然当前已经进入了加速实现现代化的时期，为什么不首先强调用现代技术装备武装农业，而是强调落实政策、调动农民的积极性呢？这种疑问的提出，是由于忽视了当前我国农村的实际状况。一方面，林彪、"四人帮"的破坏使当前农业生产和农民生活水平很低，农民的口粮还不充足，其他的生活资料更是如此，农业劳动力再生产的条件还不富裕，农民急需休养生息。广大社员的科学文化水平很低，工程技术人员、科学技术人员、现代化的管理人员极为缺乏。集体经济积累能力很弱。国家对农业的物质支持和技术支持也很有限。另一方面，被林彪、"四人帮"破坏的集体经济还没完全恢复，他们散布的流毒也没彻底清除，集体经济的优越性、社员的劳动积极性和各种生产潜力还远远没有发挥出来。这些情况表明：①当前大搞农业现代化的条件并不具备。②只要采取适当的政策，就可以把社会主义农业制度的优越性和农民的积极性充分发挥出来，就可以把各种生产潜力充分挖掘出来。这样，在当前两三年内，即使没有多少现代化的技术装备，也还是可以大幅度地提高农业生产水平。这是就当前全国多数社队的情况来说的。至于有一部分社队的生产条件较好，它们在经过了揭批林彪、"四人帮"的斗争、整顿领导班子、落实各项政策以后，自然现在就应该不失时机地抓紧农业现代化事业。即使对多数社队来说，也应该在充分调动社员积极性、尽快发展农业生产的同时，积极地为农业现代化准备各项条件，并需尽力缩短当前这段休养生息的时间。事情很清楚，农业现代化是四个现代化的首要内容，没有农业现代化也不可能有其他的三个现代化。所以，我们说多数社队当前还不具备大搞农业现代化的条件，而应着重调动农民积极性，并不意味着可以放松农业现代化的准备工作，也不意味着一部分具备条件的社队可以不抓紧进行农业现代化。

二

要充分调动农民的积极性，就必须在思想上加强社会主义教育的同时，在经济上充分关心他们的物质利益，在政治上切实保障他们的民主权利。

"四人帮"把重视物质利益诬蔑为修正主义。姚文元说："修正主义强调经济利益。"[①] 但在实际上，他们所攻击的正是历史唯物主义，他们所鼓吹的却是典型的历史唯心主义。资产阶级社会学家只研究社会的精神生活，只研究思想的社会关系，只研究社会的政治法律关系，不研究社会的物质生活，不研究物质的社会关系，不研究社会的生产关系。[②] 因而正如恩格斯所指出的："旧的、还没有被排除掉的唯心主义历史观不知道任何基于物质利益的阶级斗争，而且根本不知道任何物质利益；生产和一切经济关系，在它那里只是被当作'文化史'的从属因素顺便提到过。"[③] 与历史唯心主义根本相反，历史唯物主义认为，人类要生存就得有物质的生活资料，就得要从事物质资料的生产。这种物质资料的生产是一切社会生活（包括社会的精神生活）的基础。因此，历史唯物主义不仅研究社会的上层建筑，而且首先着重研究社会的生产关系。这种生产关系本质上就是物质利益的关系。恩格斯说过："每一个社会的经济关系首先是作为利益表现出来。"[④] 这是第一。第二，马克思主义还认为，生产关系的性质是由生产资料所有制的性质决定的。因而，在不同的社会制度下，物质利益关系的性质是根本不同的。我们这里讲的在经济上充分关心集体农民的物质利益，自然指的是社会主义的物质利益，它既不是什么"超阶级"的物质利益，也不是资产阶级的物质利益。第三，历史唯物主义还认为，社会的生产关系和社会的生产力之间存在着这样的辩证关系："生产关系依赖于生产力的发展而发展，同时又反过来影响生产

---

① 姚文元1974年6月5日对原《红旗》编辑组某人的谈话。
② 参见列宁：《什么是"人民之友"以及他们如何攻击社会民主主义者》，《列宁选集》第1卷，第8、18页。
③ 恩格斯：《反杜林论》，《马克思恩格斯选集》第3卷，第66页。
④ 恩格斯：《论住宅问题》，《马克思恩格斯选集》第2卷，第537页。

力，加速或者延缓它的发展。"① 社会主义的物质利益关系和生产力之间自然也存在着这种辩证关系。所以，强调关心集体农民的物质利益，以促进农业生产力的发展，绝不是什么修正主义，而是完全符合马克思主义的一般原理的。

下面我们结合农业的社会主义集体经济的特点，特别是当前的具体情况，说明充分关心集体农民的物质利益对恢复和发展农业的重要作用。

任何阶级的积极性，都不是凭空产生的，从根本上说来，总是同一定的物质利益相联系。马克思说得好："人们奋斗所争取的一切，都同他们的利益有关。"② 但集体经济中农民之间的物质利益关系，同资本主义企业中资本家和无产者之间的物质利益关系是根本不同的。在资本主义条件下，资本家和雇佣工人的物质利益是根本对立的。尽管资本主义条件下无产者得到的物质利益比封建主义条件下农民要多些，面且随着资本主义的发展，这种物质利益还有所增长，在某种条件下甚至有明显的增长。但这并没有、也不可能改变资本家和雇佣工人之间物质利益的对抗性质。因而，雇佣工人劳动积极性总会受到压抑的。在生产资料的社会主义公有制条件下，集体农民和工人以及农民的集体和个人之间的物质利益虽然也存在着矛盾，但在根本上都是一致的。所以，从问题的本质来说，集体经济中的物质利益在调动劳动者积极性方面的作用，是资本主义根本无法比拟的。其次，就社会主义条件下的农民和工人相比较而言，在农业中强调物质利益具有更加重要的意义。与工人不同，现在集体农民是由小生产者转变来的，他们在生活习惯和思想意识等多方面均带有小生产的传统和痕迹。现在的集体经济虽然也是社会主义公有制经济，但它的公有化程度比全民所有制经济要低得多。现在农村的机械化事业虽然有了发展，但基本的生产方式还是手工劳动。这样，集体农民的物质生活还处在一个很狭小的范围内，集体农民的眼界和觉悟就不能不受到很大的限制。更由于林彪、"四人帮"的破坏，集体农民的物质利益遭到了严重的损害，他们的劳动积极性受到了极大的压抑。在这种情况下，充分关心他们的物质利益确实成为迅速恢复和发展农业的一个极重

---

① 斯大林：《辩证唯物主义和历史唯物主义》，《列宁主义问题》，第 648 页。
② 马克思：《第六届莱茵省议会的辩论（第一篇论文）》，《马克思恩格斯全集》第 1 卷，第 82 页。

要的契机。

这里需要进一步指出：充分关心集体农民的物质利益，不仅可以充分调动广大社员的劳动积极性，而且还为集体经济的扩大再生产准备了多方面的条件。因为这里讲的集体农民的物质利益，不仅是包括了社员的个人物质利益，而且包括他们集体的物质利益。这样，切实保障集体农民的物质利益，就不仅在劳动力的再生产方面，而且在增加资金和生产资料方面准备了比较充裕的条件。

要充分调动农民积极性，还必须关心他们的政治利益，切实保障他们的民主权利。林彪、"四人帮"把无产阶级专政仅仅归结为对资产阶级专政这一个方面，而把对工人阶级、集体农民和广大人民的民主这一方面完全否定了。张春桥在那篇臭名昭著的《论对资产阶级的全面专政》文章中，通篇只讲所谓"全面专政"，闭口不谈无产阶级民主。而且在"四人帮"横行时期，谁要提民主，谁就会被扣上要求资产阶级民主、反对无产阶级专政的大帽子。这是对无产阶级专政性质的根本歪曲。列宁讲过：无产阶级专政的国家"不可避免地应当是新型民主的（对无产者和一般穷人是民主的）国家和新型专政的（对资产阶级是专政的）国家。"[①]毛泽东同志说过："对人民内部的民主方面和对反动派的专政方面，互相结合起来，就是人民民主专政。"[②]无产阶级专政的历史证明：如果只讲对资产阶级的专政方面，丢掉对无产阶级的民主方面，无产阶级专政就会不成其为无产阶级专政，甚至会成为"四人帮"式的封建法西斯专政。而这正是"四人帮"歪曲无产阶级专政性质的用意所在。

我们弄清了无产阶级民主的性质是社会主义的，而不像"四人帮"所歪曲的那样，是资本主义的以后，还必须对无产阶级民主权利作完整的了解。我们不能把无产阶级的民主权利仅仅理解为公民有人身、言论、通信、出版、集会、结社、游行、示威、罢工等项自由，而必须像毛泽东同志指出的那样，人民必须有权管理上层建筑，我们不能把人民的权利问题了解为人民只能在某些人的管理下面享受劳动、教育、社会保险等等权利。劳动者管理国家、管理各种企业、管理文化教育的权利，是社

---

① 列宁：《国家与革命》，《列宁选集》第3卷，第200页。
② 毛泽东：《论人民民主专政》，《毛泽东选集》第4卷，第1480页。

会主义制度下劳动者最大的权利，是最根本的权利，没有这个权利，就没有工作权、受教育权、休息权等等。①

完全可以预期：如果我国人民真正能够完整地享有这样的民主权利，劳动者的积极性必然会像火山爆发那样喷射出来。但保障集体农民的民主权利，其意义不仅仅在于这一点，还在于：这是保障他们的物质利益的一个十分重要的条件。任何阶级的物质利益，都需要有相应的民主权利来保证。恩格斯说得好："政治权力不过是实现经济利益的手段。"②资产阶级革命的历史表明：资产阶级要避免地主阶级专政的复辟，要巩固资本主义的经济基础，要维护本阶级的物质利益，主要是依靠了两条：一是大机器工业的发展。社会生产力的这种发展，使得封建主义的生产关系无法容纳得了，只有资本主义生产关系才能容纳。这样，封建主义的复辟就很少有可能了。列宁说得很清楚："劳动生产率，归根到底是保证新社会制度胜利的最重要最主要的东西。资本主义造成了在农奴制度下所没有过的劳动生产率。"③这是首要的和根本的条件。二是资产阶级民主制的发展和完善。这就使得资产阶级把本阶级的力量和同盟者的力量组织得很强大，使得资产阶级的国家制度发展得很严密，使得地主阶级无力复辟，也无机可乘。无产阶级革命同资产阶级革命具有根本不同的性质，但从一般意义上说，又有某些共同点。那就是，无产阶级要避免资产阶级的复辟，要巩固社会主义的经济基础，要维护工人、集体农民和其他劳动者的物质利益，主要也要依靠这两条：一是社会生产力的高度发展，使得资本主义生产关系无法容纳，只有社会主义生产关系才能容纳得了。列宁对这一点早就预言："资本主义可以被彻底战胜，而且一定会被彻底战胜，因为社会主义能造成新的高得多的劳动生产率。"④二是无产阶级民主制的发展和完善。无产阶级民主制愈发展，无产阶级和劳动人民对资产阶级实行专政的力量就愈强大，就愈能有效地防止阶级敌人的复辟活动。

如果考虑到农村的特点，那么切实保障农民的民主权利，还有特殊

---

① 参见叶剑英：《关于修改宪法的报告》，《中华人民共和国第五届全国人民代表大会第一次会议文件》，第114页。

② 恩格斯：《路德维希·费尔巴哈和德国古典哲学的终结》，《马克思恩格斯选集》第4卷，第246页。

③④ 列宁：《伟大的创举》，《列宁选集》第4卷，第16页。

的意义。中国曾经经历了几千年的封建社会，封建主义的意识形态在思想上长期占统治地位。1840 年以后沦为半殖民地半封建的社会，地主阶级的思想还是基本的精神支柱。旧中国还是一个小生产占绝对优势的国家。社会主义的新中国就是从半殖民地半封建的旧中国脱胎而来的。社会主义农业的集体经济就是在改造个体经济的基础上建立起来的。这样，封建主义、专制主义思想和小生产的家长制的思想势必在农村还是严重存在的。当前农业机械化事业已经有了发展，但生产的基本形式还是手工劳动。这种小生产的残余不仅是封建主义思想和小生产家长制意识得以继续存在的物质条件，而且同它有联系的农村落后的物质生活和文化生活，还是官僚主义产生的经济根源。① 社会主义农业的集体经济，它的活动要接受无产阶级专政的国家和社会主义国家所有制经济的领导。这本来是集体经济得以产生、巩固和发展的根本的政治和经济条件，但在一定条件下却容易产生"一平二调"的现象。当前存在过分集中的官僚主义和党政企不分的状况，大大加剧了这种现象。如果不切实保障集体农民的民主权利，那他们的物质利益，不仅会受到为数极少的阶级敌人的破坏，而且会受到集体经济中的官僚主义领导的损害，还会受到某些国家机关和某些国营企业的损害。

三

30 年来我国农业发展的经验反复证明：保障农民的物质利益和民主权利，在提高农民劳动积极性、促进农业发展方面具有十分重要的作用。解放以后，我国农业的发展经历了一条曲折的道路：两个时期发展较快，两个时期发展较慢，甚至下降倒退。在三年国民经济恢复时期和第一个五年计划期间，我国农村先是进行了土地改革，接着又取得了农业合作化的伟大胜利。在农业合作化的过程中，党中央采取了一系列的政策，兼顾了国家、集体和个人三方面的利益，使得 90% 以上的社员在正常年景下能够增加收入。在合作社的民主管理方面规定社员大会是最高管理

① 参见列宁：《论粮食税》，《列宁选集》第 4 卷，第 526 页。

机关，它有权选举和罢免合作社的干部，包括管理委员会主任和委员以及监察委员会主任和委员，有权审查和批准管委会提出的生产和分配等方面的计划。当时合作社的民主生活比较正常。在这个期间，广大农民不仅享受了土地改革的成果，而且获得了由农业集体所有制带来的物质利益，民主权利也有保障，因而社员劳动积极性空前高涨，农业得到了较大的发展。

1958 年的"大跃进"中，广大农民表现了高度的敢想敢干的革命热情，这是非常可贵的。但当时在领导全国的农业集体经济方面还缺乏经验，又缺乏清醒的头脑，刮了"共产风"、"浮夸风"，搞了"高征购"、"瞎指挥"，严重地破坏了集体所有制和等价交换、按劳分配原则，极大地损害了农民的利益。当时"命令风"也盛行，集体经济的民主管理受到严重摧残。某些地区的少数干部打骂农民成风，农民的人身权利受到威胁。这些，再加上严重的自然灾害，使得我国农业在五十年代末和六十年代初陷入了停滞、下降的状态。

后来，在党中央领导下，确定了以生产队为基础的三级所有制，坚持了等价交换和按劳分配原则，恢复了民主办社的传统。这又使得我国农村人民公社集体经济走上了健康发展的道路，农业又重新出现高涨。事实上，在 1963 年到 1965 年的 3 年期间，我国农业的发展速度也是比较快的。

在"文化大革命"中，林彪、"四人帮"对农业集体经济进行了疯狂的破坏，对社员的民主权利进行了肆意的践踏。他们把发展集体生产当作所谓"搞修正主义的唯生产力论"来批判，把生产队的自主权、社会主义的等价交换和按劳分配原则一股脑儿当作"资本主义"大张挞伐，把社员的家庭副业当作"资本主义尾巴"来割。在张春桥鼓吹"全面专政"的影响下，"四人帮"的追随者中有人竟公然提出要"用无产阶级专政（应读作封建法西斯专政——引者）的办法办农业"的反动口号。这就使得有的地区许多农民遭到残酷迫害，冤案堆积如山，使得少数干部打骂农民之风又重新泛滥起来。在这种情况下，农民人身权利都没有保障，哪里还谈得上民主办社，民主办社完全成了徒具虚名的空招牌。"四人帮"就是这样破坏了农民的物质利益和政治利益，扼杀了农民发展集体生产和家庭副业的全部积极性，使得集体经济遭受了一次浩劫，使得农业濒于破产的境地！

总结这个历史过程，我们可以看到一个规律性的现象：什么时候农民的物质利益和民主权利得到了较好的保障，农民积极性和农业生产就高涨；什么时候农民的物质利益和民主权利受到了破坏，农民积极性和农业生产就受挫折。这个规律性的过程在粉碎"四人帮"的两年多时间里也再次呈现出来。有的地区，如四川省，在揭批"四人帮"的斗争中，坚决而又迅速地落实了党在农村的各项经济政策，维护了农民的物质利益，农民积极性就高涨起来，农业也就较快地得到了恢复；安徽省 1978 年遭到了百年未遇的大旱，但他们能把自然灾害减少到最轻程度，也是由于这个原因。有的地方还没有这样做，农民积极性还在受到压抑，农业恢复过程也就慢得多。

四

在阶级社会内，某种形式的生产资料所有制，就是占有生产资料的某个阶级的基本的物质利益。在资本主义条件下，生产资料的资本家所有制就是资产阶级的基本的物质利益。正如马克思、恩格斯所说的："资产阶级生存和统治的根本条件，是财富在私人手里的积累，是资本的形成和增殖。"[①] 以生产队为基础的三级所有制是当前集体农民的基本物质利益。所以要保障农民的物质利益，最根本地就是要维护以生产队为基础的所有制。为此，当前必须继续稳定地实行队为基础、三级所有的制度。实践已经证明：在条件不具备的时候，搞所谓"穷过渡"，只能破坏集体经济和集体生产。还必须坚决制止"上下左右向生产队伸手，四面八方挖生产队墙脚"的严重侵犯生产队集体所有权的现象，坚决维护生产队集体对劳动力、生产资料和产品的所有权。

生产资料的生产队所有制，是当前农业的社会主义生产关系的总和，它在经济上是通过生产、交换、分配和消费等四个方面的自主权来实现的；否定了这些自主权，生产队的集体所有制就成了一个空架子。所以，

---

① 马克思、恩格斯：《共产党宣言》，《马克思恩格斯选集》第 1 卷，第 263 页。

要维护生产队集体所有制，还必须维护生产队在上述四个环节上的自主权。

当前最迫切的是要维护生产队在生产上的经营自主权。一个生产队有了经营自主权，一小块土地没有种上东西，一小块水面没有利用起来搞养殖业，社员和干部就要睡不着觉，就要开动脑筋想办法。全国几百万个生产队都要这样做，该增加多少财富啊！这是第一。第二，土地是农业的最基本的生产资料。气候对农业生产的影响也是很大的，在我国农业当前还没摆脱靠天吃饭的情况下尤其如此。这样，在农业生产中贯彻因地制宜、因时制宜的原则，就具有十分重要的意义。但要贯彻这个原则就必须尊重生产队在生产上的自主权。在这方面我们的经验教训是很多的。四川省的阿坝地区，是一个盛产药材的天然宝库，珍贵的虫草、贝母以及天麻、党参和稀有的麝香等等都有，而且产量很大。据有人计算，如果把这些药材采集起来出口，每年能换回几亿斤粮食。但在前些年"四人帮"横行时期，违反生产队自主权原则，违反因地制宜的原则，也要在这里搞粮食自给。为了解决全区每年需要的几千万斤粮食，把绝大部分劳动力用在开荒种粮食，没有时间采集和培植药材。结果，粮食问题没有彻底解决，药材生产也丢了，为了几千万斤粮食丢了几亿斤粮食。

在粉碎"四人帮"以后，四川省委尊重生产队的自主权，根据因地制宜的原则指导农业生产，经过调查研究，总结了诸如"主攻中稻"、"水路不通走旱路"等许多宝贵经验，取得了巨大的成绩。1977年全省粮食总产量比1976年增加60亿斤。1978年在腹地50多个县遭到严重干旱的情况下，粮食产量又比上年增加二十几亿斤。[①]可见，尊重生产队自主权，就可以大大促进农业生产，大大增加集体积累和提高社员生活；否则，就会引起相反的后果。生产队自然必须接受国家的计划指导。但为了维护生产队的自主权，国家在对集体经济实行计划指导时，必须遵循生产队自愿的原则，必须采取同生产队商量的办法，必须主要借助价值规律对农业生产的调节作用，必须采取反映经济规律要求的价格、税收、信贷、物质奖励和合同制等经济方法，而不应该仅仅依靠使用行政命令办法。生产队在坚持社会主义方向、遵守国家法令和计划的前提下，有权决定本队的生产建设问题，有权抵制国家机关的瞎指挥。

---

① 《人民日报》1979年1月21日。

　　马克思在讲到以生产资料私有制为基础的商品交换的条件时说过："每一方只有通过双方共同一致的意志行为，才能让渡自己的商品，占有别人的商品。"① 社会主义商品交换虽然和这种商品交换有根本的区别，但只要是商品交换，总必须遵循双方自愿的原则。在全民所有制经济和集体经济之间的商品交换中遵循这项原则，是维护生产队在交换方面的自主权的重要内容。当前实行的粮、棉、油的统购政策，是符合工人和农民的根本利益的，在做好思想政治工作的条件下，是可以取得生产队的自愿的。可是它毕竟带有国家法令的强制性，这同纯粹经济意义上的自愿原则，是有重大区别的。在粮、棉、油生产水平很低、国家经营的商品粮基地和经济作物基地没有建立起来以前，保持粮、棉、油的统购还是必需的，是不应该动摇的。但国家对统购产品的超产部分和非统购产品的采购则可以从现在起根据条件逐步由派购方式（价格和数量由国家规定）过渡到议购方式（价格和数量由国家和生产队议定）。生产队作为商品交换的一方，也有权同国家进行议购。生产队购买工业品也必须遵循自愿原则，生产队有权抵制那些价高、质次、货不对路的工业品，要坚决杜绝那种"卖了耕牛买铁牛，买了铁牛变死牛"的坑农产品。

　　在国家和集体经济的商品交换过程中遵循等价交换原则，也是生产队集体所有制的要求。应该指出，建国以后，旧中国原来就有的工农业产品的剪刀差是有所缩小的。据统计，1977 年同 1950 年相比，农产品收购价格提高了一倍以上，供应农村的工业品的零售价格提高不到 10%。1977 年同 1952 年相比，农产品的收购价格提高了 68.8%，供应农村的工业品的零售价格降低了 0.5%，其中农用生产资料的销售价格降了 7.6%。但由于原有的工农业产品的剪刀差过大，并没有因此而完全消失。而且，工业劳动生产率的提高速度大于农业劳动生产率的提高速度。据统计，从 1952 年到 1977 年工业劳动生产率提高了一倍半，农业劳动生产率只提高了半倍。这样，工农业产品的剪刀差就还存在。因此，为了贯彻等价交换原则，必须合理调整工农业产品的比价，逐步提高农产品的收购价格和降低农用工业品价格，缩小工农业产品的剪刀差。在当前集体经济积累能力很弱的情况下，这对于增强社队经济力量、提高社员生活、促

---

　　① 马克思：《资本论》第 1 卷，《马克思恩格斯全集》第 23 卷，第 102 页。

进农业生产、巩固集体经济，具有重要的现实意义。为了维护生产队集体所有制，公社三级所有制之间以及各个公社的生产队之间的生产协作和经济往来也都需要遵循等价交换原则。

生产队在分配方面也享有自主权。因此，它有权决定本队的积累和消费的比例关系以及社员的劳动报酬水平。有的地区曾经要求那些生产和收入水平较高的生产队把劳动日值固定在某种水平上。这种做法是违反生产队的自主权的，也不符合集体经济中按劳分配规律的要求。集体经济中按劳分配规律作用的特点之一，就是劳动日值是由各个集体单位的生产和收入水平决定的，那些劳动好、经营好、收入高的生产队，劳动日值可以而且应该高一些；那些劳动差、经营差、收入低的生产队，劳动日值可以而且应该低一些。这里需要着重指出：允许一部分社队，由于主观努力成绩大而社员收入先多一些，生活先好起来，对于加速农业和整个国民经济的发展，具有重要的意义。因为第一，一部分社队的生活先好起来，不仅会有力地促进他们本身生产的发展，而且必然产生巨大的示范力量和推动力量，影响左邻右舍，带动其他社队向他们学习，促进其他社队生产的发展。在"四人帮"横行时期，北京市玉渊潭公社的社员每人每年平均收入水平被限定在 1974 年的 218 元的"禁线"之内，严重地束缚了社员的劳动积极性。粉碎"四人帮"之后，有关部门解放了思想，解除了这个"禁令"，1977 年社员平均每人收入达到了 224 元。这样，广大社员群众干劲大增，促进了集体经济、社员生活和集体福利事业的进一步增长。1978 年全公社总收入达到 3222 万元，比上年增长了22.8%，其中工业收入约占 80%。在这个基础上，社员平均每人收入达到249 元，比上年增长了 11%；用于集体福利方面的费用达到 80 万元，等于平均每人多分 40 元。[①] 第二，一部分社队的生活先好起来，对我国这个农业人口很多的国家来说，集中起来就是一个很大数字，就抵得上欧洲一个国家，就会大大扩大国内市场。这样，就会使得农业和整个国民经济不断地向前发展，使得全体人民都能较快地富裕起来。

还要指出，生产队既然在分配上有自主权，那么在完成国家征购任务的条件下，它有权确定社员的实物（如粮食、油料、棉花等等）的消

---

① 《北京日报》1979 年 1 月 21 日。

费标准。这方面的限制也是违反生产队自主权的。在当前农民消费水平很低的情况下，这种限制不仅妨碍社员劳动积极性，而且不利于劳动力的再生产。

按劳分配也是社会主义集体所有制在经济上的实现。生产队在这方面也有权确定劳动报酬的具体形式。为了更好地贯彻按劳分配原则，生产队应该积极提高管理水平，实行按定额记工。为了加强集体的生产责任制，可以在生产队统一核算和统一分配的前提下，生产队对作业组实行包工，联系产量计算劳动报酬，实行超产奖励。另外，还须建立必要的奖惩制度。在粮食分配方面，应该根据情况适当提高按工分分配的比重，适当降低按人口分配的比重。在当前口粮还不充裕的情况下，这对于补偿劳动力的耗费、提高劳动积极性具有重要的作用。生产队干部因从事生产管理而得的补贴工分的标准，应该高于他从事体力劳动而得的工分标准。因为一般说来，前一种劳动质量是高于后一种劳动质量的。这不仅是贯彻按劳分配原则的要求，也是提高管理水平的迫切需要。

当前在分配方面为了保护农民的利益，还必须杜绝贪污盗窃和铺张浪费，防止借支超支，改善经营管理，坚持勤俭办社，努力降低成本，做到增产增收，分配兑现。

在当前生产力的条件下，还必须保留社员的自留地和家庭副业。这些虽然是个体私有制的残余，但是附属于社会主义经济的，是社会主义经济的必要补充。它对于增加农业生产、满足社员生活需要、增加社员收入、活跃农民经济，都是有益的。所以，保护自留地和家庭副业，也是维护农民物质利益的一个重要方面。在当前集体经济薄弱、农民生活水平不高的情况下，在不妨碍集体经济发展的条件下，允许、保护和扶持社员经营自留地和家庭副业，充分调动农民在这方面的积极性，充分发掘这方面的潜力，对于迅速恢复和发展农副业生产，对于提高社员生活，尤其具有不可忽视的作用。江苏省灌南县五队公社有一户姓朱的社员，全家九口人，五个劳动力。近两年来他们全家除了年年超额完成队里规定的任务以外，每年还从经营自留地和家庭副业（主要是养猪、羊和鸡鸭鹅）获得纯收入1800多元，平均每人收入达200多元。[1]如果全国

---

① 《光明日报》1979年1月20日。

农民都能这样，那我国农民的贫困面貌，将会迅速得到改观。

为了保护农民的民主权利，当前要解决的迫切问题就是保障农民的人身权利，对于侵犯人身权利的违法行为，必须根据情况给以应得的惩处。要实行民主选举。社队干部要按照规定由社员大会或社员代表大会选举产生，并须接受广大社员的监督，不称职的可以罢免。要实行民主管理。社队的生产、建设、分配、财务等方面的重大问题，应由社员大会或社员代表大会决定，而不应由少数干部擅自处理。这里也须指出：为了使得发扬民主能在民主集中制的轨道上健康地前进，还必须同加强党的领导结合起来。

只要切实保障了社员的物质利益和民主权利，就一定可以充分调动广大农民的积极性，农业就一定能够迅速地恢复和发展起来，向农业现代化进军。

价值规律和社会主义企业的自动调节 *

一、社会主义企业是自动机，还是被拨动的算盘珠

由于林彪、"四人帮"极左路线对我国社会主义建设的严重破坏，十几年来我国经济发展缓慢，1976 年更濒临于全面崩溃。这种情况使一些人对于社会主义制度是否具有优越性产生了怀疑。他们问："说社会主义制度优越，为什么经济发展没有资本主义快？"这既是一个理论问题，又是一个实践问题。看来，要彻底解除对社会主义优越性的怀疑，归根到底有赖于社会主义建设的实践。我们的任务，不仅是从理论上回答社会主义制度有没有优越性的问题，而且要指明社会主义制度优越性在哪里，以及如何充分发挥这些优越性。

在社会化大生产的条件下，社会主义制度较之资本主义制度具有极大的优越性，这在理论上是显而易见，毫无疑义的。马克思分析了资本主义生产方式的基本矛盾，即生产社会化和资本主义占有的矛盾，指出这个矛盾必然导致资本主义制度的灭亡和社会主义制度的产生。在资本主义制度下，生产社会化和资本主义占有的矛盾表现为无产阶级和资产阶级的对立，表现为个别工厂的生产的组织性和整个社会生产的无政府

---

　* 周叔莲、吴敬琏、汪海波合著。原载《经济研究》编辑部：《关于社会主义经济中价值规律问题讨论专辑》，1979 年 7 月。

状态之间的对立。在生产资料的社会主义公有制的条件下，这些矛盾不再存在了，因而能够容许生产力以更高的速度向前发展。这个理论上的结论已为在列宁、斯大林领导下苏联国民经济的迅速发展和我国第一个五年计划期间生产力的跃进所证实。

那么，为什么在某些社会主义国家的某些时期，甚至在相当长的时期中，生产力的发展缓慢，速度低于个别资本主义国家呢？

这里首先有一个何谓社会主义的问题。事实表明：我们过去对社会主义生产关系的理解，并不都是正确的；按照这个理解建立的社会主义经济体制，往往并不完全符合社会主义原则。而且，随着生产力的发展和人们认识的提高，社会主义制度还有一个不断完善的过程。其次，社会主义制度的优越性并不像有些人所想象的那样，随着社会主义制度的建立就能自然而然地发挥出来。社会主义制度优越性的发挥有赖于人们的主观努力，即需要采取一系列必要的措施来充分发挥这些优越性。

根据我国和其他社会主义国家的经验，充分发挥社会主义制度优越性需要解决的一个重要问题，甚至可以说是关键问题，就是必须改变企业依靠国家行政机关从外面推动，推一推，动一动，不推则不动的状况，使社会主义企业"自动化"。所谓企业"自动化"，就是企业时时刻刻发挥主动性，努力发展社会主义生产，满足整个社会及其成员的需要。

社会主义制度的最大的优越性，在于劳动人民成了生产资料的主人，他们对于搞好生产有着巨大的主动性和积极性。企业是社会主义经济的基层组织，是组织社会主义生产、流通、分配的基本单位。我们要发挥社会主义的优越性，首先必须充分发挥社会主义企业在改进经营管理，改革技术，增加生产和改善产品质量等方面的主动性和积极性。由于废除了生产资料私有制，消除了无产阶级和资产阶级的对立，有可能克服整个社会的生产无政府状态，因此在客观上，社会主义企业发展生产比由资本家经营追求个人发财的资本主义企业有更多有利的条件。但是，这种客观上的有利条件并不足以保证社会主义企业在生产上必然超过资本主义企业。如果我们不注意发挥企业的作用，如果企业没有主动性积极性，那么，这些有利条件是不能发挥作用的。当前我国国民经济中存在的许多严重问题，如经营管理混乱，技术停滞，产品花色品种少，质量差，浪费严重，劳动生产率低，利润少以及基本建设战线长，投资效果差等等，很大程度上是由于企业没有发挥主动性和积极性造成的。

要使社会主义企业发挥主动性和积极性，使企业"自动化"，首先必须承认它在经济利益上的独立性，即承认企业劳动者集体有自己的经济利益。有些书籍和文章只承认社会主义企业在生产技术和经营管理上的独立性，而不承认它在经济利益上的独立性。这种观点是不正确的。现在人们已经普遍感到：我国企业缺乏改善经营管理的内在动力。这种情况是怎样发生的？根本原因就在于不承认企业在经济利益上的独立性。忽视这种独立性，否认企业有自己的经济利益，不使企业自身的物质利益同生产的发展、技术的进步和经营管理的改善息息相关，就不能不造成企业对改善经营管理漠不关心，只能推一推，动一动的严重后果。

胡乔木同志的重要文章《按经济规律办事，加快实现四个现代化》提出的社会主义经济动力问题，引起了经济工作者和经济理论工作者的极大兴趣。对于这个问题，历来是有争论的。一切社会主义者都认为，社会主义较之资本主义具有更大的动力。一切反对社会主义的人则认为社会主义制度没有动力，或没有强大的动力。例如欧文就说过："财产公有制比引起灾祸的私有制具有无比优越性。"[1] 他认为，在以公有制为基础的公社制度下，生产将迅速发展，因为在公社里，人们是以"利益的共同性"互相结合起来的，因而劳动是"富有成效的"。李嘉图则说："难道任何头脑健全的人能够和欧文一样相信，一个人们发奋努力是靠社会利益，而不是靠私人利益来刺激的社会，能够繁荣，并且能够用同样数量的人生产出比以往任何时候更多的产品？历代的经验不是证明恰恰相反吗？"[2] 马克思和恩格斯在《共产党宣言》中曾批判了那种认为公有制会带来懒惰的观点，指出："有人反驳说，私有制一消灭，一切活动就会停止，懒惰之风就会兴起。这样说来，资产阶级社会早就应该因懒惰而灭亡了，因为在这个社会里是劳者不获，获者不劳的。"[3] 我们马克思主义者坚信那种认为社会主义公有制经济没有发展动力的观点是完全错误的。在整个社会范围内联合起来的劳动者谋取共同的物质利益，这就是社会主义经济发展的动力。这种动力空前巨大，是任何私有经济无法与之相比拟的。

---

[1]《欧文选集》下卷，商务印书馆 1965 年版，第 15 页。
[2]《李嘉图著作和书信集》，剑桥大学出版社 1952 年版，第 8 卷，第 46 页。
[3] 马克思恩格斯：《共产党宣言》，《马克思恩格斯选集》第 1 卷，第 267 页。

问题在于这种动力如何落实到每一个企业的生产经营中，以及通过哪些环节来落实。

社会主义企业的经济动力问题，说到底还是一个利益问题。要使社会主义企业有发展生产的强大动力，就要使它既为整个社会利益而生产，又为本企业及其职工的利益而生产，更确切地说，是把企业自己的利益同社会利益结合起来，从自身的物质利益上关心社会生产多快好省的发展。这是由社会主义社会生产力的发展水平和生产关系的性质所决定的。社会主义的物质利益原则和按劳分配的经济规律相联系。按劳分配是通过企业贯彻实行的，只有企业的经济利益得到承认和保证，按劳分配才有可能充分实现。为了解决社会主义企业的动力问题，就必须做到：①承认企业有自己的利益。②在服从整个社会的利益的前提下，把企业利益和社会利益正确地结合起来，同时把劳动者个人利益和企业利益正确地结合起来。③把企业利益和企业的经营管理密切结合起来，使企业利益多少决定于它的主观努力。总之是要做到，使企业所做的对社会有利的事情，对本企业也有利；对本企业有利的事情，对社会也有利；而且企业愈是努力发展生产，对本企业也就愈是有利，从而对社会也就愈是有利。

为了使企业能够为整个社会和本企业的利益努力发展生产，必须让企业有必要的权力。如果企业有改善经营管理的积极性，但国家对企业的管理制度却不许可企业主动处理生产经营中的各种经济问题，设备换一个部件也要报到部、局去审批，"打酱油的钱不许买醋"等等，企业还是不能做到"自动化"。毛泽东同志早就指出："把什么东西统统都集中在中央或省市，不给工厂一点权力，一点机动的余地，一点利益，恐怕不妥。"① 他在这里尖锐地提出了企业的独立性问题。

毛泽东同志提出社会主义企业的独立性问题已经二十多年了，但这个问题一直没有得到解决，至今企业还缺乏必要的权力、机动余地和利益，更没有"自动化"。为什么会造成这种情况呢？一个重要原因在于，政治经济学社会主义部分中一整套反对企业独立性的观点还统治着我们的理论和实践。这套观点集中反映在斯大林同志指导下由苏联科学院经

---

① 毛泽东：《论十大关系》，《毛泽东选集》第 5 卷，第 273 页。

济研究所编写的《政治经济学教科书》中。该书对社会主义国营企业的特点是这样概括的："第一，国营企业中的社会主义的生产关系是最成熟、最彻底的。""第二，国营企业的产品是社会主义国家的财产，是按国家机关规定的手续和价格实现的。""第三，在归全民所有的国营企业中，归工人个人消费的那一部分社会产品，以工资形式付给工人。国家预先规定单位制品或单位工时的劳动报酬的固定标准。""第四，社会主义国家直接领导属于国家的企业，通过自己的代表，即由有关的国家机关任免的企业经理管理这些企业。"[①] 这里既否定了企业应该有自己的利益，又否定了企业应该有自己的权力，还否定了企业应该由群众来管理。不仅如此，该书还把这样的国营企业称之为最成熟最彻底的社会主义生产关系，也就是说这是不可更改的。这不是完全否定了社会主义企业的独立性吗？

苏联政治经济学教科书的这些观点在我国一直流传到现在。我国1976年6月出版的一本《政治经济学讲话（社会主义部分）》说："无产阶级专政的国家对国营经济实行集中统一领导"，"国营企业的生产资料，非经上级主管机关的批准，不得自由转让给别的企业或单位；国营企业的生产和经营，必须服从国家的统一计划；国营企业所需要的生产资料的采购、产品的调拨和销售、劳动力的增加或减少，以及职工的工资标准，都必须遵照国家的统一规定，而不能自由处理；国营企业的盈利，必须上缴给国家统一支配和使用。"1978年6月出版的一本《政治经济学（社会主义部分）》说："社会主义全民所有制是由无产阶级国家代表全体劳动人民占有生产资料的一种所有制形式"，"是社会主义公有制的高级形式"。首先，"它的生产资料和劳动产品""直接由无产阶级国家""在全社会范围内统一调拨"。其次，"国营企业由国家直接领导，生产经营完全按照国家计划进行，企业领导人由国家任命和委派。"最后，国营企业职工的"工资标准由国家根据整个社会生产发展水平和政治经济情况统一制定，职工的工资收入与本企业的生产水平无关。"根据这套理论，又怎么能允许企业有独立性呢？有些同志主张扩大企业的权益，充分发挥企业的作用，则又被认为是"鼓吹资本主义自由化"，"妄图复辟资本

---

① 苏联科学院经济研究所编：《政治经济学教科书》下册，人民出版社1955年版，第428~429页。

主义"等等。林彪、"四人帮"实际上利用了我们这些理论上的错误，把它推到极端，宣扬"国家至上"，"长官意志"第一，胡说"强调经济利益"就是"修正主义"，反对给予企业任何经济利益，从根本上否定了企业经济上的独立性，完全扼杀了企业的主动性和积极性。

在林彪、"四人帮"横行时，还流行一种奇怪的理论，说是政治或阶级斗争是社会主义企业发展生产的动力。这种观点在理论上是错误的，在实践上是有害的。在一切社会制度下，生产的目的都是为了获得物质生活资料，为了一定的物质利益。任何政治上层建筑，归根到底都是为生产服务的。因此，把政治说成是经济的动力，只能是一种头脚倒立的怪论。建立在生产资料公有制基础上的社会主义生产关系，消灭了剥削，不再是无产阶级和资产阶级的关系，在这种情况下，就更不能说阶级斗争是社会主义经济发展的动力。诚然，在社会主义现阶段还存在阶级矛盾和阶级斗争，这种矛盾和斗争在企业中也会有所反映，但是在一般情况下它们不占重要地位，更非主要矛盾。在不存在或基本上不存在无产阶级和资产阶级的对立的社会主义企业中搞什么阶级斗争，而且把它作为发展生产的动力，其结果必然不是发展生产，而是破坏生产。

二、在商品交换基础上建立企业之间的关系

既然承认企业在经济上具有独立性，各个企业在社会的共同利益之下有自己独立的经济利益，就必然要承认它们是以商品生产者的资格互相对待的。社会主义企业的经济核算制，就是以这种商品生产和商品交换为基础的。

社会主义经济形态的政治经济学的传统观点认为，彻底的社会主义经济——全民所有制经济内部，是不存在商品生产和商品交换的。商品交换只存在于全民所有制经济和集体所有制经济之间，以及不同的集体经济之间。斯大林在《苏联社会主义经济问题》中，对于社会主义各国全民所有制企业间进行交换这一普遍存在的现象所作的解释是：全民所有制企业之间的交换，是由存在着两种不同的社会主义公有制，存在不同社会主义所有者之间的商品交换引起的；社会主义全民所有制内部流通

的产品只具有商品的外壳，实质上已经不是商品。现在看来，这种理论是不完整和有缺陷的。

斯大林这一理论的出发点是，只有在两种所有制之间交换的产品，即通过交换改变所有权的产品，才是商品。但是，实际情况比这复杂得多。例如，第二次世界大战后，许多资本主义的大公司相继普遍采用"分权的事业部管理体制"，即在公司内部划分各个事业部，由它们独立经营，单独核算。这也就是使价值规律在公司内部发挥作用，促进生产的发展。美国通用汽车公司从1920年开始就实行这种制度，事业部在公司统一领导下，有权在一定限额内进行固定资产投资，采用自己认为最好的措施来利用流动资金。只要能完成公司规定的任务，事业部可以自行安排生产计划，决定所需零部件和供应品的来源。有些零部件虽然公司内部其他部门也有生产，但如其价格高于市场价格或质量不如其他供应者，事业部有权不在公司内部购买而向外界供应者采购。由于为价值规律在公司内部充分发挥作用创造了条件，因而促使各事业部努力提高产品质量、增加产量、降低成本、扩大销路、争取最高利润。各事业部之间交换的产品虽然是同一公司内部的交换，并不改变所有权，因此按斯大林的说法并不是商品，但它们事实上却和向外界采购的商品没有区别，是地地道道的商品。如果把社会主义全民所有制经济看作一个大托拉斯，那么，全民所有制内部各个企业之间交换的产品，就和资本主义大公司各事业部之间交换的情况相仿佛，也是同一所有者内部各独立经济单位之间交换的商品。为什么在这种情况下各个企业之间交换的产品也是商品呢？我们认为，这是由于企业具有相对的独立性，即由于企业是有自己利益的相对独立的经济主体。如果在全民所有制企业之间不实行商品交换，那就势必侵犯企业的利益，从而也就破坏企业的独立性，这就违背社会发展的最基本的规律——生产关系一定要适合生产力性质的规律。斯大林把两种社会主义公有制形式的并存作为社会主义商品生产的原因，本来应该否认全民所有制经济内部存在商品生产，但他又不否认全民所有制经济内部国家与职工交换的消费资料是商品，这也是他逻辑上不一致的地方。

政治经济学所谓的商品是一种什么样的经济关系呢？是多多少少互相分离的生产者之间的关系。在社会主义全民所有制的条件下，全社会组织成为一个统一的生产者，各个企业已经不是截然分离的了。但是无可否认，具有独立的经济利益的企业之间，还有你我界限，因此，企业在转让产品时，必然要求等价补偿，否则它们的利益就会受到损害。从这里可以看到，全民所有制经济内部交换的产品仍然具有商品性。

人们时常引证马克思主义经典作家的话来证明建立起单一的全民所有制后商品生产就会消灭。诚然，马克思、恩格斯、列宁说过这样的话，他们设想过社会主义将要消灭商品生产。但是，这仅仅是设想而已。实践是检验真理的最终标准，社会主义制度下商品生产的命运究竟如何，这最终是要由实践来解决的。而依据迄今为止社会主义各国的实践，商品生产不仅存在着，而且发展着，在看得见的时期内，消灭商品生产是不可能的。

应当指出，马克思肯定地认为在新社会中将会消失的，是"私人交换"，而不是一切交换。在我国经济学界过去的讨论中有一些作者把马克思关于私人交换将会消失的论断解释为以"产品调拨"（即企业将产品交给国家再由国家分配）代替商品交换，这样，就把社会主义和自然经济混为一谈。我们认为，这是不符合马克思的原意的。在《政治经济学批判大纲》中，马克思在指出资产阶级社会既不同于资本主义前的各种社会形态，又不同于未来的社会时指出："私人交换一切劳动产品、能力和活动，不但和以个人相互间自发地或在政治上的支配关系与隶属关系为基础的分配制度不相容……而且也和在共同占有和共同控制生产手段这个基础上联合起来的个人所进行的自由交换不相容。"① 从原则上说，我们今天全民所有制企业之间的交换，就是这种"在共同占有和共同控制生产手段这个基础上联合起来的个人所进行的自由交换"。马克思还说："如果我们在当前的社会里面没有在隐蔽的形态下发现无阶级社会所必需的种种物质生产条件以及与其相适应的种种交换关系，那么任何进行破坏的尝试，都是堂吉诃德式的愚蠢行为。"② 我们认为，根据目前社会主义的实际情况，把现阶段的"自由交换"叫做商品交换，在理论上和实践上都是没有坏处的。

---

① 马克思：《政治经济学批判大纲》（草稿）第 1 分册，第 95~96 页。
② 马克思：《政治经济学批判大纲》（草稿）第 1 分册，第 96 页。

三、充分发挥经济规律的作用，实现企业的自动调节

我们主张在商品交换的基础上建立社会主义企业之间的关系，这并不是说，我们认为社会主义公有企业之间的关系同资本主义私人企业之间的关系是一模一样的，或者说，社会主义的商品生产和商品交换同资本主义的商品生产和商品交换是一模一样的，而只是说，在社会主义全民所有制的基础上，各个企业还有自己的独立的经济利益，要以商品生产者的身份互相对待。企业的独立经济利益，并不是孤立存在于社会整体之外的，更不是和社会整体利益相对立的。因此，企业根据自己的条件进行经济上最有利的活动，必须受到社会利益的制约和控制。

那么，在社会主义的现阶段，什么是在符合社会最大利益的前提下，把社会利益和企业利益结合起来的尺度和标准呢？那就是社会主义的商品等价交换。价值规律是在一切社会的商品交换中都发生作用的经济规律，在社会主义条件下，它也可以成为而且应该成为把社会利益和企业利益结合起来自动进行调节的经济杠杆。价值规律在企业的经营活动中经常地起作用，用社会平均必要劳动时间（价值）去衡量企业的工作成果，由此形成信息，通过纯收入、利润等价值杠杆自动反馈于企业，促使企业调整生产，改善经营。

很早以前，有些同志就提出要充分发挥价值规律对社会主义企业生产的促进作用。例如孙冶方同志在1956年发表的《把计划和统计放在价值规律的基础上》一文中就提出："在商品经济中，价值规律""随时提醒落后的生产者要努力改进工作，否则便要受到严酷的惩罚；也随时鼓励先进的生产者并给他丰厚的奖赏，要他继续前进。它是赏罚分明，毫不徇情，不断地督促落后者向先进者看齐。""我们应该肯定地说，通过社会平均必要劳动量的认识和计算来推动社会主义生产的发展（价值规律的这个重大作用）在我们社会主义经济中非但不应该受到排斥，而且应该受到更大重视。"[①]虽然孙冶方同志主要是从计划统计的角度提出问题

---

① 孙冶方：《把计划和统计放在价值规律的基础上》，《经济研究》1956年第6期。

的，而且没有解决社会主义制度下价值规律充分发挥作用的机制问题，但他在那时就提出这个现在迫切需要解决的问题，而且二十多年来一直坚持这个观点，确实是十分可贵的。二十多年来的经验教训表明，孙冶方同志的这个观点是正确的。

但是，孙冶方同志的正确观点不仅没有受到应有的重视，而且受到不应有的责难，许多人（包括本文的部分作者在内）曾指责孙冶方同志"鼓吹资本主义自由化"，"宣扬修正主义"，认为发挥企业的主动性积极性应该依靠加强行政领导。这种意见还长期被认为天经地义的。现在，我们的社会主义建设经过了曲折的过程，有必要也有可能根据历史经验，来重新探讨究竟应该怎样发挥企业主动性，实现企业"自动化"的问题了。

单纯依靠加强行政领导能不能充分发挥企业的主动性积极性呢？事实证明是不可能的。长时期来我们是依靠加强行政领导来管理企业的，但我们一直未能发挥企业的主动性。这决不是偶然的。①行政领导就是靠外力来推动企业，因此它没有解决也不可能解决企业本身的动力问题。②企业的情况千差万别，上级机关是不可能把企业所有的活动全部管起来的，如果管起来，势必犯瞎指挥的错误，而管不起来，企业又缺乏推动力，两者都不利于企业发挥积极性。③行政单位的性质和任务不同于经济组织，企业生产活动单纯依靠行政单位推动，必然造成按"政府意志""长官意志"办事，造成机构重叠、会议成灾、公文泛滥、官僚主义严重、经济效果很差，使社会主义管理变成手工业式的甚至封建衙门式的管理。这样，又怎么可能使企业发挥主动性积极性呢？

列宁早就说过："经济工作在性质上不同于军事、行政和一般政治工作。"① 管理社会主义经济，科学的行政方法当然是必要的，但必须以经济方法为主，把科学行政方法和科学经济方法结合起来。上面那种依靠加强行政领导的主张，实际上是主张单纯或主要依靠行政方法来管理社会主义经济。这一套理论和实践是搞不好经济工作的。

用经济办法管理经济，就必须依靠价值规律，充分发挥价值规律在社会主义经济中的积极作用，使企业自动地发挥主动性创造性。事实表明，在社会主义经济中，充分而又正确地发挥价值规律的作用，就能促

---

① 列宁：《新时代，新形式的旧错误》，《列宁全集》第33卷，第8页。

进社会主义生产迅速发展。即使我们过去时刻提防着价值规律的消极作用，不敢让它充分发挥作用，但只要我们对它稍加利用，也就取得了显著的效果。最明显的例子表现在经济核算制的作用上。我国第一个五年计划期间比较认真地实行了经济核算制，虽然这种制度还远不完善，但由于它在一定程度上使企业的利益和企业的经营状况直接结合起来，为价值规律发挥作用创造了条件，因此就调动了企业的主动性积极性，使国民经济得以较快的发展。以后我们破坏了经济核算制，违背了价值规律的要求，国民经济也就受到了严重的损害。60年代初期我们又恢复了经济核算制，尊重价值规律作用，国民经济又得到了迅速的恢复和发展。例如鞍山钢铁公司1961年起恢复和完善了经济核算制，1962年产品质量普遍提高，原材料消耗大幅度降低，全年可比商品产品成本比上年降低11.17%，流动资金周转比计划加速23天，利润率比上年提高11%。[①]当时全国开展了节省"一厘钱"运动，取得了巨大成绩，这也是价值规律作用的生动表现。"文化大革命"期间，由于林彪、"四人帮"的干扰破坏，经济核算制被破坏无遗，严重挫伤了企业和职工的积极性，这是造成我国国民经济濒于崩溃的重要因素之一。

近些年来，有些地区利用"大集体"所有制的形式，使工业生产得到了迅速的发展。这种所谓"大集体"企业，实际上仍然属于社会主义全民所有制，只不过比一般国营企业有更大的经济独立性和经营上的自主权。从"大集体"企业的迅速发展，可以看到尊重价值规律作用对企业生产发展的积极影响。例如常州市"大集体"工业的生产发展比国营工业快得多。1965年至1977年，工业产值、税收和利润、全员劳动生产率的年平均增长速度，国营工业分别为11.8%，10.6%和6.7%，而"大集体"工业则分别为18.3%，15.7%和13.4%。就物质技术条件来说，"大集体"工厂许多方面不如国营厂，如设备落后，管理基础差，原材料供应缺乏保证，分配不到大学毕业生和技术人员，按规定得不到国家投资。为什么"大集体"工业发展反而快呢？一个重要原因在于"大集体"工厂不像国营工厂那样由国家包下来，而是实行自负盈亏的，加上国家对"大集体"工厂的管理不如对国营工厂那样死，地方和企业有较多的主动

---

①《工业交通企业经济核算经验汇编》，第25~31页。

权，这就为价值规律发挥作用提供了比较广阔的条件。由于"大集体"企业发生亏损要影响地方的利润分成，影响企业的存在和发展，影响职工工资的发放和调整，这就促使他们精打细算，讲究经济效果，企业有主动性，职工有"奔头"，发展生产的干劲比较足，艰苦奋斗的精神比较好。他们灵活性大，适应性强，调整生产比较快，对增加品种，发展新产品，实行专业化协作，改善经营管理比较积极，因此经济效果也比较好。1977 年全市"大集体"企业每百元固定资产的产值是 480 元，比国营企业 287 元多 67%，每百元固定资产的利润是 64 元，比国营企业的 32 元多 1 倍，每百元产值的利润是 13 元，比国营企业的 11 元多 18%。[①]

众所周知，在资本主义制度下，价值规律曾对企业发展生产起着决定的作用。正是价值规律的作用使得资本主义企业"自动化"。现在，在一些人的传统观念里，往往只看到资本主义企业主动性的消极面，认为它毫无可取之处，以此来反对利用价值规律使社会主义企业"自动化"。这种看法，至少是不全面的。诚然，在资本主义社会里，私人企业追求利润的主动性是生产无政府状态和经济危机的重要原因。但是，难道不正是企业的这种主动性才使得资本主义社会像用魔术一样唤醒了沉睡社会劳动里的生产力吗？资本主义主动性的直接结果是生产力的蓬勃发展，是科学技术的突飞猛进。如果社会主义企业不能"自动化"，社会主义经济是不可能比资本主义经济更快发展的，社会主义制度是不能最终战胜资本主义制度的。而我们现在最缺少的不正是企业的主动性吗？

问题还在于，社会主义生产是商品生产，而"价值规律正是商品生产的基本规律"。[②]马克思说的价值规律对资本主义生产的促进作用，如果我们抽掉资本主义生产关系的特点，对社会主义生产上也是应该具有而且必须具有的。孙冶方同志曾这样描述过价值规律对发展生产的作用："发展生产的秘诀就在于如何降低社会平均必要劳动量，在于如何用改进技术，改善管理的办法，使少数落后企业的劳动消耗量（包括活劳动和物化劳动）向大多数中间企业看齐，使大多数的中间企业向少数先进企

---

① 我们这里所要讨论的，是用什么形式管理全民所有制企业的问题。目前有些地方在"厂社挂钩、产品扩散"的名义下把国营企业改为社、队企业，这实际上是侵犯国家财产，把它转为地方或集体财产，对于生产发展是不利的。

② 恩格斯：《反杜林论》，《马克思恩格斯选集》第 3 卷，第 351 页。

业看齐，而少数的先进企业又如何进一步提高。落后的、中间的和先进的企业为了降低社会平均必要劳动量水准而不断进行竞赛，也就是生产发展社会繁荣的大道。"① 只有让价值规律在社会主义制度下发挥这种作用，社会主义生产才能迅速发展。因此，我们必须依靠价值规律的作用，即正确地认识和利用这个规律，创造条件充分发挥这个规律的作用，促使社会主义企业自动化，促进生产迅速发展，社会日趋繁荣。

有的同志可能提出这样的问题：为什么不强调依靠社会主义基本经济规律和国民经济有计划按比例发展规律来使社会主义企业"自动化"呢？我们认为，作为社会主义企业，当然必须按照社会主义基本经济规律和国民经济有计划按比例发展规律的要求办事，如果不按照这两个规律的要求办事，社会主义企业的社会性质就变了，就不成其为社会主义企业了。问题在于，社会主义基本经济规律和国民经济有计划按比例发展的规律不涉及企业的特殊利益，不涉及社会利益和企业利益之间的关系问题。因此，仅仅依靠这两个规律是不可能达到企业"自动化"的目的的。而且，社会主义基本经济规律的要求并不能自动地实现，国民经济有计划按比例规律的要求也是如此。只有企业自动地而又正确地发挥社会主义积极性创造性，才能顺利实现社会主义基本经济规律和国民经济有计划按比例发展规律的要求。我们主张社会主义企业"自动化"，也正是为了保证实现这两个规律的要求。

也有的同志认为：既要利用价值规律的作用，也要限制价值规律的作用。我们认为，这种提法是令人费解的。什么地方存在着商品生产和商品交换，价值规律就要在那里起作用。我们只能创设条件，避免价值规律的作用产生消极后果，而不能限制价值规律，使它不起作用。何况价值规律并非注定要对社会主义生产引起消极后果，只有在一定条件下，而且主要是由于我们没有正确认识和利用它，才会发生这种消极后果。我们过去笼统地强调限制价值规律的作用，结果使自己吃够了苦头。由于限制了价值规律促进企业生产的作用，使得企业不去精打细算地节约人力物力的消耗，不去努力搞好经营管理，实行专业化协作，提高劳动生产率。

---

① 孙冶方：《把计划和统计放在价值规律的基础上》，《经济研究》1956年第6期。

纵观历史，限制价值规律促进生产的作用必然对生产力的发展起消极作用。例如中世纪的行会制度，虽然开始曾经起过保护手工业发展的作用，但由于对手工业者的劳动力、工具机械、技术措施和生产规定了种种限制，终于严重地束缚、阻碍了生产力的发展。再如资本主义发展到帝国主义阶段后，垄断资本限制了竞争的作用，也严重地阻碍了生产和科学技术的发展，成为帝国主义腐朽性的一个重要表现。资本主义国家的大公司实行"分权的事业部管理体制"以后，使价值规律能够在更大的范围内起作用。这种体制在发展生产上，也取得了较好的效果。

过去我们之所以没有充分发挥价值规律的作用，以致现在有人还有意无意地反对这样做，是和思想上受一些传统观点的束缚，理论上存在着禁区分不开的。因此，这里也有一个解放思想，破除迷信的问题。

一种非常流行的传统观念认为，价值规律对社会主义生产只起影响作用，不起决定作用。按照这种认识，价值规律被说成只能作为计划工作的工具，而不能作为计划工作的依据。受这种观念的束缚，我们当然不能充分发挥价值规律的作用，更不可能依靠价值规律的作用使企业自动化了。但是，既然社会主义生产是商品生产，而价值规律又是商品生产的基本规律，那么怎么能否认价值规律对社会主义生产的决定作用呢？斯大林提出要区分价值规律对生产的调节作用和影响作用，这有其合理的地方，但也引起了混乱。以价值规律对社会主义国民经济计划的作用来说，和在资本主义社会不同，社会主义制度下价值规律有可能被人们自觉用来为计划经济服务，使它不再自发地调节劳动在各个部门的分配。但是，既然社会主义制度下劳动还表现为价值，那么价值规律也就对国民经济计划起着决定作用（这并不排斥其他社会主义经济规律的决定作用），在制订国民经济计划即在各个部门分配劳动时，就必须考虑价值规律的这种决定作用，也就是必须以价值规律为依据。因此，决不能根据价值规律作用的形式不同而否认它对社会主义国民经济的决定作用。我们所以必须把价值规律作为计划工作的工具，就是因为它对国民经济计划起着决定作用，它是计划工作的依据。否则，价值规律就变成可以遵守也可以不遵守的了。这样，所谓价值规律是计划工作的工具，也就变成了一种实用主义的理论。再以价值规律对社会主义企业生产的作用来说，由于生产中消耗的劳动表现为价值，只有通过价值才能计算监督劳动的消耗，才能促进企业不断提高劳动生产率，生产更多更好的产品来满足社会日益增长的需要，可见价值规律在这里也起着决定的作用，因而也不能说它只起影响作用，而不起决定作用。价值规律对社会主义生产起着决定作用，这正是我们需要充分发挥价值规律的作用，利用它使企业"自动化"的根据。

本文只是分析了必须利用价值规律才能实现社会主义企业的自动调节，至于如何利用价值规律来实现这一点，将在另文中进行专门讨论。

再论价值规律和社会主义企业的自动调节[*]

在《价值规律和社会主义企业的自动调节》^①一文中，我们曾指出社会主义企业应该是自动机，必须充分发挥价值规律的作用，实现企业的"自动化"。那么，怎样才能够做到充分发挥价值规律的作用，从而实现企业的"自动化"呢？本文准备环绕这个问题谈些粗浅的看法。

一、价值规律发挥积极作用的机制

为了充分发挥价值规律对企业生产的促进作用，需要研究价值规律在社会主义条件下发挥作用的机制，并在改革经济管理体制时，有意识地建立这种机制，为价值规律的作用产生积极后果创造必要的条件。

一般来说，建立在私有制基础上的商品生产中，价值规律是自发地发挥作用的，例如，小商品生产者和资本家为了取得最多的收入和利润必然努力用尽可能少的劳动消耗生产尽可能多的商品。这样就为价值规律自发发挥作用提供了必要的条件。但是，即使在私有制社会里，由于经济制度和政治制度不同，价值规律作用的后果也是不完全相同的。例如在自由资本主义时期和在垄断资本主义时期不同，在政府采取放任政策时和采取干涉政策时也不同，等等。因此，资产阶级经济学为了资本主义的利益，也在研究价值规律发生作用的机制，并不断调整有关的制

* 周叔莲、吴敬琏、汪海波合著。原载《经济研究》1979年第9期。

① 见《关于社会主义经济中价值规律问题讨论专辑》，《经济研究》编辑部1979年7月出版。

度和政策。

建立在公有制基础上的社会主义制度为掌握和利用价值规律提供了有利的条件。但是，国家所有制却可能使得价值规律不再自发发挥作用，如何充分发挥价值规律对企业生产的促进作用，就更为重要和更为复杂了。应该承认，我们的经济科学和经济政策迄今还没有解决这个问题。

有些社会主义国家曾经实行过所谓供给制的经济管理体制，这就是取消企业的相对独立性，企业的生产、分配都由国家统一安排，完全负责。企业生产什么，由国家自上而下地规定；企业生产的产品，都由国家统购包销，企业生产所需要的物资，都由国家供应；企业的收支也由国家负责，盈利全都上缴国家，亏损由国家补贴。这种经济体制完全取消了商品生产，从而也就取消了价值规律起作用的前提条件。列宁总结了供给制的教训，早就提出社会主义企业必须实行经济核算制，并且指出经济核算制和商品生产、价值规律有必然的联系。他说："国营企业实行所谓经济核算，同新经济政策有着必然的和密切的联系，在最近的将来，这种形式即使不是唯一的，也必定会是主要的。在容许和发展贸易自由的情况下，这实际上等于国营企业在相当程度上实行商业原则。"① 经济核算所以能促进企业生产，就是因为它在一定程度上承认了企业的独立性，使企业有自己的经济利益和经济权力，使它既有主动发展生产的动力，又有主动搞好经营管理的条件，为价值规律发挥作用提供了必要的前提。

但是，我们现在的经济核算制还没有完全解决价值规律发生作用的机制问题。从我国实行经济核算的历史和目前的状况看，我国现行的企业管理体制存在以下几个方面的缺陷：

第一，企业缺乏独立经营所必要的权力。企业作为独立的商品生产者，在决定产供销方面，在处理人财物方面，必须有独立自主权，这样才能把企业管理好，生产出成本低、质量好的产品。但是，我国国营企业却一直缺乏这种独立自主权。从产供销方面看，即使在比较严格实行经济核算制的时期，也是由国家决定产供销，企业只能按照上级行政机关的命令办事。从处理劳动力看，企业不能由于发展生产的需要而自行

---

① 列宁：《工会在新经济政策条件下的作用和任务》，《列宁选集》第 4 卷，第 583 页。

增加劳动力。也不能由于劳动生产率的提高而自行减少劳动力。从处理资金看，企业对于自有资金也无权自行处理，例如对于留归企业支配的折旧基金和利润，也严格规定了使用的范围，不准不按规定的范围使用。从处理物资看，对于拨给使用的生产资料和生产出来的产品，企业也不具有一个独立经营者所应有的权力。

第二，企业的生产和市场需要缺乏必要的联系。社会主义生产的目的是满足社会需要，然而在供给制或准供给制的条件下，由于社会需要间接地由国家机关代表，企业生产什么、生产多少完全听命于上级机关，生产出来的产品由国家统购包销，产销不直接见面，就往往发生产销脱节、货不对路的情况。而且，由于生产缺乏消费者的监督，就出现了产品陈旧，"十年一贯制"、"二十年一贯制"的不正常现象，产品质量不但得不到应有的提高，还呈现下降趋势。

第三，企业的财务状况和本企业的经营好坏没有紧密的联系。虽然经济核算制规定企业应该有独立的资金，但是我们从来又规定国家有权调拨企业的生产资料和产品，而且企业的折旧基金长时期内是上交国家预算的，至今还有相当一部分上缴。这样，企业的简单再生产也不完全决定于本企业的经营，往往由于国家的干预而得不到保证。企业的扩大再生产更不决定于本企业的经营状况，企业的基本建设投资历来采取的是预算拨款的办法，即企业利润扣除企业基金后全部上缴国家预算，企业扩大再生产的支出，另由国家预算拨款。有一段时期企业曾实行利润留成，即留给企业一定比例的利润，除可以用于企业奖励基金外，企业经常的、零星的扩大再生产的支出，如"四项固定费用"（技术组织措施费、新产品试制费、劳动安全保护费、零星固定资产购置费）等也由利润留成抵补。但同时还规定，留给企业的利润，应以满足规定的抵补项目所需要的支出为限度。因此，也并没有完全解决企业再生产和本企业经营好坏结合起来的问题。而且即使这种不完善的办法，也很快就取消了，至今还没有完全恢复起来。

第四，企业职工的收入和本企业的经营好坏没有紧密的联系。我国国营企业职工的工资标准是由国家统一规定的，不决定于本企业经营状况，企业经营好坏不影响职工的工资。而且，企业的利益是和企业的权力联系着的。企业没有必要的权力，其利益也就没有保证。企业的权力、利益又是和企业的责任联系着的，企业要担负自己的责任，就必须有自己的权力和利益，否则，责任也是要落空的，特别是，企业权力作为企业独立性的重要内容，也是社会主义商品生产赖以存在和发展的前提条件，损害企业的权力，必然损害企业的积极性、从而也使得企业无法充分利用价值规律的作用。

根据以上的情况，为了充分发挥价值规律促进企业生产的作用，使企业"自动化"，必须取消上级行政机关对企业事务的过多的干预，实行严格的经济核算制。

过去我们通常把全民所有制企业的经济核算制概括为独立核算、自计盈亏，而不说它是自负盈亏。其实，财务自理，自负盈亏是严格实行经济核算制的要求。只有实行财务自理、自负盈亏，才能做到像列宁所说那样使企业对其经营"自己负责，而且是完全负责"，企业也才名符其实地成为商品生产和商品流通的独立经营者。

企业实行自负盈亏以后，和现行的经营核算制度比较，将发生如下一些重要变化：

第一，企业在经营上有必要的独立自主权。例如企业在社会长远规划和年度计划的指导下，有权根据自己的实际条件，同其他单位签订合同，在合同基础上，编制本企业的长远发展规划和年度生产、销售计划。有权按照用户和市场需要的变化，调整计划。企业并有权拒绝来自任何单位、任何个人的任何形式的摊派和抽调资金、人力、设备等"苛捐杂税"，对由此造成的经济损失，企业有权要求赔偿。由于企业有了经营上的独立自主权，因此就有可能按照社会和市场的需要搞好生产和经营管理。

第二，企业在使用资金上有必要的独立自主权。企业有权使用国家拨付的固定资产；有权将多余闲置的固定资产出租，经主管部门批准，可以有偿转让这些固定资产，其收入可用于企业的设备更新和技术改造。企业有权使用国家拨付的流动资金，有权向银行贷款；有权使用利润留成部分的资金，有权使用固定资产折旧基金。有权将银行贷款和利润留成、折旧基金合并用于设备更新和挖潜改造。企业使用社会资金应缴纳资金占用税。对企业多余闲置的以及利用率过低的设备、厂房，可以提高税率。银行对企业的流动资金实行全额信贷办法，定额内的部分低息，超额部分高息。实行这些措施，将促使企业节约资金，提高设备利用率，加速流动资金周转，提高资金的经济效果。

第三，企业在使用物资上有必要的独立自主权。例如企业有权将降低原材料消耗节余下来的物资，同有关单位互通有无。这将奖励企业努力降低原材料消耗，减少物资积压浪费，提高物资使用的经济效果。

第四，企业在使用劳动力上有必要的独立自主权。例如企业有权根据国家规定，按照择优录取的办法招聘录用职工；有权根据生产发展的需要精简职工；有权对职工奖励和惩处，对严重违法乱纪的有权除名。这样做，将鼓励企业努力节约活劳动的消耗，提高劳动生产率，并促使职工努力提高技术，加强组织性、纪律性，搞好生产。

第五，企业在销售产品上有必要的独立自主权。例如企业有权按照规定，在完成国家统一分配计划和供货合同后，自行销售非统购包销的产品；企业生产的新产品可以自行试销；企业有权申请向国外推销自己的产品；凡经上级有关部门批准，有出口产品的企业都可按照国家规定取得外汇分成，这笔钱可以用于在国际市场上购置企业必要的原材料和设备。这些措施将有利于克服企业产销脱节现象，并促使企业积极生产新产品和可以赚取外汇的产品，并努力提高商品在国际市场上的竞争力。

第六，企业在分配上有必要的独立自主权。企业有责任和义务按期缴纳各种税金和应上缴的利润，企业由于经营得好而得到的超额利润，应有更多的部分留给企业。留归企业的利润，企业有权按照国家规定自行处理。职工有权分享一部分利润。经营管理好、成本低、盈利多的企业，职工的工资奖金标准可以高一些，升级面可以大一些。企业基本建设所需资金逐步由企业自有资金解决。这样做，将使职工收入和企业扩大再生产同本企业经营状况直接联系起来，从而增强职工对企业生产和基本建设的关心。

这样一来，企业的经营成果就集中地表现在盈利上，盈利又同全体职工目前利益和长远利益紧密联系。企业将根据自身利益和社会的利益，主动积极地运用自己的物质条件，搞好生产经营。

二、企业进行严格经济核算的宏观条件

全民所有制企业实行财务自理、自负盈亏，给企业发展生产，改善经营提供了内部动力，使企业得以"自动化"。然而，只有为企业的活动设立一定的外部条件，才能使企业的主动性积极性经常产生对社会整体有利的结果。这就是说，要造成一种宏观经济环境，使企业的经营结果只有在对社会有利时才对企业有利，这样，企业就会主动地按照社会的利益作出经营上的决策。所谓利用价值规律的作用使企业利益和社会利益结合起来，也就是指的这样一种状况。

实行这样的严格经济核算，它的最主要的外部条件，是商品价格和税金负担的正确确定。这是第一。在企业财务自理和自负盈亏的体制下，利润是企业经营状况的集中表现，也就是企业活动合乎社会主义生产目的程度的集中表现，企业的财务状况和企业职工的物质利益都和它联系在一起。如果价格和税率规定得不合适，企业经营合理的程度不能恰当地表现出来，就会出现各行业之间苦乐不均的现象，对于企业的奖惩也就失去了客观的基础，难以做到赏罚分明。为了使企业利润能够正确地反映企业的经营状况，首先必须建立正常的价格体系。如何根据各种产品的产销特点，分别采用固定价格、浮动价格和供需双方的协定价格等形式，保证价格尽可能地反映商品的社会必要劳动耗费，如何贯彻对同等使用价值的按质论价原则保证质量好的产品有更多的收入等等，都是需要总结自己的经验和吸取别的国家的经验，慎重加以研究的课题。其次，通过对不同产品规定不同税率的办法调节企业的利润水平，也是十分重要的。由于需要运用价格政策调节供求，现在还难以做到完全按商品的价值规定价格，某些限制消费的商品如香烟，销售价格水平较高，生活必需品，如粮、油的销售价格则较低，对于前者就应该以较高的税金，对于后者则应减免。目前课征的商品流通税，是管理国民经济的主要经济杠杆之一，应当继续运用。但是目前的流通税率基本上是沿用解放初期的成例，由于情况变化，已经显得缺乏经济根据，应当按照新的情况和新的管理体制的要求进行全面的改订和调整。还可以考虑对企业

课征所得税，实行税利合一的办法把企业一部分纯收入收归国家。各行业所得税也可以按不完全相同的税率课征，用以作为引导投资方向的辅助工具。

第二，要组织原材料、燃料、电力以及其他生产资料的充分和及时的供应，保证企业有支付能力的需求能够得到满足。目前由国家统一分配物资的供应体制十分死板，缺乏必要的灵活性，严重阻碍了生产企业主动性的发挥。这种情况必须改变。应当按照商品流通的规律，在商品关系的基础上改组物资供应体制。物资供应部门也要实行企业化。可以考虑成立专门的和地区的物资供应公司，实行经济核算，自负盈亏。现在有些地区和部门利用行政权力阻碍商品的正常流通，例如，有些物资消费单位直接向生产单位购买更为合理，却规定一定要经过物资部门，物资部门只是开一张发票，却收得很高的手续费；有些地区私设检查站阻止传统向外地销售的物资外销。这些现象必须制止。

第三，在资金管理体制上，要实行信贷供应、有偿使用的原则，彻底改变行政控制、无偿占用，因而大家伸手向财政部门争资金，只想白拿投资，不负经济责任，不问经济效果的状况。不但流动资金应改为全额信贷，基本建设投资也要由拨款改为贷款。企业有权根据需要和可能提出基本建设项目，在综合平衡后，经有关部门批准后列入国家计划，改基本建设拨款为贷款，实行还本付息。这样，多占用社会资金的，就有更大的经济责任，就得多付利息，就会影响收益水平。同时要实行固定资产基本折旧返还企业的制度。和企业利润中提取的资金共同形成企业有权支配的技术改造基金。要逐步做到现有企业的基本建设投资主要靠自有资金解决，自有资金不够的，可以向银行贷款。国家可以通过利息率、税收率、利润分成比例等经济杠杆调节基本建设，督促企业搞好基本建设，提高投资效果。

第四，在企业管理体制方面，要改变对企业实行多头领导和行政机关对企业经济活动直接发号施令的做法。每个企业只能有一个主管单位。主管单位的主要责任，不是对企业的日常经济活动进行干预，而是在专业方向、远景规划、经营管理、生产技术、科学研究等方面进行指导，同时，主管单位必须对保证企业进行正常经营的外部条件承担一定的责任。要按照企业产供销的性质和范围来决定企业的隶属关系，中央部门直属企业按照国家规定向地方缴纳税金和利润，使地方经济利益同企业经营好坏挂起钩来。对地方管理的企业，中央有关部门要在发展规划、生产技术等方面给以指导和支持。要从实际出发，根据经济合理的要求，按专业化协作的原则组织全国性的或地区性的专业公司、联合公司，也可以跨行业组织综合利用资源的公司和生产技术服务、生活服务公司。所有公司必须是名符其实的经济组织，对自己的经营活动负全部责任。

第五，国家机关的基本经济职能，是维护正常的经济秩序，保证对外经济活动的协调，保持各个部门和企业的协调发展。要健全经济立法，设立经济法庭，仲裁企业之间争议，对违反社会主义法律和经济合同的行为实行制裁。计划要由下而上逐级平衡。企业制定计划的原则是以销定产，编制计划的基础是经济合同，国家计划应该建立在企业计划的基础上，克服目前那种从上而下压任务、压指标因而供需脱节、产销脱节的现象。地方国家机关要用大力量进行居民点建设，改善生活和医疗服务以及普及文化教育的工作，为劳动人民创造良好的工作和生活环境，使企业能够集中精力发展生产，改进技术，改善经营。

把以上这些概括起来，就是要为企业的生产和经营建立良好的外部条件，并且为企业之间的竞赛设立"起跑线"，使各个企业在同等的客观条件下进行竞赛，使他们集中反映在利润水平上的经营成果，只与各自主观努力有关。这样，企业要增加利润，只有一个办法，就是改善经营管理，增加生产，降低成本，改革技术，改进产品质量，而没有别的斜门歪路可走。显然，建立这样的外部条件，是一个巨大的工程，涉及经济生活各方面，需要进行通盘考虑，统筹安排，而决不是零敲碎打地实行某个或某些单项措施所能奏效的。

特别需要指出的是，我国国民经济目前还处在从林彪、"四人帮"的严重破坏中逐步恢复的过程之中，经济关系还不正常。我们还需要用三年左右进行调整，一面调整，一面前进。在这种情况下，要对管理体制进行全盘改革会遇到很大的困难。因此，目前应当加紧工作，为进行根本性的经济改革做好准备。这种准备工作举其大者有以下两端：

第一，调整国民经济的比例关系。林彪、"四人帮"十余年的疯狂破坏，造成了我国国民经济严重的比例失调。长期以来我们的计划留有"缺口"。经验证明，留有"缺口"的计划从来不是可靠的计划，在留有

"缺口"、物资供应十分紧张的情况下，任何经济改革措施都难以收到良好效果。因此，必须用落实计划指标和开展增产节约运动的办法，尽快把比例关系调整好。

第二，整顿企业，整顿经济秩序。"文化大革命"当中，经济工作秩序和企业规章制度遇到全面破坏，企业生产无定额，供销无计划，财务制度破坏殆尽，甚至计量设备都残缺不全，国民经济这部大机器更是转动失灵。在这种情况下，各种改革措施难于贯彻，一切考核办法都无从实施。因此，要抓紧完成经济战线的整顿工作，明确企业的隶属关系，严整财经纪律，建立各种规章制度和工作定额。

在大力进行调整和整顿的同时，全面经济改革的准备工作也应加紧进行。经济改革是一项极其复杂、极其艰难的工作。实现这个变革首先要在理论上原则上取得一致的认识，同时要设计各种方案进行比较和选择，还要决定实施的办法步骤等问题。这些都需要经过周密的调查研究，反复的讨论，并进行试点。在进行改革的过程中，改革方案和具体措施还要进一步接受实践的检验。在实践过程中，难免会有缺点错误，但我们要尽量少犯错误，这就要求我们像列宁一再教导的那样，"七次量衣一次裁"，既积极又慎重地做好这项工作。

三、充分发挥价值规律的作用会导致资本主义吗？

长期以来，理论界有些同志把价值规律看作是社会主义的"异己之物"，并把它和资本主义等同起来，或者认为充分发挥它的作用必然导致资本主义。有的人把它视作洪水猛兽，似乎它在历史上只是起消极作用。林彪、"四人帮"更利用这种理论上认识上的错误，制造了种种理论，胡说价值规律总是要"摆脱人的有意识有计划的控制"，"不断地诱使企业和经济部门离开社会主义生产的目的"，"产生资本主义和资产阶级"。[①]事实已经充分表明，这种理论是完全错误的，极其有害的。不肃清这些错误理论的影响，就不能充分利用价值规律的作用，改善社会主义经济

---

① 见"四人帮"在上海组织编写的《社会主义政治经济学》。

的经营管理。

从人类历史看，原始社会末期就存在商品生产，从那时起，价值规律就开始发生作用。在社会主义社会，资本主义制度消灭了，但商品生产、价值规律依然存在。既然价值规律的历史比资本主义长得多，怎么能把它们等同起来呢？在原始社会末期，在整个奴隶社会，在封建社会初期和中期，价值规律都没有导致资本主义。因此，又怎么能说价值规律必然导致资本主义呢？

在私人生产者的社会里，总的来说，价值规律是"不以生产者的愿望或努力为转移的、盲目地起作用的"。①但是，由此也决不能说价值规律没有起过积极作用。它不仅促使资本家努力发展生产，而且资本主义社会国民经济的平衡也有赖于价值规律的作用。资产阶级及其经济学家为了资本主义的利益，力图认识和利用价值规律。然而他们最终毕竟不能完全控制价值规律的作用。在社会主义制度下，人们完全有可能控制价值规律的作用，正确认识和充分利用它的作用，作为马克思主义的经济学家，有什么理由把它看作"洪水猛兽"、"野性难除"呢？

诚然，价值规律在资本主义社会里，伴随着自由竞争，带来生产无政府状态、经济危机和两极分化的后果。在社会主义制度下，价值规律是否也必然带来消极后果呢？许多同志担心充分发挥价值规律的作用会破坏社会主义计划经济，导致资本主义复辟，亦即认为价值规律在社会主义制度下也必然带来在资本主义制度下的那些消极后果。这个问题必须认真讨论。

在资本主义制度下，价值规律所以能充分发挥作用，是由于那里存在着商品生产者自由竞争的条件。在社会主义制度下，那种资本主义自由竞争当然不能照样存在也不允许照样存在。但是，却必须用社会主义竞赛来代替资本主义竞争。

需要指出的是，社会主义竞赛和资本主义竞争既有不同之处，也有共同之处。而过去我们在理论上却往往由于强调它们不同之处，而忽视甚至抹煞了它们的共同之处，从而在实际工作中堵塞了价值规律发挥作用的道路。而我们开展社会主义竞赛的一个主要内容却正是为了对价值

---

① 恩格斯：《反杜林论》，《马克思恩格斯选集》第3卷，第351页。

规律的自觉运用。

斯大林曾经说过："竞争的原则是：一些人的失败和死亡，另一些人的胜利和统治。社会主义竞赛的原则是：先进者给予落后者以同志的帮助，从而达到普遍的提高。"[①] 就社会主义竞赛和资本主义竞争的根本区别而言，这种说法无疑是正确的。但这里没有提到它们之间的共同点。列宁的提法则全面得多，他把资本主义竞争称之为"竞赛的另一种形式"，"一种特殊形式的竞赛"。他说："资产阶级经济学家总是把资本主义社会的特点和组织竞赛的另一种形式混为一谈。社会主义者从来没有抨击过这种竞赛，他们只是抨击竞争。竞争是资本主义社会所固有的一种特殊形式的竞赛，是各个生产者争夺面包、争夺市场上的势力和地位的斗争。消灭竞赛不过是消灭生产者争夺市场上的势力和地位的斗争，而决不意味着消灭竞赛。"[②] 可见列宁认为竞赛和竞争也是有共同点的。列宁还曾指出：竞争曾经"在相当广阔的范围内培植"独立的小商品生产的"进取心、毅力和大胆首创精神。"[③] 我们现在的一项重要任务就是要通过社会主义竞赛培植社会主义企业和职工的"进取心、毅力和大胆首创精神"。

鉴于我们现行的经济管理体制和领导方法不利于发挥企业和劳动者的积极性，有些同志提出社会主义公有制经济"也可以允许竞争，以避免一潭死水，缺少活力。"我们认为这种意见在原则上是正确的，但可以称之为竞赛而无须称之为竞争，因为竞赛就包括了竞争中我们所需要的那些因素，而又和资本主义竞争划清了界限。

我们主张在企业之间开展竞赛以充分发挥价值规律的作用，这样做会不会像有些同志所担心的那样，必然导致生产无政府状态，破坏社会主义计划经济呢？我们认为不会。

我们的主张是以坚持社会主义公有制为前提的。前面我们曾设想了让价值规律充分发挥作用的社会主义经济管理体制，在这种管理体制下企业实行自负盈亏，但并不影响它的全民所有制性质。在社会主义全民所有制的基础上，存在着国民经济有计划地按比例发展的可能性，而决

① 斯大林：《群众的竞赛和劳动热情的高涨》，《斯大林全集》第 12 卷，第 99 页。
② 列宁：《〈苏维埃政权的当前任务〉一文的初稿》，《列宁全集》第 27 卷，第 189 页。
③ 列宁：《怎样组织竞赛?》，《列宁选集》第 3 卷，第 392 页。

不像资本主义制度那样存在着生产无政府状态的必然性。

我们的主张也是以坚持社会主义计划经济为前提的。从社会主义生产是商品生产这一无可争辩的前提出发，我们主张社会主义国民经济计划既要以社会主义基本经济规律和国民经济有计划按比例发展规律为依据，也要以价值规律为依据，要改进现行计划管理体制和方法以充分发挥价值规律的作用。这样做，才是按照客观经济规律办事，才能搞好社会主义计划经济，更好地发挥它的优越性。因此，决不能把充分发挥价值规律的作用看成是必然削弱或取消社会主义计划经济。

我们主张开展企业之间的竞赛以充分发挥价值规律的作用，这会不会像有些同志所顾虑的那样导致两极分化、产生资本主义和资产阶级呢？我们认为也不会。

在企业之间开展竞赛，是会使有些落后的企业淘汰的。例如，现在有些企业由于经营管理太差，不仅不能提供利润，而且职工工资也要依靠其他企业的利润来开支；有些企业由于技术过于落后，产品成本高，质量差，甚至生产出来的是废品，白白浪费原料、动力；有些企业由于盲目经营，产品不为市场所需要，严重积压。在竞赛中，由于价值规律的作用，这些企业或则通过改善经营管理、提高生产技术、改变生产方向等措施，生产社会所需要的产品，并为社会提供积累，或则被社会所淘汰。当然，在竞赛中社会和国家应该努力帮助落后的企业，使它们向先进企业看齐，但是，淘汰那些长期过分落后的企业也是必要的。否则，就是让它们坐吃社会主义，浪费社会财富。目前我们对一些经营管理极其落后的企业采取停产整顿的办法，虽然还是行政领导机关决定，价值规律只起很有限的作用，也较之盈利亏损一个样的"铁饭碗"要好。

在有些同志的心目中，淘汰落后企业是和社会主义劳动竞赛不相容的。因此，哪怕是最落后的企业，只要建立了，国家就要把它包下来，包到底。这样，名义上虽然说开展竞赛，却由于这种竞赛并无经济意义而取消了竞赛。在大炼钢铁中，许多小高炉不仅消耗大，产品质量差，甚至是把有用的使用价值变成无用的东西。这种情况，如果真的开展竞赛，在商品生产的基础上，让价值规律促进生产，是决不可能存在的。但至今此类现象也还存在着，有些早该淘汰的企业仍旧由国家背着，成为全社会劳动人民的沉重包袱。这就说明，那种认为社会主义竞赛绝对不允许淘汰落后企业的观点，是不符合科学社会主义的。

社会主义竞赛中有些企业被淘汰，这不和资本主义竞争中有些企业破产一样吗？类似之处是有的。但两者又有根本区别。在资本主义社会制度下，竞争的结局当然也取决于经营管理的好坏，但最主要的还是取决于资本的规模和剥削的程度。在社会主义制度下，竞赛的胜负则完全取决于经营管理的好坏。在资本主义制度下，企业破产后，就会被竞争的胜利者吞并，企业的主人也会贫困，沦落，处于任人宰割的地位，甚至无法活下去；在社会主义制度下，企业被淘汰后，领导人虽然要负经济和法律的责任，但全体职工（包括企业领导人在内）作为社会所有的生产资料的主人，仍然享有公民的基本物质保证，并会由社会安排劳动和工作，不会贫困破产，不会遭受剥削。这里的根本区别在于：社会主义制度消灭了生产资料私有制，劳动力已不再是商品，不再允许剥削存在。因此，竞赛和价值规律的作用即使会使有些过分落后的企业被淘汰，也不会产生资本主义社会那种两极分化的后果。

由于我国当前生产力水平比较低，就业问题还没有完全解决，因此，企业淘汰后，有些职工的就业在实际上还存在问题。这就需要劳动部门和其他有关部门做好工作，要广开生产门路，成立劳动服务公司，安排调剂好劳动力的使用，保证被淘汰企业职工有就业的机会。

在开展竞赛中，企业之间职工的收入将会产生差别，经营管理好的企业，职工的平均收入会多一些，经营管理差的企业，职工的平均收入会少一些。在企业自负盈亏的情况下，这种差别还可能相当大。能不能把这种情况称之为两极分化呢？也不能。因为，这种收入上的差别，既非占有生产资料的结果（都是生产资料全民所有制），更非剥削的结果（企业之间决不允许剥削），而是各个企业集体劳动好坏的结果。随着整个社会主义经济的普遍高涨，所有企业职工的收入也会普遍提高，因此这种差别又是全体职工共同富裕过程中收入上的差别。这种收入上的差别将促使各个企业及其职工不断改善经营，提高劳动生产率，发展生产。

说在社会主义制度下充分发挥价值规律的作用没有导致生产无政府状态和两极分化的必然性，并不是说它不可能带来任何消极后果，我们的任务正在于认识引起这些消极后果的原因，并采取措施尽量防止和克服它们。

　　恩格斯曾经说过：一旦实现了生产资料公有制，"社会生产内部的无政府状态将为有计划的自觉的组织所代替"。"人们自己的社会行动的规律，这些直到现在都如同异己的、统治着人们的自然规律一样而与人们相对立的规律，那时将被人们熟练地运用起来，因而将服从他们的统治。""一直统治着历史的客观的异己的力量，现在处于人们自己的控制之下了。只是从这时起，人们才完全自觉地自己创造自己的历史；只是从这时起，由人们使之起作用的社会原因才在主要的方面和日益增长的程度上达到他们所预期的结果。这是人类从必然王国进入自由王国的飞跃。"① 恩格斯那时设想，一旦社会占有了生产资料，商品生产就将被消除。这一预见未能为历史的发展所证实。然而，并不能因而否定恩格斯这番话的正确性。在社会主义制度下，由于劳动者成了生产资料的主人，成了社会的主人，他们就有可能自觉地运用价值规律和其它社会主义经济规律来创造自己的历史，使这些规律服从自己的统治。当然，认识和利用这些规律需要有一个过程，在这个过程中，有些错误是难免的。而我们已经付出了过重的代价，并取得了丰富的经验教训。让我们认真总结这些经验教训，学会熟练地运用价值规律，早日从必然王国进入自由王国吧！

----

　　① 恩格斯：《反杜林论》，《马克思恩格斯选集》第 3 卷，第 323 页。

加强思想政治工作，把精神鼓励和物质鼓励结合起来*

在全党和全国工作的着重点转移到社会主义现代化建设上来的今天，加强思想政治工作，把精神鼓励和物质鼓励结合起来，充分调动广大群众的社会主义积极性，对于实现四个现代化的伟大事业，具有十分重要的意义。

为了搞清楚这个题目，我们首先需要分析物质鼓励和思想政治工作的必要性和作用，然后再把物质鼓励和思想政治工作综合起来进行考察。这样，我们就需要讲三个问题：①物质鼓励的作用。②思想政治工作的必要性。③必须把精神鼓励和物质鼓励结合起来。

第一个问题：物质鼓励的作用。

在"四人帮"横行时期，谁要提倡物质鼓励，就会被扣上修正主义的帽子。"四人帮"这种历史唯心主义的谬论现在已经受到了批判。但是，决不能认为"四人帮"的流毒已经完全肃清了。现在仍然有一部分企业的领导干部在贯彻物质鼓励原则方面心有疑虑或者叫心有余悸。所以，阐明物质鼓励的作用，是完全必要的。

在社会主义阶段，究竟为什么要有物质鼓励呢？它起着哪些作用呢？

在半殖民地半封建的旧中国，劳动者为剥削者劳动，劳动被看作是下贱可耻的事情；到了社会主义的新中国，劳动者是为自己为社会劳动，

---

* 汪海波、周叔莲合著。本文为 1980 年 1 月中央人民广播电台举办的《企业管理问题广播讲座》写的专稿，原载《社会主义经济问题初探》，湖南人民出版社，1981 年 11 月版。

劳动成了光荣豪迈的事业，有一部分先进分子已经不同程度地树立了共产主义的劳动态度。但是就大多数劳动者来说，劳动还仅仅是谋生的手段，不像共产主义社会那样，已经成为生活的第一需要。正是这种社会主义的劳动性质决定了要充分调动劳动者的积极性，使他们各尽所能地为社会劳动，除了精神鼓励以外，还必须有物质鼓励。物质鼓励起着四种作用：

1. 保证的作用。在一切社会制度下，劳动者为了维持和再生产自己的劳动力，都需要一定的生活资料基金，比如，粮食、衣服、住房等等。马克思把这种生活资料基金又叫做劳动基金。[①] 在社会主义制度下，这种劳动基金是社会或者集体支付给劳动者的劳动报酬的一个组成部分。劳动者的劳动力再生产费用就是由这种劳动报酬支付的。这是笼统地就全体劳动者来说的。就各部分劳动者来说，由于他们提供的劳动量不一样，他们需要的劳动基金也是不一样的。有的劳动者提供的劳动数量比较多，质量比较高，自然，他们需要的劳动基金也就会多一些。虽然，在社会主义制度下，复杂劳动的培养费用大部分由社会承担了。但是，劳动者自己也承担了一部分，并且付出了艰辛的劳动。因此，劳动报酬也应该高一些。有的劳动者提供的劳动数量比较少，质量比较低，他们需要的劳动基金也会少一些，劳动报酬也就应该低一些。这就告诉了我们，只有正确地贯彻按劳分配，实行物质鼓励原则，才能满足不同类型的劳动者在劳动基金方面的不同需要，为他们各尽所能地为社会劳动提供物质保证。在我国社会主义建设的现阶段，这种物质保证的作用，显得特别重要。这是因为，我国原来的底子薄，社会生产力发展水平不高，人口又多，我们实行的又是低工资政策；再加上林彪、"四人帮"进行了长达十年的破坏，广大职工不仅长期没有得到正常的升级，就是实际工资也有所下降。所以，总的说来我们的工资水平是低的。这样，劳动者享用的消费资料中，生活资料占很大的比重，享受资料和发展资料只占很小的比重。据统计，1975 年全国消费品零售总额中，吃的占 52.6%，穿的和用的加起来只占 42.9%，[②] 在这种情况下，如果不能正确贯彻物质鼓励

---

① 马克思：《资本论》，《马克思恩格斯全集》第 23 卷，第 623 页。
②《人民日报》1978 年 6 月 24 日。

原则，就会使得那些提供劳动数量比较多的劳动者在劳动基金方面的需要得不到相应的满足，他们的劳动耗费得不到正常的补偿，不利于劳动力的再生产，也有损工人的健康。前些年我国有的冶金企业中，由于温度高、劳动强度大、体力消耗快，但是劳动报酬低，劳动力的支出得不到相应的补偿，劳动力的更替过程加快了。另外，为了实现党在新时期的总任务，又迫切需要提高广大职工的科学文化水平。从这方面说，如果不能正确贯彻物质鼓励原则，使那些提供劳动质量比较高的劳动者得不到正常的补偿，就不利于广大职工技术和业务水平的提高。

2. 促进的作用。贯彻按劳分配，实行物质鼓励原则，必须坚持多劳多得，少劳少得的原则。多劳多得，首先是劳动者多劳，为国家或者集体多作贡献，其次才是多得；而多得的首先又是国家或者集体，其次才是劳动者自己。少劳少得，首先是劳动者少劳，对国家或者集体的贡献少，其次才是少得；而少得的首先也是国家或者集体，其次才是劳动者自己。所以，社会主义按劳分配原则本身就兼顾了国家、集体和个人三方面的利益，它是按照先国家、集体后个人的原则把三方面利益兼顾起来的一把尺子。这把尺子非常恰当地适应了社会主义劳动性质的要求，能够充分地调动劳动者的社会主义积极性，促使他们各尽所能地为社会劳动。

3. 榜样的作用。贯彻按劳分配，实行物质鼓励原则，就能使得那些提供劳动数量比较多、质量比较高的劳动者，获得比较高的收入，有比较高的生活水平，使得他们先行富裕起来，这就成为一种榜样的力量，带动广大劳动群众积极为社会劳动。有人担心，这会造成两极分化。其实这种顾虑是多余的。因为，这不是阶级剥削形成的贫富差别，它是由劳动差别形成的生活水平的差别，因此，不会造成富者愈富、贫者愈贫的两极分化，相反，随着国民经济的发展，所有劳动者的生活将会共同提高，当然富裕程度还是有差别的。山东省长岛县的实践就证明了这一点。在"四人帮"极左路线的影响下，这个县曾经把富裕社队的社员收入水平控制在一个固定的水平上。粉碎"四人帮"以后，他们取消了这个违反物质鼓励原则的不合理的限制。但是社队之间的收入水平的差距，不是扩大了，而是缩小了。1974 年这个县的社员平均收入水平最低的公社比最高的公社少 91 元，比全县平均水平也少 48 元：1977 年取消限制以后，到 1978 年，上面两种差距分别从 91 元和 48 元缩小到 80 元和 25 元。① 这个事实也显示了榜样力量在促进生产发展方面的重要作用。

4. 巩固的作用。前面谈到的物质鼓励的保证作用、促进作用和榜样作用，能够使劳动者的积极性稳定地持久地保持下去。应该看到：思想政治工作，精神鼓励，在提高劳动积极性方面，也有重要的作用。但是，如果单靠这一点，劳动积极性是不能持久的。这已经为实践证明了。

前面谈到物质鼓励的四个方面的作用，不仅对一般的劳动群众是有效的，就是对企业的领导干部也是适用的。曾经流行着一种看法，认为对领导干部不需要强调物质鼓励的作用。当然，一般说来，领导干部应当比群众有更高的觉悟和更好的劳动态度。但是如果认为他们当中的多数人都已经把劳动看成了生活的第一需要，那是不符合实际情况的。因此要充分调动他们经营管理企业的积极性，也必须实行物质鼓励。当前，我国企业管理落后的原因是多方面的，但是，没有对企业领导干部实行严格的物质上的奖惩制度，显然也是一个重要原因。

物质鼓励的作用，既是对劳动者个人说的，也是对企业劳动者集体说的。事情很清楚：企业劳动者集体就是由许多劳动者个人组成的；这样，不仅各个劳动者个人提供的劳动数量和质量有差别，就是企业劳动者集体也是有差别的。因此，要充分调动企业劳动者集体的积极性，也必须实行物质鼓励，把劳动者的收入水平和企业的经营状况联系起来。就是说，经营好的企业，劳动者的收入水平应该高一些；经营差的企业应该低一些。四川省扩大企业自主权试点的经验已经证明了这一点。1979 年上半年，四川省工业产值比 1978 年同期增长了 9%，84 个试点的地方工业企业增长了 15.1%；全省地方工业企业实现利润比 1978 年同期增长了 171%，而 84 个试点企业却增长了 26.2%。② 取得这种显著的效果，原因当然很多，但是最主要的一个原因，就是通过试点，初步地在一定程度上把国家、企业和个人三方面的物质利益结合起来，使企业开始具有主动关心生产发展的内在的经济动力，比较好地发挥了企业这个集体的积极性。按照四川省的试点办法规定，企业在全面完成国家下达的八

---

① 《人民日报》1979 年 2 月 19 日。
② 《光明日报》1979 年 7 月 28 日。

项经济技术指标和供货合同的条件下，可以按计划利润的 5% 提取企业资金；在完成产量、品种、质量、利润四项指标和供货合同的条件下，可以按计划利润的 3% 提取企业基金，在这个基础上，每多完成一项指标，增提 0.5%；没有完成四项指标和供货合同的，不提取企业基金。另外，按照各个产业的不同情况，企业还可按不同比例从超计划利润中提取企业基金。在企业基金中，可以有一个相当的部分用于职工的奖励和集体福利。正是企业的这种物质利益，调动了企业的积极性。

总结上面讲的内容，就可以看到：①社会主义的劳动性质，决定了物质鼓励的必要性。②物质鼓励起着保证、促进、榜样、巩固四个方面的作用。

下面讲第二个问题：思想政治工作的必要性。

在揭批 "四人帮" 的斗争中，人们着重地批判了 "四人帮" 反对物质鼓励的历史唯心主义观点，强调了物质鼓励在调动劳动者积极性方面的作用；同时，党和政府在恢复和发展遭到严重破坏的经济的困难条件下，还尽可能地提高了一部分职工的工资，并且正在恢复和完善各种社会主义劳动报酬形式，比如实行计件工资，恢复奖金制度，建立企业奖励基金，等等。在这种情况下，有些同志产生了一种错觉：好像调动劳动者的积极性，只要贯彻按劳分配，实行物质鼓励就够了，思想政治工作，精神鼓励，成了无足轻重、甚至可有可无的事情。这显然是一种片面的看法。

那么，为了调动劳动者的积极性，为什么还要加强思想政治工作呢？为什么还要精神鼓励呢？

在社会主义制度下，劳动者已经摆脱了被剥削被压迫的地位，成为社会生产的主人。社会主义生产的目的也不再是为了剥削者的需要，而是为了满足整个社会日益增长的物质生活和文化生活的需要。社会主义的按劳分配原则同资本主义社会的 "劳者不获、获者不劳"[①] 的情况有根本的区别。在社会主义制度下，劳动者之间虽然也存在着矛盾，但是根本利益是一致的，不存在资本主义社会那样的阶级对抗。社会主义社会发展的前景是无限美好的共产主义社会。这些就是激发劳动者的社会主

---

① 马克思、恩格斯：《共产党宣言》，《马克思恩格斯选集》第 1 卷，第 267 页。

义积极性的客观条件。但是，劳动者并不能自发地从本质上充分地认识社会主义经济制度的这些优越性。要达到这一点，就必须通过思想政治工作，用马克思主义的科学理论教育劳动者，武装劳动者。也就是要向广大群众灌输马克思主义。

这是因为，第一，一切事物的本质，并不像它的现象那样容易被人们认识。客观存在的社会主义生产关系的本质也是这样。要认识这种本质，就要掌握马克思主义政治经济学的科学理论。

比如，从本质上说，社会主义经济制度能够容纳的社会生产力的高度，比资本主义将要高得多，劳动者的生活水平，也会大大超过资本主义能够达到的水平，这是肯定无疑的。但是由于我国原来的底子薄，人口多，工作中也发生过错误，特别是由于林彪、"四人帮"进行长期的破坏，最后把我国的国民经济拖到了崩溃的边缘，使我国社会主义经济制度的优越性没有充分地发挥出来，以致使得我国当前许多经济技术指标和人民生活水平还远远落后于发达的资本主义国家。这显然是一个短暂时期的现象。当然，要根本改变这种状况，也需要几十年的时间。但在社会主义社会发展史上，几十年的时间也是一个短暂的时期。有人被这种短暂时期的现象迷惑了，对社会主义经济制度的优越性产生了怀疑，有的人甚至对社会主义必然战胜资本主义的信念也发生了动摇。面对这种情况，当前思想政治工作的一项重要任务，就是要依据马克思主义政治经济学的理论，宣传社会主义经济制度对于资本主义经济制度的巨大优越性，帮助人们坚定对社会主义制度的信心，激发大家的社会主义积极性。

再比如，社会主义工资和资本主义工资是有本质区别的。资本主义工资是劳动力商品的价格，反映的是资本家对雇佣工人的剥削关系。社会主义工资是体现按劳分配原则的社会主义劳动报酬的主要形式，反映的是劳动者和社会主义国家之间的关系，是劳动者之间的"劳动平等和工资平等"[①]的社会主义互助合作关系。但是在现象上，社会主义工资同资本主义工资表现得差不多。就是说，它也表现为工人为社会劳动以后，从他的"雇主"也就是国家那里领得的"报酬"，"表现为对一定量劳动

---

① 列宁：《国家与革命》，《列宁选集》第3卷，第256页。

支付的一定量货币"。① 这种形式就掩盖了社会主义工资的本质，使一些只从现象上看问题的人以为，在旧社会是干活拿钱，在新社会还是干活拿钱，这样，就使这些人不能把自己看作是社会生产的主人，相反，把自己看作国家的"雇员"。面对这种情况，思想政治工作的任务就是要宣传社会主义工资和资本主义工资的根本区别，促使工人群众以主人翁的姿态积极地对待社会主义的劳动。

工资这种形式还使一些人以为，自己取得的个人消费品数量只决定于工资的多少。因此，他们首先关心的不是整个社会经济的发展，而是过多地计较个人劳动报酬的多少。其实，工人得到的个人消费品数量不仅决定于工资的多少，首先决定于社会生产的发展和社会劳动生产率的提高。如果社会生产发展了，社会劳动生产率提高了，物价就可能下降，这样，即使工资不变，工人获得的个人消费品数量仍然是可以增长的；相反，如果社会生产和社会劳动生产率下降了，物价就可能上升，这样，即使是工资增加了，工人得到的个人消费品数量仍然可能减少。思想政治工作的任务，就是要说明工人得到的消费品数量和社会生产、社会劳动生产率这种本质的联系，促使他们不要首先计较个人报酬的多少，而要积极关心整个社会经济的发展，考虑如何能够为社会提供数量更多、质量更高的劳动。

在社会主义条件下，所以要加强思想政治工作的第二个原因是：在社会主义制度下，国家集体和个人的利益在根本上是一致的，但是也存在着矛盾。这种矛盾是经常发生的。如果劳动者不能正确认识和处理这种矛盾，也会妨碍他们认识社会主义制度的优越性，妨碍他们劳动积极性的发挥。思想政治工作就是要教育劳动者认识这种根本利益的一致性，自觉地使个人利益服从集体利益，保证他们积极地为社会劳动。

社会主义的积累和消费的关系，就是这种矛盾表现的一个方面。在社会主义制度下，积累和消费的关系在根本上是一致的，就是说，积累是为了扩大再生产，生产又是为了提高人民的生活。但是也是有矛盾的。在某个时期内，在一定的国民收入情况下，用于积累的部分多了，用于消费的部分就会少一些，人民的生活就会受到影响。

① 马克思：《资本论》，《马克思恩格斯全集》第23卷，第585页。

　　就我国当前的情况来看，由于林彪、"四人帮"的长期破坏，再加上工作中的缺点和错误，形成了积累率过高、积累和消费的比例关系严重失调的局面。这就需要适当地降低积累率，只有这样，才能提高人民的生活。但是也应该看到：当前我国的底子仍然很薄，由于林彪、"四人帮"的破坏，在经济上还存在着严重的困难，又面临着实现现代化的任务。这些就给这个矛盾的解决，带来了某些特殊的困难。况且在农、轻、重的比例关系已经遭到严重破坏的条件下，积累率也难以一下子降得很多，这也需要一个过程。因此当前在发展生产、提高生活的同时，还必须抓紧对劳动者进行集体主义和艰苦奋斗的教育，使他们自觉地把个人利益服从集体利益，把眼前利益服从长远利益，积极地为"四化"做贡献。

　　第三，在我国社会主义建设的现阶段，作为阶级的地主阶级和富农阶级早已消灭了，作为阶级的资产阶级也已经不再存在了。这些阶级当中有劳动能力的人，绝大多数现在已经改造成为自食其力的劳动者。但是，应该看到：封建主义和资产阶级的思想影响还严重存在，特别是封建主义的和小生产的传统和习惯渗透到了社会生活的各个方面。另外，在现阶段我国社会中，还存在着反革命分子、敌特分子、各种严重破坏社会主义秩序的犯罪分子、蜕化变质分子和贪污盗窃、投机倒把的新剥削分子；还存在着"四人帮"的某些残余、没有改造好的极少数旧剥削阶级的某些残余。这"五种分子"和"两种残余"的人数是很少的，但是他们对劳动人民思想的腐蚀还是不可低估的。

　　由于剥削阶级思想的影响，特别是由于林彪、"四人帮"极左路线和反动思想体系的影响，当前存在着两种错误的思潮：一种思潮是从右的方面公开地怀疑或者反对四项基本原则，就是怀疑或者反对社会主义道路、无产阶级专政、党的领导和马克思主义；一种思潮是从"左"的方面怀疑或者反对党的十一届三中全会，这实际上也是怀疑或者反对四项基本原则，因为三中全会的精神正是体现了四项基本原则的。显然，这两种错误思潮都是干扰三中全会精神的贯彻的，都是阻碍党的工作重点的转移的，自然，也就妨碍了劳动者的社会主义积极性。因此当前的思想政治工作就要加强坚持四项基本原则的教育，批判这两种错误思潮，特别要着重批判那股"左"的错误思潮，这是因为，"左"的思潮有更大的欺骗性和危险性。

由于剥削阶级思想的影响，当前有的企业领导干部对企业实行封建家长式的领导，无视工人群众在管理企业方面的民主权利；有的企业领导干部利用职权，多吃多占，侵占工人群众的集体劳动成果。这些也会影响工人群众的劳动积极性。所以，在这方面做好干部的思想教育工作，不仅有助于提高干部的觉悟，改正错误，增强他们搞好企业管理的责任心，还有利于发挥工人群众的劳动积极性。这也说明：那种认为思想政治工作只是对工人的、不是对干部的看法，是片面的，也是有害的。

最后，在讲到思想政治工作的必要性和它的作用的时候，还要着重指出一点：贯彻按劳分配原则，实行物质鼓励，在改造剥削阶级的不劳而获的思想方面，在形成劳动光荣的社会风尚方面，都起着重要的作用。但是，按劳分配原则本身并没有完全"超出'资产阶级权利的狭隘眼界'"。① 所以，单靠贯彻按劳分配原则，不能在劳动群众中树立起共产主义劳动态度。这就必须对劳动群众进行共产主义教育。这种教育也是思想政治工作的一项极重要的内容。这种教育不管对将来向共产主义过渡，还是对加速当前的社会主义建设，都是十分必要的。因为在我国建设社会主义，是一项极其艰巨的伟大事业，它要求人们有忘我的劳动热情。要做到这些，没有共产主义教育，是根本不可能的。

最后讲第三个问题：必须把精神鼓励和物质鼓励结合起来。

我们在前面分别讲了物质鼓励和思想政治工作的必要性和作用，这实际上也就从一个方面说明了必须把精神鼓励和物质鼓励结合起来。因为前面的分析说明：不管是贯彻按劳分配，实行物质鼓励，还是做好思想政治工作，进行精神鼓励，都可以调动劳动者的社会主义积极性，物质鼓励是从物质利益的关心方面来调动劳动者的积极性，精神鼓励是从提高劳动者的思想觉悟方面来调动劳动者的积极性。这两方面各有特点，不能互相代替。正因为这个原因，所以，要提高劳动者的积极性，就必须把精神鼓励和物质鼓励结合起来。但是同时也要明确：要调动劳动者的社会主义积极性，从根本上说来，还是要依靠社会主义的物质利益，还是要贯彻物质鼓励原则。

现在我们再从物质鼓励和精神鼓励互为条件、相互依存方面，进一

---

① 列宁：《国家与革命》，《列宁选集》第3卷，第254页。

步说明这种结合的必要性。

应该肯定：在社会主义制度下，精神鼓励在提高劳动积极性方面具有独特的作用。这正是社会主义制度优越性的一个重要方面。但是它能够这样，归根结底还是由于存在着社会主义经济制度，是由于存在着社会主义的经济利益。比如，在贯彻按劳分配原则的过程中，思想政治工作的一项重要任务，就是要提倡以国家、集体和个人利益相结合的原则为一切言论行动标准的社会主义精神。能够这样做，就是因为按劳分配这种客观存在的社会主义经济关系，已经把国家、集体和个人三方面利益结合起来；必须这样做，因为这正是贯彻按劳分配原则的要求。从这些方面来说，如果不承认按劳分配，那这里讲的思想政治工作就会成为无源之水，无本之木！这是讲的思想政治工作对按劳分配、对物质鼓励的依赖方面。这虽然是问题的一个方面，但是它是任何时候都不应该忽视的基本方面。

另一方面，贯彻按劳分配，实行物质鼓励，也是要思想政治工作来作保证的。前面我们已经说了，在我国社会主义建设的现阶段，资本主义的思想，特别是封建主义的和小生产的思想的影响还是很广很深的。按劳分配原则是社会主义生产关系的一个组成部分，是社会主义经济基础的一个组成部分，它当然不可能是产生这些旧的上层建筑残余的原因。但是在贯彻按劳分配原则的过程中，这些旧思想往往会明显地反复地暴露出来。比如，在实行计时工资的场合，常常见到出工不出力的情况；在实行计件工资的场合，又往往出现只顾产品数量、不顾产品质量的现象。要克服这种现象，固然需要加强劳动管理，同时也需要加强思想政治工作。不做思想政治工作，不排除这些旧思想的干扰，按劳分配原则就很难得到正确的贯彻。

就当前的情况来看，在贯彻按劳分配原则的过程中，特别需要注意排除绝对平均主义思想的干扰。因为，第一，由于林彪、"四人帮"的破坏，多年来广大职工很少进行正常的升级，使得工资方面存在着严重的平均主义现象。据一些企业的典型调查，在工人中，1958~1960年参加工作的，基本上是四级工和三级工；1961~1966年参加工作的，基本上是三级工；1967年以后参加工作的，基本上是二级工。这种情况不仅在工人群众中普遍存在，就是在管理人员和工程技术人员中也都存在着类似的情况。这样，在同一工资等级的职工中，尽管技术、业务水平和劳动贡献有很大的差别，但是工资等级都是一个样。从这方面来说，体现按劳分配原则的计时工资制已经受到了很大的破坏。体现按劳分配原则的一些比较好的形式，比如计件工资、奖金和企业奖励基金，等等，曾经一度全盘取消。这样，在各个劳动者之间就存在着干多干少一个样，干好干坏一个样的情况，在各个企业之间也存在着经营好坏一个样、盈利亏本一个样、利润多少一个样的情况。粉碎"四人帮"以后，已经提高了一部分职工的工资，计件工资、奖金和企业基金正在逐步恢复和完善。但是并没有完全改变上面谈到的平均主义严重存在的状况。第二，中国曾经是一个经历了几千年封建社会的国家。1840年以后，逐步过渡到了半殖民地半封建社会，但是封建主义的土地所有制仍然在旧中国占了统治地位。我们知道，分散的个体生产，就是封建统治的经济基础。所以，这种小生产在旧中国是占优势的。这样，小生产的绝对平均主义思想就有很广很深的影响。直到目前这种思想还严重存在。粉碎"四人帮"以后，有些单位提工资的经验，特别是恢复奖金制度的经验，充分地证明了这一点。从问题的本质来说，奖金本来应该是职工提供的超额劳动报酬，就是超过平均水平以上的劳动的报酬。但是有些单位分配奖金的时候，不是依据职工提供的超额劳动的多少，而是搞"一人一勺"的平均分配；有的单位把奖金分成不同的等级，但是等级差别又太小，不能反映职工提供的超额劳动的差别；有的单位奖金等级差别虽然不小，但是搞什么头奖"轮流坐庄"，这个月甲拿，下个月乙拿。上面这些情况表明：要真正地全面地贯彻按劳分配原则，就必须彻底克服目前在各个劳动者之间和各个企业之间存在的平均主义。要达到这一点，从根本上说来，自然需要结合国家经济管理体制的改革，进行劳动工资方面的改革。但是同时需要加强劳动管理工作和思想政治工作。不做深入细致的思想政治工作，不坚决克服目前严重存在的平均主义，贯彻按劳分配，实行物质鼓励，就是没有保证的。

我国30年来社会主义建设的实践也反复证明：要充分调动劳动者的社会主义积极性，就必须加强思想政治工作，把精神鼓励和物质鼓励结合起来。

在国民经济恢复时期和第一个五年计划时期，随着官僚资本主义的消灭、民族资本主义工商业的改造和社会主义公有制的建立，改革了半殖民地半封建社会留下的工资制度，建立了社会主义的工资制度。在工人中实行了八级工资制，在干部中实行了职务等级工资制，还普遍采用了计件工资制、奖金制这些社会主义的劳动报酬形式。在农村，在农业合作化的基础上，按定额记工评工记分等劳动报酬形式也建立了起来。同时党又把在革命根据地长期形成的优良的政治工作传统运用到建设当中来，加强了对劳动者的思想政治教育。这就比较好地贯彻了精神鼓励和物质鼓励相结合的原则，大大地提高了劳动者的积极性，成为这个时期国民经济迅速恢复和发展的强有力的推动力量。工业总产值，1952 年比 1949 年增长了 144.9%，1957 年又比 1952 年增长了 128.4%。在同一时期，农业总产值分别增长了 48.5%和 24.7%。[①]

1958 年陈伯达、张春桥鼓吹"不讲究什么物质利益"的反动谬论，提出"彻底破除资产阶级法权"，不要按劳分配原则的反动口号，大刮"共产风"，使得工业中的计件工资制、奖金制和农业中的劳动报酬形式遭到了严重的破坏；有的生产部门实行了平均主义的供给制或者半工资、半供给的制度。同时，党的思想政治工作也大大削弱了。特别是在农村的某些地区，在大刮"共产风"的同时，"强迫命令风"也曾经盛行一时。这就极大地伤害了劳动群众的社会主义积极性，使我国的国民经济的发展遭受了严重挫折。

1961 年以后，在党中央的领导下，上面谈到的受到破坏的各种社会主义劳动报酬形式和党的思想政治工作逐步得到了恢复，这样，劳动者的积极性又重新走向高涨。这是国民经济调整时期生产能够迅速恢复和发展的一个极为重要的因素。

在 60 年代中期以后，由于林彪、"四人帮"的破坏，工业中的计件工资制、奖金制和农业中按定额记分制差不多都废除了；计时工资也因为长期不进行正常的升级，在很大的程度上没有体现按劳分配原则，搞平均主义；评工记分名存实亡。在这个时期，尽管林彪、"四人帮"把"政治挂帅"的口号叫得震天价响，但是在实际上，不仅是按劳分配原则被践踏得不成样子，就是党的思想政治工作也被破坏得不成样子。这个时

[①]《伟大的十年》，人民出版社 1959 年版，第 77、104 页。

期的劳动者的积极性遭到了扼杀，使整个国民经济走到了崩溃的边缘。

粉碎"四人帮"以后，在党中央的领导下，各种社会主义劳动报酬形式正在得到恢复和完善，党的优良的政治工作传统也在逐步恢复和发扬，激发了劳动者的积极性，促进了国民经济的恢复和发展。工业总产值1977年比1976年增长14.3%，1978年又比1977年增长13.5%。农业总产值1978年比1977年增长8.9%。

我们完全可以预期：在有了30年实践经验（包括正面的经验和反面的教训）的基础上，精神鼓励和物质鼓励相结合的原则，今后将会得到更好的贯彻，成为调动劳动者的社会主义积极性的一个基本要素，成为加速实现社会主义现代化的强有力的推动力量。

一部有现实意义的经济著作*
——介绍薛暮桥新著《中国社会主义经济问题研究》

薛暮桥同志的新著《中国社会主义经济问题研究》（以下简称《研究》），最近已由人民出版社出版。这是我国学术界近年来一部理论同实际结合的研究我国社会主义经济问题的重要著作。

《研究》阐述了国民经济计划管理中高速度和按比例的关系，总结了这方面的经验教训，对一些主要比例关系问题提出了原则性的意见。

社会主义国家的国民经济计划，必须保证国民经济高速度按比例地发展。这一点说起来简单，做起来不那么容易。社会主义要求生产高速度发展。但是，发展生产不仅要考虑需要，也要考虑可能。既要高速度，又要按比例。第一个五年计划时期，比例比较适当，生产发展速度较高，人民生活有显著改善。1958 年头脑发热，要求这一年钢产量翻一番，达到 1070 万吨，粮食产量达到 7000 亿斤。经过苦干甚至蛮干，钢产量实际只达到 800 万吨，粮食产量只有 4000 亿斤。1959 年又提出更高的指标，钢产量要求达到 1800 万吨，粮食产量要求达到 5500 亿斤（8 月份调整数字）。结果这一年钢产量只达到 1300 多万吨，粮食产量不但没有上升，反而显著下降。这本应及时调整比例关系，但并没有这样做。1960 年仍然要求钢产量上升到 1800 万吨，以致农业生产继续下降，造成国民经济比例严重失调，1961 年开始重工业也显著下降。这个历史经验说明，高速度必须以按比例为前提，速度过高就有可能比例失调，最后不能不掉下

* 原载《人民日报》1980 年 2 月 21 日。

来，结果是欲速则不达。

社会主义国家的国民经济计划，要正确处理积累和消费的比例关系。在这个方面，二十多年的主要缺点是：积累所占的比例太高；扩大再生产的计划超过了生产资料供应的可能，对于改善人民生活注意不够。安排积累和消费的比例，应当尽可能安排好人民生活，使人民生活随着生产的发展尽可能逐年有所改善，不应急于过分提高积累率。历史经验证明，积累率不是没有限度的，超过这个限度，不但不能保证生产高速度发展，相反还会使生产停滞甚至倒退。在目前的情况下，积累率最好控制在 25%上下，至多不超过 30%。

社会主义国家的国民经济计划，要正确处理农业、轻工业、重工业之间的比例关系。过去这方面的比例关系没有处理好，问题出在重工业上。重工业优先增长，是现代化大生产的客观要求，但不能一下子增长很多。多年来，我们对重工业的发展注意较多，对农业违背了现阶段的经济政策，对轻工业的发展注意很差。重工业的增长指标过高，造成基本建设规模过大；基本建设规模过大，对生产资料的需求增大，又要加大对重工业的投资，必然挤了农业、轻工业，引起农、轻、重之间的比例失调。根据我国多年来的经验，农、轻、重之间应当保持适当的比例。现在重工业的比例已经超过 40%，有必要适当控制，同时加快农业、轻工业的增长速度，使三者保持协调的比例。

综合平衡是计划工作的首要任务。搞综合平衡要提纲挈领，着重抓好几个主要指标，搞好财政、信贷，物资、外汇平衡。国家财政收支平衡，基本上体现实物（产品）供需总量的平衡。为了保持财政收支平衡，除财政收支预算必须平衡外，还要求各部门、各地区、各企业严格执行财政纪律，收入必须完成，支出不许突破。物资供求平衡，基本的问题是国家建设规模要与生产资料的供应相适应；社会购买力要与社会商品供应量相适应。从 1958 年以来，我国几乎年年存在产品供需总量不平衡的现象，原因是积累过高，基本建设规模过大，发展重工业的速度过快，循环发展，使缺口越来越大。经验告诉我们，一般说来，生活资料的需要比较稳定，只要计划安排得好，是可能保证的。生产资料的情况就不一样。比如，钢产量多的年份，钢材供应很紧张。钢产量大大减少的年份，钢材供应反而不紧张。我们要研究和掌握这方面的规律性，把物资平衡的工作搞好。

《研究》论述了社会主义条件下生产关系和生产力的关系，明确指出，为了迅速发展生产，加快四化建设，要正确认识和处理好这个关系。

长期以来，我们对生产关系与生产力的关系没有处理好。在生产资料的社会主义改造上有成功的经验。后来，特别是 1958 年以后，就不够稳当，前进过快，步子太急，发生了几次急于过渡，使生产受到相当大的损失。

生产关系变革上这种"左"的错误之发生，是与我们对于生产关系一定要适合生产力性质的规律，以及社会主义生产关系和生产力的现状缺乏正确的认识分不开的。

1. 与其他各个经济形态不同，社会主义生产关系的建立和发展，是无产阶级政党自觉地根据客观规律，制定正确的政策实现的。在这种情况下，有的同志便认为，社会主义生产关系的产生和发展，可以由人们的主观意志决定，而不受客观规律的制约。

2. 马克思在讲到资本主义生产关系和生产力的矛盾时，常常指出生产关系落后于生产力发展的要求。有些同志在分析社会主义生产关系和生产力的矛盾时，不是从社会主义社会的实际情况出发，而是套用马克思的某些结论，认为社会主义生产关系与生产力的矛盾，仅仅是生产关系落后于生产力发展的要求，简单地认为不断变革生产关系就能不断推动生产力向前发展，而不承认生产关系如果变得过急、过快，超过生产力发展的水平，也会妨碍生产力的发展，甚至破坏生产力。

3. 不承认我国社会主义生产关系和生产力的关系的现状是又相适应，又相矛盾，把适应和矛盾对立起来，不了解社会主义生产关系和生产力的发展虽然有矛盾，但这种矛盾现在还处在互相适应的状态，还没有到发生质变的时候。社会主义生产关系不完善的方面，有些同目前生产力的发展是适应的，我们必须保存它。在目前和今后一个相当长的时期内，我们要改革的，只是社会主义生产关系中不利于生产力发展，不适应实现四个现代化的部分。

4. 没有把社会主义生产关系当成一个发展过程来研究。社会主义社会不但同共产主义社会有区别，而且它自身也有几个发展阶段，我国目前正处在生产力水平很低的阶段。认识这一点十分重要，可以避免把马克思所说的共产主义第一阶段的某些原理，生硬地套到我国社会里来。

基于这些认识和我国的经验教训，《研究》提出，要稳定农村的三级所有制，允许社员经营自留地和家庭副业。在城市要保存和发展自负盈亏的集体所有制经济，允许极少数的个体手工业和小商贩游街串巷，直接为消费者服务。要疏通城乡之间的流通渠道，准许供销合作社和社队企业直接在城市销售农副土特产品、手工业品，也可以在地方政府和人民公社的领导下，组织一些自负盈亏的运销合作社，准许它们长途贩运，并且保留农村集市贸易。经济管理体制是生产关系的重要内容。全民所有制的经济管理体制，体现中央和地方的关系，国家、生产单位和劳动者个人的关系。我国现行的经济管理体制有明显的缺陷，应当全面地有步骤地加以改革，以适应生产力的发展。

《研究》分析了社会主义条件下阶级斗争和生产斗争的关系，强调指出，只有正确处理好这个关系，才能保证社会生产力顺利发展。

实事求是地分析现阶段阶级斗争的状况和特点，非常重要。在生产资料的社会主义改造基本完成以后，剥削阶级已经消灭，阶级斗争还没有结束。虽然还会产生新的剥削分子，还有反社会主义分子，但是在通常的情况下，已经不能形成一个完整的阶级。现在的阶级斗争，是历史上阶级斗争的一种残余形态，阶级斗争已不是我国的主要矛盾。过去，对这个问题估量不正确，以致全党的工作重心长期不能转到社会主义现代化建设上来。

对于产生新的剥削分子的问题，《研究》认为，第一是会产生；第二是很少了；第三是不要怕，可以通过法律和专政机关来解决。过去，采取大规模群众运动的办法，来取缔一小撮贪污盗窃、投机倒把分子，往往容易混淆是非界限，把许多不是资本主义、甚至是社会主义的东西，也当作资本主义来批。结果是破坏了安定团结，挫伤了广大群众的积极性，既破坏了生产，又削弱了社会主义生产关系，这个教训不应忘记。

社会主义时期的阶级斗争，主要反映在意识形态方面。对于这方面的斗争，我们既不能视而不见，又要充分认识它的特点。社会主义和资本主义在意识形态方面的斗争，大量地、主要地表现为人民内部摆脱资产阶级影响的斗争，用简单的方法去处理，不但不会收效，而且非常有害。

生产资料所有制的社会主义改造基本完成以后，人民内部矛盾显得突出。在社会主义社会，工人、农民、知识分子之间的根本利益是一致的，但是，也存在着非对抗性的矛盾，国家必须重视和正确处理这些矛盾。工人和农民的矛盾，往往具体表现为国家和集体经济之间的矛盾。根据以往的经验，工人和农民的生活必须兼顾，关键是在农产品的征购、工农业品价格及其他经济问题上，要制定和执行正确的政策。在社会主义阶段，脑力劳动和体力劳动之间存在着差别，逐步缩小这个差别，是我们长远的方针。但是，在条件不具备的时候，过早地否定脑力劳动和体力劳动分工的作用，过分强调缩小二者之间的差别，不利于科学技术和生产的发展。应当一方面尽可能迅速提高工农群众的科学文化水平，培养出千千万万能够掌握现代化新技术的熟练工人、熟练农民和其他劳动者；另一方面又要尽可能迅速地提高科学技术人员的水平，培养出大批懂得现代科学技术和现代化经济管理的干部和知识分子，鼓励他们攀登世界科学高峰。现代化事业需要有真才实学的科学家、工程师和各种专家。为了提高他们的工作效率，给他们比一般劳动者更高的劳动报酬和生活待遇是必要的。领导和群众之间的矛盾，也是我们要注意经常处理好的矛盾。在这个方面，如何正确实行民主集中制，防止领导干部脱离群众，是十分需要解决的问题。正确处理领导干部与群众之间的矛盾，根本办法是发扬社会主义民主，坚决保护宪法和其他法令所规定的人民的民主权利。在国营企业中，如何把群众监督和接受上级机关领导很好地结合起来，应当有一套民主管理制度。在集体所有制经济中，保障劳动群众的民主权利更为迫切。这不仅是因为农村中封建主义残余保留更多一些，而且上级机关不尊重生产队自主权的情况也相当普遍。没有人民民主，就不可能加快社会主义现代化建设。

《研究》是一部总结社会主义建设的历史经验的著作，很多重要问题（比如，按劳分配原则和工资改革，价值规律和价格政策，经济管理体制改革，等等）的论述，都有重要的参考价值。可以预计，《研究》的出版，对于调整国民经济，改进经济工作，将会发生积极的影响。

知识分子在现代生产中的作用 *

　　林彪、"四人帮"在他们肆虐的十年间，竭力推行蒙昧主义和愚民政策，鼓吹"知识越多越反动"的谬论，知识分子被当作反动的社会力量，横遭凌辱和迫害。粉碎"四人帮"以后，知识恢复了名誉，知识分子也得到了解放。党中央已经明确宣布：科学技术是生产力，知识分子的绝大多数已经是工人阶级的一部分，并采取了一系列措施来改善知识分子的社会地位。这些已经成为调动我国知识分子的积极性、推动科学技术现代化的强大动力。但同时必须看到：林彪、"四人帮"的流毒、封建的传统观念和小生产的狭隘偏见还在严重地束缚着人们的头脑，我国经济、政治制度的许多具体环节还存在着缺陷。这些又妨碍知识分子积极性的发挥，阻碍四个现代化的实现。为了排除这些障碍，不仅需要把已经采取的措施贯彻到底，而且需要采取新的措施。但从理论方面说，有两个问题是必须明确的：一是从经济地位看，知识分子早已是工人阶级的一部分；二是从他们在生产中的作用看，从事脑力劳动的知识分子①是愈来愈重要的生产力要素。本文拟就后一方面的问题作些粗浅的探索。

一

　　我们先来说明：在工业化、现代化生产条件下，从事脑力劳动的知

　　* 汪海波、吴敬琏、周叔莲合著。原载《经济研究》1980年第4期。
　　① 本文所说的知识分子，主要是指工程技术人员、科学技术人员、生产管理人员和教育工作人员。

识分子是生产力的要素。

人类的劳动，从来就是体力劳动和脑力劳动的结合。马克思说过："正如在自然机体中头和手组成一体一样，劳动过程把脑力劳动和体力劳动结合在一起了。"① 但在原始的劳动形态中，脑力劳动是作为体力劳动的附属物自然地参加的。

后来，在原始社会向奴隶社会过渡时，发生了脑力劳动和体力劳动的分离。到了封建社会，这种分工又有了进一步的发展。但是，奴隶社会和封建社会脑力劳动和体力劳动的分工，主要不是发生在直接的生产过程中，而是限制在剥削阶级（包括他们在政治上、思想上的代表）和被剥削阶级之间。这种分工关系也就是阶级对立关系。这时在被剥削者中间虽然也有从事脑力劳动的，但并不是普遍现象。这种分工的产生和发展是人类历史的一个巨大进步，特别是其中从事科学研究工作的人，对人类认识和改造自然做出了有益的贡献。但他们的活动毕竟还不是直接生产过程的有机组成部分。

在大机器生产的条件下，情况发生了根本的变化。机器生产这种生产形式，"要求以自然力来代替人力，以自觉应用自然科学来代替从经验中得出的成规"。② 因此，机器大工业的发展，必然要求一部分具有自然科学知识的工程技术人员从工人中分离出来，以实现对工厂的技术指导和管理。马克思说过："生产过程的智力同体力劳动相分离，……是在以机器为基础的大工业中完成的。"③ 在以大机器生产为物质基础的资本主义条件下，脑力劳动和体力劳动分工的特点是：不仅从事脑力劳动的资产阶级（也包括他们在政治上和思想上的代表）和从事体力劳动的广大无产者之间的分离加深了，而且在被剥削的生产劳动者中间也普遍地发生了脑力劳动和体力劳动的分离过程。但是，从事脑力劳动的工程技术人员同从事体力劳动的工人的分离，并不意味着前者成为非生产人员，恰恰相反，这种分离是在生产过程内部进行的，它表明：工程技术人员是生产劳动者，是生产力的要素。因为这种分离的起因是大机器生产本身的需要；在这种分离以后，工程技术人员担负了大工业生产所必需的技术

---

① 马克思：《资本论》第 1 卷，人民出版社 1975 年版（下同），第 555 页。
② 马克思：《资本论》第 1 卷，第 423 页。
③ 马克思：《资本论》第 1 卷，第 464 页。

管理的职能。这样，劳动协作不仅包括工人和工人之间的协作，而且包括工人和工程技术人员之间的协作。这个一般道理，对社会主义制度下的工程技术人员也是适用的。

自然科学在大机器生产中的应用，是以对于自然规律的把握为前提的。大工业"不但提供了大量可供观察的材料，而且自身也提供了和已往完全不同的实验手段，并使新的工具的制造成为可能。可以说，真正有系统的实验科学，这时候才第一次成为可能"。① 可见，正是资本主义大机器生产的发展，使得作为自然科学基础的科学实验从生产实践中独立出来成为必要和可能，使得从事脑力劳动的科学技术人员从工人中分离出来成为必要和可能。马克思在总结这一点时写道："资本主义生产的发展势必引起科学和劳动的分离，同时使科学本身被应用到物质生产上去。"② 社会主义制度根本区别于资本主义制度，它消除了阶级对立。但在这里，比资本主义条件下更为发达的大工业和大农业的发展，也会要求专门从事脑力劳动的科学技术人员同直接生产者分离。这种分离丝毫也不意味着脑力劳动者是同直接生产者对立的阶级，也不表明他们成为非生产人员，而表明他们是生产劳动者，是生产力的要素。因为这种分离过程正是适应了生产发展的要求；在这种分离之后，科学技术人员承担了掌握大机器生产所必须的自然科学，并探求它的技术运用途径的职能，而自然科学是"知识底形态上"的生产力。它物化在生产力诸要素（包括生产资料和劳动者）中，就变成了直接的生产力。这样，劳动协作也就包括了科学技术人员的劳动。

在现代的工业和科学技术的条件下，如果脱离了自然科学及其技术运用，生产就根本无法进行。这就使得科学技术研究机构直接成为现代企业内部的越来越重要的部门，使得现代企业出现了科学化的过程。这一点在当代发达的资本主义国家已经成为普遍现象。在那里，经常有大量的科学技术人员在企业中工作，企业也常以巨额的投资用于科学研究。1975 年美国有 70% 的科学家集中在工业部门；科学研究投资分配的比例是：基础理论研究占 12%，应用科学研究占 23%，产品研制占 65%。③ 目

---

① 恩格斯：《自然辩证法》，《马克思恩格斯全集》第 20 卷，第 524 页。
② 马克思：《剩余价值理论》，《马克思恩格斯全集》第 26 卷Ⅲ，第 489 页。
③ 见《光明日报》1978 年 12 月 1 日第 4 版。

前日本私营企业的科研人员占全国科研人员总数的 56%，科研投资也占全国科研总投资的 65.2%。[①] 这是一方面。另一方面，随着现代的工业和科学技术的发展，科学研究本身的活动也越来越社会化和工业化。在近代自然科学开始发展的时候，科学实验还是一种个体劳动。而现代科学实验往往需要包括人数众多的各种专业的科学技术人员、工程技术人员和技术工人，拥有各种复杂的实验设备和工业设备。在当代，有的科学实验单位已经达到国家规模（如美国的宇宙航空研究）和国际规模（如西欧联合的高能物理研究）。随着工农业生产科学化和科学实验的社会化工业化，科学研究和直接生产之间出现了融合的倾向。许多工农业企业设有庞大的研究所和实验室，许多科研单位设有中间试验工厂和样品试制工厂，还有许多研究单位同时也是直接生产机构，等等。工农业企业的科学化和科学实验的社会化、工业化，是现代的工业和科学技术发展的必然产物，它表明愈来愈多的科学技术人员把他们的智力活动加入到生产过程中去，因而使得科学技术人员作为生产力要素的作用，表现得更为明显。

在现代生产中，从事生产劳动的脑力劳动者不仅包括工程技术人员和科学技术人员，还包括生产管理人员。任何大规模的协作劳动都需要管理。但同宗法制农业和手工业相比，现代的社会化大生产无论在管理的内容、方法或手段上，都发生了巨大的变化。在前一种经济中，简单协作固然不复杂，就是以分工为基础的协作也还是比较简单的。在后一种经济中，使用复杂的机器体系，存在着严密的分工和协作；专业化协作的发展，又使得企业的供、产、销等社会联系变得异常复杂起来，这就必须采用现代化的管理方法和管理手段（如使用电子计算机）。企业管理的这些变化，不仅要求管理人员懂得经济理论，而且需要掌握现代科学技术。这样，随着现代生产的发展，就出现了企业管理人员专家化的趋势。企业管理人员的专家化，并不改变管理劳动作为生产劳动的性质。[②]因为这种专家化是现代化生产的产物；管理劳动不仅仍然"成为实际的生产条件"，[③]而且它在生产上的作用比手工业企业是大大增长了。这样，

①　见《光明日报》1979 年 12 月 22 日第 3 版。
②　参见马克思：《资本论》第 3 卷，第 431 页。
③　马克思：《资本论》第 1 卷，第 367 页。

劳动协作自然也包括了企业生产管理人员的劳动。

生产资料社会主义公有制的建立，使得社会生产有计划的发展成为一种客观必然性，使得劳动协作扩大到了社会的规模。而社会生产的管理，又是社会生产有计划发展的不可缺少的因素。这样，从宏观来看的社会生产的管理，像从微观来看的企业生产的管理一样，都是"实际的生产条件"，都是生产劳动；从事脑力劳动的社会生产管理人员也象企业生产管理人员一样，都是生产力的要素。

教育的作用，是把人类在生产斗争、阶级斗争和科学实验中世世代代积累起来的经验和知识加以系统化，并通过一定的教育手段在一个相对短的时间内把它传授给下一代。在个体农业和手工业作坊中，劳动者一般不需要经过系统教育，最多只要经过一段学徒期，通过自己的经验掌握手艺，就能独立从事生产劳动。但在现代机器大生产的条件下，生产要依靠对自然科学的自觉运用，操作技术也比以往复杂得多。因此，劳动者在独立进行生产以前，必需经过或多或少的学校教育，以便获得必需的文化科学知识和操作技能。否则，就不能驾驭现代技术装备和控制生产过程。这样，在大机器生产的条件下，教育已经成为工农业等物质生产的先行部门，因为没有教育培养的各种不同文化水平的劳动力，现代生产是无法进行的，就像没有机器制造业这个先行部门为工农业提供设备，现代工农业就无从建立一样。

自然科学这种知识形态上的生产力转化为直接的生产力，主要是通过两种"物化"途径实现的。一种是"物化"在劳动力上（包括各种不同文化水平的劳动力）；一种是"物化"在生产资料上。前一种"物化"是直接依靠于教育；后一种"物化"也间接通过教育，就是说，通过教育培养各种不同文化水平的劳动者（特别是科学技术人员和工程技术人员），来实现自然科学在生产资料上的"物化"。从这方面说，教育又是联结科学研究和工农业等生产部门的纽带。从某种意义上说，也象运输业是其他各个生产部门之间的纽带一样。

教育的新职能以及它的先行作用和纽带作用，说明在现代化生产的条件下，教育也已经成为一个生产部门，教育工作者的智力劳动也成为生产力的要素。

现代的工业和科学技术的发展，使得教育也与直接生产正在日益紧密地结合起来。现代化生产的发展，不仅要求教育部门把新就业人口培养成具有各种不同文化水平的劳动者，而且要求不断提高在业的劳动者的科学文化技术水平。因为，第一，现代科学技术日新月异的进步，科学知识迅速"老化"。据国外有的科学家统计，现在工程师的业务知识在十年内大约有一半陈旧过时。如果在职人员不对他们在学龄期学得的知识进行补充和更新，就不能适应新的需要。第二，现代科学技术的迅速发展，使得原有的工业部门不断改组，新型的工业部门不断出现，使得职工的职业不断地发生变化。马克思说过："大工业的本性决定了劳动的变换，职能的更动和工人的全面流动性。"因而"承认劳动的变换，从而承认工人尽可能多方面的发展是社会生产的普遍规律。"① 在现代生产条件下，为了避免在业职工学到的科学技术知识的"老化"，以维持和提高其就业能力，为了使得他们适应劳动分工变化的需要，以增强其更新职业的能力，就必须对在业职工继续进行教育。为此，当代许多发达的资本主义国家除了业余教育以外，还建立了在职教育或"终身教育"制度，许多生产企业不仅附属有初级、中级的技工学校，而且办起了供自己企业的工程技术人员、科研人员和高级经理人员进修的高等院校。由学校特别是由企业承担的培训在业职工教育的新职能，更为突出地表明教育也是生产部门，教育工作人员也是生产力的要素。因为从某种意义上说，在业职工不断地受教育，以维持和更新其就业能力，就像劳动者不断消费生活资料，以恢复和增强其劳动力，"总是生产和再生产的一个要素一样。"② 这些一般道理，自然同样适用于社会主义社会。

　　总而言之，在工业化和现代化的条件下，从事智力劳动的知识分子成为社会生产力必不可少的要素，科研、教育部门成为社会生产机体的不可缺少的组成部分。在这种情况下，正如马克思所说，"随着劳动过程本身的协作性质的发展，生产劳动和它的承担者即生产工人的概念也就必然扩大。"③ 在现代条件下，由于劳动协作的发展，使得生产劳动和生产劳动者的概念不仅包括从事体力劳动的工人，而且包括从事脑力劳动的工程技术人员、科学技术人员、生产管理人员和教育工作人员。

---

① 马克思：《资本论》第 1 卷，第 534 页。
② 马克思：《资本论》第 1 卷，第 628 页。
③ 马克思：《资本论》第 1 卷，第 556 页。

二

随着现代的工农业和科学技术的发展，从事智力劳动的知识分子作为生产力的要素，变得越来越重要了。

从18世纪末叶以来，工农业生产已经经历了三次大的技术革命。每次技术革命都标志着人类和自然之间的关系的巨大变革，人类在实现人和自然之间的物质变换时所起的作用的巨大变革。而每次变革或多或少地要以自然科学的发展作为基础。18世纪最后30年到19世纪中叶的第一次技术革命，是以蒸汽机的发明作为标志的。这次革命能够实现，因素之一是利用了17世纪的物理学和化学，特别是牛顿力学的成果。19世纪末到20世纪中期的第二次技术革命以电气化为标志，它又是以电磁理论等科学的进展作为先导的。从20世纪中期开始的第三次技术革命，是以有机合成技术、电子技术、核技术、信息技术和空间技术等作为标志的，它以现代有机化学、电子学、控制论、分子生物学以及物质结构理论、相对论、量子力学、数学等基础理论科学的成就为前提的。

尽管上述的生产技术革命无不在一定程度上以科学的发展作为基础，但是在各次技术革命中科学所起的作用是大不相同的。在19世纪，虽然大机器生产要求对于自然科学的自觉利用，但是，科学发展对生产变革的影响并不那么直接，从科学发明到它在生产中应用的周期很长，科学和生产大体上是平行发展的。在第二次世界大战以后，情况发生了重大变化。第三次技术革命意味着对生产的动力基础、劳动工具和劳动对象，以及生产工艺和组织管理的全面变革，这种变革对于自然科学和管理等经济科学提出了新的要求。只有科学革命才能成为这样的技术革命的出发点。

如果说在过去，新工艺、新产品基本上是借助于科学知识对传统的工艺和原有的产品进行改进的结果，那么在现代，新工艺和新产品往往是科学研究的直接产物。从发电机和电动机、各种电子器件、各种"人造"合成材料到宇宙飞船，都不是在生产车间，而是在科学家的实验室中诞生的。种种高强度、高效率、高精密度的工艺，也莫不如是。于是，生产的"科学密集"（或称"知识密集"）程度大大提高。

　　与此同时，新的科学技术在生产中的运用也大大加快了。有人对美国 1890~1964 年期间 20 项最重大的发现进行了研究。研究的结果表明：①"潜伏期"（即从确定一项发明在技术上的实际适用性到这项发明开始投入商业性生产的时间）缩短了 21 年。②经济上掌握的时间（即从承认一项发明的经济价值到这项发明实际应用——以产品或工艺的形式表现——的时间）缩短了两年。总之，在这个期间，研制和掌握新技术的持续时间缩短了 23 年。[1]

　　这样，科学技术在生产中的作用大大增长，成为生产发展、劳动生产率提高的基本前提。马克思曾经说过："随着大工业底继续发展，创造现实的财富已经不再依靠劳动时间和应用的劳动数量了，……相反地却决定于一般的科学水平和技术进步程度或科学在生产上的应用。"[2] 这在 19 世纪 50 年代也许还是预言，而今天，它已成为活生生的现实。

　　以电子计算机为例，从第一台电子计算机 1945 年在实验室中出现到现在不过三十余年，已经经过电子管、晶体管、集成电路和大规模集成电路四代。同第一台电子计算机比较，今天一台微型机的计算能力提高了 20 倍，体积缩小为三万分之一，价格降低为一万分之一。目前电子计算机已经进行工业大批量生产，并且在国民经济各部门得到广泛的运用。电子计算技术的应用，使得机器由三个装置（即动力装置、传动装置和工作装置）变成了四个装置（即增加了一个自动控制装置），使得全盘自动化成为真正的可能。这不仅使机器代替了繁重的体力劳动，还代替了一部分脑力劳动，并且使得劳动生产率成百倍、成千倍的提高。这是科学技术的发明在劳动手段方面所引起的革命。在劳动对象方面，由于科学技术的发展，人类对于自然物利用能力空前地增长了。原子能技术的利用就是一个突出的例子。由于原子能的利用，就大大地扩大了人类需要的能源。据日本原子能产业会议的调查统计，到 1977 年底，全世界原子能发电站共达 201 座，发电能力已经突破了一亿瓩大关。常规的火力发电站由第一座电站出现到总容量达到一亿瓩用了一百多年的时间；但

---

① 哈根·拜因豪尔、恩斯特·施马克：《展望公元 2000 年的世界》，人民出版社 1978 年版，第 18 页。
② 马克思：《政治经济学批判大纲（草稿）》第三分册，人民出版社 1963 年版，第 356 页。

核电站只用了二十多年。[①] 可见，科学技术在提高劳动生产率方面起着多么巨大的作用！据外国的统计资料，资本主义国家工业劳动生产率的提高，在 20 世纪初还只有 5%~20%是采用新科学技术的结果。而现在这个比例上升到 60%~80%。[②] 在资本主义国家的农业方面，由于直接为农业服务的化学、土壤学和生物学等科学和农用工业（这也是科学技术在工业上的运用）的发展，农业劳动生产率的增长速度还超过了工业。在 1950~1960 年期间，美国和英国的农业劳动生产率的增长速度比工业快一倍，法国快 40%，加拿大快两倍。在 1960~1969 年间，美国每个农业劳动者的劳动生产率的年平均增长率为 6%，而在整个国民经济中，每个劳动者劳动生产率的年平均增长率只有 3%；法国分别为 6.2%和 5%；西德分别为 7%和 5%；意大利分别为 7.6%和 6.2%；英国分别为 6.8%和 2.3%。[③] 这样，马克思所预言的"工业发展到一定阶段，……农业生产率必定比工业生产率相对地增长得快"，[④] 已经成为现实。

科学技术的发展，促进了现代工农业的发展；但现代工业的发展，也为科学技术的发明创造了越来越好的条件。这样，科学技术和直接生产二者之间紧密联系，互相促进，构成了现代社会生产的综合体，其中，科学起着主导的作用。

既然现代科学的发展，是技术革命的出发点，是生产和劳动生产率增长的基本前提，是现代生产中的主要因素，那么，发明、运用和传播现代科学技术的知识分子，作为生产力要素的作用，就必然大大增长了。这是一方面，这是主要的原因。另一方面的原因，伴随着科学技术在现代生产中作用的增长，知识分子的人数不仅在绝对量上是不断增长的，而且在生产劳动者中的比重有上升的趋势。

1. 直接生产过程中劳动者（包括脑力劳动者和体力劳动者）的文化科学水平在提高。据苏联统计局的资料，在国民经济的从业人员中，每千名主要从事体力劳动的劳动者具有高等和中等（完全和不完全）教育程度的人数，1939 年为 44 人，1959 年为 322 人，1970 年为 540 人，

---

① 见《光明日报》1978 年 11 月 30 日第 3 版。
② 见《光明日报》1978 年 11 月 14 日第 3 版。
③ 见《复旦大学学报》（社会科学版）1979 年第 1 期，第 39 页。
④ 马克思：《剩余价值理论》，《马克思恩格斯全集》第 26 卷Ⅱ，第 116 页。

1977 年为 700 人；在这期间，每千名主要从事脑力劳动者具有这种教育程度的人数分别为 512 人，892 人，952 人，970 人。[①] 这不仅表明脑力劳动者在直接生产过程中的劳动者总数的比重在上升，而且表明体力劳动者的智力劳动成份在增长。由于体力劳动者的知识化，现在在部分工作人员中，脑力劳动者和体力劳动者之间的界线变得越来越不明显了。在那些知识密集程度高的生产部门，尤其是这样。

2. 科学研究部门迅速扩大。据有人计算，在当代，世界知识总量每隔七至十年就翻一番。[②] 恩格斯曾经从自然科学本身发展的内在原因方面揭示了这门科学加速发展的规律性。他说："科学的发展则同前一代人遗留下的知识量成比例，因此在最普通的情况下，科学也是按几何级数发展的。"[③] 知识总量的增加，要求有更多的机构和人员从事科学研究工作。苏联科学工作者总数 1940 年为 9.83 万人，1950 年为 16.25 万人，1965 年为 66.46 万人，1970 年为 92.77 万人，1976 年为 125.35 万人。[④]

3. 教育部门迅速发展。日本战后随着国民经济现代化的发展，教育事业（特别是高中和大学）有了迅速的发展，教师（特别是高中和大学的教师）也有了迅速的增长。在 1955 年到 1975 年期间，日本的高中教员人数由 111617 人增加到 222915 人；大学教员人数由 51769 人增加到 147285 人。[⑤]

这样，专门从事智力劳动的知识分子在社会生产劳动者总量中所占的比重就愈益提高。根据国外的统计资料，美国脑力劳动者的人数，1960 年为 2852 万人，1975 年增加到 4223 万人，1977 年又增加到 4479 万人；他们在全部就业人口中的比重分别为 43.3%，49.8% 和 50.1%。美国脑力劳动者的增长，主要是由于科学技术人员、工程技术人员和教育工作人员的增长。这三部分人在脑力劳动者总数中的比重，1960 年为 76.5%，1975 年增加到 84.3%，1977 年又增加到 85%。[⑥]

作为一般的道理，上述原因对于社会主义社会也是适用的。这就是

---

① 《苏联国民经济六十年》，苏联统计出版社 1977 年俄文版，第 56 页。
② 见《光明日报》1980 年 1 月 14 日第 4 版。
③ 恩格斯：《政治经济学批判大纲》，《马克思恩格斯全集》第 1 卷，第 621 页。
④ 《苏联国民经济六十年》，苏联统计出版社 1977 年俄文版，第 142~143 页。
⑤ 日本文部省：《学校基本调查报告书》，《每日年鉴》1978 年日文版，第 324 页。
⑥ 见《光明日报》1979 年 11 月 10 日第 4 版。

说，在社会主义的现代化生产中，知识分子也会成为越来越重要的生产力要素。

三

我们说在社会主义制度下科学技术和掌握科学技术的知识分子将发挥越来越重要的作用，是以问题的本质来说的。我国解放后科学技术的发展并不算很快，知识分子作为生产力要素的作用也远没有得到充分的发挥。这是由于发生过"左"的错误，特别是由于林彪、"四人帮"蓄意制造和推行的极左路线进行了长达十年的破坏，使得社会主义制度的优越性没有得到有效的发挥的结果。这种一个时期中发生的情况，如果能够及时得到克服，是不能改变问题的本质的。但是，假如长此以往，不能正确认识科学技术和知识分子的作用，并且采取有效措施来发挥这种作用，四个现代化的宏伟规划就会落空。因此，认真分析我国曾经存在过或至今仍然存在着的某些妨碍正确估计和发挥科学技术以及掌握现代科学技术的知识分子作用的思想，就成为当前的重要课题。

我国长期而又广泛地流行着这样一些思想：搞社会主义建设，只要吃大苦、流大汗、拼命干就行了，科学研究有什么用处？认为只有那些从事体力劳动的工人、农民，才是生产劳动者；专门从事智力劳动的人，不直接操作生产工具作用于劳动对象，不能算作生产劳动者；把知识分子说成是"四体不勤，五谷不分"，"一不会种田，二不会做工"的寄生虫；如此等等。按照这种思想，科学技术现代化就全无必要，知识分子这支实现四个现代化的尖兵和骨干力量更应当从劳动大军中排除出去。试问：如果按照这种想法去办，还有什么科学技术现代化以及农业现代化、工业现代化和国防现代化呢？

这种种错误思想出于一源，就是小生产的狭隘观念。这种观念只适合于闭塞、停滞、落后的宗法制的自然经济，对于资本主义的社会化大生产已经是陈旧过时的，更不用说高度社会化的社会主义大生产了。

在以手工劳动为基础的小生产的条件下，劳动者通常是直接操作生产工具作用于劳动对象的。这种生产依据的是世代相传、很少变化的经验常规，不需要多少科学知识和紧张的智力活动。而脑力劳动和体力劳动的分工又主要发生在剥削阶级和被剥削阶级之间，脑力劳动者基本上是剥削阶级政治上，经济上、思想上的代表人物。因此，生产劳动总是同体力劳动相联系的。

在个体的劳动过程转变为资本主义社会化大生产以后，产品就不再是个体劳动者的直接产品，而是总体工人的共同产品。"总体工人的各个成员较直接地或者较间接地作用手劳动对象。""为了从事生产劳动，现在不一定要亲自动手；只要成为总体工人的一个器官，完成他所属的某一种职能就够了。"① 这个总体工人的各个劳动者以极其不同的方式参加直接的产品形成过程。"有的人多用手工作，有的人多用脑工作，有的人做管理者、工程师、工艺师等等的工作，有的人做监督者的工作，有的人做直接手工劳动者的工作或者做十分简单的粗工，于是劳动能力的愈来愈多的职能被列在生产劳动的直接概念下，这种劳动能力的担负者也被列在生产劳动者的概念下。"②

社会主义制度是根本区别于资本主义制度的。但就生产社会化方面看又是有共同性的。因此，上述分析对于社会主义社会化大生产也是适用的。所以上述观点也不符合社会主义社会化大生产的实际。

所以，否定知识分子是生产劳动者的观点，不仅不是工人阶级的，甚至不是资产阶级的，③ 只能看作是小生产宗法制经济的反映。

林彪、"四人帮"正是利用了这种小生产的狭隘观念，并把它推到极端，鼓吹"知识越多越反动"、"知识分子是复辟资本主义的社会基础"等等反动谬论，推行蒙昧主义和毁灭社会主义科学、文化、教育的反动政策。当然，作为地主资产阶级政治代表的林彪、"四人帮"，他们推行的路线和政策，是由他们所代表的封建、半封建经济制度的本质决定的。

---

① 马克思：《资本论》第1卷，第556页。

② 马克思：《直接生产过程的结果》，人民出版社1964年版，第106页。

③ 资产阶级古典政治经济学创始人亚当·斯密曾经"把直接耗费在物质生产中的各类脑力劳动，算作'固定和物化在可以出卖或交换的商品中'的劳动。斯密在这里不仅指直接的手工工人或机器工人的劳动，而且指监工、工程师、经理、伙计等等的劳动，总之，指在一定物质生产领域内为生产某一商品所需要的一切人员的劳动，这些人员的共同劳动（协作）是制造商品所必需的。"马克思肯定了这个分析，指出："的确，他们把自己的全部劳动加到不变资本上，并使产品的价值提高这么多。"（《剩余价值理论》，《马克思恩格斯全集》第26卷Ⅰ，第155~156页）

封建、半封建经济及其专制主义的上层建筑和小生产者的个体经济，有一个共同的物质基础，这就是使用手工工具的小生产。这种生产的进行，不依赖于自然科学，它的管理也不依赖于管理科学。作为这种经济制度的代表人物，从庄头、地主到最高的地主——皇帝，都根本不可能承认科学知识、智力劳动和知识分子在生产中的作用，而以为凭借他们作为宗主、长官、圣君、贤相的意志，甚至靠"英明天纵"的皇上的"圣聪独断"就可以管理经济。当然，他们也需要少量知识分子来为自己服务，但这些文人谋士不是被当作科学规律的掌握者，而是作为统治的工具，作为地主、长官和君王的附属品而侧身于统治阶层。

按照封建经济代表人物的本性，他们不仅不会重视科学知识和知识分子；相反，当他们处于没落地位时，还必然要把科学知识和用科学知识武装起来的知识分子视若洪水猛兽，把后者当作威胁自己专制统治的最危险的敌人来对待。在历史上，资本主义产业革命的发展，曾经导致了封建制度的彻底灭亡。适应大机器工业的发展需要而产生的、用先进科学技术武装起来的知识分子，曾经是摧毁封建经济的一支重要物质力量。在社会主义的新中国，用现代科学技术武装起来的知识分子，又是林彪、"四人帮"一类反动派、帝王迷复辟半封建半殖民地旧制度的严重障碍。林彪、"四人帮"就是以封建主的这种阴暗心理对待科学知识、智力劳动和脑力劳动者的，因而力图扼杀科学，毁灭文化，把知识分子像皮球一样"按到水底"！

林彪、"四人帮"从上述谬论作出的"宁要没有文化的劳动者"的反动结论，就是企图煽起并且已经煽起"对待科学和有文化的人的野蛮态度"。[1] 他们一方面要把知识分子打入十八层地狱；另一方面又要把广大工农群众拖回文盲的状态，再加上他们鼓吹和推行的普遍贫穷的假社会主义，我国人民就要变成"迫于贫困、处于人身依附地位和头脑愚昧的小农"。[2] 这样，"四人帮"也就为他们所要复辟的半殖民地半封建经济准备了一个根本条件。这就是"四人帮"鼓吹"知识越多越反动"的真谛！我们必须彻底清除林彪、"四人帮"的思想流毒，充分认识并发挥科学技术

---

① 斯大林：《在苏联列宁共产主义青年团第八次代表大会上的演说》，《斯大林全集》第 11 卷，第 64 页。

② 列宁：《俄国资本主义的发展》，《列宁全集》第 3 卷，第 161 页。

和知识分子在现代化生产中愈来愈重要的作用。这样，祖国的现代化事业也就有光辉灿烂的前景。

在结束本文的时候，我们还要指出一点，我们在前面强调了在现代化生产中知识分子作为生产力要素的愈来愈重要的作用，这在任何意义上都不是说可以轻视广大工人、农民等体力劳动者在社会主义生产中的伟大作用。如果说知识分子是实现四个现代化的骨干力量，那么，体力劳动者就是实现四个现代化的主力军。周恩来同志说得完全正确：我们要多快好省地发展社会主义建设，"必须依靠体力劳动和脑力劳动的密切合作，依靠工人、农民、知识分子的兄弟联盟"。①

---

① 周恩来：《关于知识分子问题的报告》，《社会主义教育课程的阅读文件汇编》（第二编）下，人民出版社1958年版，第947页。

教育部门是一个重要的生产部门 *①

我国当前教育严重落后于国民经济发展的局面，已成为社会主义现代化过程中的一个突出矛盾，而许多长期广泛流行的传统观念（如"教育是非生产部门"）还严重地束缚着某些人的头脑，这是发展教育事业的障碍。因此，探讨教育是生产部门的问题，就是当前一个具有重要意义的课题。②

一

马克思关于生产劳动的理论，是我们正确认识教育是生产部门的指导思想，首先必须阐明它。

马克思在他的不朽巨著《资本论》中对生产劳动的考察，最初是从"简单的"、"抽象的"劳动过程的角度着眼的。这里所说的"简单的"、"抽象的"有两重含义：一是抽象了劳动过程的"各种历史形式"，③即劳动过程中的各种社会生产关系；二是撇开了劳动过程的社会化，只把劳动过程看作是"纯粹个人的劳动过程"，即"同一劳动者是把后来彼此分离开来的一切职能结合在一起的"。④经过这样的抽象之后，劳动过程表现为"简

---

* 原载 《教育研究》1980 年第 5 期。
① 教育具有多方面的职能，本文只讨论教育作为培养提高劳动者知识技能的职能，其他的职能不拟涉及。
② 《需要开展 "教育部门是一个生产部门" 问题的讨论》，《教育研究》1980 年第 4 期。
③④ 马克思：《资本论》，《马克思恩格斯全集》第 23 卷，第 555 页。

单的抽象要素"，"是制造使用价值的有目的的活动"，"是人类生活的一切社会形式所共有的"。①从这种观点出发，马克思对生产劳动下过这样的定义："如果整个过程从其结果的角度，从产品的角度加以考察，那么劳动资料和劳动对象表现为生产资料，劳动本身则表现为生产劳动。"②

但是，马克思同时指出："这个从简单劳动过程的观点得出的生产劳动的定义，对于资本主义生产过程是绝对不够的。"③当马克思把资本主义社会化的生产这个历史形式纳入考察的视线时，他就从生产的社会化和资本主义生产关系的性质两方面对上述生产劳动的定义做了补充。

在生产过程的社会化方面，马克思做了以下两种补充：

1. 在生产过程社会化的条件下，劳动产品就由个体生产者的直接产品，转化为总体工人的共同产品。总体工人的各个成员较直接地或者较间接地作用于劳动对象。因此，随着劳动过程本身的协作性质的发展，生产劳动和它的承担者即生产工人的概念也就必然扩大。为了从事生产劳动，现在不一定要亲自动手，只要成为总体工人的一个器官，完成它所属的某一种职能就够了。④

马克思正是从这个理论阵地出发，首先在企业的范围内，在微观的范围内扩大了生产劳动者的范围。他说："自然，所有以这种或那种方式参加商品生产的人，从真正的工人到（有别于资本家的）经理、工程师，都属于生产劳动者的范围。"⑤就是说，除了直接操作生产工具作用于劳动对象的工人是生产劳动者以外，那些以某种方式间接作用于劳动对象的、一般的管理人员和工程师也是生产劳动者。

2. 伴随着生产社会化的发展，社会的劳动分工也在发展。因此，马克思还从宏观方面扩大了生产劳动者的范围。这主要有以下两点：

（1）按照马克思的观点，自然科学是"知识底形态上"的生产力，它物化在生产力的各个要素（包括生产资料和劳动力）上就"变成了直接

---

① 马克思：《资本论》，《马克思恩格斯全集》第23卷，第208~209页。这里顺便指出：有的同志认为，马克思这里所说的"简单的"、"抽象的"劳动过程，仅仅包括第一种含义，即抽象了劳动过程的各种历史形式，而不包括第二种含义，即抽象了劳动过程的社会化。依据上面的分析，这种看法并不完全符合马克思的原意。

② 马克思：《资本论》，《马克思恩格斯全集》第23卷，第205页。

③ 马克思：《资本论》，《马克思恩格斯全集》第23卷，第555页。

④ 马克思：《资本论》，《马克思恩格斯全集》第23卷，第556页。

⑤ 马克思：《剩余价值理论》，《马克思恩格斯全集》第26卷Ⅰ，第147页。

的生产力"。① 这样，从事自然科学的发明、创造和运用的科学技术人员也就承担了生产职能，劳动协作也包括了他们的劳动，他们也就成为生产劳动者。

马克思还指出："有一些服务是训练、保持劳动能力"，"是使劳动能力具有专门性，或者仅仅使劳动能力保持下去的"，"例如学校教师的服务（只要他是'产业上必要的'或有用的）、医生的服务（只要他能保护健康，保持一切价值的源泉即劳动能力本身）"，"这些服务应加入劳动能力的生产费用或再生产费用"。② 显然，劳动协作也包括了教师和医生的劳动，他们也是生产劳动者。

（2）最近，有的同志依据马克思的论述指出：有些劳动，比如为生活消费服务的交通运输业和邮电业的劳动，演员和音乐家的劳动，服务业（如理发、洗澡）的劳动，等等，同物质生产部门的劳动不同，它的劳动不是物化在某种可供生产消费或生活消费的产品中，而是提供某种能够满足社会生活需要的劳务。因而，这种劳动的过程也就是提供某种劳务的过程，随着劳动过程的结束，可供生活消费的某种劳务也就终止了。但正如马克思指出的："对于提供这些服务的生产者来说，服务就是商品。服务有一定的使用价值（想象的或现实的）和一定的交换价值。但是对买者来说，这些服务只是使用价值，只是他借以消费自己收入的对象。"③ 看来，有的同志提出的上述提供各种劳务业的劳动也是生产劳动的观点，是符合马克思的原意的。

可见，作为生产劳动的教育和卫生具有两重含义：一是"训练、保持劳动能力"，④ 二是提供满足社会生活需要的劳务。

马克思还从资本主义生产关系的性质方面，对生产劳动的定义作了补充。资本主义生产不仅是商品的生产，本质上是剩余价值的生产。因而，对资本主义生产来说，仅仅生产使用价值或提供某种生活消费的服务，而不生产剩余价值，还不能算是生产劳动者，"只有为资本家生产剩余价值或者为资本的自行增殖服务的工人，才是生产工人"。⑤

---

① 马克思：《政治经济学批判大纲》第3分册，人民出版社1963年版，第358页。

②④ 马克思：《剩余价值理论》，《马克思恩格斯全集》第26卷Ⅰ，第159页。

③ 马克思：《剩余价值理论》，《马克思恩格斯全集》第26卷Ⅰ，第149页。

⑤ 马克思：《资本论》，《马克思恩格斯全集》第23卷，第556页。

　　上述的马克思关于生产劳动的理论，尽管带有资本主义的特点，但它对于社会主义生产劳动理论的研究具有一般的指导意义。①社会主义生产关系是根本区别于资本主义生产关系的，但就生产社会化方面来说，社会主义生产和资本主义生产是有共同之点的。因此，不仅马克思从简单的、抽象的劳动过程角度阐述的生产劳动理论，而且从社会化生产角度对生产劳动所作的两方面补充，对社会主义生产也是完全适用的。②马克思从资本主义生产关系的性质方面对生产劳动定义所作的补充，对社会主义生产是根本不适用的。但在这方面，马克思提出了一个具有一般意义的命题："生产工人的概念决不只包含活动和效果之的关系，工人和劳动产品之间的关系，而且还包含一种特殊社会的、历史地产生的生产关系。"① 根据这个一般原理，社会主义生产劳动的概念也应该依据这种生产关系的性质加以补充。如果说，在资本主义经济中，只有生产剩余价值的工人，才是生产工人，那么，在社会主义经济中，只有提供为满足社会日益增长的物质、文化生活需要的产品或劳务的劳动者，才是生产劳动者。可见，马克思关于生产劳动的一般理论，是研究社会主义生产劳动问题的理论基础，也是研究教育部门是一个生产部门的理论基础。

　　但我们在下面对教育部门是一个生产部门的研究，将只着重从教育训练劳动力这方面进行。因为，①如前所述，从生产社会化的角度来看，作为生产劳动的教育，虽然还包含着另一方面的意义，即为社会提供文化生活消费的劳务，但很显然，前一方面的意义比后一方面的意义要大得多，从说明教育是生产部门这个角度来说，很需要着重地分析前一方面。而且后一方面的问题比较复杂，需要另文进行专门阐述。②至于从社会主义生产目的来看的生产劳动，首先又必须是从生产社会化的角度来看的生产劳动；而且，社会主义生产关系的特点又决定了这两种意义上的生产劳动不存在资本主义经济中那样的矛盾。在资本主义经济中，如果教师仅仅训练了劳动力，但不为投资教育工厂的资本家生产利润，那他还不是生产劳动者。但在社会主义经济中，由于生产目的是为了满足社会日益增长的物质、文化生活的需要，从生产社会化角度来看的生产劳动，又总是从社会主义生产关系的性质来看的生产劳动。这样，前

　　① 马克思：《资本论》，《马克思恩格斯全集》第 23 卷，第 556 页。

一方面的问题说明了，后一方面的问题也就毋须多费笔墨了。

二

现在我们依据马克思关于生产劳动的理论，对教育是生产部门的问题作历史的考察。按照列宁的说法，历史的方法是"解决社会科学问题"的"最可靠、最必需、最重要"的方法。[①]

社会劳动分工的发展，是社会生产力发展的结果。教育作为生产部门独立出来，是工业化、现代化生产发展的产物。

社会的生产力是包括了生产资料和劳动力等因素的。劳动力总是具有一定的生产知识和劳动技能的劳动者。但劳动者的生产知识和劳动技能并不是天生的，而是通过某种形式的教育来传授的。当然，劳动者通过总结生产实践经验以及自学等方式，也可以获得某种生产知识和劳动技能。但一般说来，总是离不开教育培养的。因而，传授生产知识和劳动技能、培训劳动力的教育，总是生产过程的必要要素，也承担了生产的职能。

但在人类社会的初期，社会生产力发展水平极为低下，劳动工具的创造、使用和劳动分工都很简单，变化很小。所以，当时不可能，也不需要由一部分劳动者从物质生产中分离出来，专门从事传授生产知识和劳动技能、培训劳动力的教育工作，而只需要在劳动过程中，由原始公社的长辈对儿童传授处于萌芽状态的原始的生产知识就可以了。可见，当时传授生产知识和劳动技能的原始教育，具有两方面特点：一方面，这种教育工作同物质生产过程完全结合在一起的；另一方面，担任这种教育工作的社员还是从事物质生产的。这种特点说明：在原始公社条件下，尽管教育还处于原始的萌芽的状态，但一开始就清楚地表现为一种生产职能。因为这是原始公社生产过程的必要的要素，没有它，具有一定的生产经验和劳动技能的劳动力再生产，就无以为继了。

在社会生产力发展的基础上，人类社会先后相继进入了奴隶社会和

---

① 列宁：《论国家》，《列宁选集》第 4 卷，第 43 页。

封建社会。此后，脑力劳动和体力劳动发生了分离，并且得到了发展。专门从事教育工作的脑力劳动，也经历了这种分工的产生和发展过程。但在奴隶社会和封建社会的经济制度下，为了适应奴隶主和封建主的统治需要，从物质生产中分离出来的教育，主要还只是承担了为奴隶主和封建主培养政治统治和思想统治的人材。就中国的历史来看，古代著名教育家孔子倡导的"学而优则仕"①的原则，曾经长期地成为中国封建统治者办教育的指导思想。在中国的历史上，唐代曾经是经济发展的盛世，也是教育发展的盛世。但即使是唐代，教育的作用基本上也还是局限在为封建统治者培养统治人材的范围内。据《唐六典》和《新唐书》、《选举志》的记载，唐代中央政权办的直系各类学校学员定额如下：国子学 300 名，太学 500 名，四门学 1300 名，律学 50 名，书学 30 名，算学 30 名。旁系各类学校学员定额如下：宏文馆 30 名，崇文馆 20 名，国立医学 40 名。②上述各类学校学员定额总计是 2300 名，其中学习自然科学的算学和医学的只有 70 名，其余 2230 名都是学习文法科的，而文法科显然是为封建统治者培养统治人材的。另外，据《唐书》、《选举志》的记载推算，唐代地方政权府（或州）、县办的直系学校的学员定额共达 83000 余名。③而这些学生毕业后的出路有二：一是升入中央四门学读书；二是等候科举的时期到了应科举试。此外，还可以由府（或州）、县长官委派以相当的职务。可见，无论是唐代中央政权的办学，还是地方政权的办学，都正像《中国教育史》所总结的："封建时代办理学校，是培养治术人材的，不是培养学术人材的。"④所以，无论奴隶社会或封建社会，作为传授生产知识和劳动技能的教育，基本上还没有从物质生产过程中分离出来，主要还是结合生产过程来进行的。这并不是偶然的现象，而是由当时社会生产力的发展状况决定的。奴隶社会和封建社会的生产力，无疑是比原始社会的生产力大大地向前发展了。但是，它们的生产也都是使用手工工具，社会分工也不发达，劳动工具和劳动分工的变化也很缓慢。与此相适应，劳动手艺一般并不复杂，变化很小。这样，劳动者要获得与当

---

① 《论语·子张》。
② 转引自《中国教育史》上册，商务印书馆 1940 年 4 月版，第 178~180 页。
③ 参见《中国教育史》上册，商务印书馆 1940 年 4 月版，第 185~186 页。
④ 《中国教育史》上册，商务印书馆 1940 年 4 月版，第 177 页。

时生产力相适应的生产知识和劳动技能，并不像后来在工业化生产条件下那样，必须经过学校的系统教育，一般说来，只需要结合生产过程，经过一定的学习，最多只要经过一定的学徒期，也就可以了。比如，在作为"封建统治的经济基础"①的农民的个体生产中，生产知识和劳动技能的传授，是由家长来承担的；在城市的手工业作坊中，学徒是向师傅学习劳动手艺的。

只有到了资本主义时代，随着工业化、现代化生产的发展，才要求专门的教育机构承担传授生产知识和劳动技能，培训各种类型的具有不同文化科学水平的劳动者的职能，才要求承担这种生产职能的教育从物质生产中分离出来。因为，①大机器工业生产的重要特点是："要求以自然力来代替人力，以自觉应用自然科学来代替从经验中得出的成规。"② 因此，大机器工业的发展必然要求教育部门培养一部分掌握自然科学知识的工程技术人员，以实现对工厂的技术管理。②任何大规模的协作劳动都需要管理。但是，同使用手工工具的农业和手工业相比，现代的社会化大生产无论在管理的内容、方法或是手段上，都发生了巨大的变化。在前一种经济中，简单协作固然不复杂，就是以分工为基础的协作也还是比较简单的。在后一种经济中，使用着复杂的机器体系，存在着严密的分工和协作；专业化协作的发展，又使得企业的供、产、销等社会联系变得异常复杂起来，这就必须采用现代化的管理方法（如现代数学方法）和管理手段（如使用电子计算机）。企业管理的这些变化，不仅要求管理人员懂得经济理论，而且需要掌握现代科学技术。这样，随着工业化现代化生产的发展，就出现了管理人员专家化的趋势。这些管理专家的成长，如果脱离了专门教育机构的培养，那是无法想象的。③在大机器工业生产的条件下，生产要依靠对自然科学的自觉运用，操作技术也比以往要复杂得多了。因此，即使对一般的体力劳动者来说，在他们独立地进行生产以前，也必须经过或多或少的学校教育，以便获得必需的文化科学知识和操作技能。否则，就不能驾驭现代技术装备和控制生产过程。

---

① 毛泽东：《组织起来》，《毛泽东选集》第 3 卷，第 885 页。
② 马克思：《资本论》，《马克思恩格斯全集》第 23 卷，第 423 页。

　　但是，工业化、现代化生产的发展，不仅要求教育部门把将就业人员培养成具有各种不同文化科学水平的劳动者，而且要求提高在业的劳动者的文化科学技术水平。因为，①现代科学技术日新月异的进步，使得科学知识迅速"老化"。随着现代科学技术在生产中运用的加快，固定资产更新过程也大大加快了。这样，如果不对在职人员在学龄期学得的知识进行补充和更新，他们就不能适应科学技术发展的需要，就不能掌握新的技术装备。②现代科学技术的迅速发展，使得原有的工业部门不断改组，新型的工业部门不断出现，使得职工的职业不断地发生变化。马克思说过："大工业的本性决定了劳动的变换、职能的更动和工人的全面流动性。"因而，"承认劳动的变换，从而承认工人尽可能多方面的发展是社会生产普遍规律"。①可见，在工业化、现代化生产的条件下，为了避免在业职工学到的科学技术知识的"老化"，以维持和提高其就业能力，为了使得他们能够适应劳动分工变化的需要，以增强其更新职业的能力，就必须对在业职工继续进行教育。当然，在业职工的教育只是一部分由同物质生产相分离的学校承担的，有一部分是由物质生产企业附属的学校承担的。但后一类学校也是专门的教育机构，不过是隶属于企业而已；很多教师也是专门从事教育的；学生学习有的是用业余时间进行的，有的也是脱产进行的。所以，即使是后一类学校也是根本区别于封建手工业行会中的师徒教育。

　　工业化、现代化的生产的发展，还使得科学技术部门作为生产部门从物质生产中独立出来。科学技术这个新的生产部门，不仅需要依靠教育部门培养科技工作者，而且它要实现自己的生产职能，也需要依靠教育作中介。因为科学技术部门的生产职能就是提供知识形态上的生产力，而这种知识形态上的生产力转化为直接的生产力，主要是通过两种"物化"途径实现的。一是"物化"在具有不同科学技术水平的劳动力上，一是"物化"在生产资料上。前一种"物化"是直接依赖于教育，后一种"物化"也间接通过教育，就是说，通过教育来培养具有各种不同科学技术水平的劳动者（特别是科学技术人员和工程技术人员），来实现自然科学在生产资料上的"物化"。

---

① 马克思：《资本论》，《马克思恩格斯全集》第23卷，第534页。

可见，工业化、现代化生产发展的历史进程，必然导致教育作为生产部门（就它传授生产知识和劳动技能、培养具有不同文化水平的劳动者的意义而言）从物质生产中独立出来。但这种分离过程没有改变、也不可能改变分离以前就存在的教育的生产劳动的性质，相反，它使这种性质表现得比以前更加明显了。因为现在不仅新就业的劳动力，而且在业的劳动力也需要依靠专门教育机构来培训；不仅工农业等物质生产，而且科学技术部门也需要这样；科学技术部门不仅需要依靠教育机构培训科学技术人员，而且需要依靠它来实现自己的生产职能。这些说明：在工业化、现代化生产条件下，工农业等物质生产部门、科学技术部门和教育部门等共同构成了现代生产的综合体，教育是这个综合体中不可缺少的有机组成部分。马克思在19世纪60年代讲到教育在大工业生产中的作用时曾经指出："工艺学校和农业学校是这种变革过程（即实现劳动职能的变换——引者）在大工业基础上自然发展起来的一个要素。"①现在则应该说，在现代化生产的基础上，包括高等教育在内的整个教育体系，是全部社会生产（不只包括工农业等物质生产部门，而且包括科学技术这样的生产部门）的一个要素。这样，按照前述的马克思关于生产劳动的理论，在工业化、现代化生产条件下，由于劳动协作的发展，使得生产劳动者的概念，不仅包括工农业等物质生产部门的劳动者，也不仅是包括科学技术人员，而且包括教育工作人员（就他们从事传授生产知识和劳动技能、培训各种不同文化水平的劳动力的意义而言），教育部门也就成为一个生产部门。这个一般道理，对于社会主义社会自然是完全适用的。

在实际生活中，教育对生产的作用，并不只是限于培训劳动力，它还表现在：①由于教育（特别是高等教育）同时承担了科学研究的任务，因而也提供了大量的知识形态上的生产力。②由于有的学校也从事物质生产，因而也提供了物质产品。这些作用都是应该肯定的。但是，有的同志把这两种作用和培训劳动力的作用相提并论，都同样当作教育成为生产部门的原因。这种看法是值得商榷的。从理论上说来，这种观点是把反映教育本质特点的职能（培训劳动力）同教育因兼负科学研究和物

---

① 马克思：《资本论》，《马克思恩格斯全集》第23卷，第535页。

质生产而产生的附属职能混同起来了。这就会抹煞教育这个特殊的生产部门和物质生产部门、科学研究部门的区别。从方法论上说，这种观点是不符合抽象法的。马克思说过："分析经济形式，既不能用显微镜，也不能用化学试剂，二者都必须用抽象力来代替。"① 我们对教育职能的考察，也必须使用这个科学的方法。实际上，教育也像一切社会现象一样，是"一个浑沌的关于整体的表象"。② 我们只有以这个"表象"为起点，运用马克思主义的抽象法，运用社会科学研究中的这把"解剖刀"，对这个浑沌的整体进行科学的分析，才能分清哪些职能是反映教育本质特点的，是它本身固有的，哪些职能是附属的，否则，就会把它们混同起来。

三

我们再进一步说明：随着工业化、现代化生产的发展，教育这个生产部门在社会生产中的作用是越来越重要了。

随着工业化、现代化生产在社会生产各个部门、各个领域中的发展，必然会有愈来愈多的、原来使用手工工具的部门和企业为大机器工业所代替。原来已经工业化的部门和企业的生产规模也会不断地扩大。新的使用现代技术的部门还会不断地分离出来。所有这些，都会要求教育部门培养愈来愈多的具有不同文化水平的劳动者。

不仅如此，工业化、现代化生产的发展，还要求教育部门培养文化水平愈来愈高的劳动者。大机器工业发展的历史证明：在以手工工具作为物质技术基础的资本主义的简单协作企业和工场手工业企业中文盲也可以劳动；到了资本主义大机器工业发展的初期，就需要有初等文化水平的劳动者才能操作当时的机器设备；而电气化的资本主义企业则需要中等文化水平的劳动者；在当代以电子计算机的广泛应用和生产过程的自动控制为主要标志的现代化的资本主义企业中，没有中等以上的文化水平，就很难掌握现代化的技术装备。资本主义国家工业化、现代化生

---

① 马克思：《资本论》，《马克思恩格斯全集》第 23 卷，第 8 页。
② 马克思：《〈政治经济学批判〉导言》，《马克思恩格斯选集》第 2 卷，第 103 页。

产的发展以及与此相应的教育事业（特别是义务教育事业）的发展，清楚地反映了这个要求。在这方面，日本的情况是很典型的。日本从1868年明治维新起，开始发展近代工业。经过这次改革，只用了50年的时间就完成了资本主义的工业化。其后又有进一步发展。在第二次世界大战后，经过一段时期的恢复以后，在50年代中期到70年代中期这段时间内，又实现国民经济现代化。在这期间，生产技术向机械化、自动化等方向发展；与此相适应，工人的作业方式也由原来的体力作业方式向操作、控制、监视和保护机器装置的方向发展。化学工业是日本战后建立起来的一个新兴工业部门。在60年代初，日本化学工业的机械化、自动化部分就达到了68%，大型化、高速化部分达到了41%，连续化部分达到了51%，计装化部分达到了38%，自动控制化部分达到了38%，远隔集中控制化部分达到了24%；工人由体力作业变为监视作业的部分也达到76%，变为保护检查作业的部分达到了51%，变为简单的操作机器的作业部分达到了56%，原作业方式几乎未变的只有8%。[1]很显然，要按照这样的作业方式操作这样的技术装备，没有中等教育甚至高等教育的水平，那是难以胜任的。与上述的工业化、现代化生产的要求相适应，日本的教育（特别是义务教育）也有了迅速的发展。1886年日本政府就规定实行四年义务教育制。到1908年，又把义务教育制延长为六年，也就是开始普及小学教育。战后1946年日本又进一步把义务教育制延长为九年，到1948年，初中就学率达到了99.2%，普及了初中。1978年，日本初中毕业生升学率高达93.5%，高中毕业生的升学率也达到50.8%。[2]这些数字表明：日本现在不仅已经完成了十二年义务教育制，普及了高中，而且高等教育也已进入了"大众化"的时期。在日本教育事业发展的基础上，新就业劳动者的文化水平大大提高了。日本1965年新就业人员中，初中毕业生占41.8%，高中毕业生占46.8%，大学毕业生占11.4%。到1975年，百分比倒过来了，初中毕业生只占9.1%，高中毕业生占57.3%，大学毕业生占33.6%[3]马克思在19世纪60年代说过："工厂法作为从资

---

① 日本生产性本部：《关于技术革新与人事管理的调查报告》，1962年3月。
②《教育研究》1980年第3期，第93页。
③《世界经济》1979年第5期，第14页。

本那里争取来的最初的微小让步，只是把初等教育同工厂劳动结合起来。"① 在当代，工业发达的国家不仅已经普遍地把中等教育和工农业劳动结合起来，而且在相当大的、日益扩展的范围内，把高等教育同生产结合起来。这固然同工人力量的壮大、工人反对资本斗争的发展有关系，但主要还是现代化生产发展的结果。

需要进一步指出：工业化、现代化生产的发展，不仅要求教育部门提高一般的体力劳动者的文化水平，而且要求提高脑力劳动者的文化水平；不仅要求提高科学技术人员和工程技术人员的文化水平，而且要求提高生产管理人员的文化水平；不仅要求提高脑力劳动者的文化水平，而且要求提高他们在全部生产劳动者中的比重。在当代工业发达的国家已经普遍地呈现出这种趋势。比如，在苏联国民经济的从业人员中，每千名主要从事体力劳动的劳动者具有高等和中等（完全和不完全）教育程度的人数，1939 年为 44 人，1959 年为 322 人，1970 年为 540 人，1977 年为 700 人；在这同一期间，每千名主要从事脑力劳动的劳动者具有这种教育程度的人数分别为 512 人，892 人，952 人，970 人。② 再如，美国脑力劳动者的人数，1960 年为 2850 万人，1975 年增加到 4223 万人，1977 年又增加到 4479 万人；在这同一期间，他们在全部就业人口中的比重分别为 43.3%、49.8% 和 50.1%。③

工业化、现代化生产的发展，还要求教育不断提高在业劳动者的文化水平。这样，教育普及率迅速增长和高学历化的趋势也在在业人员（包括工人、工程技术人员、科学技术人员和管理人员）中明显地反映出来。据日本产业训练协会 1970 年对 855 个企业的调查，60 年代管理人员教育普及率已达 85%，在千人以上的大企业中，普及率高达 90% 以上；在 5000 人以上的大企业中，普及率几乎达到 100%。70 年代以来，日本在业职工的高学历化已经进入了新的更高阶段。在 50 年代后半期到 60 年代，日本初中毕业生在新就业职工中还占很大的比重。比如，1959 年初中毕业生在第一产业新就业的职工中占 90.6%，在第二产业中占 78.5%，在第三产业中占 58.8%。这样，在业职工的教育还只能在高中的

① 马克思：《资本论》，《马克思恩格斯全集》第 23 卷，第 535 页。
② 《苏联国民经济六十年》，苏联统计出版社 1977 年俄文版，第 56 页。
③ 《光明日报》1976 年 11 日 10 日。

水平上来进行。到了 70 年代，高中毕业生成了新就业的劳动力的主要来源。这样，在职职工的教育，就要在大学的水平上来进行了。

新就业的和在业的职工教育普及率的提高和高学历化趋势的发展，表明教育部门为国民经济各部门培训了数量愈来愈多的文化水平愈来愈高的劳动者，这是教育部门成为愈来愈重要的生产部门的基本标志。

随着教育普及率的提高和高学历化的发展，教师队伍也在相应地扩大。下表可以说明这一点。

日本各类各级学校的学生数和教员数[①]

单位：人

	小学校		中学校[②]	
	学生数	专职教员数	学生数	专职教员数
1955 年	12266952	340572	5883692	199062
1975 年	10364846	415071	4762442	234844
	高等学校[③]		短期大学	
	学生数	专职教员数	学生数	教员数
1955 年	2592001	111617	77885	12200
1975 年	4330079	229915	353782	35924
	大学			
	学生数		教员数	
1955 年	523335		51769	
1975 年	1734082		147285	
	高等专门学校		其他各种学校[⑥]	
	学生数	教员数	学生数	教员数
1955 年	22208[④]	2055[⑤]	958299	49388
1975 年	47955	5778	1205318	116503

注：① 日本文部省：《学校基本调查报告书》，《每日年鉴》1978 年日文版，第 324 页。② 日本中学校，相当于我国初级中学。③ 日本高等学校，相当于我国高级中学。④⑤ 1965 年数字。⑥ 日本其他各种学校，是指各种职业学校和技术学校等。

该表表明：在 1955~1975 年日本实行国民经济现代化期间，除了小学校和中学校以外，高等学校、短期大学、大学、高等专门学校以及其他各种学校的学生人数都有了显著的增长，因而这些学校教员人数也有了迅速的增长。由于小学和初中的教育已经普及，再加以人口自然增长率的变化，这个期间的小学生和初中学生的人数是有减少的，但由于教学专业化的发展，这个期间小学和初中的教员人数还是增长了。总起来说，日本各类各级学校的教员总人数从 1955 年的 766573 人增加到

1178320 人，增长了 54%。日本各部门就业人口的总数，1955 年为 4112 万人，1975 年 5223 万人。① 这样，日本教员总数在全部就业人口总数中的比重，也由 1955 年的 1.8%，上升到 1975 年的 2.3%。教员总人数及其在国民经济各部门就业人口总数中比重的增长，也是教育部门成为越来越重要的生产部门的一个标志。

　　与上述的两个标志相联系，教育部门的这种越来越重要的地位还突出地表现在：它在增加国民收入方面的作用显著地增长。根据美国芝加哥大学施欧得·休路茨教授的计算，美国在 1929~1957 年期间，由于增加教育投资而增加的国民收入，大约占国民收入增加额的 33%。日本文部省调查局参照施欧得·休路茨的方法进行了推算，日本在 1930~1955 年期间，在国民收入的增长额中，约有 25% 是由于增加教育投资而取得的。苏联科学院院士斯托鲁米林也就这个问题提出了自己的计算方法，并且进行了计算。根据他的计算，在 1940~1960 年期间，苏联国民收入的增加额中，约有 30% 是因为学历构成高度化造成的。② 显然，苏联学者和美国、日本的学者在这个问题上的计算方法以及这些方法赖以建立的理论基础，是有重大差别的。这些计算方法和理论的科学性如何，是一个很复杂的问题，需要专门进行讨论，这里暂不评论。但有一点是可以肯定的：他们的计算都在某种程度上反映了教育这个生产部门在增加国民收入方面的巨大作用。

　　如果我们把日本和英国的教育发展与国民收入增长的情况作一比较，还可以更清楚地看到这种巨大的作用。下列二表可以说明这一点。

表一　日本和英国的中等和高等教育入学率的演变　　　单位:%

年份	义务教育后的中等教育入学率		高等教育入学率	
	日本	英国	日本	英国
1970	82.1	—	24.0	18.7
1971	85.0	—	27.2	19.0
1972	87.2	—	30.3	19.1
1973	89.4	—	32.7	19.8

①《国外经济统计资料（1949~1976）》，中国财经出版社 1979 年版，第 521 页。

② 参见日本文部省调查局编：《日本的经济发展和教育》，吉林人民出版社 1978 年版，第 16~17，163~167 页。

续表

年份	义务教育后的中等教育入学率		高等教育入学率	
	日本	英国	日本	英国
1974	90.3	26.8	35.3	20.0
1975	91.9	27.1	38.4	20.3
1976	92.6	28.3	39.2	—

资料来源：日本文部省大臣办公厅调查统计课：《外国教育统计》，《教育与情报》1979年12月号。

表二　日本和英国按人口平均国民收入的增长　　　　单位：美元

	1960年	1963年	1970年	1971年	1972年	1973年	1974年
日本	417	625	1636	1901	2446	3275	3546
英国	1260	1475	2031	2263	2544	2898	3106

资料来源：《世界经济统计简编》，三联书店1979年版，第43~44页。

以上二表表明：日本中等和高等教育的发展远远超过了英国的水平。1975年日本义务教育后的中等教育入学率和高等教育入学率分别超出了英国的二倍多和近一倍。与此相适应，日本按人口平均的国民收入的增长速度也大大超过了英国。1960年日本按人口平均的国民收入只有英国的三分之一；但到1970年上升到了英国的十分之八，到1974年还超过了英国的水平。当然，这个期间日本国民收入能够获得较快的增长，显然是有许多复杂因素的，但日本教育比较迅速的发展，无疑也是一个重要的因素。还要说明：由于人材的培养需要经历较长的时间，所以，1970年以后日本国民收入获得较快的增长，也不能只是归结为这个期间教育的发展，它同日本战后以来教育的迅速发展都是有联系的。

上述一切都说明：随着工业化、现代化生产的发展，教育部门是一个越来越重要的生产部门。我们从这里完全合乎逻辑地推得结论：在我国社会主义现代化的过程中，教育部门也是这样越来越重要的生产部门。

一部系统地批判"四人帮"经济理论的著作[*]
——介绍《"四人帮"对马克思主义政治经济学的篡改》一书

为了从政治经济学方面深入批判"四人帮",中国社会科学院经济研究所的部分同志,在董辅礽同志的主持下,编写了一本题为《"四人帮"对马克思主义政治经济学的篡改》的著作,最近由山西人民出版社出版了修订本。同初版相比,修订本作了较大的修改和补充,新写、改写的大约占了一半的篇幅;修订本在加深对"四人帮"极左经济理论批判的同时,还注意加强了正面理论的阐述。正如许涤新同志在修订版序言中所指出的,"直到现在,这样一本书,还是国内第一部系统地批判'四人帮'的经济谬论的著作。"

《"四人帮"对马克思主义政治经济学的篡改》(修订本)(以下简称《修订本》)一书,对"四人帮"的极左经济理论体系作了比较深刻的剖析,指出它们是以历史唯心主义为基础,以诡辩术为逻辑,以篡党夺权、复辟资本主义为目的。同时,该书对"四人帮"破坏社会主义建设的种种谬论进行了比较系统的批判,联系我国当前为实现四个现代化宏伟目标而斗争的实际,对有关社会主义建设的重大理论问题作了比较充分的论述。因此,该书的出版,不仅有助于清除"四人帮"极左经济理论的流毒和影响,而且对于实现四个现代化也是有益的。

---

* 原载《经济研究》1980 年第 8 期。

一

"四人帮"的极左经济理论，可以说早在 1958 年张春桥大肆鼓噪"破除资产阶级法权思想"，陈伯达大刮"共产风"，鼓吹"穷过渡"，取消商品生产和货币时，就开始出现了。在"文化大革命"中，这些谬论愈演愈烈，终于形成了一套比较系统的理论。为了捍卫马克思主义政治经济学的纯洁性，把被"四人帮"颠倒了的理论是非纠正过来，必须摧毁"四人帮"的这套极左经济理论体系。

"四人帮"构筑了一个什么样的经济理论体系呢？《修订本》把它的主要特征概括为以下几点：①鼓吹主观唯心主义，否定社会经济形态的发展是一种自然历史过程。②以诡辩论冒充辩证法，歪曲社会主义生产关系的性质。③打着"经济分析"的旗号，论证所谓党内"资产阶级"的形成。④把社会主义经济诬蔑为资本主义经济，为封建主义招魂。下面，我们把以上特征概括为两个方面，作一些介绍。

宣扬历史唯心主义是"四人帮"极左经济理论的一个显著特征。《修订本》指出，经济基础决定上层建筑，生产力决定生产关系，是历史唯物主义的基本原理。但"四人帮"攻击历史唯物主义，鼓吹历史唯心主义，通过以诡辩术冒充辩证法来进行。他们公然宣扬："在整个社会主义历史阶段，生产关系对生产力、上层建筑对经济基础始终起着主要的决定的作用。"在这里，他们采用的是以下手法：以上层建筑对经济基础、生产关系对生产力具有反作用为名，来否定生产力对生产关系，经济基础对上层建筑的本源的、决定的作用；同时，他们以社会主义历史阶段上层建筑对经济基础、生产关系对生产力所起作用的特殊性来否定历史唯物主义基本原理的普遍适用性。此外，"四人帮"为了鼓吹历史唯心主义，还打着批判庸俗生产力论的旗号来攻击历史唯物论。

生产力和生产关系之间的矛盾，经济基础和上层建筑之间的矛盾，是人类社会各个发展阶段上普遍存在的矛盾。《修订本》对两对矛盾及其相互关系作了详尽分析之后指出："这两对矛盾并不是平列的。生产力是社会发展的决定性的物质力量。生产力和生产关系之间的矛盾，产生经济基础和上层建筑之间的矛盾。这也就是说，以生产力和生产关系的对立统一为主要内容的'社会存在'，决定着人类的意向、观念、法律等'社会意识'。这是人类社会发展的普遍规律。"上述历史唯物主义的基本原理当然适用于社会主义和共产主义，而"四人帮"宣扬社会主义社会的发展归根到底不是由生产力发展决定的，而是由上层建筑决定的，岂不等于说历史唯物主义在社会主义社会已经过时了，这当然是十分荒谬的。

在"四人帮"的经济理论体系中，始终贯穿着历史唯心主义的黑线。《修订本》指出，"四人帮"关于社会主义公有制的谬论，突出地表现了他们的唯心史观。《修订本》着重批判了"四人帮"宣扬的领导权决定所有制性质，暴力制造所有制，穷队要靠穷精神过渡，向共产主义过渡只需要无产阶级专政一个条件等谬论。《修订本》还剖析了"四人帮"的排斥物质利益的物质利益观，驳斥了他们所谓物质利益在人类社会发展中不是革命因素而是反动因素，任何物质利益同社会主义和共产主义绝不相容等谬论。《修订本》还揭露了"四人帮"宣扬什么斗争需要就是计划、就是比例，价值规律符合我们目标就利用，否则就不用，用价格政策限制价值规律等种种唯心主义谬论。

以诡辩论冒充辩证法，歪曲社会主义生产关系的性质，把社会主义经济等同于资本主义经济，诬蔑社会主义经济是形成"党内资产阶级"的土壤，是"四人帮"极左经济理论的另一个显著特征。"四人帮"认为，社会主义生产关系表现为这样的"二重性"：一方面是"生长着的共产主义因素"，另一方面是"衰亡着的资本主义因素"。《修订本》揭露了"四人帮"这种玩弄辩证法的骗局。表面看来，这种社会主义生产关系"二重性"的论断，似乎是遵循唯物辩证法的对立统一规律对社会主义生产关系进行一分为二的分析，实际上完全是自欺欺人。问题在于：作为内在矛盾，矛盾着的双方必须既互相对立，又互相联结，形成在两极对立运动中表现同一关系的要素。试问：能说共产主义因素和资本主义因素之间的关系，是这种对立统一的关系吗？能说这两种在本质上根本不同的经济关系是表现同一经济关系（社会主义生产关系）的两个要素吗？《修订本》还戳穿了"四人帮"对列宁的"过渡时期不能不是衰亡着的资本主义与生长着的共产主义彼此斗争的时期"这个著名论断所作的歪曲。其实，列宁讲的是生产资料所有制社会主义改造基本完成以前的情况，指的是资本主义生产关系同低级形式的共产主义生产关系（即社会主义生产关系）的外部斗争，完全不是说社会主义生产关系内部存在什么共产主义因素和资本主义因素的斗争。至于在这以后社会上还存在的资本主义的乃至封建主义的经济关系，那也根本不存在于社会主义生产关系之内，而存在于社会主义生产关系之外。

当"四人帮"经济学虚构出社会主义生产关系"二重性"的"理论"以后，就已经为混淆社会主义生产关系和资本主义生产关系的根本区别打开了方便之门。但当他们把作为"资本主义因素"集中表现的资产阶级权利当作"二重性"的一方引进到社会主义生产关系，并作为极左经济理论的中心加以论述以后，那就整个地把社会主义生产关系歪曲为资本主义生产关系了。《修订本》对这一点作了全面的批判。"四人帮"这个论断的悖理性是昭然若揭的。第一，他们混淆了权利和经济的界限，鼓吹权利观念是决定经济关系的主宰。为了澄清"四人帮"在这个问题上造成的混乱，《修订本》提出需要区分以下三个概念：①资产阶级权利。②资产阶级权利观念。③决定资产阶级权利内容的经济关系。前二者属于上层建筑，第三者属于经济基础，是决定前二者的。第二，他们混淆了两种不同意义上的、具有不同社会属性的资产阶级权利的界限，鼓吹资产阶级权利就是资本主义。社会主义公有制条件下还保留的那部分资产阶级权利，同原来意义上的资产阶级权利根本不同，它不是反映了资本家和雇佣工人之间的剥削和被剥削关系，而是反映了社会主义的经济关系（如社会主义的按劳分配关系），因而，就其社会规定性来说，根本不是资本主义的，而是不成熟的共产主义即社会主义性质的。

"四人帮"歪曲社会主义生产关系的性质，把社会主义生产关系等同于资本主义生产关系，其目的就是为了论证所谓"党内资产阶级"的形成。他们借助于"二重性"中的作为资本主义因素的集中表现的资产阶级权利，从各个方面歪曲社会主义生产关系的性质，以便论证"党内资产阶级"产生的必然性。最明显的是，他们把按劳分配诬蔑为产生资本主义的经济基础。他们之所以这样做，就是要从社会主义个人消费品的分配方面引出资产阶级、特别是党内资产阶级产生的必然性。

《修订本》揭露了"四人帮"种种谬论的政治根源。从根本上说，这种理论的荒唐性正是它所服务的政治目的的反动性的表现。这种"理论"

是为了论证"党内资产阶级"产生的必然性炮制出来的，全然是实用主义的玩意儿，哪里顾得上逻辑的一贯性。这是一方面。另一方面，它又是"四人帮"修正主义手法的表现。他们骨子里最仇恨社会主义，表面上又要装成最拥护社会主义；他们的内心是要把社会主义生产关系说成只有资本主义这"一重性"，表面上又要说社会主义生产关系具有"二重性"。而最能适合这种手法的需要的，莫过于"社会主义再生产出资本主义"这种荒唐的理论了。

二

《修订本》从总结我国的历史经验出发，比较系统地批判了"四人帮"破坏社会主义建设，诋毁四个现代化的种种谬论，在破"四人帮"极左经济理论时，注意到摆事实、讲道理，对社会主义建设的若干重大理论问题尽可能作了必要的正面论述。这样做，不仅使对"四人帮"的批判深化了一步，而且对认识和解决实现四个现代化过程中所遇到的经济问题也是有帮助的。

在物质利益问题上，《修订本》强调了在社会主义条件下关心人民群众物质利益的极端重要性，指出："社会主义物质利益，作为资本主义物质利益的否定者和对立物，它的发展后果则是社会主义生产关系的扩大再生产，是使资产阶级既不能存在也不能再产生的经济条件的出现和增强。这种物质利益越多，劳动者的共同富裕愈发展，社会主义的经济制度和政治制度就愈巩固"。

在生产目的问题上，《修订本》明确指出，"在社会主义社会，劳动人民掌握了生产资料，生产目的在于满足劳动人民不断增长的物质生活和文化生活需要。"《修订本》强调，各项经济工作都要把实现社会主义生产目的作为自己的出发点："整个国民经济各部门、各生产单位的经营管理活动、国家拟订年度计划、五年计划、财政预算等等，都是本着社会主义生产目的进行的。无产阶级专政的国家，也是为劳动人民利益服务的。""由于生产目的是为了人民不断增长的需要，国家计划应该根据人民需要安排生产，生产出来的产品也应该正是人民需要的东西。人们消费了生产出来的产品，又引起了新的需要，这就能有力地促进生产的发展。"

在商品生产和价值规律问题上，《修订本》指出："我国三十年来的实践表明：什么时候我们尊重价值规律，什么时候社会主义建设事业就能顺利发展；反之，就必然遭受挫折和损失。"《修订本》根据我国经济的实际情况，说明了要认清我国经济体制的弊病所在以及改革的方向，关键在于正确认识和利用经济规律，特别是价值规律的作用："长期以来，影响我国社会主义经济发展的，主要是不按客观经济规律办事，不重视价值规律的作用"，给我国政治、经济生活带来了极其严重的恶果。

在按劳分配问题上，《修订本》说明了我国经济的起伏同是否贯彻按劳分配的关系；"建国以来，我国国民经济的发展速度出现过几次大的起伏。究其原因，除了别的因素，能否认真贯彻按劳分配原则是一个重要因素。""我国社会主义建设正反两方面的经验充分证明，按劳分配是适合社会主义阶段生产力发展状况的分配方式，因而对生产力有强大的促进作用。对于这个规律，人们应当研究它，尊重它，按照它的要求办事，而不能违反它，违反了就必不可免地受到规律的惩罚。"《修订本》还结合我国经济工作实际，明确指出了当前贯彻按劳分配中存在的问题：仍然主要是平均主义倾向，并且就平均主义的各种表现，特别是反对一部分人先富起来（"冒尖"）的问题，进行了比较详尽的评论。

在计划经济问题上，《修订本》从我国和其他社会主义国家几十年来实行计划经济的正反两方面的经验教训出发，着重阐明了为了真正发挥计划经济的优越性，必须做到："第一，中央的集中统一领导与充分发挥地方、企业、劳动者的积极性相结合"，"对各方面的经济利益必须统筹兼顾，不可偏废。""第二，计划调节与市场调节相结合"，"正确利用国民经济有计划按比例发展规律与价值规律这两个规律的作用，不能把它们对立起来。""第三，行政办法与经济办法相结合"，"运用管理经济的各种手段和方法，尤其要重视经济手段和方法，决不可单纯地采用行政方法。"

在利润问题上，《修订本》分析了利润的性质及其在社会主义计划经济管理中的地位和作用，指出："利润是比价值更具体的范畴。社会主义利润体现着社会主义经济运动过程的现象形态，是我们在经济活动中能够直接感触到的东西。这种情况，使它能成为我们进行社会主义经济管理时的重要经济杠杆。例如，我们可以把社会主义利润作为社会主义经济活动效果的综合指标来考核企业的经营状况。""一个社会主义企业经济活动效果的大小，首先表现在它生产的产品的个别劳动消耗同社会必要劳动消耗的比较，高于社会必要劳动消耗的经济效果就小，低于社会必要劳动消耗的经济效果就大。而这在一般情况下，是通过利润的大小来衡量和表现的。利润多，说明企业生产产品的个别劳动消耗低于社会必要劳动消耗；利润少，情况也就相反。""现在，党中央提出要对现行经济管理体制坚决地有步骤地实行全面改革。扩大企业权限，使社会主义企业拥有必要的自主权，并且要逐步过渡到实行自负盈亏，是这种改革的一项重要内容。""这些措施，都自然而然地提高了利润在社会主义计划经济管理中的地位和作用，自然而然地逐渐使利润成为社会主义企业经济核算的主要的指标。"

在管理问题上，《修订本》科学地分析了管理的内容，指出："管理就是根据生产的物质技术条件的要求，协调人们在共同劳动中的活动，使之符合机器体系的客观需要，从而达到很好的效果。""管理就是要在劳动者同生产资料能够结合的条件下，使它们更好地结合起来。管理就是要合理地组织生产力，使生产力的各个要素在生产过程中得到很好的结合。管理的职能，必须表现为科学地计划生产，按比例地分配和组织劳动，制订和贯彻规章制度，指挥和安排各个生产环节和劳动者的活动，并对整个生产过程的经济活动进行监督和调节等等。企业管理是对企业的生产过程和人财物、供产销的经济活动进行组织、指挥、监督和调节。经济管理是对包括生产、交换、流通和分配在内的整个社会再生产过程的经济活动进行组织、指挥、监督和调节。"《修订本》特别强调了在新的历史时期提高管理水平的极端重要性，提出必须加强对马克思主义管理理论的学习和研究。

在发展对外经济关系问题上，《修订本》正确阐明了自力更生方针的内涵，以及如何处理好坚持自力更生同发展对外经济关系的关系。首先明确指出：我们在实现四化过程中，"必须继续坚持独立自主、自力更生的方针。""我们所说的自力更生，指的是我们的基本立足点。""由于生产社会化的程度不局限于一国之内，所以，这种经济联系不仅存在于国内，而且必然要发展到国外。我们所说的建立独立完整的国民经济体系，并不是闭关自守的意思。独立并不是孤立，它不但不排斥同外界有经济联系，而且必然要有这种联系。"其次，《修订本》还指出："在社会主义经济建设中坚持独立自主、自力更生同发展对外经济关系，是不可分割的两个方面。社会主义国家有计划地发展对外经济关系，是有计划地发展社会主义经济的一个组成部分。自力更生地发展本国社会主义经济是发展对外经济关系的基础；发展对外经济关系，又有利于增强本国自力更生地发展社会主义经济的能力，两者是相辅相成的。"

三

现在，党的工作重点已经转移到社会主义现代化建设上来。但继续深入批判林彪、"四人帮"的极左路线以及作为这条路线理论说明的极左经济理论，仍然是很必要的。因为过去对"四人帮"的批判还有待深入，同时，我国现阶段还存在着这种极左的经济理论得以滋生和蔓延的条件。"四人帮"的封建的社会主义的产生，并不是偶然的现象，而是同我国现阶段某些特殊的社会条件有联系的。比如，手工劳动在社会生产中，特别是在农业中还占有重要地位，生产社会化的程度不高；在农业中自给自足的部分还占有很大的比重，整个社会的商品生产也不发达；劳动者特别是农民的科学文化水平不高；尤其是封建主义的传统和小生产的习惯势力根深蒂固，渗透到社会生活的各个方面。这些社会条件的根本改变，有赖于四个现代化的实现。但只要这些社会条件没有根本改变，那么，极左的经济理论和极左的做法仍然可能在某种范围内以某种新形式出现。而为了防止它的再产生，为了在它产生以后把它的破坏作用尽可能限制在尽可能小的范围内，必须对"四人帮"的极左的经济理论进行彻底的批判。

批判"四人帮"极左经济理论体系，对于实现四个现代化的重要意义在于：只有破了"四人帮"的经济谬论，才能更深刻认识和更自觉贯彻党在新的历史时期制定的路线、方针和政策。同时，"我们对林彪'四人帮'极左路线的批判进行得愈认真愈深刻，四项基本原则就愈能得到正确的坚持。"① 安定团结的政治局面,是实现四个现代化的一个前提。林彪、"四人帮"的组织上、思想上的残余,是一个不安定的因素。所以,从理论上批判林彪、"四人帮"的极左路线,对于维护业已形成的安定团结的局面也是必要的。

马克思主义政治经济学是在斗争中建立和发展起来的。政治经济学社会主义部分的形成和发展也是遵循这个规律的。《修订本》正是在批判"四人帮"经济学中,在政治经济学社会主义部分的许多基本问题上,恢复了马克思主义的本来面目,捍卫了她的纯洁性;并且在批判"四人帮"的同时,总结了社会主义建设的经验,在某些重要问题上向前跨进了一步。

这里还有一点是需要提及的。从我国建国以后的情况来看,在各种反马克思主义的经济思潮中,"四人帮"的极左经济理论是最系统的,具有完整的形态,流行的时间最长,影响最广泛,破坏作用也最大。要考察我国政治经济学发展的历史,对"四人帮"经济学的研究和批判,具有特殊的重要意义,从这方面来说,《修订本》在我国政治经济学史中,也是有一定地位的。

所以,无论从政治方面、经济方面或者理论方面来说,《修订本》都做了有益的工作。

当然,任何一本著作都难免有缺点,《修订本》也是这样。比如,全书的结构还不够严密;在批判"四人帮"经济学的深度上,各章之间还有不平衡的情况,有的深些,有的浅些;对有的问题的提法也有值得斟酌的地方。但总的说来,《修订本》毕竟还是我国经济学界第一部系统地批判"四人帮"经济学的好书。

---

① 叶剑英:《在庆祝中华人民共和国成立三十周年大会上的讲话》,人民出版社 1979 年版,第 29 页。

在调整中正确发挥优势 *

——从苏州市丝绸工业的蚕茧供应谈起

苏州市是我国的一个重要丝绸工业基地。该市生产丝绸已有两千多年的历史。解放以来发展很快，目前全市有缫丝厂 2 家，丝织厂 9 家，染丝厂 1 家，印染厂 3 家，职工达 16000 余人；丝绸产量达 5270 万米，缫丝能力每年达 560 吨，印染能力达 6912 万米：已经形成了缫丝、织绸、印染等前后配套的较为完整的生产体系。苏州市的丝绸出口在全国丝绸出口中占很大比重。1978 年出口丝绸约占全国出口丝绸的 1/7。

按照当前加快发展轻纺工业和扩大出口贸易的要求，苏州市的丝绸工业无疑应当加速发展。但在事实上，它却由于主要原料蚕茧供应不足，连维持现有生产水平都感到十分紧张。该市的丝绸工业原来是在苏州地区吴县、吴江、沙洲、常熟、昆山、太仓等 6 个县的养蚕业的基础上发展起来的。可是近年来这些县供应苏州市的蚕茧愈来愈少，1974 年供应 83500 多担，1977 年下降到 48000 担，1978 年又降为 39800 担。苏州市的 2 家缫丝厂，由于蚕茧供应不足，1978 年停工 1 个月，1979 年又停工 4 个月，1979 年生产厂丝只能满足全市用丝量的 18%。本市生产的厂丝不足，使绸厂必须从外地调入相当大一部分厂丝。但调入的厂丝，特别是社队企业生产的厂丝质量不好，难于织出高档绸。所以，丝厂减产，又使绸厂的高档出口产品减少。如不采取有力措施，今后丝厂停工、绸厂高档丝供应短缺的状况还将严重。

---

* 吴敬琏、汪海波合著。原载《人民日报》1980 年 11 月 6 日。

蚕茧供应量大幅度下降的原因，①蚕茧生产下降。前些年由于极左路线的影响，江苏桑田面积减少，养蚕业受到很大打击。粉碎"四人帮"以后，极左路线的流毒没有完全肃清，而且蚕茧的收购价格又偏低，因而蚕茧生产下降的趋势还没有得到制止。苏州地区 6 个县 1954 年有桑田 28 万多亩，1976 年下降到 18 万多亩，目前只有 16 万亩。该地区 1969 年蚕茧产量是 20 万担，1976 年下降到 15 万担，1978 年又下降到 13 万担。这样，苏州市和苏州地区就由原来的"余茧户"，变成了现在的"缺茧户"，蚕丝也由外销变成了返销。去年苏州市用丝量 1500 吨左右，本省只能满足 700 多吨，其余 800 吨要靠四川等地调入。随着内地缫丝、织绸工业的发展，今后调入茧、丝也将日益困难。②由于近年来社队小缫丝厂迅速发展，与苏州市大丝厂争原料的矛盾越来越尖锐。如吴江县原是苏州市主要的蚕茧供应基地。该县近年来又是社办小丝厂发展最快的县，目前该县社办丝厂的产量，几乎占江苏全省社办丝厂的 1/4。结果，该县 1972 年调入苏州市的蚕茧为 47300 担，1975 年下降为 32300 担，1978 年又下降到 18700 担。而且，有些地方往往将质量好的春茧全归社队企业自用，将缫不出高档丝的秋茧调出，这也增加了大丝厂生产高档丝的困难。

对于目前情况下是否应当发展社队办缫丝厂的问题，在江苏是有争论的。有的人认为，应当大力支持社办丝厂的发展。有的人则持相反的意见，他们反映说：目前江苏社办丝厂消耗大，产品质量低，经济效果差；市办丝厂消耗低，产品质量高，经济效果好。社办丝厂每缫一担丝平均要比市办丝厂多耗 28 斤蚕茧；社办丝厂的产品质量一般也要比市办丝厂低两个等级。而且，目前大厂生产能力有余，发展社办小丝厂，势必与大丝厂争原料，迫使大厂停产。于是造成一种不正常的情况：停老厂，开新厂；停大厂，开小厂；停经济效果好的厂，开经济效果差的厂。从整个社会的利益着眼，在目前江苏的情况下，不宜鼓励社办丝厂大量发展，更不能借口发挥优势，而忽视国家的整体利益。这是调整国民经济中需要解决的一个问题。

从上述具体事例看，为加强领导，做好调整工作，有两个问题值得引起注意。

1. 在没有适当的经济手段代替之前，集中统一的行政管理不能削弱。

过去我国对国民经济的管理，主要依靠行政机关的行政命令。这种办法弊端很多，需要改为以利用经济手段为主的管理办法。但是，这项改革必须有步骤、有秩序地进行，如果在还没有有效的经济手段代替原有行政手段以前，取消了行政管理，就会增加经济发展的盲目性，妨碍国民经济的调整。例如目前在社队企业的问题上，过去那种对发展社队企业设立种种障碍的做法固然需要改变，但目前对社队企业的发展并无统筹安排和领导，这就会产生一定的盲目性。由于政出多门，管工业的部门认为发展某项事业有碍大工业的生产，不宜提倡，管农业的部门则认为这可以给本部门带来好处，坚决支持，结果不但原材料生产不足、加工工业能力过大的、不合理的结构得不到调整，还有发展得越来越严重的趋势。这种情况，不仅发生在丝绸生产方面，而且具有普遍意义。看来在调整工作中，领导机关必须加强集中统一领导，要进行综合平衡，否则，比例关系的调整是难于取得成效的。

2. 统筹运用各种经济发展的工作亟待加强。在转向计划调节与市场调节相结合的经济管理体制以后，国家干预和社会调节仍然是必要的，但它主要是通过各种经济杠杆来进行。我们过去对于如何运用这些经济杠杆管理经济缺乏经验，也没有专门机关对这些杠杆的运用进行协调。现在，在调整国民经济的工作中，如何熟练地运用经济杠杆进行调节的问题已经突出地提到日程上来了。

首先是价格的问题。目前价格很不合理，不利于奖励先进、鞭策落后，使企业经营活动符合社会的利益。前些年，江苏省有关领导机关为了支持社队企业，规定：在1976年到1978年期间，蚕茧售价对社办丝厂每公担是570元，对国营丝厂是832元。这就使社办丝厂虽然工物料消耗显著高于市办厂，但是货币表现的成本却低于市办厂，盈利也比市办厂高。现在3年期限已过，仍对社办企业执行优惠价格，这不能不刺激社办丝厂的盲目发展。为了使各类缫丝厂在相同的条件下进行提高经济效果的竞争，蚕茧的销售理应实行同质同价、优质优价的政策。

另外一个是税、利分配问题。在目前的财政体制下，在各部门盈利结构上表现为商业盈利很高，工业也不低，农业则盈利很少甚至有亏损。随着对集体办工业、办商业行限制的放松，除调高农产品价格以刺激农业生产外，还必须对税、利分配办法作适当改变，否则社队工业和自营商业的盲目发展将难于避免。例如，吴江县梅堰公社的丝厂和绸厂产值都在五六十万元上下，但丝厂的利润只有 35000 元，而绸厂的利润则有 132000 元。社办丝绸厂进一步发展是完全可能的。如果任其盲目地发展下去，不仅市办的丝厂要关门，市办的绸厂也难免停工。我们认为，假如集体办的工业、商业比国营企业的经济效果好，对社会更有利，当然应当鼓励。问题在于，在目前的税、利分配结构下，集体经营显得有利，有可能并不是由于经济效果好，而只是因为工、商盈利规定得太高，使集体企业的利润除所得税外都归集体所有的缘故。针对这种情况，可否考虑：调整各种商品的流通税税率，对国营工商企业开征所得税（税率可较目前的 55% 适当提高），以降低利润率；同时规定，纳税后的利润大部或全部归企业支配，这样，使国营企业和社队企业处于相同的竞争条件下，让价值规律的作用制约社队企业的发展，使社队企业在发挥经济优势的过程中，在国家经济指导下有计划地得到发展。

关于社会主义国家所有制企业
生产目的的探讨 *

学术界长期流行的看法认为，社会主义生产的目的，是为了满足整个社会经常增长的物质和文化生活的需要。但我认为，对社会主义国家所有制企业（以下简称国有企业）的生产目的来说，这是一个主要方面；此外，还要包括：局部地只是为了本企业劳动者的物质、文化生活的需要。明确这一点，在理论上、实践上都有重要的意义。

一 实践的启示

对比是认识真理的重要方法，实践是检验真理的唯一标准。为了揭示客观存在的国有企业生产目的的上述两方面内容，有必要依据建国三十年来社会主义建设实践作几种对比。

第一，"一五"计划和二、三、四等三个五年计划的对比。劳动生产率是反映企业积极性的一个重要指标。国有工业企业全员劳动生产率的年平均增长速度，"一五"时期为8.7%，二、三、四等三个五年计划时期分别为-5.4%、2.5%和1.3%。可见，"一五"时期增长速度较快，其他时期较低甚至是负数。什么原因呢？有人说，"一五"时期企业积极性高，是因为在生产发展基础上职工生活逐步有了提高；后续几个五个计划时

---

* 原载《经济研究》1980 年第 12 期。

期企业积极性低，是由于生产有了增长，但生活并没有得到改善。从主要方面说，这当然是对的。但还需补充说："一五"时期还由于在一定程度上较好地兼顾了企业的经济利益；后续三个计划时期在兼顾企业经济利益方面则呈现出每况愈下的趋势。"一五"时期实行了企业奖励金制度。这项制度尽管也是很不完善的，但相对后续的"三五"、"四五"时期来说，还是较好的。"一五"时期以后，企业基金制度迭有变化，但总的趋势是企业基金和企业经营状况的关系越来越疏远，而同工资总额的关系却越来越密切；对于企业基金用于奖金和集体福利部分的限制也越来越严格。① 这样，就越来越严重、以致完全抹煞了企业的经济利益。

第二，扩大企业自主权试点企业与非试点企业的比较。四川省从1978 年第四季度开始在部分国有企业进行了扩大企业自主权的试点工作。1979 年 84 个试点企业的利润比 1978 年增长了 33%，高于非试点企业的1.2 倍。利润是企业经营好坏和积极性高低的综合指标。就满足企业生产第一方面目的来说，在试点企业与非试点企业之间是很难找出什么差别的。差别就在于同非试点企业相比，试点企业在较大的程度上兼顾了企业的经济利益。按照 1978 年国家规定，一般企业实行双重利润提成办法：一是根据企业完成任务情况，按工资总额的 3%~5% 提取企业基金，用于企业职工的集体福利和奖金；二是企业的主管部门按整个部门的超计划利润的 5%~15% 提取企业基金，用于所属企业的生产、奖励和集体福利。而四川省的试点企业，按照省里规定可以按计划利润的 5% 和超计划利润的 20%~25% 提取企业基金，用于本企业的生产、集体福利和奖金。可见，试点企业是在较大的程度上把企业的经营状况和企业的经济利益结合起来了。

第三，自负盈亏的试点和扩大企业自主权试点的比较。四川省在总结 1979 年扩大企业自主权试点企业经验的基础上，今年又在 5 个国有企业实行独立核算，国家征税、自负盈亏的试点。今年头 6 个月，5 个自负盈亏试点企业，在向国家交纳各项税金后，企业所得 1474 万元，剔除原来在成本中开支和现由企业自己负担的工资、福利、奖金后，企业净收

① 参见汪海波、吴敬琏、周叔莲：《必须把劳动者的一部分收入和企业的经营状况紧密地联系起来》，《经济研究》1978 年第 12 期，第 39~41 页。

入 778 万元，和去年同期利润留成相比，增长 1.9 倍。这些原来进行扩大企业自主权试点的企业在转为自负盈亏的试点以后，积极性进一步高涨的原因，显然也不是因为满足企业生产第一方面的目的上有什么变化，而是因为自负盈亏比原来的利润分成能够初步地在比较完整的意义上体现了企业生产目的的第二方面，能够初步地在比较完整的意义上把国家和企业的经济利益结合起来。

上述这种同一的、普遍的、巩固的、持久的现象证明：构成社会主义基本经济规律重要内容的国有企业的生产目的，主要是为了满足社会全体劳动者的生活需要，局部的也是为了满足本企业劳动者的生活需要；前者是国有企业生产发展的主要动力，后者也是重要动力。

二　理论的分析

为什么国有企业的生产目的，除了包括上述第一方面内容以外，还要包括第二方面内容。一定的经济规律是产生于一定的经济条件的基础上的。我们对于社会主义基本经济规律的考察，对于国有企业生产目的的考察，必须从生产资料的社会主义国家所有制的特点，从社会主义国家所有制经济中劳动力和生产资料结合方式的特点去寻找它的根源。

在社会主义条件下，企业还是社会的基本生产单位。这不是人们主观随意赋予的，而是社会生产力决定的。资本主义基本矛盾的发展，要求消灭生产资料的资本主义私有制，建立社会主义公有制，但并不提出改变企业作为社会的基本生产单位的要求。各国社会主义革命的经验证明了这一点。当然，随着生产资料所有制性质的根本改变，企业的社会性质也根本改变了。劳动者和生产资料的结合，是社会主义生产的出发点。企业既然是社会的基本生产单位，那么，这种结合就只能首先直接在企业范围内进行。这是一方面的特点。

另一方面，在社会主义历史阶段，劳动还没有成为人们生活的第一需要，仅仅是谋生手段。这无论对于劳动者个人，或者对于企业劳动者集体都是适用的。因而对于前者或后者都是把劳动作为谋生手段来实现同生产资料结合的。

劳动力和生产资料结合方式的这两方面特点，决定了国有的生产资料，只能由企业使用；[①] 国家和企业的关系是经济核算制的关系，国家要依据全体劳动者的利益，对企业实行集中的统一领导，并需从企业集中一部分纯收入，企业在生产经营上和经济利益上均具有相对独立性，企业在国家指导下独立地组织生产、交换和分配，独立核算，自负盈亏，并取得与他们的生产经营成果相应的收入；企业和企业之间的关系是具有相对独立经济利益的商品生产者的关系，并需遵循等价交换的原则。不具备这些条件，企业就不能作为基本的生产单位来组织正常的经济活动，也不能实现它把劳动作为谋生手段同生产资料结合的经济要求。

这样，上述的劳动力和生产资料结合的特殊方式以及由此决定的经济形式，不仅使得企业生产目的的第一方面，即主要地为了满足社会全体劳动者的生活需要，而且使得企业生产目的的第二方面，即局部的只是为了满足本企业劳动者的生活需要，成为客观的经济要求，并为此提供了客观的经济上的可能性。因而这两个方面都是社会主义国家所有制经济的本质。社会主义建设实践证明：这种本质不只是决定着社会主义国家所有制经济的直接生产过程，而且决定着它的包括生产、交换、分配和消费在内的总生产过程。[②] 因而这两方面目的都成为社会主义基本经济规律的最重要的内容。

上面的分析表明：从主要方面看，斯大林所揭示的社会主义生产目的尽管对社会主义国有制经济是适用的，但整个说来，它实际上是共产主义社会的生产目的。因为，暂且不论在共产主义条件下，企业是否还是社会的基本生产单位，但有一点是可以肯定的，那时劳动已经成了生活的第一需要，劳动者不再把劳动仅仅当作谋生手段实现同生产资料的结合。这样，原来企业生产目的第二方面赖以存在的经济条件就不存在了，这种目的本身也就消失了。

---

① 顺便指出：流行的观念把社会主义国家所有制企业称作国营企业。我认为这是不准确的。因为企业的生产资料是国有的，但由企业经营的。故本文均称国有企业，不称国营企业。

② 根据斯大林的定义，"资本主义的基本经济规律是这样一种规律，它不是决定资本主义生产发展的某一个别方面或某些个别过程，而是决定资本主义生产发展的一切主要方面和一切主要过程，因而是决定资本主义生产的实质，决定资本主义生产的本质的。"（《苏联社会主义经济问题》，人民出版社 1961 年版，第 30 页。）如果抛开由生产关系的性质差别而带来的差别，只从共同方面来说，那么，各个社会（包括社会主义社会）的基本经济规律也都具有这样的作用。

但是，长期以来，人们都用斯大林提出的社会主义生产目的来说明国有企业的生产目的。从主要方面说，这并没有错，但并不是完全正确的，因为它忽视了企业生产目的的第二方面内容。这种观点，同生产资料所有制问题上曾经流行的形而上学和法学观念是有联系的。用这种观念来考察生产资料所有制，就会把它当作可以脱离生产关系而独立存在的东西。但实际上，一定的所有制就是一定的生产关系的总和，是不能分离的。用上述观念考察问题，就会只从法权关系来把握生产资料所有制，而忽视它的经济内容。但在实际上，生产资料的占有不是发生在对它的想象之中，"而是发生于对这些条件的实际活动、现实关系之中，即实际利用它们作生产者主观活动的条件。"① 所以，用这种观点看问题，往往只是看到社会主义国家所有制和共产主义全民所有制的共同点，很容易忽视前者的特点。这样，国有企业生产目的的第二方面，也就自然从他们的视野中消失了。

国有企业生产目的的两个方面是有差别的，是有矛盾的，但在根本上是一致的，并不是对抗性的矛盾。因为①这两方面都植根于生产资料的社会主义公有制。②前一方面反映社会全体劳动者的整体利益，后一方面反映企业劳动者的局部利益，前一种整体利益包括后一种局部利益，大于局部利益，所以，企业的局部利益虽然有独立的意义，但是可以而且必须服从整体利益；当然，承认这种局部利益，对于发展整体利益，也是必要的。③企业无论是实现前一方面目的，还是实现后一方面的目的，都必须依靠企业的集体劳动。所以，社会主义国家所有制企业这两方面目的是统一的，是能够相容的。现实经济生活也已经证明：企业经济利益是伴随着国家经济利益的增长而增长的，二者的增长是结合在一起的。上海轻机公司今年进行了独立核算、国家征税、自负盈亏的试点。今年1~7月向国家缴纳各种税金和费用4200多万元，比去年同期增加436万元；同时公司净得697万元，比按利润留成时多得176万元。当然，在社会主义社会实际经济生活中，也常有企业为了自己的局部利益而损害社会整体利益的现象。但这并不是企业生产目的后一方面必然带来的后果，而是同旧社会的影响以及经济管理体制不完善等因素有关的。

---

① 马克思：《政治经济学批判大纲》（草稿）第3分册，人民出版社1963年版，第111页。

由于企业生产目的的两方面在根本上是一致的，因而国家运用经济杠杆、经济政策、经济立法以及其他必要的行政手段，是可以解决这些矛盾的。所以，那种认为企业有了后一方面的生产目的，必然会破坏国民经济计划的看法，是没有根据的。

三　对质疑的剖析

有一种观点认为，在社会主义生产目的问题上，马克思、恩格斯、列宁也说过同斯大林类似的话。他们据此认为，斯大林揭示的社会主义生产目的对国有企业是完全适用的，企业并不存在后一方面的目的，这种观点是值得商榷的。

应该肯定，在社会主义生产目的问题上，马克思、恩格斯、列宁确实说过同斯大林类似的话。问题是如何正确地对待这些论述？列宁说过："马克思主义的全部精神，它的整个体系要求人们对每一个原理只是（α）历史地，（β）只是同其他原理联系起来，（γ）只是同具体的历史经验联系起来加以考察。"[①] 显然，我们也应该这样做。关于第三项，我们在本文的第一部分已经做过了，现在就第一、二项再做些说明。这里需要分别三种情况：

第一，马克思主义的理论本身有一个发展过程。在它开始形成的阶段，还没有把共产主义社会区分为社会主义阶段和共产主义阶段。这时他们讲的共产主义社会的生产目的，显然是指共产主义社会的。比如，恩格斯在 1847 年说的共产主义"社会就将生产出足够的产品，可以组织分配以满足全体成员的需要"，[②] 就是这个情况。

第二，后来，马克思主义建立了共产主义两个阶段的学说。这时论述社会主义生产目的时，也讲过同斯大林类似的话。但在很多情况下，往往是把资本主义和共产主义这两种社会经济形态的生产目的作对比时说的，也是泛指包括社会主义和共产主义这两个阶段在内的共产主义社会说的。

---

① 列宁：《给印涅萨·阿尔曼德》，《列宁全集》第 35 卷，第 238 页。
② 恩格斯：《共产主义原理》，《马克思恩格斯选集》第 1 卷，第 222 页。

　　显然，我们不能依据这两种情况就说马克思、恩格斯、列宁在社会主义生产目的上说的话，同斯大林说的是一个意思，并据此认为斯大林揭示的社会主义生产目的完全适用于国有企业，否定企业生产目的的第二方面。

　　第三，列宁在专门论述社会主义生产目的时，也讲过同斯大林类似的话。但我们必须联系这些思想赖以存在的前提来考察。这个前提就是：他曾经设想社会主义社会能够直接组织劳动力和生产资料的结合，而不需要通过作为社会生产的基本单位的企业。这一点，列宁说得很清楚：在消灭生产资料私有制、建立社会主义公有制以后，"组织由整个社会承担的社会主义的产品生产代替资本主义商品生产，以充分保证社会全体成员的福利和使他们获得自由的全面发展。"[1]列宁在另一处说得还要明白一些："由整个社会承担的（因为这既包括计划性又指出计划的执行者），不仅满足社会成员的需要，而且充分保证社会全体成员的福利和自由的全面的发展。"[2]后来，列宁更明确地指出："整个社会将成为一个管理处，成为一个劳动平等、报酬平等的工厂。"[3]列宁的这个思想是直接继承马克思的。马克思在论到体现按劳分配原则的劳动报酬形式时曾经设想过："他（劳动者——引者）从社会方面领得一张证书，证明他提供了多少劳动（扣除他为社会基金而进行的劳动），而他凭这张证书从社会储存中领得和他所提供的劳动量相当的一分消费资料。"[4]很清楚，马克思的这些论述，也是以社会直接组织劳动力和生产资料的结合、而不需要通过作为社会的基本生产单位的企业为前提的。但已有的社会主义各国的经验证明：无产阶级夺取政权、建立社会主义公有制以后，还不能做到这一点。所以，我们也不能依据第三种论述就说列宁和斯大林揭示的社会主义生产目的对国有企业的生产目的是完全适用的，否定企业生产目的的第二方面的内容。

　　如果我们进一步联系马克思列宁主义的其他原理以及这些原理的发展来考察，那问题就更加清楚了。

---

① 列宁：《关于制定俄国社会民主工党纲领的材料》，《列宁全集》第6卷，第11页。重点是引者加的。
② 列宁：《对普列汉诺夫的第二个纲领草案的意见》，《列宁全集》第6卷，第37页。重点是引者加的。
③ 列宁：《国家与革命》，《列宁选集》第3卷，第258页。
④ 马克思：《哥达纲领批判》，《马克思恩格斯选集》第3卷，第11页。重点是引者加的。

　　第一，马克思和列宁多次指出：在社会主义社会，劳动还不是生活的第一需要，仅仅是谋生手段。这虽然是对劳动者个人说的，但对企业劳动者集体也是适用的。而且，如果说，在俄国十月革命以前，列宁曾经设想由社会直接组织生产，那么，在这以后，在他总结了社会主义实践经验以后，看法也就改变了。列宁生前召开的俄共（布）第十二次代表大会《关于工业的决议》就明确指出：工厂是"基本工业单位"。[①] 列宁生前还强调"企业建立在经济核算制的基础上"。[②] 这显然也是以企业作为基本的生产单位为前提的。马克思、列宁的这些论述，为我们考察国有企业的生产目的提供了基本论据。如前所述，我们正是依据企业是基本的生产单位和劳动仅仅是谋生手段，说明了社会主义制度下劳动力和生产资料结合的特殊方式：首先直接在企业范围内结合，企业劳动者集体是把劳动仅仅当作谋生手段来实现同生产资料的结合的，并由此论证了企业生产目的的第二个方面。事实上，列宁生前已经明确指出：准备向共产主义过渡，"不是直接依靠热情，而是借助于伟大革命所产生的热情，依靠个人兴趣，依靠个人利益上的关心，依靠经济核算"。[③] 经济核算作为社会主义生产关系的一个方面，就是在国家的统一领导下，企业在生产经营上和经济利益上有相对独立性。这同认为企业的经济利益也是企业的一个生产目的和动力，是相吻合的。

　　第二，马克思、列宁对资本主义基本经济规律的考察，也从方法论上给了人们以有益的启示。马克思根据对资本主义生产关系总和的分析，揭示了剩余价值规律是资本主义基本经济规律；还结合资本主义生产关系在其各个发展阶段上的特点，具体说明了剩余价值规律作用的各种形式。在资本主义发展的初期，由于资本还只是开始占领了某些部门，封建经济关系还占统治地位，资本之间的竞争只是在某些部门内部开展起来，形成了商品的社会价值。在这种经济条件下，剩余价值通过利润的形式归各个部门的资本家占有。后来，随着资本占领了各个主要生产部门，扫荡了封建残余。这样，不仅部门内的竞争进一步发展起来，而且部门间的竞争也发展起来。于是，利润转化为平均利润。在后一过程实

① 《苏联共产党代表大会、代表会议和中央全会决议汇编》第 2 分册，人民出版社 1964 年版，第 267 页。
② 列宁：《给财政人民委员部》，《列宁全集》第 35 卷，第 549 页。
③ 列宁：《十月革命四周年》，《列宁选集》第 4 卷，第 572 页。

现了的条件下，一般说来，各个部门的资本家得到的只是平均利润。但是，那些生产条件较好、劳动生产率较高的企业还可以获得超额利润；而在那些存在垄断条件的部门，由于利润平均化的过程受到了阻碍，从而产生了垄断利润。随着自由竞争的资本主义发展到垄断资本主义，由于出现了工业垄断、金融资本垄断和国家垄断资本主义，出现了资本输出、国际垄断组织等经济条件，因而垄断组织可以获得大大超过平均利润的垄断利润，而局外企业就连平均利润也难以得到了。马克思列宁主义的这些分析启发我们：对社会主义生产目的的研究，必须结合社会主义生产关系的特点来进行；否则就会抹煞社会主义生产目的和共产主义生产目的的区别。

可见，如果联系马克思列宁主义的上述原理来考察，那么，说国有企业的生产目的包括前述的两方面内容，不仅同他们的科学理论体系是不矛盾的，而且正是依据他们提供的方法论和论据作出的。

还有一种观点认为，社会主义国家所有制企业具有相对独立的经济利益，但这种利益是通过价值规律、按劳分配规律和物质利益规律来体现的，而不是作为社会主义基本经济规律在生产目的上体现的，企业并不存在后一方面的生产目的。这种看法也有不妥之处。

诚然，价值规律的作用可以体现全民所有制企业相对独立的经济利益。但它并不能代替社会主义基本经济规律的作用，不能代替国有企业生产目的的作用。

第一，从价值规律本身的要求来说，它只提出商品价值由社会必要劳动量决定的问题，它不对社会主义生产目的提出什么要求。斯大林曾经正确地指出："当然，价值规律在资本主义条件下有广阔的作用范围，它在资本主义生产的发展方面发生很大的作用，但是它不仅不决定资本主义生产的实质和资本主义利润的基础，甚至没有提出这样的问题。所以，价值规律不能是现代资本主义的基本经济规律。"① 斯大林这里分析的是资本主义条件下价值规律不能成为资本主义基本经济规律的原因。但是，从一般意义上说，斯大林讲的这个道理，也适用于社会主义社会，即社会主义经济中价值规律不提出社会主义生产目的。

---

① 斯大林：《苏联社会主义经济问题》，人民出版社1961年版，第29页。

第二，在一定的社会经济条件下，价值规律体现一定的经济利益，总是通过一定的作用形式来实现的。而这种不同的作用形式从价值规律本身也是不能得到说明的，而只能从一定的生产资料所有制关系以及由此决定的生产目的中去寻找答案。比如，在简单商品经济的条件下，价值规律通过价格围绕价值上下波动的形式来实现。显然，这是体现了小商品生产者的经济利益的，是由以本人的劳动和生产资料私有制为基础的经济条件以及由这种经济条件决定的生产目的（即为了满足小商品生产者的生活需要）决定的。在资本主义有了发展的条件下，价值规律就通过价格围绕生产价格上下波动而实现其作用了。这是体现了自由竞争的资本主义时代资本家的经济利益的，是利润平均化的结果。而到了垄断资本主义时代，价值规律在相当大的一个范围内是通过垄断价格来实现的。这当然是表现了垄断资本的利益，是由垄断这种经济条件产生的追求垄断利润这个目的决定的。对于社会主义条件下价值规律作用形式问题，也必须这样来看待。社会主义国有企业生产的商品是依照价值还是依照生产价格交换，虽然还是一个有争论的问题，但这个问题从价值规律本身是难以找到答案的，而必须由社会主义国家所有制以及由此决定的生产目的去进行探索。

第三，国有企业的产品无论是依照价值还是依照生产价格交换，企业都可以获得额外收入。这种额外收入可以是由企业使用、但归国家所有的较好的技术装备和自然条件形成的，也可以是由企业较高经营管理水平形成的。这种额外收入的分配也无法由价值规律来说明。但国有企业生产目的的两个方面却可以解释这一点。依照这种生产目的的要求，第一种额外收入应由国家通过税收、利润上缴等方式收归社会；第二种额外收入除了由国家作适当扣除外，企业必须取得与它的经营成果相适应的收入。

按劳分配规律的作用也能反映国有企业相对独立的某些经济利益。但如果认为按劳分配规律的作用可以代替社会主义基本经济规律的作用，可以代替社会主义生产目的的作用，其悖理性就更明显了。因为价值规律的作用虽然不能代替基本经济规律的作用，但毕竟是生产领域中的经济规律，毕竟在生产、交换经济领域中都起作用的规律；而按劳分配规律虽然在社会主义经济中居于十分重要的地位，并对社会主义生产发生重大的影响，但它毕竟是分配领域中的经济规律，它本身也不对社会主义生产目的提出什么要求。如果认为按劳分配规律可以代替社会主义基本经济规律的作用，可以代替社会主义生产目的的作用，那在实际上就是认为按劳分配规律成为支配社会主义总生产过程的规律了。

至于用物质利益规律来代替社会主义基本经济规律的作用，来代替社会主义生产目的的作用，就更值得商榷了。每一个社会的经济关系首先是作为利益表现出来。在各个社会特有的经济规律的体系中，有许多经济规律也是体现了各种社会生产关系承担者的物质利益的。那么，在这许多经济规律之外，怎么还可能单独存在一个物质利益规律呢？就社会主义经济中特有的经济规律体系的实际情况来看，社会主义基本经济规律主要体现了社会全体劳动者的物质利益，局部的只是体现了企业劳动者集体的物质利益；价值规律体现了社会主义国家所有制的工人和集体所有制的农民以及具有相对独立性的国有企业劳动者集体的物质利益；按劳分配规律体现了与社会的（或集体的）利益相结合的劳动者个人的物质利益；社会主义积累规律体现了劳动者的长远利益和当前利益的结合。除了这些体现了劳动者的物质利益的社会主义经济规律以外，哪里还有什么独立的社会主义物质利益规律呢？

如果国有企业生产目的包括上述两个方面的看法是正确的，那么这就为经济管理体制的改革，阐明了一项根本原则。胡乔木同志说过："国家、生产单位和生产者个人这种利益上的统一，是社会主义制度所决定的，必须反映这种利益上的统一，是社会主义经济管理体制的根本规律之一。"[①] 这是为什么呢？基本的一点在于：国有企业生产目的包括了上述两方面内容；而社会主义经济管理体制是必须反映社会主义基本经济规律这一要求的。国有企业之所以必须逐步做到独立核算，国家征税，自负盈亏，就是因为它较充分地反映了社会主义基本经济规律的这一要求。当然，同时也较充分地反映了价值规律的要求。

---

① 胡乔木：《按照客观经济规律办事，加速实现四个现代化》，人民出版社 1978 年版，第 18~19 页。

关于社会主义集体所有制企业
生产目的的探讨 *

一、问题的提出

斯大林在 1952 年提出："社会主义基本经济规律的主要特点和要求，可以大致表述如下：用在高度技术基础上使社会主义生产不断增长和不断完善的办法，来保证最大限度地满足整个社会经常增长的物质和文化的需要。"① 在斯大林看来，无论是社会主义国家所有制企业，还是集体所有制企业，生产目的都是如此。② 受到斯大林指导的苏联《政治经济学教科书》清楚地说明了这一点。这本书写道："在社会主义的各种经济规律中，基本经济规律起着决定的作用。它决定着社会主义生产发展的一切主要方面和一切主要过程。"③

在过去一个长时期内，斯大林这个理论观点几乎普遍为我国理论界所接受。近年出版的供高等院校公共政治理论课的一本代用教材《政治经

---

* 原载《求索》1981 年第 2 期。

① 斯大林：《苏联社会主义经济问题》，人民出版社 1975 年版（下同），第 31 页。

② 关于社会主义国家所有制企业的生产目的，我认为主要是为了全体劳动者的生活需要，但由于国有企业是相对独立的商品生产者，局部的是为本企业劳动者的生活需要。这个问题我在《关于社会主义国家所有制企业生产目的的探讨》一文中进行了讨论。这里只是讨论集体企业的生产目的。

③ 苏联科学院经济研究所编：《政治经济学教科书》，人民出版社 1955 年版（下同），第 441、427~428 页。这里所说的"一切主要方面和一切主要过程"，当然包括集体农业在内。这本书是在斯大林逝世以后 1954 年出版的，但它的基本内容在斯大林生前就定下来了，是代表了斯大林的理论观点的。

济学（社会主义部分）》，在论述社会主义生产目的时无保留地援引了斯大林关于社会主义基本经济规律的论述，并且认为，这个社会主义基本经济规律"决定着社会主义生产的一切主要方面和一切主要过程"。[①] 这里所说的"一切主要方面和一切主要过程"，显然也包括了在国民经济中居于极重要地位的农业在内，而集体所有制在农业中占主要地位。这就是说，集体所有制农业企业（还有集体所有制的工业企业）也都是以"满足整个社会经常增长的物质和文化的需要"为目的的。另一本大学试用教材也持有上述同样的观点。[②] 还有一本题为《社会主义经济若干问题》的经济学著作说得更绝对、更明确："社会主义生产必须服从于满足全体人民和整个社会物质和文化需要这一目的。除此以外，任何其他目的都是同生产的社会主义性质不相容的。"农业集体经济"发展农业生产，以满足人民群众日益增长的物质和文化生活的需要"。[③]

这种观点究竟对不对呢？集体所有制企业的生产目的究竟是为了满足社会全体劳动者的物质、文化生活的需要，还是主要是为了本企业劳动者的生活需要、只是局部地为了社会全体劳动者的生活需要呢？这不仅是一个重大的理论问题，而且是与社会主义国家对集体经济的计划指导和价格政策，从而与发展农业紧密相连的一个重大的经济问题，是一个巩固和加强工人阶级与集体农民联盟的政治问题。本文试图就这个问题作些粗浅的探讨，以就教于理论界的同志们。

二、二十多年社会主义集体经济的实践证明了什么？

对比是认识真理的主要方法，实践是检验真理的唯一标准。为了探讨上述问题，需要依据多年来我国集体所有制经济的实践作些对比。我们首先就我国集体经济的农业生产发展情况作以下几种对比：

第一，建国以后各个时期农业总产值的年平均增长速度如下：恢复时期为 14.1%；"一五"时期为 4.5%，其中基本完成农业合作化的 1956

---

① 《政治经济学（社会主义部分）》，人民出版社 1979 年版，第 43~47 页。
② 参见《政治经济学（社会主义部分）》，四川人民出版社 1979 年版，第 108~113 页。
③ 《社会主义经济若干问题》，安徽人民出版社 1980 年版，第 32、199 页。

年和 1957 年平均为 4.3%;[①] "二五"时期为 4.3%；1963~1965 年为 11.1%；"三五"时期为 3.9%；"四五"时期为 4%；1976 年为 2.5%；1977 年为 1.7%；1978 年为 9%，1979 年为 8.6%。可见，除了具有恢复性质的恢复时期和调整时期以外，就是"一五"时期（包括农业合作化基本完成的 1956 年和 1957 年）的增长速度快一点，其他各个时期的增长速度都较慢，而且增长速度呈现下降的趋势。直到 1978 年农业增长速度才迅速上升。

这里的原因是很多的，其中一个十分重要的原因，就是能否按照客观存在的集体经济生产目的的要求（即主要为了集体企业劳动者的生活需要）办事；而能否正确处理工农业产品交换的差价，又是其中的一项重要内容。就处理这种差价来说，近二十年来也做得不如"一五"时期好。在半封建半殖民地的旧中国，工农业产品的交换本来就存在着"剪刀差"。解放后，曾经采取多提高农副产品的收购价格、适当降低农用工业品价格的办法来调整这种差价。到 1957 年这种差价已经有了显著的改善，基本上接近 1930~1936 年的水平。如以抗战前七年的平均水平为 100，1957 年农副产品收购价格指数为 275.1，农用工业品零售价格指数为 283.8。这是促进农民积极性的一个重要因素。但在 1957~1978 年期间，虽然由于农副产品收购价格和农用工业品的零售价格分别继续有所上升和下降，原来存在的差价又缩小了 31%，然而在这个期间，工业劳动生产率的增长大大超过了农业劳动生产率的增长，前者增长了 75%，后者只增长了 15%，而且，农业生产成本又显著上升了。1957 年每百元农业收入中，各项费用只占 1/4 多一点，到了 1977 年就增加到 1/3 以上。这样，这个期间工农业产品交换又产生了新的差价，"剪刀差"又进一步扩大了。结果，许多农副产品的收购价格偏低，有的只相当于生产成本，甚至低于生产成本，使得不少集体企业发生亏损。根据 1976 年对全国 1296 个生产队的调查，六种主要粮食的生产成本和农业税，每百斤平均为 11.6 元，而当时这六种粮食每百斤的平均收购价格只有 10.75 元，亏损 10.6%。又据 1977 年对全国 302 个生产队的调查，平均每百斤皮棉的生产成本，也高于收购价格的 2%。[②]这显然同客观存在的集体企业生产目的

---

① 参加高级农业生产合作社的农户占总农户的比重，1956 年为 87.8%，1957 年为 96.2%。
②《人民日报》1979 年 10 月 25 日。

是背道而驰的，它必然挫伤集体农民的积极性，阻碍农业的发展。

根据党的十一届三中全会的决定，我国在 1978 年提高部分农副产品收购价格的基础上，1979 年又大幅度地提高了粮、棉、油、猪等 18 种主要农副产品的收购价格，并适当地提高了粮、棉、油超购加价的幅度，开展了议购议销农产品业务，从而使全国农副产品收购价格总水平比上年上升 22.1%，工农业产品的交换差价比上年缩小 18%。这样，1979 年农民全年增加收入 108 亿元，平均每个农民可多得 13.3 元。这就促使农业在 1978 年取得较高增长速度的基础上，继续在 1979 年赢得了较高的速度。

第二，如果我们把粮食和棉花的生产增长情况以及南方棉花和北方棉花的生产增减情况作一下对比，还可以更清楚地看到农业集体企业生产目的的作用。总的说来，我国粮食、棉花生产的增长速度都不快，但相对说来，棉花的增长速度更慢，在 1953 年到 1978 年期间，粮食的年平均增长速度为 2.4%，而棉花只有 2%。1978 年粮食产量已经达到 6095 亿斤，超过了历史最高水平的 1976 年的 5726 亿斤，而棉花只达到 4334 万担，比历史最高水平的 1973 年的 5124 万担还少了近 800 万担。其中南方棉花为 2700 多万担，比 1970 年增加近 400 万担，而北方棉花产量为 1600 多万担，比 1970 年减少近 600 万担。这是否意味着：社会对棉花的需要不及对粮食的需要呢？或者对北方棉花的需要不及对南方棉花的需要呢？显然不是的。近十年来，我国还进口大量棉花，用了巨额的外汇。1970 年到 1977 年，平均每年进口棉花 400 多万担。1978 年的棉花进口量超过上述平均数一倍以上。根源在于：对集体农业来说，种粮食比种棉花有利；在南方种棉花比在北方种棉花有利。这表现在：①粮棉比价的变化不利于棉花的生产，1957 年 1 斤棉花可以换 15.4 斤稻谷，或 10.7 斤小麦；到 1978 年只能换 11.8 斤稻谷，或 8.6 斤小麦。②粮食亩产增长速度大于棉花。1978 年同 1965 年相比，北方地区粮食亩产提高了 97%，棉花亩产下降了 13%，南方地区粮食亩产提高了 71%，棉花亩产只提高了 25%。③由于气候条件不同，北方只能种一茬棉花；南方除种一茬棉花外，还可种一茬粮食。但全国棉花收购价格一样，因而北方棉农的收入水平就低于南方的棉农。比如 1978 年北方地区棉花平均亩产 42 斤，可收入 61 元。而南方地区棉花平均亩产 81 斤，可收入 115 元，再加上一茬小麦平均亩产 182 斤，收入 33 元。二者合计 148 元，比北方地区多 1.4 倍。

第三，我们再以黑龙江省大豆和烤烟播种面积计划完成情况来说明集体农业的生产目的。该省多年来急需扩大大豆的播种面积。1974 年计划安排 2372 万亩，比上年要求增加 143 万亩，而实际只落实了 2107 万亩，比上年不仅没有增加，反而减少 12 万亩。1975 年到 1977 年的情况也大体如此。但到 1978 年，大豆实际播种面积却超过计划 64 万亩，这主要是由于 1977 年把大豆收购价格提高了 21% 所起的作用。但该省烤烟面积多年来都能完成或超额完成计划。1973 年的烤烟面积是 26000 亩，五年来持续大幅度上升，到 1978 年达到 244000 亩，增长 11 倍多。这主要是因为烤烟每亩产值高达 213 元，收入 103 元；生产烤烟的劳动日产值达 3.41 元，与粮食作物平均日产值 1.2 元相比，高出 1.8 倍。

第四，苏州地区社办丝厂的盲目发展，也突出地表明了集体企业的生产目的。苏州市是我国的一个主要的丝绸工业基地。发展该市的丝绸工业是整个国民经济的需要。该市丝绸工业原来是在苏州地区（包括吴县、吴江、沙洲、常熟、昆山、太仓六个县）的养蚕业的基础上发展起来的。可是近几年来，这些县供应的蚕茧逐年下降，致使该市丝厂开工不足的情况也愈来愈严重，并进而影响该市高档绸的生产。蚕茧供应量下降的原因，一是蚕茧生产的下降；二是苏州地区社队小缫丝厂迅速发展，与苏州市办大丝厂争原料的矛盾越来越尖锐。比如，吴江县原来是苏州市最主要的蚕茧供应基地。近几年来则成了社办小丝厂发展最快的县。目前该县社办丝厂的产量，几乎占到江苏省社办丝厂的 1/4。该县 1972 年调给苏州市的蚕茧为 47300 担，1975 年下降为 32300 担，1978 年又下降到 18700 担。结果形成了停老厂、开新厂，停大厂、开小厂，停经济效果好的厂、开经济效果差的厂（比如，社办丝厂每缫一担丝一般要比市办丝厂多耗 28 斤蚕茧；质量一般也要低两个等级）的不正常状态。可见，就目前情况来看，苏州地区社办小丝厂的发展是不符合社会利益的。可它为什么又能得到迅速发展呢？因为在当前工农业产品交换存在差价的情况下，经营农业的盈利不如经营工业的盈利多。从这方面看，社办小丝厂的迅速发展也反映了集体经济生产目的的要求。

综上所述，我们可以看到这样几种规律性的现象：①什么时候经济政策比较符合集体企业的生产目的，这个时候农业的发展就比较快；什么时候经济政策违反集体企业的生产目的，这个时候农业的发展就会受到挫折。②即使是社会很需要的产品，但因为这种产品的生产不符合集体经济的利益，那么它仍然难以发展起来；反之，即使社会不需要的产品，但只要符合集体生产的目的，它仍然可以在某种限度内迅速地发展起来。③对两种农产品来说，即使社会需要的程度是相等的，但一种产品的生产符合集体生产的目的，一种违反集体生产的目的，那么前一种就可能发展得快一些，后一种发展就会慢一些，甚至会下降。④对同一种产品来说，在某个时期内生产它，对某种经济不利，它的发展就会慢一些；在另一个时期内生产它，对集体经济有利，它的发展也会快一些。就不同地区生产同种产品来说，在某个地区生产它，对集体经济不利，它的发展就要慢些；在另一个地区发展它，对集体经济有利，它的发展也就快些。所有这些都证明：集体经济的生产目的并不仅仅是为了满足社会全体劳动者的物质文化生活的需要，主要还是为了集体企业劳动者的物质文化生活的需要。

为了充分证明流行观点的不合理性，不仅需要就农业集体经济的实践作上述的详细对比，而且需要就城镇手工业集体经济的实践作一些对比。以辽宁省二轻系统的集体企业为例，在"一五"时期，实行以企业为单位独立核算，自负盈亏，上级联社只提取一定的利润作为统筹基金，其余留给企业。这时生产发展很快，产值平均每年递增 21%。到了 1958 年"大跃进"时期，搞什么"升级"，改企业自负盈亏为地方行政主管部分统负盈亏，企业的利润全部上缴，随着出现了生产下降的局面，1958 年以后三年产值增长速度下降到 2.3%。三年调整时期（1963~1965 年），集体企业又由统负盈亏改为自负盈亏，产值迅速以每年 12.6% 的速度递增，1966 年比 1965 年增长 29%。此后，再度改为统负盈亏，十年动乱期间集体企业生产发展速度又大大减慢了，平均每年只递增 8.8%。从 1979 年四月开始，辽宁省部分集体企业进行了改统负盈亏为自负盈亏的试点，都取得了立竿见影的效果。沈阳、旅大、丹东、营口、锦州 5 个市 113 个企业，先后从 1979 年第三季度开始试点，产值每月平均增长 35.44%，上缴国家税收每月平均增长 29%，企业纳税后净利润每月平均增长 37.6%，职工个人收入每月平均增长 11.6%。① 这个材料是很典型的，类似的调查还可以举出很多。当然，上述辽宁省二轻系统生产增长速度升降的原因是多方面的。但是，在政策上是否把集体企业真正当作集体企业来看待，② 是否真正按照集体企业的生产目的的要求办事，显然是一个极重要的原因。

可见，二十多年来，无论是农业集体经济的实践，还是城镇手工业集体经济的实践，都充分证明：集体所有制企业的生产目的，都不只是为了社会全体劳动者的生活需要，主要还是为了满足本集体企业劳动者的生活需要。

三　在理论上如何探索集体所有制企业的生产目的？

现在的问题是：在理论上如何分析已经被实践充分证明了的上述集体所有制企业的生产目的？为此，首先需要分析马列主义在这个问题上提供的方法论。

第一，恩格斯说过："每一个社会的经济关系首先作为利益表现出来。"③ 这种一定的利益关系表现在各个方面，但主要是体现在一定的生产目的上。所以，马克思说："资本主义生产不仅是商品生产，它实质上是剩余价值的生产。"④ 马克思这里说的资本主义生产的实质，当然不是资本主义生产的物质内容的实质，而是资本主义生产的社会形式的实质。马克思这里说的虽然是资本主义生产的实质，但它具有一般的方法论意义。就是说，从一般意义上说，一定的生产目的都体现了一定的生产关系的物质承担者（即一定的生产资料所有者）的根本的物质利益，因而是一定的生产关系的实质。比如，在原始公社经济制度下，生产的目的是为了全体公社社员极为低下的生活需要；在奴隶经济制度下，生产的目的是为奴隶主提供剩余产品甚至一部分必要产品，在封建经济制度下，生产的目的是为封建主提供地租，在资本主义制度下，生产的目的是为资

---

① 见《经济研究》1980 年第 1 期，第 6 页。

② 只有让集体企业自负盈亏，才真正是集体所有制企业；统负盈亏虽然名为集体经济，实际上是地方国家所有制经济，即地方国有经济。

③ 恩格斯：《论住宅问题》，《马克思恩格斯选集》第 2 卷，第 537 页。

④ 马克思：《资本论》，《马克思恩格斯全集》第 23 卷，第 556 页。

本家提供利润。

可见，一定的生产目的总是由一定的生产资料所有制决定的，体现了一定的生产资料所有者的根本利益，体现了一定的生产关系的本质。

第二，马克思依据对生产资料的资本主义所有制的分析，揭示了资本主义的生产目的是无偿占有无产者创造的剩余价值，揭示了剩余价值规律是资本主义的基本经济规律，还结合资本主义各个发展阶段上的特点，阐述了这个规律作用的各种具体形式。[1] 在资本主义发展的初期，剩余价值以利润的形式归各该部门的资本家所有。后来，资本主义生产方式占了统治地位。于是剩余价值就转化为平均利润。只是那些生产条件较好的资本家，除了可以获得平均利润以外，还可以获得超额利润。而在那些存在垄断条件的个别部门，还可以获得垄断利润。随着帝国主义时代的到来，垄断资本家可以获得大大超过平均利润的垄断利润，而局外企业则连平均利润也得不到了。

可见，作为资本主义生产目的的剩余价值，在资本主义的各个不同的发展阶段，它的作用形式也是各异的；即使在同一个发展阶段，对不同类型的资本来说，也是有区别的。从一般的意义来说，这一点对考察社会主义阶段各种社会主义所有制形式的生产目的也具有方法论的意义。

现在我们依据上述的方法论，从社会主义集体所有制经济的具体情况出发，来分析这种企业的生产目的。

按照社会主义现阶段社会生产力的要求，真正的社会主义集体所有制经济[2] 应该是这样的：生产资料是归集体企业范围内的劳动者共同所有；集体的生产和经营应该由集体劳动者或其代表来管理；产品和收入是由集体劳动者创造的，也应该归他们共同所有。

我们依据前述第一点方法论，集体企业的生产目的是由生产资料的集体所有制决定的，是体现了这种生产资料所有者的根本经济利益的。就是说，是为了满足本集体企业劳动者的生活需要；否则，就没有体现这种生产关系的本质。

---

① 关于这个问题，收入本书的《关于社会主义国家所有制企业生产目的的探讨》一文已经做了详细的分析。

② 1958年以后，由于"左"的错误影响，农业集体所有制累遭破坏，城市集体所有制实际上变成了地方国有制。这里所说的"真正的集体所有制"就是为了同实际上存在的名为集体所有制、本质上不是或不完全是集体所有制相区别。

　　我们依据第二点方法论，在生产目的问题上，社会主义集体所有制企业和社会主义国家所有制企业是有区别的：后者的生产目的主要是为了全体劳动者的生活需要，局部的也只是为了本企业劳动者的生活需要；前者的生产目的主要是为了本集体企业劳动者的生活需要，只是部分地为了社会全体劳动者的生活需要。承认这种区别，就是承认这两种社会主义公有制的重大区别；否认这种区别，就是抹煞这两种社会主义公有制的重大区别。

　　那么，为什么集体所有制企业的生产目的还部分地为了满足社会全体劳动者的生活需要呢？①在社会主义经济中，社会主义国家所有制经济处于领导地位，集体所有制经济处于被领导的地位。马克思说过："在一切社会形式中都有一种一定的生产支配着其他一切生产的地位和影响，因而它的关系也支配着其他一切关系的地位和影响。"①社会主义的国有经济对集体经济也起着这种支配的作用。②社会主义国家所有制与集体所有制虽然有着重大的差别，但是，都是社会主义的公有制。这样，在国有企业与集体企业之间，在集体企业之间，不存在资本主义企业之间的那种大鱼吃小鱼的竞争关系，而是一种社会主义的互助合作关系。这种互助合作关系不仅表现在发展生产方面，而且表现在提高生活方面。比如，社会主义国家掌握的社会消费基金，不仅来自国有企业，而且来自集体企业。这种生产上和生活上的互助是适合社会生产力发展的要求，是提高社会全体劳动者的生活需要。所以，如果说，在社会主义的现阶段，国有企业主要是社会主义国家所有制，但也带有某些企业集体所有制的成分，那么，集体企业主要是集体所有制，但也带有某些社会主义国家所有制的成分。一定的生产目的是一定的所有制的实质。既然集体企业带有某些社会主义国家所有制的成分，那么，它的生产目的必然部分的是为了全体劳动者的生活需要。

　　但是，只要是集体企业，那么它的主要生产目的只能是为了本企业劳动者的生活需要，后一方面的目的总只能是部分的。这明显地表现在下列事实上：集体企业上缴国家的税收，在集体企业的收入中占的比重很小，1979年全国农村人民公社基本核算单位各项支出占总收入的比重

---

①　马克思：《〈政治经济学批判〉导言》，《马克思恩格斯选集》第2卷，第100页。

为：生产费用占 34.12%，集体提留占 9.59%；其中公积金占 7.06%，储备
粮基金占 0.31%，公益金占 1.75%，其他占 0.47%；社员分配占 53.12%，
税收只占 3.23%。当然，在现阶段，由于存在着工农业产品价格的"剪刀
差"，农业的一部分收入通过工农业产品的交换差价转到国家手中。但
"剪刀差"是要逐步缩小以至最后要消除的，而且即使算上这一部分，它
们在农业总收入中的比重也是很小的一部分。

　　上述分析表明：斯大林在马克思主义政治经济学发展史上第一次提
出了社会主义基本经济规律，虽然是一个重要的贡献，但这个基本经济
规律实际上是共产主义社会的基本经济规律，对于社会主义社会来说，
它并不是完全适用的。因为，①对社会主义国家所有制企业来说，它的
生产目的虽然主要是为了全体劳动者的生活，但部分的是为了本企业劳
动者的生活。②对集体所有制企业来说，它的生产目的虽然部分地为了
全体劳动者的生活，但主要是为了本集体企业劳动者的生活。

　　斯大林为什么忽视了集体所有制企业在生产目的方面的特殊性呢？
这并不是偶然发生的现象，而是有深刻的理论根源的。斯大林认为，生
产关系"包括：（一）生产资料的所有制形式；（二）由此产生的各种不
同社会集团在生产中的地位以及他们的相互关系……；（三）完全以它们
为转移的产品分配形式"。[①] 这表明斯大林实际上也是用一种形而上学和法
学观念来考察生产资料所有制问题。[②] 用这种观念来考察生产资料所有制，
就会把它当作可以脱离生产关系而独立存在的东西。但在实际上，一定
的生产资料所有制就是一定的生产关系的总和，[③] 二者是不能分离的。用
这种观念来考察问题，还会只从法权关系来把握生产资料所有制，而忽
视它的经济内容。但在实际上，生产资料的占有不是发生于对它的想象

---

　　① 斯大林：《苏联社会主义经济问题》，第 58 页。

　　② 马克思在批判蒲鲁东的谬论时指出："所有制形成蒲鲁东先生的体系中的最后一个范畴。在现实世界
中，情形恰恰相反：分工和蒲鲁东先生所有其他范畴是综合起来构成现在称之为所有制的社会关系；在这些关
系之外，资产阶级所有制不过是形而上学或法学的幻想。"（《马克思致巴·瓦·安年柯夫》，《马克思恩格斯选集》
第 4 卷，第 324 页）马克思批判蒲鲁东是形而上学，就是指他把生产资料所有制和生产关系分割开来；批判他
是法学幻想，就是指他用法学概念来代替经济分析。

　　③ 马克思说过：资产阶级"私有制不是一种简单的关系，也绝不是什么抽象概念或原理，而是资产阶级
生产关系的总和"（《道德化的批判和批判化的道德》，《马克思恩格斯选集》第 1 卷，第 191 页）。就是说，资产
阶级私有制不是离开资本主义生产关系的总和而单独存在的关系，而是包括资本主义的直接生产、交换、分配
和消费这样几方面关系的总和；也绝不是抽象的概念，而是体现在上述几个方面的关系上。其所以是这样，因
为这几个方面的生产关系，都是生产资料的资本主义私有制在经济上的实现。

之中，"而是发生于对这些条件的实际活动、现实关系之中，即实际利用它们作生产者主观活动的条件"。① 所以，用这种观点看问题往往只是看到社会主义公有制和共产主义公有制的共同点，很容易忽视社会主义国家所有制的特点，很容易忽视社会主义集体所有制的特点（比如，生产资料归集体所有，生产和经营由集体管理，产品和收入归集体所有等）。这样，社会主义国家所有制和集体所有制在生产目的方面的特点，也就很容易从他的视野中消失了。

四　怎样看待这个问题上的一些疑问

为了说明我们上述观点，还需依据上述事实上、理论上的论证，对某些疑问做进一步的分析。

一种流行的观点认为，斯大林关于社会主义生产目的的理论是来自马克思和列宁的，并没有错。这种说法是有根据的。反映斯大林理论观点的那本苏联《政治经济学教科书》也是这样说的。这本教科书在论述斯大林关于社会主义生产目的理论的思想渊源时写道："马克思和恩格斯预见到，在社会主义制度下，有计划地组织生产的目的既是满足整个社会的需要，也是满足社会每个成员的需要。"列宁认为，社会主义社会是"为了保证社会全体成员的充分的福利和自由全面的发展"。"斯大林根据这些要点对社会主义基本经济规律下了一个全面的定义。"② 但是问题在于：我们并不能根据马克思、列宁的有关论述就得出结论说：社会主义集体所有制企业生产目的完全是为了全社会劳动者的生活需要。③ 如果我们进一步联系上述马克思、列宁考察资本主义生产目的所提供的方法论，那就更不能依据他们的有关论述，来否定集体企业生产目的主要是为了本企业劳动者的生活需要。

还有一种观点认为，尽管社会主义国家所有制和社会主义集体所有

---

① 马克思：《政治经济学批判大纲》。

② 苏联科学院经济研究所编：《政治经济学教科书》，第 438 页。

③ 关于这个问题，在收入本书的《关于社会主义国家所有制企业生产目的的探讨》一文中已经做过详细分析。那里分析的虽然是社会主义国家所有制企业生产目的的特点，但基本道理对认识社会主义集体所有制企业生产目的的特殊性，也是适用的。

制有区别，但都是社会主义的公有制，生产目的是相同的，斯大林的观点是正确的。反映斯大林理论观点的苏联《政治经济学教科书》正是这样论证的。这本书在论证包括国家所有制和集体所有制在内的社会主义生产目的时写道："当生产资料为劳动人民所有，而剥削阶级已被消灭的时候，生产则是为了劳动者的利益，就是说，是为了整个社会主义社会的利益。因此，最充分地满足人们日益增长的物质和文化的需要就成为生产的直接目的。"①这里的论据就是对社会主义社会和共产主义社会都适用的共同意义上的生产资料公有制。至于社会主义国家所有制（即社会主义国有经济的生产关系总和）的特点，社会主义集体所有制（即社会主义集体经济的生产关系总和）的特点，则全部被抽象了：这样揭示的生产目的，怎么可能反映这两种所有制生产目的的特点呢？当然，无论是共产主义公有制，还是社会主义公有制；也无论是社会主义国家所有制，还是社会主义集体所有制，一个根本的共同点，就是生产目的不再是为资产阶级生产剩余价值，而是为了劳动者的物质和文化生活的需要。在这个基本的共同的意义上说，斯大林提出的"社会主义生产的目的不是利润，而是人民及其需要，即满足人的物质和文化的需要"，②无疑是正确的。但是，如果由此认为社会主义公有制和共产主义公有制、社会主义国家所有制和社会主义集体所有制，在生产目的上都是完全一样的，那在理论上、实际上都是站不住的。马克思主义认为，每一个物质运动形式在其发展长途中的每一个过程都有特殊的矛盾和本质。③

事实上，不仅在社会主义和共产主义这两个发展阶段，生产资料公有制有其特殊性，就是在社会主义阶段上，社会主义国家所有制和社会主义集体所有制也是各有其特殊性的。因此，它们各自的生产目的也不可能是完全一样的。

与上述观点相联系，还有另一种观点认为，一个社会经济形态只有一个基本经济规律，只有一种生产目的。社会主义社会也是如此。社会主义的基本经济规律和生产目的，就是如斯大林揭示的"保证最大限度地满足整个社会经常增长的物质和文化的需要"。按照这种观点，社会主

① 苏联科学院经济研究所编：《政治经济学教科书》，第 439 页。
② 斯大林：《苏联社会主义经济问题》，第 62 页。
③ 毛泽东：《矛盾论》，《毛泽东选集》第 1 卷，第 285 页。

义集体企业特殊的生产目的是不存在的。应该肯定，斯大林关于某一社会形态只能有某一个基本经济规律作为基本规律的论点是正确的，[①] 从根本的共同的意义上说，也可以把"满足人的物质和文化的需要"[②] 作为社会主义社会乃至共产主义社会的基本经济规律和生产目的。但这并不排除在社会主义阶段和共产主义阶段上各有其特殊目的，也不排除社会主义国家所有制和集体所有制各有其特殊的生产目的。正像把剩余价值规律作为资本主义的基本经济规律，也不排除在资本主义的各个发展阶段上剩余价值规律有其特殊的形式、乃至在同一阶段上对不同类型的资本也各有其特殊的形式一样。

也有人认为，从集体所有制企业本身来说，虽然不可能产生为了全体劳动者生活需要的生产目的，但由于它是社会主义国家和社会主义国有经济的领导下，在国家计划的指导下进行生产的，因而它的生产目的也像社会主义国有企业一样，都是为了全体劳动者的生活需要。这是值得商榷的。①国有企业生产目的固然主要是为了满足全体劳动者的生活需要，但局部的只是为了本企业劳动者的需要。所以，认为国有企业的生产目的只有前一方面的内容，没有后一方面的内容，也是片面的。②我们认为，国有经济对集体经济的领导，是使集体经济具有某些国家所有制经济成分的一个因素，从而使得集体企业的生产目的部分的也是为了全体劳动者的生活，但这是一方面的原因；另一方面，也由于国有经济和集体经济都是社会主义经济，二者之间的关系是社会主义的互助合作关系。如果只讲前一方面，忽视后一方面，那也是不全面的。事实上，在社会主义改造基本完成以前，社会主义国有经济对资本主义经济和个体经济也是处于领导地位的。但这种领导地位没有、也不可能使得这两种经济带有什么社会主义国家所有制的成分。③如果认为国有经济对集体经济的领导，可以使得后者的生产目的同前者一样，那无异于说后者也变成了国有经济，因为集体企业生产目的的特殊性，正是集体经济的本质。这显然是不妥的。④如果认为社会主义国家对集体经济的领导，可以使得集体企业的生产目的变得同国有企业一样，那也就等于说，不

① 斯大林：《苏联社会主义经济问题》，第58页。
② 斯大林：《苏联社会主义经济问题》，第62页。

是经济基础决定上层建筑，而是上层建筑决定经济基础。其悖理性自不待言。⑤至于说到社会主义国家计划对集体经济的指导，那也只是使得集体企业生产的产品，在使用价值方面适合整个国民经济发展的需要；而不是说可以像对待国有企业那样，把它们创造的产品和收入的大部分归国家所有，即除用于社会积累以外，都用于全体劳动者的生活需要。而所谓生产目的是为了全体劳动者的生活，其本质含义正是后一方面，而不是前一方面。所以，国家对集体经济的计划指导作用，也不可能使得集体企业的生产目的，都是为了全体劳动者的生活需要。

又有人认为，集体经济的生产是商品生产，商品的使用价值是社会的使用价值。所以，集体企业的生产目的，也就是为了全体劳动者的生活需要。这也是不妥的。

第一，集体经济生产的商品，确是用来满足社会需要的。但所谓生产目的是为了全体劳动者的生活需要，并不是指的这一点。如前所述，其本质含义是指的要像国有企业那样，把大部分产品和收入归国家所有，除用于社会积累外，均用于全体劳动者的生活需要。这一点，列宁在批判布哈林时曾经作了清楚的说明。布哈林在《过渡时期的经济》一书中写道："在资本实行统治的条件下，生产是剩余价值的生产，是为利润进行的生产。在无产阶级实行统治的条件下，生产是为抵销社会需要进行的生产。"列宁批评说："没有成功。利润也是满足'社会'需要的。应该说，在这种条件下，剩余产品不归私有者阶级，而归全体劳动者，而且只归他们。"① 这就是说，作为资本主义生产目的利润也是满足资本家的这种所谓"社会"需要；而社会主义生产目的方面的特点，是在于剩余产品归全体劳动者所有，并用于全体劳动者的需要。当然，社会主义集体经济生产目的是根本区别于资本主义生产目的的。但就它是否为了全体劳动者的生活需要来说，也应该按照列宁这里指出的含义来衡量的。这是一方面的区别。另一方面，还要分清生产与消费之间的两种本质的联系。一种是社会物质生产总过程中的生产与消费之间的一般的本质联系。马克思对这种联系作过这样的说明："没有消费，也就没有生产，因为如

① 列宁：《对布哈林〈过渡时期的经济〉一书的评论》，人民出版社 1976 年版，第 40 页。

果这样，生产就没有目的。"① 所以，从最终意义上说，各种经济形式的生产总是为消费服务的；社会主义集体经济的生产当然也是如此。另一种是由集体所有制所决定的，集体企业生产与消费之间的特殊的本质联系。如前所述，就这种特殊的本质联系来说，集体企业的生产主要是为了满足本集体企业劳动者的生活需要。所以，我们不能用前一种本质联系来否定或代替后一种本质联系。如果这样，那势必否定集体企业生产目的的特殊性。

第二，即使上述观点是正确的，那也不能说明集体企业生产的目的都是为了全体劳动者的生活需要。因为作为集体经济的主要组成部分的农业，商品生产只占一部分，自给生产占了大部分。比如，1979 年全国农业总产值构成中，种植业的比重占了 66.9%；而在种植业产值中，粮食作物大约占了 75%~80%。粮食生产的商品率只有 20% 左右。

第三，按照上述观点，集体企业生产目的是否为了全体劳动者的生活需要，似乎是决定于它是否是商品生产以及商品生产部分的多少，而不是决定于生产资料所有制。这显然不符合马克思主义关于一定的生产目的是一定的所有制本质的原理的。

第四，按照上述观点，似乎资本主义商品生产也是为了满足全社会的需要，因为资本主义企业生产的商品也是社会的使用价值。当然，社会主义商品生产是根本区别于资本主义商品生产的。但就商品的使用价值是社会的使用价值这个一般意义来说，二者是有共同点的。这就更明

---

① 马克思：《〈政治经济学批判〉导言》，《马克思恩格斯选集》第 2 卷，第 94 页。

显地表现了上述观点的不合理性。①

　　还有一种观点认为，社会主义集体企业有自己的独立经济利益，但这种利益是通过价值规律、按劳分配规律和物质利益规律的作用来反映的，而不是作为社会主义基本经济规律在生产目的上反映的，集体企业并不存在特殊的生产目的。这种看法也有不妥之处。②诚然，价值规律的作用，可以反映集体所有制企业独立的经济利益。但它并不能代替社会主义基本经济规律的作用，不能代替集体企业生产目的的作用。

　　按劳分配规律的作用也能在某种程度上反映集体所有制企业独立的经济利益。但如果认为按劳分配规律的作用可以代替社会主义基本经济规律的作用，可以代替社会主义生产目的的作用，其悖理性就更明显了。

　　至于用"物质利益的规律"来代替社会主义基本经济规律的作用，来代替社会主义生产目的的作用，就更值得商榷了。当然，这并不否定社会主义物质利益原则的正确提法。因为这种物质利益原是人们处理社会主义经济问题的准绳，它本身不是客观的经济规律，而是反映了体现社会主义劳动者物质利益的诸种经济规律的要求的。

　　还有人担心，把集体企业生产目的主要地归结为为了本企业劳动者的生活需要，会导致偏离社会主义的方向，会导致破坏国民经济计划。这个问题实际上可以归结为集体所有制的存在就会偏离社会主义的方向，就会破坏计划经济。因为集体企业的这种生产目的，就是集体所有制的

---

　　① 这里还需顺便指出：一本题为《政治经济学教材》的书写道："集体经济的生产目的，是既要服从社会全体劳动者的需要和利益，又主要是服从于部分劳动群众的集体需要和集体利益。"这个结论大体上是正确的、可贵的。但它在论证为什么"要服从社会全体劳动者的需要和利益"时提出的论据，却有值得商榷的地方。关于这一点，这本书写道："由于集体经济产品的商品部分是用来满足社会需要的，由于集体经济生产计划是在国家计划的指导下拟定的，还由于集体经济必须以税金形式将纯收入的一部分缴纳给国家，由国家支配来为全体劳动人民谋福利，从这一角度和在这一范围看，集体经济的生产，也是服从于全体劳动者的需要和利益的。"（《政治经济学教材》，上海人民出版社1980年版，第246页）第三个"由于"是可以同意的，第一、二个"由于"都是不妥的。依据我们在前面所作的分析，这个不妥之处，就在于把社会主义集体经济生产的商品，在使用价值方面可以做到有计划地满足社会的需要，同生产目的是为了全体劳动者生活需要的本质含义混同起来了。这是第一。第二，这本书一方面正确地指出了上述集体经济生产目的的两个方面，还正确地指出了"国营企业生产……主要取决于体现全民需要和全民利益的国家计划，部分地取决于企业的局部利益"（同上书，第246页）；另一方面又认为"保证最大限度地满足整个社会经常增长的物质和文化的需要，这都是指全民所有制经济和全民所有制经济领导下的整个社会生产的目的来讲的。"（同上书，第245页）这后一方面就有值得商榷的地方。既然一定的生产目的是一定的所有制的本质，那么，怎么可能还有一个超脱社会主义国家所有制和集体所有制的生产目的之外的，并且同这两种生产目的的又有区别的（当然也有共同点）整个社会的生产目的呢？

　　② 关于这个问题，在收入本书的《关于社会主义国家所有制企业生产目的的探讨》一文中作了详细的分析。那里分析的是社会主义国有企业的生产目的，但基本道理对集体企业是适用的。

本质。只要明确地提出这个问题，就可以清楚地看到：这种担心是多余的。因为，①集体所有制和社会主义国家所有制虽然公有化程度有所不同，但都是社会主义公有制的形式。②何况集体经济并不是单独存在的经济，而是处于社会主义国家所有制经济的领导之下的。③由于上述两点原因，并不必然导致破坏国民经济计划。当然，集体企业的局部利益和整个国民经济利益是存在着矛盾的。这就完全可能发生集体企业为了局部利益而去损害全局利益。但是，如果认为，由集体所有制产生的上述集体经济的生产目的必然破坏国民经济计划，是没有根据的。问题的根本点在于；国民经济有计划的发展，不仅是社会主义国家所有制的承担者——工人的根本利益，而且是社会主义集体所有制的承担者——集体农民的根本利益；社会生产的无政府状态，是不符合二者的根本利益的。而且，在集体企业与国有企业之间，不存在资本之间的那种竞争关系，不存在大小资本之间的大鱼吃小鱼的关系，不存在垄断资本对局外企业的压迫关系，不存在资本家对小生产者的剥削关系。既然是这样，那么为什么集体所有制以及由此决定的生产目的必然会破坏国民经济计划呢？至于社会整体利益和集体利益的矛盾，社会主义国家是完全可以通过经济杠杆（如价格、税收、利息、奖励等）、经济政策和经济立法等手段加以调节的。

总之，对于把集体企业的生产目的主要地归结为为了本集体企业劳动者的生活需要而存在的种种疑虑，似乎都是不必要的。

五　正确地认识集体企业的生产目的有何意义

我们认为，如实地看到集体企业的生产目的，主要是为了本企业劳动者的生活需要，无论在理论上、经济上、政治上都有重要的作用。

第一，如实地看到这一点，有助于澄清现在政治经济学（社会主义部分）理论中存在的一些混乱。比如，集体企业的生产资料归集体所有；但流行的观点认为它的生产目的是为全社会劳动者的生活需要。这是一个矛盾。又如，社会主义国家所有制和集体所有制是存在着重大差别的；但流行的观点认为二者的生产目的是一样的。这又是一个矛盾。再如，现在许多人都承认价值规律对集体企业生产起调节作用。但是，如果否定了集体企业生产目的的特殊性，这种调节作用如何得到说明呢？还有，大家都承认，按劳分配规律在集体经济中的作用是有特点的，它不像国有经济那样，是在全社会范围内实现的，而是在集体范围内实现的，各个集体企业的劳动工分值是可以有很大差别的。这种差别不仅是各个集体企业的劳动差别的反映，而且是它们占有生产资料差别的结果。但是，如果像流行观点那样，认为集体企业生产目的也是为了全体劳动者的生活，那不又是矛盾吗？类似的矛盾还可以举出很多。这并不奇怪。一定的生产目的是一定的生产关系最根本的属性。如果只是在生产关系本质的其他方面有了正确的认识，而在这个根本属性方面缺乏正确的认识，那就必须发生前一方面的正确认识和后一方面错误认识的矛盾。只有对这个根本属性有了正确的认识，才能同其他方面的正确认识一致起来。如果我们如实地把集体企业生产的目的归结为主要为本企业劳动者生活需要，那同集体所有制的本质是一致的；这种生产目的的特殊性，同集体经济与国有经济的差别也是相适应的；价值规律对集体生产的调节作用也是能够得到充分说明的，同按劳分配规律在集体经济中作用的特点也是相符合的。总之，上述理论上的矛盾就可以得到解决。

第二，过去一个长时期内，国家对集体经济的领导，实际上主要靠指令性的计划指标，而不是利用价格杠杆；农产品的价格和价值发生了相当大的背离。这些都严重地阻碍了农业生产的发展，成为我国农业长期发展缓慢的一个因素。形成这种状况的原因是多方面的。但从理论上来看，由于否定了集体企业生产目的的特殊性，因而就不容易看到价值规律的调节作用，也是一个重要原因。反之，如果我们如实地看到集体企业生产目的主要是为了本企业劳动者的生活需要，那就比较容易看清价值规律对集体农业的调节作用。这样，国家对农业生产的领导，就要把计划调节和市场调节结合起来，主要靠有计划地实行正确的价格政策。这就会大大促进集体农业的发展。这个道理对集体所有制的工业，也是同样适用的。

第三，在过去一个长时期内，对集体生产目的的特殊性缺乏正确的认识，在经济政策上曾经发生"左"的错误，阻碍了集体农业和集体工业的发展，影响了集体农民和集体工人生活的改善，损害了国有企业工人和集体农民、集体工人的联盟。如果我们如实地看到集体企业生产目的主要是为了本企业劳动者的生活，在经济政策上做到符合这种客观存在的生产目的的要求，那就会促进集体经济的发展，就会改善集体企业劳动者的生活，就会巩固和加强国有企业工人和集体农民、集体工人的联盟。

第四，正确地认识集体经济的生产目的，还有利于发挥社会主义集体经济的优越性。所谓发挥社会主义集体经济优越性，从根本上来说，就是要按照集体生产目的的要求办事，因为这是集体经济的最根本的属性。如前所述，如实地把握集体经济的生产目的，还有助于正确认识价值规律对集体生产的调节作用和按劳分配规律在集体经济中作用的特点，从而有助于按照这些经济规律的要求办事。这些都有利于发挥集体经济的优越性，促进集体生产的发展，提高集体企业劳动者的生活水平。

可见，提出集体经济的生产目的，主要是为了本企业劳动者的生活，并不是人们主观随意想出来的，而是我国社会主义建设实践要求解决的重要问题。

实现社会主义生产目的的症结何在?*

　　人类社会经济发展的历史表明：每一种社会生产关系都有自己特殊的生产目的。这种生产目的成为各该社会生产发展的根本动力，并决定着包括直接生产、交换、分配和消费在内的总生产过程。资本主义的生产目的是为了占有无产者创造的剩余价值，它在资本主义实际经济生活中已经充分地实现了这种作用。社会主义的生产目的是为了满足劳动者的物质文化生活的需要，这是由公有制的性质决定的。但在建国以后，主要是 1958 年以后，这种目的在社会主义经济中并没有得到充分的实现。① 这里的症结何在呢？这个问题已经引起了人们的普遍关注。讨论这个问题，对于当前的经济结构的调整和经济体制的改革，对于发挥社会主义经济制度优越性，加速社会主义建设，提高人民生活水平，都是有益的。本文试图就社会主义国有企业生产目的的实现问题作些初步的探讨。

一

　　建国以后，主要是 1958 年以后，社会主义生产目的（即满足全体劳动者的物质和文化生活需要）没有得到充分的实现。这种生产目的没有充分实现的最突出的表现，是我国工农业生产增长虽然不算很慢，但人

　　* 吴敬琏、周叔莲、汪海波合著。原载《社会科学辑刊》1981 年第 2 期。本文是在 1980 年 12 月举行的全国社会主义生产目的讨论上的发言稿。
　　① 应该指出，粉碎"四人帮"以后，特别是党的十一届三中全会以后，我国人民生活是有较大提高的。

民生活并未得到相应改善。

那么，在社会主义条件下，为什么社会主义生产目的没有得到充分实现呢？对于这个问题，有种种不同的回答。尽管社会主义生产的本质属性是为了提高人民的物质文化生活，但它的实现是需要通过经济领导者的指导思想（特别是他们的宏观决策）的。于是一种最常见的回答是：我国社会主义生产目的长期没有充分实现，是由于受到了经济领导者"左"倾思想的影响。这种回答说明了产生这个问题的直接原因，是由于经济指导方针的错误。这首先就是由于片面地强调优先发展重工业和实行"以钢为纲"的方针，造成了生产上的高指标，主要是重工业的高指标，特别是钢铁工业的高指标。我国第二个五年计划时期以来，三次重复地发生了这样的现象：为了完成上述生产上的高指标，就要进行规模过大的基本建设，就要采取过高的积累率。

重工业的高指标，特别是钢铁工业的高指标，不仅必然导致过高的积累率，过多地挤了消费基金，而且势必过多地挤了非生产性积累，势必过多地挤了农业、轻工业、城市建设部门以及文教、卫生、科研部门的投资，势必使得重工业用过多的投资为自身的发展服务。这就是说，它会使得积累和消费关系全面地发生严重失调，使得社会主义生产目的不能得到充分的实现。

这就会发生一个问题：在社会主义条件下，劳动人民成了生产资料的主人，为什么生产却不能体现所有者的意志，或者说，所有者的目标却不能在生产中实现呢？

这里的问题在于：在社会主义现阶段，生产资料公有制不是直接表现出来，而是如刘少奇同志说过的那样，经过国家"拐一个弯"，通过国家所有制的形式表现出来。与此相应，劳动群众的目标，也要化为国家工作人员的目标，才能实现。在国家工作人员恪守"社会公仆"的义务，完全代表劳动群众意愿的条件下，劳动人民的共同目标就能对生产起支配作用。否则，就难免偏离这个目标。

我们说，领导者的目标是否与劳动群众的目标相吻合，决定了社会主义生产目的实现的程度，并不意味着在这个领域中领导人的个人意志决定一切。事实上，制度比人强。领导者的目标是否能够经常与劳动群众的目标相吻合，与其说是受他们的个人品质决定，还不如说受到所有制的具体形式——经济体制的制约。

问题的关键就在于：过去数十年社会主义国家广泛采用的国家行政机关集权管理体制，不能保证领导人的目标经常地与劳动群众的目标相吻合。这就使许多采取同类集权管理体制的国家，几乎毫无例外地在实现社会主义生产目的上或多或少地出现过与我国类似的偏差。而且，这些国家即使在已经认识到前人问题所在以后，往往仍然重复别人已经犯过的错误。拿我国的情况来说，早在1956年党的第八次全国代表大会前夕总结第一个五年计划的经验时，我们党就已经认识到斯大林"优先发展重工业"的方针的片面性和绝对化的缺点。当时毛泽东同志曾经尖锐地批评过斯大林领导下的苏联"片面地注重重工业，忽视农业和轻工业，因而市场上的货物不够，货币不稳定"。没有兼顾国家、集体和劳动者个人的利益，而且"把农民挖得很苦"，是"犯了严重错误"；他同时指出，我们应当采取另外一种方针，"注重农业轻工业"，"多发展一些农业轻工业"，控制国家积累和合作社集体扣留的比例，兼顾国家、集体和个人三个方面。①可是，不久以后，我们自己却提出了"以钢为纲"、"指标翻番"等"左"的口号，刮起了"一平二调"、剥夺农民的"共产风"，它单纯突出重工业特别是钢铁工业，忽视轻工业，损害农业，对国民经济结构造成破坏的严重程度，以及使得社会主义生产目的没有得到实现的情况，较之斯大林时期的苏联有过之而无不及。

在部分社会主义国家反复出现的这种错误说明，工作指导上的偏差固然是结构失调和社会主义生产目的不能实现的直接原因，但在这种方针、路线等思想上的原因的背后，还有更加深刻的体制上的原因。

在集权体制下，对经济发展的决策权几乎完全集中在党政领导机关，而在领导机关中，决策权又集中在个别领导人手中。社会主义民主和法制易于受到损害以至破坏。在这样的体制下就会出现如下的倾向：少数领导人的目标和意志处于支配地位，而劳动群众的意志和要求却往往得不到表达的机会。这样，就常常会出现把国家目标，如表现经济和国防实力，增强国际影响等放在首位，过分地突出重工业，过度地提高积累率，而忽视平民百姓日常生活需要的满足。加之在这种过于集中的管理

① 毛泽东：《论十大关系》，《毛泽东选集》第5卷，第268~269、274~275页。

体制下，经济运行中不可避免地出现各种违背客观规律的决策失误，以及官僚主义滋生、瞎指挥盛行、工作效率低下等消极现象。这些弊病造成人力、物力、财力资源的大量浪费，使得在社会主义条件下本来经过努力可以做到的高积累和高消费二者兼而有之的状况不能出现。弄得不好，还会鸡飞蛋打，既没有人民生活的日益提高，也没有生产的高速增长。

这种权力过分集中的管理体制，不仅使劳动群众的意志不能得到表达，劳动群众的日常生活需要经常遭到忽视，领导机关和领导者的决策易于发生失误，还使领导上的错误决策，由于权力高度集中必然损害党和国家的民主制度而不容易及时地得到纠正。

本来，社会主义建设事业是人类历史上的崭新事业，发生某些失误是难于完全避免的。问题在于，社会主义事业既然是广大人民群众的集体事业，犯了错误应当能够在集体的努力下迅速得到克服。可是由于权力过分集中和民主制度遭到破坏，30年来我国社会主义建设中却一再发生过领导机关和领导人的错误决定非但不能得到纠正，反而愈演愈烈，给国民经济的发展和人民生活造成了严重后果。1956年在"社会主义高潮"中，无论在社会主义建设还是在社会主义改造工作中都出现了某些冒进的倾向。党中央及时发现了这些问题，在党的"八大"前后采取了一系列措施克服这种"左"的倾向。这对于我国社会主义事业的健康发展起了很好的作用。但是在1958年，"反冒进"的正确措施却被看作"资产阶级的冷冷清清凄凄惨惨的泄气性"，主持"反冒进"的中央领导同志也被定为"右倾"分子，受到了批判，并进一步作出了社会主义建设时期只能反右倾、不得反冒进的错误规定。这样一来，就为后来的几次大冒进奠定了政治和思想基础。1958年一些领导同志作出的要求当年钢产量"翻番"，达到1070万吨的决定，就是一个脱离实际，势必打乱整个国民经济平衡的错误决定。这个错误决定和导致了"一平二调"的其他"左"倾错误决定一样，虽然受到不少干部和群众的怀疑和反对，却仍然被强制贯彻下去。1959年7月，彭德怀同志和其他一些同志在党的八届八中全会上对于"左"的方针提出了意见。然而在"左"的错误已经对于人民生命财产，对于我国社会主义建设造成十分明显损害的情况下，彭德怀等同志的正确意见却并没有得到采纳，相反，却对持正确意见的同志进行了批判斗争，随即在全国范围内开始"反右倾机会主义"运动，给国民经济发展带来了灾难性的后果，使得全国人民的生活发生了严重的困难。

不能否认，在保持集权管理体制的条件下，如果指导思想比较正确，有可能防止国民经济比例关系的失调达到过分严重的程度，有可能在某种程度上实现社会主义的生产目的，但是，在经济管理体制没有根本改变的情况下，要求在经济结构问题上长期保持正确，要求充分实现社会主义的生产目的，毕竟是不现实的。在特殊的情况下，由于片面地"优先发展重工业"之类的错误方针造成的危害显而易见，不能不改弦易辙的情况下，有可能在经济结构和提高人民生活问题上转而接受实事求是的正确方针。但是只要集权管理体制没有根本改变，调整得比较好的经济结构仍然是得不到巩固的，因为当经济情况有所变化以后，体制的决定作用又会显现出来，使经济建设重新回到旧的错误轨道上去。在这次国民经济调整以前，我国曾经在 1957 年和 1962~1965 年两次对国民经济的失调结构作过大的调整，当时采取的缩短基本建设战线，降低积累率，发展农业和轻工业等措施取得了很大的成效，经济结构趋向于合理，人民生活得到提高。但是，由于对导致这种结构的集权体制没有作改变，调整以后不久，又开始了新的、往往是更大的冒进，结果造成国民经济比例关系更严重的失调，使经济结构重新遭到破坏，人民生活遇到更大困难。所以，前一次调整以后不久，又需要作新的调整。这种沉痛的教训，我们必须认真地吸取。

二

以上的分析告诉我们，为了充分地实现社会主义生产目的，首要的是健全社会主义民主制度，使全体国家工作人员，特别是领导干部，按照社会主义公有生产资料所有者——全体劳动人民的意愿办事。只有具备了这样的条件，才能保证国家决策充分反映全体劳动人民的意愿，使劳动人民的共同目标在生产中得到贯彻。

那么，为了充分实现社会主义生产目的，仅仅靠健全社会主义民主制度，使国家成为劳动群众的共同意志的完善代表，是不是就足够了呢？

数十年来各国社会主义建设的经验说明：在现阶段的条件下，事无巨细的集中决策是行不通的，换句话说纯粹的国家所有制难于有效运行。因此，在社会主义生产中起作用的，除了全社会劳动者的整体目标即主要为了满足全体劳动者的生活需要，还有各个企业劳动者集体的局部目标（即局部的只是为了满足企业劳动者集体的生活需要）。

但为了说清问题，我们需要从企业是社会主义国家所有制经济的基本生产单位说起。

企业作为社会主义国家所有制经济的基本生产单位，不是人们主观随意赋予的，而是社会主义社会一个长时期内生产力的发展决定的。人类社会生产发展的历史表明：一定的作为生产组织形式的基本生产单位，总是由一定的社会生产力决定的。在资本主义条件下，企业是社会生产的基本单位。资本主义社会基本矛盾（生产社会性与生产成果的私人资本主义占有之间的矛盾）的发展，要求消灭生产资料的资本主义私有制，建立社会主义公有制，但并没提出改变企业作为基本生产单位的要求。各国社会主义革命的经验也已经证明：在无产阶级夺取政权之后，可以而且必须做到前一方面，但并不能改变后一方面的事实。当然，随着生产资料所有制性质的根本改变，企业的社会性质也根本改变了。而且随着社会生产力的发展，企业的规模也会发生变化。但企业作为社会生产基本单位的功能并没有消失。劳动者和生产资料的结合是一切社会生产的出发点。社会主义生产也是这样。既然企业还是社会主义社会生产的基本单位，那么这种结合就只能首先在企业的范围内进行。这是一方面的特点。

这方面的特点仅仅是国有企业第二方面生产目的（即企业劳动者集体的局部目标）赖以存在的一个必要前提，并不是根本原因。要探索这个根本原因，还必须了解它的另一方面的特点。在社会主义历史阶段，由于社会生产力发展的限制，劳动还不可能普遍成为人们的第一生活需要，仅仅是谋生手段。这一点，无论对劳动者个人，还是对于企业劳动者集体都是适用的。这一点，不仅使得企业劳动者集体把劳动仅仅当作谋生手段，而且使得它把组织劳动力和生产资料的结合，生产资料的使用，经营企业供产销的全部经济活动，[①] 都仅仅当作谋生手段。这就是说，企业劳动者集体不仅要求取得与它的劳动成果相适应的收入（由社会作了各项扣除之后），而且要求取得与它的经营成果相适应的收入。正是由社会生产力所决定的企业经营上的这种客观经济要求，使得现阶段社会主义国有制具有这样的特点：它不是纯粹的国有制，而是还包含了部分的企业所有制，或者说它还带有某些企业集体所有制的成分；国有企业不是单纯的基本生产单位，而是具有相对独立经济利益的商品生产者；国有企业的生产目的不只是为了全体劳动者的生活需要（尽管这是主要的），而且局部的是为了本企业劳动者的生活需要。如果不是这样，企业就不可能以相对独立的商品生产者的资格来经营企业全部的供产销活动，也缺乏内在的经济动力来从事这种经营活动，这就不能适应社会生产力发展的要求，就会阻碍社会生产力的发展。可见，上述两方面的生产目的，都是现阶段社会主义国有制经济发展的客观要求，都是它内在的固有的经济本质，[②] 而并不是人们主观随意赋予的。

严格说来，由于现行的经济管理体制的限制，并无国有企业第二方面生产目的存在的经济条件。[③] 但近年来各地进行了扩大企业自主权的试点，实行了利润留成制度，这就在某种范围内为实现这种目的的作用提供了经济条件（当然是很不完善的），从而提高了企业的积极性。四川省从 1978 年第四季度开始，先后在 100 个工业交通企业中进行了扩大企业自主权的试点工作，在某种程度上较好地兼顾了企业的经济利益，从而较充分地调动了企业的积极性。据统计，1979 年 84 个试点的地方工业企业总产值比 1978 年增长 14.9%，高于非试点企业 26%；利润比 1978 年增长 33%，高于非试点企业 1.2 倍。1980 年四川省工业交通部门扩大企业自主权试点的企业增加到 440 个。据其中的 287 个企业的统计，这年 1~

①　顺便指出：过去和当前流行的说法，把社会主义国家所有制企业称作国营企业。其实，这种说法是不科学的，应该称作国有企业。当然，这种流行的说法是反映了我国过去和现行的国家集权的行政指令计划经济管理体制的。随着我国经济体制改革的完成，企业将作为具有相对独立的经济利益的商品生产者而出现。这样，国营企业这种说法所反映的旧的经济体制也不存在了。所以，我们建议：改变国营企业的提法，称国有企业。

②　按照列宁的说法："规律是本质的现象。""规律是宇宙运动中本质的东西的反映。""规律就是关系……本质的关系或本质之间的关系。""规律和本质是表示人对现象、对世界等等的认识深化的同一类的（同一序列的）概念，或者说得更确切些，是同等程度的概念。"（《黑格尔〈逻辑学〉一书摘要》，《列宁全集》第 38 卷，第 159、160、161 页）

③　本节的最后将论述这个问题。

5 月与上年同期相比，试点企业总产值增长了 13%~19.8%，比面上的企业高 3%~10%；实现利润增长了 18.8%~21%，比面上的企业高出了 8.5%~11%。[①]

云南省于 1979 年初在 50 个工业企业中进行了扩大企业自主权的试点。在该年 1~10 月间，这些试点企业产值比上年同期增长 16%，比全省平均增长水平的 7.3% 高出 1.2 倍；利润比上年同期增长 53%，比全省平均增长水平的 42.4% 高出 25%；百元产值实现利润为 16.3 元，比全省平均 10.3 元高出 6 元。[②]

据第一机械工业部系统 152 个扩大企业自主权试点企业的统计，1979 年产值比 1978 年增长 15.8%，而一机部系统产值平均增长率只有 11%；实现利润增长 23.7%，而一机部系统利润平均增长率只有 9.8%。

可见，地区统计和部门统计都表明：与非试点企业相比，试点企业扩大了自主权，较好地兼顾了企业的经济利益，因而试点企业的积极性也就比非试点企业要高。

完全的自负盈亏能在比较完善的意义上反映企业生产的上述两方面目的，能在比较完善的意义上兼顾企业的经济利益，因而能充分地调动企业的积极性。当前由于各种条件的限制，自负盈亏的试点还是初步的、不是完善的。但它同实行利润留成相比，在更大的程度上较好地兼顾了企业的经济利益，因而实行自负盈亏试点的企业积极性，不仅比没有实行利润留成的企业积极性高，而且比实行利润留成的企业积极性也要高。四川省 1980 年在 5 个工业企业中进行了自负盈亏的试点。这年上半年与上年同期相比，这五个企业的产值增长了 50.8%，利润增长了 89.6%；与全省平均水平相比，产值高出了 41.8%，利润高出了 73%；与实行利润分成的企业相比，产值高出了 31%~37%，利润高出了 68%~70%。[③]

这些虽然是扩大企业自主权和自负盈亏的试点情况，但它具有典型的、本质的意义。从这个意义上说，上述情况已经充分证明：现阶段社会生产力要求在国有企业中实行部分的企业所有制，要求企业成为具有相对独立经济利益的商品生产者，要求企业的生产目的局部的只是为了

---

①《工业经济管理丛刊》1980 年第 10 期，第 1 页。
②《经济问题探索》1980 年创刊号，第 46 页。
③《工业经济管理丛刊》1980 年第 10 期，第 4 页。

本企业劳动者的生活。

上述的分析表明：斯大林所揭示的社会主义生产目的，从主要的意义上说，对社会主义国有企业也是适用的，但并不是完全的，他忽视了国有企业的生产目的还有第二方面的内容。这并不是偶然发生的现象。斯大林总结了苏联三十余年社会主义建设的经验，提出了国有经济和集体经济之间的关系还是商品关系的理论。这是马克思主义政治经济学的一个重大发展。但他关于社会主义商品生产的理论并不是完全的，他否定了国有企业是相对独立的商品生产者。他从这种错误理论出发，制定了一套以国家行政管理为主的、高度集中的经济管理体制。斯大林关于社会主义生产目的理论的片面性，正是这种实际上存在的经济管理体制的反映。

但有人说，在社会主义生产目的问题上，马克思、恩格斯、列宁也说过同斯大林类似的话。他们据此认为，斯大林揭示的社会主义生产目的对社会主义国家所有制企业是完全适用的，企业并不存在后一方面的目的。这种观点是值得商榷的。

应该肯定，在社会主义生产目的问题上，马克思、恩格斯、列宁确实说过同斯大林类似的话。问题是如何正确地看待这些论述。

如果我们把马克思主义理论本身也看作一个发展过程；如果把她的每一个原理存在的前提搞清楚，那就绝不能因为马克思、恩格斯、列宁在社会主义生产目的问题上说过同斯大林类似的话，就以为斯大林是完全正确的，就否定国有企业生产目的的第二个方面。[①]

如果我们进一步联系马克思列宁主义考察资本主义生产目的所提供的方法论，那问题就更加清楚了。

第一，马克思列宁主义对资本主义（包括自由竞争的资本主义和垄断的资本主义）基本经济规律的分析启示我们：[②] 对社会主义生产目的的研究，也必须结合社会主义生产关系的特点，否则，就会看不到现阶段社会主义国有制的特征，即还包含着部分的企业所有制，看不到企业还是相对独立的商品生产者，看不到国有企业生产目的的还有第二方面的内容。

第二，马克思在论述资本主义生产目的时曾经指出："资本主义生产

---

①② 参见本卷《关于社会主义国家所有制企业生产目的的探讨》一文所做的详细分析。

不仅是商品的生产，它实质上是剩余价值的生产。"① 马克思在这里所说的资本主义生产的实质，当然不是指的资本主义生产物质内容的实质，而是指的资本主义生产社会形式的实质，即资本主义所有制的实质。这就启示我们：一定的生产目的总是由一定的所有制决定的。但既然现阶段社会生产力的发展要求在社会主义国有经济中实行双重所有制，即社会主义国有制和部分的企业所有制。与这种双重所有制相适应，国有企业也就具有双重的生产目的。

所以，如果联系马克思考察资本主义生产目的时所提供的原理，那么说社会主义国有企业具有双重目的，不仅同他们科学的理论体系不矛盾，而且可以说是依据他们提供的方法论分析社会主义实际经济生活得出的结论。

但是，既然现阶段社会生产力的发展，要求在社会主义国有经济中实行部分的企业所有制，要求企业成为相对独立的商品生产者，要求企业的生产目的具有双重内容，那么，为什么长期以来不仅第一方面的生产目的没有得到充分实现，而且第二方面生产目的甚至根本没有得到实现呢？这里的症结仍然是现行的经济管理体制。我国国有经济的管理，长时期来采取的是建国初期从苏联搬来的国家集权的行政指令计划体制。它是按照行政层次和行政领导关系进行管理的，一切生产、交换、分配等经济活动，都要听命于国家的行政机关，企业只是行政机关的附属物，成了拨一拨，动一动的"算盘珠"。这样，部分的企业所有制被人为地取消了，国有企业作为相对独立的商品生产者所必须具有的人、财、物和供、产、销等方面的自主权被剥夺了，国有企业第二方面生产目的赖以存在的经济条件也就不存在了，当然也就谈不上这种目的的实现了。这个道理是比较清楚而毋庸赘言的。

三

上面的分析说明：社会主义国有企业双重生产目的不能充分实现、

① 马克思：《资本论》，《马克思恩格斯全集》第 23 卷，第 556 页。

甚至不能实现的症结，都是长期以来实行的以行政管理为主的、高度集权的经济管理体制。所以，要实现社会主义国有企业双重的生产目的，就必须根本改革现行的经济管理体制，建立起适合社会主义国有制和部分的企业所有制经济要求的新的经济管理体制。这样，就能为实现社会主义国有企业双重的生产目的提供充分的经济条件和完善的经济机构。

那么，究竟应该怎样来改革现行的经济管理体制呢？

在以往的 30 年中，我们也曾觉察到经济管理体制上的问题，试图加以改进。但是，在相当长的一段时间内，体制改革主要在"条条"同"块块"的关系上，也就是中央国家集权和地方国家机关分权的关系问题上做文章。中央集权和地方分权的关系，属于国家行政机关内部的权力划分问题。在仍然按照行政层次和行政领导关系来组织经济活动的条件下，即使由中央高度集权改为实行中央和地方分权，把大批企业下放给地方管理，由于并没有改变国家管理的基本模式，这种改变只不过使企业从中央行政机关的附属物变成地方行政机关的附属物，并不能收到发挥企业的主动性和积极性，使整个经济生活"活"起来的效果。相反，在这种情况下，"下放"还往往由于中央的行政控制减弱又没有适当的经济控制来代替，造成中央计划、财政机关对经济活动失去控制，基本建设蜂拥而上、消费基金任意增加等弊病。这样，就出现了所谓"一放就乱，一收就死"的现象，而体制改革也就免不了在"收了放、放了收"的老套中兜圈子。

粉碎"四人帮"以后，人们逐渐认识到，要改革我们现行的过于集中、窒息活力的经济体制，根本的问题并不在于地方和中央之间的权力划分，而在于使直接从事生产和流通的经济单位拥有对自己的经营活动独立作出决定的自主权。当然，仅仅使企业拥有自主权是不够的，还要使它们对于自己的经营活动承担经济上的责任。于是，逐渐形成了要使企业成为有自己独立经济利益的单位，自主经营，自负盈亏的观念。由此出发，明确了体制改革的总方向，是改变过去过于集中的国家（包括中央和地方）管理体制，扩大企业劳动群众集体的自主权；把指令性的计划调节体系改为计划和市场相结合的调节体系；把主要依靠行政组织、行政办法管理经济，改为主要依靠经济组织、经济办法管理经济。

这样一种经济模式，与我们原来的国家集权的行政指令计划模式显然有很大的区别。因此，也引起了对新经济模式的一些怀疑。

　　有的同志从管理体制和调节体系上提出问题，认为这种主要依靠经济组织、经济手段，充分利用市场机制来进行调节的模式同马克思主义经典作家们设想的社会主义经济模式不相符合，因而怀疑它在理论上是否站得住脚。

　　我们认为，这种观点是值得商榷的。

　　首先，马克思没有看到社会主义的胜利，列宁也在由资本主义向社会主义过渡时期的开始就逝世了。他们按照自己的科学社会主义的原则，只是根据对资本主义现实矛盾的分析，指出了代替资本主义而生的新社会所必然具有的最基本的特征，就是生产资料公共所有和按劳分配，而没有脱离现实，去向壁虚构社会主义的实施细则。他们曾谆谆告诫同时代的共产主义者，不要陷入空想，去臆造社会主义的种种定义，或虚构社会主义的细节。他们更不会以自己对社会主义经济的某些设想束缚后人的手脚。我们生活在社会主义已经成为现实的新时代，因而有责任、也有条件用自己的实践检验已经提出的原理，补充它、修正它，使它日益完善和日益具体化。

　　的确，马克思在分析资本主义经济时，根据高度发达的资本主义国家的物质生产条件，曾经指出，取代资本主义的新社会"将把整个社会变成一座工厂"，在那里"自由人的联合体"将"自觉地把他们许多个人劳动力当作一个社会劳动力来使用"。[①]列宁在《国家与革命》中把这一提示具体化，预言在"共产主义社会第一阶段"，"全体公民都成了一个全民的、国家的'辛迪加'的职员和工人"，"整个社会将成为一个管理处，成为一个劳动平等、报酬平等的工厂"。[②]长时期以来，人们把集权计划模式说成是马克思、列宁设想的实现，因而也是社会主义国家所有制经济的唯一可能的模式。

　　问题在于，把集权计划模式说成是马克思、列宁设想的实现的同志忽略了这一设想的基本前提，是社会主义已在高度发达的社会化大生产的物质基础上建成，且不说当社会主义在高度发达的国家建成以后是否能够把整个社会变成一个工厂，由一个计划中心来指挥，由于目前还没

――――――――――

① 马克思：《资本论》，《马克思恩格斯全集》第 23 卷，第 95、395 页。
② 列宁：《国家与革命》，《列宁选集》第 3 卷，第 258 页。

有这样的实践，因而还是一个有待于今后的实践去验证的问题，对于目前已经建立的像中国这样生产社会化程度还相当低的国家，这一设想的前提显然并不具备，集权计划模式是否是唯一正确的模式就更无从讨论了。实践已经证明，在生产社会化程度不足的条件下勉强把整个社会组成一个由统一计划指挥的工厂，只能造成靠国家机关的行政命令调节，由长官意志支配的结果。

应该看到，社会主义公有制在保持它的基本特征的前提下，是可以有不同的模式的。马克思曾经指出："相同的经济基础——按主要条件来说相同——可以由无数不同的经验的事实，自然条件，种族关系，各种从外部发生作用的历史影响等等，而在现象上显示出无穷无尽的变异和程度差别。"① 各国社会主义公有制经济的具体形式也不例外。各社会主义国家应当根据自己的条件——自然条件、生产力发展水平、经济发展的历史传统等等——决定采用最合适的、能够保证经济体系最有效地运转的社会主义经济模式。

经济改革的总方向已如上述。对于这一总方向，我国经济学界没有太大的异议。但是，对于改到什么程度，改革后的经济体制采取何种具体模式，则有很不相同的意见。

一种意见是：企业的相对独立性，只能保持在不影响国家机关对国家所有的生产资料行使完全的所有权的限度内。因此，在改革完成以后，计划机关仍然要给企业下达综合性的指令性指标，企业在经济上的独立性，只表现为它在执行计划时的某些机动权，以及根据完成计划指标的情况得到奖惩上；价格只是计算的工具和执行计划的手段，它主要不是由市场供求，而是由物价管理机关决定；企业的自主权严格地限于资金的简单再生产的范围，投资的权限完全集中于中央和地方的国家机关；企业的物质利益只与工作好坏相关联，而与生产资料的占有和使用状况无关，个人消费品的分配基本上按国家规定的按劳分配标准进行。

另外一种意见是：集权模式的种种弊端，都根源于国家以社会的名义对生产资料实施占有上。因此，必须彻底改变国家所有制，把它变为"社会所有制"或"全民自主的所有制"。在这种模式下，企业劳动者集

① 马克思：《资本论》，《马克思恩格斯全集》第 25 卷，第 892 页。

体根据市场情况完全自主地营运事实上归它们所有的资金，决定收入的分配，积累基金原则上也全部由企业支配。

　　我们以为，在我国目前的情况下，以上两种方案都是不可取的。前一种方案虽然作了某些修补，但从根本上说来并没有摆脱原来那种国家集权的行政指令计划模式。生产和流通的经营者仍然是远离实际经济活动，对经济活动的后果不承担直接物质责任的行政机关，企业只是这些行政机关的附属物。因此，它不能从根本上克服集权计划模式的弊病。后一种方案多少带有理想主义的色彩。在我们时代的生产力发展水平上，社会对于宏观经济活动的决策是不可避免的，公开宣布无产阶级国家代表社会对于生产资料实行占有和对经济活动进行调节与指导，正是社会主义优越性的重要表现。如果使企业劳动者集体成为完全独立的经济主体而排斥任何社会调节，势必出现无政府状态。另一方面，如果像有些同志所设想的那样，保持社会的调节，但不是由国家机构，而由某种社会中心去实现这种调节，那么，由于在社会主义阶段社会的调节离不开国家强制力量的支持，这个负责进行调节的社会中心也就必然成为第二个国家机构。这样，就仍然没有消除目前这样的国家的调节所带来的弊病。所以，出路在于限制国家调节的范围，并使国家民主化，而不是取消国家所有制。

　　在我们的条件下，看来较为合适的办法，是采用适中的方案：既保持国家所有制，又使企业成为独立的经营主体。例如可以这样设想：①国家把生产资料作价交给企业，资金的所有权属于国家，由企业负责经营，国家不对企业颁发指令性指标。②企业劳动者集体作为经营者，根据市场情况自主地作出有关生产和销售的决策，独立经营，自负盈亏。③国有企业除对国家完成其他企业相同的财政义务外，还要把一定数量的纯收入交给国家，作为国家投资的利息。④企业对于自己缴纳税金和利息后的收入有完全的支配权，有权在法律规定的范围内决定积累和分配给劳动者个人的部分的水平，决定企业扩大再生产投资的方向和规模。⑤劳动者个人收入和企业的经营状况直接联系，经营得好的企业，劳动者收入也多。⑥国家对整个国民经济实行计划领导，它通过对国有生产资料的占有和使用规则作出规定，通过运用自己所掌握的那部分投资，通过税收、利息、价格等经济杠杆，保证社会计划的实现。

　　如果管理体制作了这种改变，我国国营经济的所有制关系是否起了变化呢？看来理论上的正确解释只能是：它既有所变化，又基本未变。

这里没有发生变化的是：国家所有制仍然保存着。有的同志认为，国家不直接以指令支配企业的生产和流通，国家所有就成了一句空话。这种论断是没有根据的。所有权实现的形式是多种多样的，并不限于直接经营这一种形式。列宁在革命前论及土地国有制时指出："所谓归国家所有，就是说国家政权机关有获得地租的权利，并且由国家政权规定全国共同的土地占有和土地使用的规划。""国家土地所有制不但丝毫不排斥，反而要求在全国性的法律范围内把土地转交地方和省区自治机关支配"，由后者"把土地分配给各个户主和协作社"。① 在我们所设想的管理体制条件下，社会主义的国家对于生产资料的所有权同样仍然可以通过法律管理和取得相当大部分的纯收入得到了实现。

然而事情还有另一方面：由于管理体制的改革，企业劳动者成为独立的经营主体，劳动力和生产资料在它手中得到结合，经营的物质后果也由劳动者集体直接承担，在政治经济学的意义上也就可以说，这种所有制关系带有企业劳动者集体所有的成分。有的同志只承认在这种情况下存在着所有权和使用、占有、支配的分离，而不承认企业拥有部分所有权。我们以为，把所有权和使用、占有、支配的分离跟所有权的分割截然对立起来是没有意义的。所有权和使用、占有、支配的分离的情况早就发生了。在资本主义社会中用借入的资本从事经营的产业资本家和不亲自使用自己的资本的货币资本家之间、执行职能的资本家和资本单纯所有者之间就发生过这种分离。马克思把它叫做"职能和资本所有权的分离"。② 也把它叫做"资本的法律上的所有权同它的经济上的所有权的分离"。③ 这两种说法完全可以通用，并没有实质上的差别。虽然社会主义公有制条件下的情况同资本主义社会不同，即使改变了国家政权直接经营的体制，代表整个社会的无产阶级国家也并不是资金的单纯所有者，它在组织社会主义经济中担负着重要的职能，甚至可以说它是最高的所有者，但是，在社会主义国家所有制经济中所有权的某种程度的分割，建立国家所有和企业所有的双重所有制，在理论上也是说得通的。

---

① 列宁：《社会民主党在俄国第一次革命中的土地纲领》，《列宁全集》第 13 卷，第 313~314 页。

② 马克思：《资本论》第 3 卷第五篇。

③ 马克思：《剩余价值理论》，《马克思恩格斯全集》第 26 卷Ⅲ，第 511 页。

　　有的同志认为，在保持国有制的条件下实行双重所有的制度，同国家所有制的概念不合，会使社会主义国有制瓦解为各个集团的集团所有制。这种看法也是过虑。我们认为最适合于生产力性质的所有制，才是最优越的所有制，才能促进生产力的迅速发展。既然在现阶段国家所有制某种程度的分割最适于现阶段社会化程度还不太高的生产力状况。它就最能促进生产力的发展，从而有利于社会主义公有制的巩固。那种认为社会主义公有制应当一开始就纯而又纯是不切实际的。历史已经证明，追求"纯而又纯"的结果是极其不纯，它只能导致国家所有制蜕变为部门行政机关所有制和地方行政机关的所有制，由于过分集中必然助长官僚主义的滋生，反而使小生产宗法制乃至封建主义的生产关系、经营方式和传统习惯的残余得以在社会主义社会中死灰复燃。

　　马克思主义的经典作家从来反对这种脱离客观条件、追求某种"纯粹"所有制形式的空想。相反，恩格斯就曾经指出过，在德国这类资本主义不甚发达的国家，"在向完全的共产主义经济过渡时，我们必须大规模地采用合作生产作为中间环节"。他说："但事情必须这样来处理，使社会（首先是国家）保持对生产资料的所有权，这样合作社的特殊利益就不可能压过全社会的整个利益。"① 他又设想过，至少在这种过渡时期中，要把社会所有的住宅、工厂和土地租给个人或协作社使用。他说："由劳动人民实际占有一切劳动工具，无论如何都不排除承租和出租的保存。"② 从这里我们可以看到，在科学社会主义的发展中，在社会主义的一定阶段上作实行多重混合所有制的设想，并不是没有先例的。

　　一定的生产目的是一定的所有制的实质。既然改革后的经济管理体制，一方面保留了国家所有制，另一方面又建立了部分的企业所有制，那就从经济条件和经济体制方面为国有经济双重目的的实现提供了可能。

　　国有经济的双重目的，是既矛盾又统一的。由这里就产生了怎样使二者统一起来，通过社会主义的调节体系，使企业的微观决策同国家的宏观决策相衔接。这是一个需要专门讨论的问题。

---

① 《恩格斯致奥古斯特·倍倍尔（1886 年 1 月 20~23 日）》，《马克思恩格斯资本论通信集》，第 470 页。
② 恩格斯：《论住宅问题》，《马克思恩格斯选集》第 2 卷，第 544~545 页。

进一步调整国民经济的几个重要环节 *

1980 年底党中央提出了在经济上实行进一步调整的方针。这不仅是克服当前经济中存在的潜在危险的正确指导方针，而且是使我国社会主义建设从根本上摆脱长期存在的"左"倾错误、走上健康发展轨道的必由之路。那么，应该抓住哪些重要环节来进行调整呢？

一

压缩基本建设投资和基本建设战线，仍然是首要的一环。

经过近两年的调整，我国积累和消费严重失调的状态虽有一定程度的改善，但并没发生根本变化。其突出表现是，基本建设投资规模过大。不仅大大超过了国家可能提供的财力，而且远远超过了国家可能提供的物力。比如，1980 年全国全民所有制单位基本建设计划投资 500 亿元（实际上达到了 539 亿元）。但国家可以用于基本建设的钢材只能满足 431 亿元投资的需要，水泥只能满足 312 亿元投资的需要，木材只能满足 331 亿元投资的需要。至于不属于以上投资的挖、革、改项目，钢材只能满足需要量的二分之一多一点，水泥只能满足需要量的 42%，木材也不到二分之一。[①] 所以，继续压缩基本建设投资规模是势在必行的。正像陈云

---

* 原载《中国经济问题》1981 年第 4 期。
[①]《经济研究》1981 年第 3 期，第 16 页。

同志所说，"建设规模的大小必须和国家的财力物力相适应。"

究竟应该如何压缩基本建设投资呢？这就需要了解这两年来基本建设投资构成的特点。①国家预算内投资持平（1979 年与 1978 年持平）或减少（1980 年比 1979 年减少），但地方和企业的自筹投资增长了。据统计，1978 年地方和企业自筹投资占基本建设总额的 17.4%，1979 年上升到 21%，[①] 1980 年预计达到 30% 以上。②国内投资减少，利用外资增加。比如，1980 年国内投资比上年减少了 2%，但利用外资增加了 1.76 倍。这同 1978 年以来过多地引进国外技术设备（主要是成套设备）直接相关的。粉碎"四人帮"以后，冲破了他们推行的闭关锁国的政策，开始引进国外先进技术设备，这是一个重要的战略决策。但在执行中把引进的规模搞得过大了。据粗略计算，在 1950~1979 年的全部技术引进总金额中，1978、1979 两年就占了一半以上，其中冶金、化工这两个部门又占了用汇额的一半多。③预算拨款减少，各种贷款增长。比如，1980 年利用各种贷款完成的基建工作量比上年增长了 4.75 倍。④还有许多企业打着搞技术措施项目的名义搞基本建设，使许多技术措施项目成了不可忽视的基本建设的第二战线。据不完全统计，上海市投资在 10 万元以上的技术措施项目有 3511 个，总投资达 21 亿元。其中 1980 年技术措施投资有 14 亿元，比当年全市基本建设投资（不包括宝钢和石化二期工程）总额还多 20% 以上。据对其中百万元以上的 347 个（其中千万元以上的有十个）技术措施项目的初步分析，属于基本建设性质的有 252 个，占 72.6%。[②] 针对以上特点，压缩基本建设投资规模，不仅要减少预算内的投资，而且要减少自筹投资；不仅要减少国内投资，而且要控制利用外资；不仅要减少预算拨款，而且要控制银行贷款；不仅要减少基本建设投资，而且要控制名为技术措施项目实为基本建设的项目。

为了压缩基本建设投资，还必须进一步缩短基本建设战线。要下决心把那些不具备建设条件的和建成后不具备生产条件的项目（包括引进项目）坚决停下来，把那些同现有企业争原料、燃料、动力的重复建设项目坚决停下来。要把资金集中用于当前生产急需的建设项目，用于可

---

① 《经济研究》1981 年第 1 期，第 7 页。
② 《人民日报》1981 年 2 月 10 日第 1 版。

以迅速建成投产的建设项目和配套工程，以及职工住宅和城市公用设施等方面的建设。

二

优先发展轻工业，是当前调整国民经济的极为重要的方面。

当前工业和农业之间的矛盾，不仅表现为农业提供的粮食、副食品和原料远远不能满足工业发展的需要，也不仅仅表现为重工业的构成不能适应农业发展的要求，而且特别突出地表现为轻工业消费品不能满足农民的生活需要。要改变国民经济中重工业过重、农业落后、轻工业过轻的不协调状态，需要继续发展农业，这是肯定无疑的。但当前优先发展轻工业对发展农业具有特殊重要的意义。近两年来，由于农业的发展和较大幅度地提高了农副产品的收购价格，农民对轻工业消费品的需要量是大大增长了。这个"大"有这样几层意思：一是需要的总量大。近两年来，绝大部分地区农民的收入都增长了。据 1979 年 27 个省、市、自治区（西藏、新疆除外）的统计，农村社员每人平均从集体分得的收入，比上年增长的有 23 个，持平的 1 个，减少的只有 3 个。农民收入增长，就需要轻工业提供大量的消费品。二是增长的幅度大。1957~1975 年的 18 年中，农村社员每人平均从集体分得的收入只增长 22.7 元，平均每年增长 1.26 元；而 1979 年，据 23 个省市的抽样调查，农村社员从集体分得的纯收入是 102 元，比 1978 年增加 13 元。如果再加上自留地和家庭副业的收入，那就更多了。农民收入增长的幅度大，购买力的增长幅度也大。这方面的情况在那些农业发展快的地区表现得尤其明显。1958 年四川省农民购买力平均每人为 31.23 元，1976 年为 39 元，18 年只增长了 7.77 元，平均每年增长 0.43 元。而在 1979、1980 两年中就由 46.6 元增长到 67.8 元，增加了 21.2 元，平均每年增长 10.6 元。[①] 三是不仅对中、低档消费品的需要量大大增长了，而且对某些高档商品的需要也开始增长起来。这是因为原来全国农村生产水平和收入水平就有差别，对高、中、

---

① 《人民日报》1981 年 1 月 19 日第 1 版。

低档消费品的需求构成是受收入水平制约的。而各地农民收入都有增长，因而对高、中、低档商品的需求也都有增长。四是农村对工业消费品需要量大于对工业生产资料的需要量。这是因为尽管近年来农民收入增长很快，但水平毕竟还是很低的。五是上述各种情况还大有发展的趋势。显然，如果不能满足农民对轻工业消费品的需要，就会挫伤农民的生产积极性，影响农业的发展。由此可见，当前优先发展轻工业，无论对调整生产资料生产与消费资料生产的关系，或者是对调整工业和农业的关系都有某种特殊重要的意义。

优先发展轻工业还会从提供工业消费品方面，为调整积累和消费的关系提供物质基础。像积累基金的增长需要有相应的物质保证一样，消费基金的增长也要有相应的物质保证，否则就不能落到实处。近两年来，我国在提高消费基金方面采取了一系列措施（如提高工资和农副产品收购价格等），但由于消费品生产（包括工业消费品生产）跟不上，社会商品可供量和社会购买力的差距进一步扩大了。1979年社会购买力比上年增加320亿元，增长20%，而社会商品供应量仅增加了15%。1980年社会购买力又比1979年增加了300多亿元，增加18.7%，社会商品供应量仅增长13.3%。[①] 这就造成了两方面的后果：一是一部分物价上涨，使得人民货币收入增长的一部分被物价上涨冲销了。二是一部分的购买力不能实现。这说明，提高消费基金的措施还没有完全落到实处。所以，当前优先发展轻工业在这方面的紧迫意义，就在于使它落到实处，然后才是进一步为继续调整积累和消费关系提供物质上的保证。

优先发展轻工业，在实现财政收支平衡、社会商品供应量和社会购买力平衡以及外汇收支平衡等方面也有重要的作用。1979年，轻工业向国家提供的税利大约占到国家财政收入的30%；仅仅轻工业部系统提供的产品占全国消费品零售额的35.8%；[②] 轻工业产品占出口商品总额的45%。与重工业相比，轻工业还具有建设周期短，收效快；投资少，积累多；出口产品换汇多等优点。轻工业平均一年零十个月即可收回投资，而重工业需要五年零七个月才能收回；在1952~1978年的27年中，轻工

---

① 《红旗》1981年第6期，第11页。
② 《红旗》1981年第6期，第10页。

业投资与税利之比为 1:13，而重工业仅为 1:1.7；轻工业每百元产值提供出口换汇 1.8 美元，而重工业为 0.7 美元。[①] 可见，加快发展轻工业，对于克服当前潜在危险，消除财政赤字，稳定物价，实现外汇收支平衡，都有不容忽视的重要意义。优先发展轻工业可以大大提高经济效果，因此它又是从根本上摆脱财政经济困难的一个极重要的途径。

总之，优先发展轻工业，对于调整严重失调的国民经济，具有多方面的重要意义，成为当前调整经济的十分重要的一环。

优先发展轻工业还有重要的政治意义。当前稳定经济就不单是经济问题，而且是政治问题；而优先发展轻工业是有利于实现经济稳定的。优先发展轻工业，国家就可以拿出更多的工业消费品同农产品相交换，满足农民和各少数民族对于工业消费品的需要，这是从经济上加强工农联盟和民族团结的一个重要方面。与重工业相比较，轻工业还具有可以容纳更多的劳动力的特点。据统计，轻工业每百万元固定资产可安排劳动力 257 人，而重工业只能安排 94 人。[②] 这一切都表明：优先发展轻工业还是同在政治上实现进一步安定紧密相关的。

为了优先发展轻工业，要依靠和充分发挥国营工业和集体工业职工积极性，要充分挖掘生产潜力，同时要继续对轻工业生产实行"六个优先"的原则，还要做到四条：①轻工业生产除了积极增加产品数量以外，必须努力提高产品质量，发展品种，改变产品结构，增加高、中档产品的比重。要注意研究农村市场的需要，增加量大而广、结实耐用的商品。要按照少数民族的需要生产民族用品。②围绕名牌、"短线"产品，组织联合协作，实行大批量生产。③抓好轻工业生产所需原料的供应。对于轻工业生产所需的农副牧原料，特别是上海、天津、北京等大城市所需原料，各地要保证按照国家调拨计划及时供应。④要充分发挥城镇集体所有制工业企业灵活多样、适应性强、能够容纳更多劳动力的特点，积极发展劳动密集型产品和手工业产品。[③]

---

①②《红旗》1981 年第 6 期，第 10 页。

③《人民日报》1981 年 2 月 25 日第 1 版。

三

调整机械工业，也是当前调整国民经济的一项十分重要的内容。

按照调整农轻重关系和提高经济效果的要求，必须改变机械工业的服务方向和它的生产结构：首先要从过去主要为基本建设服务转到为现有企业的技术改造服务，为轻工市场和出口服务，同时还要为国防服务。

由于过去机械工业的发展是为经济战略服务的，不仅它的生产结构很不合理，而且它在国民经济中的比重也过大，以致形成了生产能力的过剩。随着经济调整工作的展开，这种过剩情况还在进一步发展。比如，机械工业重点企业机床利用率1978年为55.56%，1979年下降到52.13%。显然，为了调整经济的需要，也必须把过剩的生产能力减下来。

这样，调整机械工业对改变农轻重关系严重失调状态方面就有着重要的作用。这表现在：一是降低了机械工业、从而降低了重工业在经济中的比重。二是机械工业将以技术水平愈来愈高的机电产品为农业和轻工业的技术改造服务，从而推动消费品生产的发展，同时机械工业本身也将生产越来越多的消费品。这样，就可以逐步使得作为重工业重要组成部分的机械工业的发展能够建立在农业、轻工业的基础上，并且是为它们服务的。

调整机械工业在改变工业内部各部门之间的比例失调方面也有不可忽视的作用。当前工业内部失调突出表现在两方面：一方面，加工工业（包括机械工业）生产能力过剩；另一方面，能源和原材料工业生产能力不足。调整机械工业，不仅有助于解决前一方面的问题，而且由于它能够以技术水平愈来愈高的机电产品为国民经济各部门的技术改造服务，这样，一是可以推动能源和原材料工业部门生产的发展。二是节约能源和原材料的消耗。当前机电产品技术水平低，能源和原材料消耗少的产品的比重还很低。还有一批"煤老虎"、"油老虎"、"电老虎"，节能的潜力是很大的。比如，现在全国大约还有14万台2吨以下的工业锅炉，热效率只有35%~45%，每年多耗煤590万吨。如果把它们更新改造过来，就可以把这几百万吨煤节省下来。可见，调整机械工业可以从增产和节约两个方面（对能源来说，当前主要是节约）来解决能源和原材料生产不能满足需要的矛盾。

调整机械工业也有利于市场的稳定。这不仅是因为它可以促进农业、轻工业的发展，而且它本身也提供消费品。机械工业提供的许多产品都是高、中档商品，如自行车、缝纫机、手表和电视机、洗衣机、录音机、电冰箱、电子计算器、空调器等等。其中许多又是人民群众急需的销路很广的消费品。因而机械工业回笼货币的作用比较大。调整机械工业还可以增加出口，减少农产品和轻工业品的出口，或者换回发展轻工业的原料，以促进轻工业的发展。凡此种种，都有助于缩小社会商品可供量与社会购买力之间的差距，有利于稳定市场。

为了调整机械工业，当前首先要改变机械工业的生产结构，要增产轻工市场需要的机电产品；为节约和开发能源以及发展交通运输业服务；为各行各业特别是轻工业的技术改造服务；要扩大机电产品（包括成套设备）的出口；要满足国家计划规定的基本建设投资所需的成套设备；要为农业机械化和农村社队企业的技术改造服务；为科学、文化、教育和卫生等各业的需要服务；要扩大零配件的生产，为各行各业的简单再生产服务；还要为国防建设服务。同时，要提高机械工业产品的技术水平，加速产品的"更新换代"，要改组机械工业企业，加强企业之间的联合。

最后，还需指出：要调整好国民经济，仅仅抓住上述环节还是不够的，其他的调整工作也不能忽视。还要以调整为中心进行经济改革，整顿和提高工作也要放在重要位置上。

满足人民的需要是社会主义建设的崇高使命[*]

在中国共产党的领导下，我国人民正在为实现四个现代化而努力奋斗。实现社会主义现代化，归根结底是为了最大限度地满足人民日益增长的物质和文化需要，为了人民的幸福。列宁早就说过：只有社会主义才能使全体劳动者过最美好、最幸福的生活。"而马克思主义的全部困难和全部力量，也就在于了解这个真理。"[①] 现在当我们把这个真理付诸实现的时候，深深感到满足人民的需要，既是社会主义建设的无比崇高的使命，又是极为艰巨的任务。

三十多年来我们在经济建设上取得了巨大成就，也犯过严重错误。党的十一届三中全会，特别是以调整为中心的"调整、改革、整顿、提高"新的八字方针的提出和执行以来，我国人民在党的领导下，正在努力探索更好地发展我国社会主义经济的途径，使国民经济走上以满足人民需要为目的的正确轨道。显然，这是一个具有伟大历史意义的战略转变。但是，实现这个转变还有很多理论问题和实际问题需要解决。解决这些问题，有待于广大干部和群众的努力。我国人民无疑是能够正确解决这些问题的。我们下面提出一些问题，就是希望通过研究和讨论取得比较一致的正确认识，找到妥善和切实可行的办法，促进这个战略转变的顺利实现，使人民的需要得到更好的满足。

---

* 本文是依据中央领导同志的意见，在马洪主持下，由周叔莲、吴敬琏、汪海波合写，以《红旗》杂志特约评论员的名义发表，原载《红旗》1981 年第 14 期。

① 《列宁选集》第 3 卷，第 571 页。

社会主义制度下生产和消费关系的特点

为了更好地满足人民需要，必须研究我国社会主义条件下生产和消费的关系，掌握它的规律性。

马克思曾对生产和消费的一般关系做过深刻的分析，揭示了它们之间的辩证关系。[①] 根据马克思的分析，一方面生产决定着消费，另一方面消费又反作用于生产。前者主要表现在：①生产为消费创造对象，从而决定消费水平。②生产决定消费的方式和消费结构。③生产在消费者身上引起需要。后者则主要表现在：①消费是劳动力再生产的一个条件，因而它本身就是生产活动的一个内在要素。②消费使产品成为现实的产品，产品被消费了，生产这个产品的生产行为才算真正完成。③消费是生产的动力，没有需要就没有生产，而消费则把需要再生产出来，推动生产不断前进。马克思有一句名言："没有生产，就没有消费，但是，没有消费，也就没有生产，因为如果这样，生产就没有目的。"[②] 历史证明，马克思的这些分析是完全正确的。他得出的科学理论也是我们处理社会主义生产和消费关系时必须遵循的准则。过去我们对于生产和消费的一般关系研究得很不够，有时甚至会忽视和违背一些明显的道理，这是经济工作发生失误的一个重要原因。

社会生产和消费的关系，不仅有它的一般的规律性。在不同的社会制度下，生产和消费的关系又各有其特殊的规律性，在这里，生产关系起着决定性的作用。

社会主义生产关系决定了生产的直接目的是满足全体人民的需要，从而使消费和生产直接联系起来，摆脱了资本主义社会所固有的生产无限扩大的趋势和人民群众的消费相对缩小的矛盾。在任何社会里，生产最终都是为了消费，但生产的直接目的却是由各个社会的生产关系决定

---

① 马克思在《〈政治经济学批判〉导言》中说的"消费"有两重含义：一是"生产的消费"；二是"原来意义上的消费"，即生活的消费（参见《马克思恩格斯选集》第 2 卷，第 93 页）。马克思着重考察的是后一种消费。我们这里的分析也是这样。

②《马克思恩格斯选集》第 2 卷，第 94 页。

的。在资本主义制度下，生产的直接目的是取得尽可能多的剩余价值，尽管为了取得剩余价值，商品也必须满足社会"需要"，但是，做到后者仅仅是实现前者的手段。资本家总是力图把工人的个人消费尽量限制在再生产劳动力所"必要的"范围之内，甚至直接掠夺劳动者的必要消费基金。社会主义以生产资料公有制为基础，消灭了人剥削人的制度，劳动人民的幸福就成为全部生产活动的唯一目标，因此有可能在生产发展的基础上最大限度地满足人民日益增长的物质和文化的需要。恩格斯说：社会主义社会"不仅可能保证一切社会成员有富足的和一天比一天充裕的物质生活，而且还可能保证他们的体力和智力获得充分的自由的发展和运用"。[1] 列宁也强调社会主义社会要"充分保证社会全体成员的福利和自由的全面的发展"。[2] 当然，做到这一切要依靠生产力的高度发展。但是即使在生产力还没有得到高度发展的社会主义初级阶段，社会也要尽力满足人民的需要，使社会全体成员都有可能过幸福愉快的生活。这就能充分调动广大人民群众的生产积极性，推动生产迅速发展。

社会主义生产和消费之间关系的这种根本性的变化，使得在社会主义社会里有可能在生产和消费之间建立起相互促进的良性循环，发挥马克思所说的生产和消费相互"创造对方"作用。而在资本主义制度下是不可能充分做到这一点的。第二次世界大战后，一些资本主义国家实行的高消费政策虽然对生产起了一定的促进作用，但这种作用并不总是积极的，而且是很有限的，不能从根本上解决资本主义生产和消费的矛盾。日本曾被称为在生产和消费之间建立了所谓"良性循环"的国家，事实上它的生产和消费之间也存在着深刻的矛盾。日本不少经济学家也承认国内存在着收入不均等、财富占有不均等的贫富悬殊现象，一方面很多人的起码需要得不到满足，另一方面很多产品过剩和生产能力过剩。日本战后七次经济危机平均每次延续七个月，生产下降7.1%，由于经济危机而中断经济增长的时间占整个三十年的28.9%。

由于社会主义生产和消费之间关系的改变，使社会主义的消费本身具有区别于资本主义的鲜明特征。马克思曾把人的需要区分为生理的需

①《马克思恩格斯全集》第20卷，第307页。
②《列宁全集》第6卷，第37页。

要、精神的需要和社会的需要。社会主义消费的特征，是这些需要的全面满足。

现在有一种看法，把某些发达资本主义国家的"高消费"作为我国社会主义消费的目标或样板。这种看法是不正确的。诚然，这些资本主义国家在第二次世界大战后生产增长基础上出现的"高消费"，对延缓生产和消费的对抗性矛盾的爆发起了一定的作用，其中反映出来的某些消费发展的一般趋势（如随着收入增加消费构成将发生变化等）也有可以借鉴的地方。但是，必须看到，资本主义的"高消费"不可避免地带有这种剥削制度的深刻烙印。

首先，这种"高消费"是建立在不可调和的阶级对立和日益悬殊的贫富差别的基础上。一方面，劳动人民收入的某些提高，并没有改变他们受剥削、受压迫的基本事实。正像马克思早就说过的："吃穿好一些，待遇高一些，特有财产多一些，不会消除奴隶的从属关系和对他们的剥削，同样，也不会消除雇佣工人的从属关系和对他们的剥削。由于资本积累而提高的劳动价格，实际上不过表明，雇佣工人为自己铸造的金锁链已经够长够重，容许把它略微放松一点。"[①]事实上，伴随这种"高消费"的，是剥削程度的加剧，工人债务的增加，以及思想、文化、道德上的空虚和苦闷的进一步发展，因此"高消费"并没有给劳动人民带来生活的稳定和愉快。另一方面，资产阶级的消费则具有寄生的性质。他们穷奢极欲，一掷千金。这种奢侈和浪费，是建筑在本国和第三世界各国广大劳动人民的贫困和不幸的基础上的。其次，资本主义国家的"高消费"不仅伴随着"高浪费"，而且具有畸形的性质，不能给劳动人民带来真正的幸福。在那里，满足消费需要只是取得高额利润的手段，只要能赚大钱，无论什么东西资本家都可以生产和贩卖，而不问社会后果如何。而且，为了掠取利润，大公司还凭借它们的垄断地位，运用广告等舆论工具"说服"消费者，把获得高额利润所必要、而毫无裨益于人生的"需要"强加给他们。所以，在资本主义社会里，从生产猫狗服装、食品，到制造杀人武器，贩卖赌具毒品，都可以成为重要的产业。年复一年，社会把越来越多的人力、物力用在只是满足资产阶级的癖好或有

①《马克思恩格斯全集》第23卷，第678页。

利于大企业赚取利润的产品上，造成了极大的浪费。最后，人类的需要是多方面的，不能光靠物质产品来满足。有些资本主义国家物质享受不可谓不高，但人民并无幸福可言。这是因为幸福不仅取决于物质条件，而且取决于社会条件、周围环境、人群关系、家庭关系，精神文明以及本人的健康状况、思想状况、精神状况等等。在资本主义社会中，道德沦丧，人与人的关系淹没在利己主义的冰水中，资产阶级经济学家津津乐道的安全、自尊、与人交往、自我实现等"高级需要"是很难得到实现的。而资本主义增加物质产品生产，又是靠加重剥削，这不能不造成人们体力和精神的高度紧张以及社会关系的尖锐对立。这些使得资本主义国家中即使取得了比较高的收入的那部分劳动人民，也普遍感到自己并不幸福。许多人不知道资本主义的前途是什么，不知道人活着又是为什么。人们丧失了前进的目标，于是就产生了失望、颓废、厌世、消极的情绪，单纯地追求物质享受，加上经济不断出现危机，通货膨胀愈演愈烈，失业、破产、吸毒、负债、家庭破裂、青少年犯罪、酗酒、强奸、凶杀、盗窃等各种社会问题，接踵而至。赤裸裸的金钱关系，海淫海盗的黄色书刊，使人消沉疯狂的靡靡之音，怕失业、怕生病、怕年老、怕被盗的恐惧心理压抑着人们的心灵。近年来，连一些资产阶级学者也提出资本主义制度下的"丰裕"的物质生活，并没有促进公共目标的实现，没有增进公众的幸福，相反造成了多种社会祸患。社会主义社会又怎么可以把这种"高消费"作为追求的目标呢？

有一种意见把幸福和高度物质享受等同起来，否认我国在当前条件下可以使人民过愉快幸福的生活。这种意见也是值得商榷的。

在社会主义制度下，最大限度地满足人民的物质和文化需要的最高目标，在于使每个人获得自由的全面的发展。为了达到这个目标，需要生产力的极高的发展，人民收入的极大的增加。这将是一个非常长的过程。但不能说，只有达到这样的水平以后，才能使人民过上幸福愉快的生活，在这之前就无所作为。实际上，在社会主义社会里，生产将逐步发展，人民生活将逐步提高。这个发展和提高的过程，也就是劳动人民用自己的劳动和斗争为自己创造幸福生活的过程。只要具备了一定的物质条件，就可以保证人民过丰衣足食、不虞匮乏，具备较好的社会条件、周围环境、人群关系、家庭关系，建立起高度的精神文明，使大家的生理的、精神的、社会的基本需要得到满足，对前途充满希望。这是已往任何社会不可能做到的。

社会主义制度为建立合理的生产和消费关系提供了可能性，但是可能性并不等于现实。要使这种可能性变成现实，还要求人们重视这个问题，按照客观经济规律的要求处理好这个问题。我国第一个五年计划时期比较重视社会主义制度下生产发展和消费增长之间相互促进、相互制约的关系，对它们的关系处理得比较好，因此生产发展比较顺利，人民生活改善也比较快。这就表明，经过人们的努力，社会主义社会完全能够在生产和消费之间建立起良性循环。

中国的社会主义消费模式

一个国家一定发展阶段上的消费模式（包括消费水平、消费结构、消费方式等等），是它的生活方式的组成部分。消费模式不仅由社会制度和经济发展水平决定，而且受地理环境、资源状况、文化传统、风俗习惯以及民族状况等等条件的制约。因此，各个社会主义国家由于国情不同，消费模式也会有自己的特点。我们不仅要研究社会主义制度下的生产和消费的一般关系，掌握普遍的规律性，还应当研究中国现阶段生产以及影响消费的其他因素的具体状况，掌握生产和消费的特殊规律性，建立我国自己的消费模式。

过去我们对消费模式问题研究得很不够，现在亟须抓起来，看来有必要组织适当的力量，通过认真的调查研究，弄清楚今后几十年人民物质文化生活发展的趋势和特点，预测我国今后五年、十年、二十年、五十年生产和消费的发展情况，确定我国的社会主义消费模式。要争取尽快地拿出有科学依据的、对实践有指导意义的研究成果来，把它作为制定建设方针和经济计划的依据。

影响消费模式的最重要的因素，是一个国家的经济状况，以此为基本出发点，才能处理好生产和消费的关系。在这方面，特别要重视当前我国的以下这些情况：①人口多，消费大。我国有 10 亿人口，如果每年增加 1200 万人，个人消费和社会消费按每人 250 元计算，一年需要增加消费基金 30 亿元；口粮按每人 500 斤计算，需增产粮食 60 亿斤；布按每人 25 尺计算，需增产布 3 亿尺。这种情况要求我们在处理生产和消费的关系时要十分慎重。陈云同志说："我们是 10 亿人口、8 亿农民的国家，我们是在这样一个国家中进行建设。""我们必须认识这一点，看到这种困难。现在真正清醒认识到这一点的人还不很多。"②底子薄，水平低。现在我国生产力还不发达，农业劳动生产率很低，工业劳动生产率也不高。目前我国的粮食商品率约为 15% 左右，每个农业人口每年只能提供 80 多元的剩余农产品，这么少的剩余农产品并不能满足城镇人口的生活需要和其他需要，因此现在每年需要进口相当一部分粮食、棉花和其他农产品。我国人民的消费水平也比较低，相当一部分农民还比较贫困。教育不发达，人民文化科学水平不高。这种情况决定了我们必须十分重视改善人民的物质文化生活状况，但是又必须看到生产水平对消费水平的限制，决不能不顾客观生产条件对消费提出过高的、不合理的要求。③当前经济上、财政上有相当大的困难。由于林彪、"四人帮"的长期干扰破坏，加上我们指导思想和具体工作中的错误，目前我国经济结构很不合理，国民经济比例严重失调，财政有赤字。前几年国家用了很大的力量增加人民的收入，这是必要的，但已经超过了财力物力可能负担的程度。在今后几年调整国民经济、克服经济困难的过程中，人民的收入不能增加过多，否则将增加财政赤字，加剧通货膨胀。在近期内，虽然我们还要根据需要和可能努力改善人民生活，但是不能期望消费水平有迅速的、大幅度的提高。根据这种情况，就要特别注意少花钱、多办事，提高产品和各种服务的质量，丰富文化娱乐活动，尽量使人民得到实惠。

　　由于我国经济方面和其他方面具有的特点，我们决不能照抄照搬其他国家的消费模式。这里有几种不同的情况：一种是其他国家做了但我们不应该做的。一些发达国家第二次世界大战以来大量发展了小汽车，并由此形成了"汽车文明"的生活模式。近年来能源短缺有增无减，"汽车文明"就造成了社会生活的严重问题。绝大多数人对此感到头痛。我们在解决行的问题时就不能再走这条路。根据我国的情况，不仅不能大量搞小汽车，也不能大量搞摩托车。看来，这方面我国还是搞好公共交通工具和发展优质高效的自行车为好。西方一些国家在生产上和生活上走的是高度消耗能源的道路。我国不仅从资源条件看不能像西方国家那样搞，而且从经济合理的原则来看也不应当那样搞。我们的资源首先应该用来保证人民的基本生活需要，这是必须明确的方针。一种是虽然应该做，但现在不具备条件做的。例如，一些发达国家住宅情况有了很大改进，现在我国也在尽力改善居民的居住状况，但是限于经济条件，在相当长时期内，还没有可能达到发达国家的水平。一种是我们已经超过或有可能超过其他国家的。例如，我国悠久的历史文化在物质生活、文化生活消费方面为我们留下了丰富多彩的遗产，我们要保留和发扬这些方面，使人民的生活多彩多姿。

根据初步研究，今后一个时期我国社会主义消费模式将有如下一些特点：

1. 消费结构将有显著的变化。根据我国的具体情况，人民消费需求的主要项目和顺序大致是：①食品。②衣着。③居住。④日常用品。⑤交通工具。⑥教育。⑦保健。⑧娱乐。这些需求，有的占的比重大些，有的占的比重小些；有的增长得快些，有的增长得慢些；有的在一定时期停顿一下，过一阵子又会有所增长。总之，它们将有先有后、有快有慢地周期性地上升。在生产发展的基础上，在人民物质，文化生活需要不断增长的基础上，消费结构将发生变化。这从建国以来 30 多年的实践中，就可以看出一个端倪。从 1952 年到 1979 年我国消费品零售额中，吃的部分由 56.5% 下降到 50.2%，穿的部分由 19.3% 增加到 23.7%，用的部分由 20.9% 增加到 22.1%，烧的部分由 3.3% 增加到 4%。吃的商品中，粮、油的比重急剧下降，糖、酒的比重相对上升。穿的商品是棉布所占比重下降，化纤织品相对上升。用的商品中耐用消费品增长很快，一般日用品增长较慢，但对中档产品和新兴产品的需求增加了。当然，就全国来说，由于相当一部分农民生活还比较困难，很多居民生活还不富裕，在一定时期内，吃在消费构成中还将是占首位的，但比重将会相对下降，而质量将要提高，品种将要增加。再是城乡相当一部分居民迫切要求改善居住条件。同时随着生活水平的提高，群众对商业、服务业以及交通运输的要求也增加了。还必须看到，现在群众迫切要求学文化、学科学、学管理，丰富自己的文化娱乐生活，因此，随着物质生活水平的提高，教育、健身、娱乐等方面在人民消费中所占的比重将会增大。

2. 个人消费和集体消费的正确结合。马克思在谈到社会主义社会属于共同享用的消费资料时曾说："和现代社会（指资本主义社会）比起来，这一部分将会立即显著增加，并将随着新社会的发展而日益增加。"（《马克思恩格斯选集》第 3 卷，第 10 页）我国劳动人民享有的公费医疗、免费教育、社会保险以及用于个人消费的房租补贴和其他各种补贴等福利措施，其总额与工资收入几乎相等，相对于生产发展水平来说，处于相当高的水平上。今后无疑还将随着经济的发展逐步提高。但是集体消费又要量力而行，要想超越客观条件办得更多也不行。集体消费的办法也要有利于发展生产和厉行节约，有利于发挥劳动者的个人主动性。

3. 闲暇时间的增加和合理利用。社会经济文化水平的提高会带来两方面的积极的结果：一是社会产品的增加，二是闲暇时间的增加。闲暇时间是指由劳动者自由支配的时间，是劳动者用于享受和使自己进一步成长的时间。在我国目前的生产力水平下，还不能不保持较长的劳动日，加之商业、服务业不发达，职工需要用比较多的时间处理家务，这就使劳动者自由支配的时间比较少。今后，随着经济的发展，闲暇时间将会得到稳定的增加，同时社会应当扶助各种服务事业和文化、教育事业的发展，使劳动者的闲暇时间得到合理的利用。

4. 消费的多样性。由于我国土地辽阔，民族众多，各个地区、各个民族的经济文化发展很不平衡，由于城乡之间、工农之间、体力劳动和脑力劳动之间存在着差别，在实行按劳分配的条件下，我国社会主义消费在水平、结构、方式等方面都会具有多样性。这种多样性，是经济工作者应该认真关注的。

5. 人民将过着一种舒适而又不浪费的生活。马克思曾说：一切节省归根到底都归结为时间的节省，他并且把节省时间的规律看作社会主义的首要经济规律。社会主义社会在生产上应当力求节约，在消费上也应当力求实惠。我们所要求的经济效果，不仅包括生产的经济效果，而且包括消费的经济效果，合理的消费结构和消费方式，是提高消费经济效果的重要条件。我国人民有勤俭持家的优良传统，我们要永远保持和发扬这种传统。我国在本世纪末每人平均国民生产总值和经济发达国家相比还是低水平，因此收入水平的提高幅度不可能太大，但我们应当力求在不很高的收入水平的条件下比较好地满足人民的需要，建立起舒适而不浪费，经济实惠而又丰富多彩的社会主义消费模式，使我国人民生活过得愉快和幸福。

在设计我国消费发展的远景时，应当清醒地看到：我们的社会主义制度，为建立劳动人民无比幸福、无比美好的生活开辟了道路。但是，美好的生活要靠我们用自己的双手来建立。党和政府力求提高全体劳动者的消费水平。可是，消费水平究竟能以什么样的速度提高，归根结底还要取决于生产的现实增长。而生产的较大增长，又要靠全体劳动者的辛勤劳动，才能做到。现在有一些人，由于过去创伤或者其他原因，对于生活抱有消极的甚至有害的情绪。他们怨天尤人，而不是砥砺意志，发愤图强，他们向社会提出种种要求，稍不遂意，便觉得社会亏待了自己，却不反过来问一问：在全国人民为克服困难、发展经济而进行的集体奋斗中，自己做出了什么贡献。显然，这种想法是不正确的，无助于社会主义生产目的的实现，也无助于自身消费水平的提高。

对于消费还有一个正确引导的问题。我们知道，人们对于生活方式和消费模式的选择，是同他们在评价社会实践时所持的观点和所使用的尺度（价值观）联系在一起的。然而，经验又表明，人们对自己的消费方式常常不是自觉的，容易受到别人的消费方式的影响。这种消费示范效应对单个人起作用，对一个国家也常常起作用。现在我国人民迫切需要提高物质和文化生活。对于合理的需要，应该努力加以满足。但对于可能出现甚至已经出现的一些不良倾向，则必须加以引导。例如，有些地方结婚讲排场、摆阔气，使当事人背上沉重的债务，不仅没有给生活带来方便和舒适，相反带来了困难和烦恼。又如，有些地方请客送礼成风，增加了人们经济上、精神上的负担，助长了挥霍浪费等恶习。文娱生活中也存在着庸俗轻佻等现象。这一切决不会有利于而只会有害于人们过真正幸福的生活，社会不应该听之任之。根据我国人民目前的消费水平和实际需要，在近期内，首先，必须把满足人民"吃、穿、住、用、行"的基本生活需要，作为发展经济和提高消费水平所要解决的首要问题；其次，是要发展那些有利于建设社会主义物质文明和精神文明的产品，如发展某些耐用消费品，发展教育、科研、卫生、保健等事业，还要重点发展那些有利于方便人民生活的城市公用事业、商业、服务业、幼儿教育以及集体福利、文化事业。在普及的基础上，有选择地进行提高。总之，我们既要按照人民的需要安排好生产，又要对人民的需要加以正确的引导，这样才能处理好生产和消费的关系。

实现产业结构的合理化，努力满足人民的需要

我们研究了社会主义条件下生产和消费的关系以及中国的社会主义消费模式，就要以对它们的科学认识来指导我们的经济工作。

建国以后，我们正确地处理了生产和消费的关系，取得了很大的成绩。但是后来有很长一段时间由于背离了社会主义生产目的，存在着为生产而生产的倾向，导致产业结构很不合理。产业结构中的主要问题是：农业严重落后于工业；轻工业不能满足城乡人民提高生活水平的需要；重工业脱离农业和轻工业片面发展；能源供应紧张，浪费严重；交通运输业成为国民经济的薄弱环节；商业、服务业以及教育科学事业和国民经济的发展不相适应。这些问题造成的主要后果是，经济效果下降，人民生活不能随着生产的发展得到应有的改善，社会主义积极性受到挫伤。

为什么我们会在长时期中发生违背社会主义生产目的的错误？怎样才能克服这些错误，以便更好地满足人民的需要？这些问题的解决对于我国社会主义经济的顺利发展具有十分重大的意义。

我们没有处理好生产和消费的关系是有客观原因的。我国在生产力水平比较低的情况下进入社会主义阶段。为了巩固社会主义制度，迅速发展生产力，需要有较多的积累。同时还面临着帝国主义、社会帝国主义侵略的危险，必须加强国防建设。在这种情况下，我们处理生产和消费的关系、积累和消费的关系困难是很大的。

但是，我们没有处理好生产和消费的关系主要还是由于主观上的原因。由于在经济建设上一直存在着一种"速成论"思想，由于对我国的国情缺乏深刻的理解，我们过去在经济发展战略上存在着以下一些问题：①盲目追求高指标，尤其是盲目追求重工业的高指标。②片面强调优先发展重工业，实行"以钢为纲"，工业挤了农业，重工业挤了轻工业。③盲目扩大基本建设规模，忽视发挥现有企业的作用。④积累率过高，积累挤了消费。发展战略上存在的这些问题，导致产业结构严重不合理，生产也就难以满足人民的需要。

　　我国经济管理体制上的缺陷也是没有处理好生产和消费的关系的重要原因。我们长时期实行的是一种高度集中的、以行政管理为主、排斥市场机制的体制。这种体制妨碍了企业和职工的主动性、积极性的发挥。而且当领导机关在经济决策上发生错误时，企业也只能遵命行事，缺少一种自动地满足人民需要的机制。这些，都不利于社会主义生产目的的实现。

　　为了克服过去存在的缺点和错误，我们正在贯彻执行以调整为中心的八字方针。调整国民经济的主要目标，就是逐步实现产业结构合理化，以利于社会主义生产目的的实现。当前，除了坚决压缩基本建设战线外，还必须努力把国民经济中的"短线"，首先是消费品生产搞上去，这是实现调整任务的关键一着。

　　发展消费品生产首先要巩固和加强农业这个国民经济发展的基础。前面已经指出，在我国人民的消费构成中，吃是第一位的，而食物基本上是农副产品；穿是第二位的，衣着的原料也大部分来自农业；用的东西也有不少是农业提供的。这些情况决定了搞好农业生产是改善人民生活的关键。这几年由于贯彻了"一靠政策、二靠科学"的正确方针，我国农业生产的形势是很好的。但是我们不能以为农业问题已经解决了，要看到农业问题还是第一位的问题。要坚持实行正确的政策，妥善解决不断出现的新问题，努力争取农业持续稳定的增长。发展农业既要重视粮食增产，又要重视农林牧渔综合发展和多种经营，要因地制宜、因时制宜地处理好它们的相互关系。同时要注意恢复和保持生态平衡，这不仅是当前农业增产的关键，而且是关系到子孙后代的事情，不可不严重注意。

　　发展消费品生产还要大力发展轻纺工业。轻纺工业需要的投资少，见效快，产品既能满足市场需要，又能大量回笼货币，增加财政收入。随着农业生产的发展和农民收入的增加，农村需要越来越多的轻纺工业产品，因此发展轻纺工业也是满足农民需要、巩固工农联盟的重大问题。过去两年的调整工作中，轻纺工业有了一定的发展。但是前一段时间由于对需要结构、消费结构研究不够，轻纺工业的发展有一定的盲目性。我们必须克服这种盲目性，针对供销脱节的情况，选择最适销对路的若干种产品，一项一项地落实增产增收计划和措施，然后逐步扩展，真正把轻纺工业迅速搞上去。

为了把消费品生产搞上去，需要其他部门的配合。各行各业都要为发展消费品生产服务，都要积极支援农业和轻纺工业的发展。重工业要真正转上为农业、为轻纺工业，归根到底也就是为满足人民需要服务的轨道，从而求得自身的健康发展。机械工业要从过去主要为重工业的基本建设服务，转变为各行各业现有企业以节能为中心的技术改造服务，为轻纺工业的挖潜革新改造服务，并且要积极地而又有计划地发展日用机电产品的生产。冶金工业、化学工业等重工业部门都要围绕消费品生产和国民经济技术改造的需要调整生产方向和进行必要的改组。交通运输业、商业服务业、科学教育等事业，也应为发展消费品、发展农业、轻纺工业作出积极的贡献。各行各业支援消费品生产的过程，同时也是本身按照社会主义生产目的进行调整的过程。这样做将在各个部门之间以及它们内部建立起合理的经济联系，按照人民的需要逐步建立起合理的产业结构。

为了满足人民的需要，我们还应该发展商业和生活服务业，努力提高服务质量。由于长期忽视这些行业，现在我国商业服务业很不发达，网点少，服务质量差，给人民生活带来很多不便。商业和生活服务业是劳动密集型行业，发展这些行业也有利于解决劳动就业问题，是今后城镇劳动力就业的主要出路。今后发展商业和生活服务业主要应该采取集体所有制形式，同时应该允许个体经济存在。

现在我国国民经济不仅在产业结构上，而且在组织结构上也存在着严重的不合理状况。我国经济经过30多年的建设，基础并不是很薄弱的。但是由于产业结构、组织结构不合理，潜力难以充分发挥。马克思曾说扩大再生产有外延和内涵两种类型。过去我们主要依靠外延扩大再生产，这在工业基础较差的情况下是必要的。现在工业已有了相当大的摊子，现有工业企业又有很大的潜力，今后应该主要依靠内涵的扩大再生产。这就要求在调整产业结构的同时，调整工业的组织结构，要按照专业化协作和经济合理的原则，有步骤地进行工业的全面改组，把现有工业生产的潜力充分挖掘出来。

我国工业的改组，是在扩大企业自主权的改革已在主要企业中铺开的基础上进行的，因此，它的基本形式应是企业之间多种形式的自愿互利的联合，使参加联合的各方都得到好处。但是，进行工业改组，也不能没有强有力的计划指导和行政干预。如果不进行自上而下的推动，联合是搞不起来的。当前要从全国着眼，从中心城市着手，进行行业组织的试点。要围绕在国内外市场有竞争力的名牌优质产品，打破行业、部门界限，以名牌产品的生产厂为中心，统一规划，组建公司、总厂或联合体，改变生产结构，实行专业化协作生产，促进新技术的推广应用，促进经济效益的提高，尽快把这些产品搞上去。

　　总之，通过以调整为中心的八字方针的贯彻执行，我们将逐步建立起一个比较合理的经济结构，使我国社会主义经济建设走上提高经济效果、满足人民需要的新的轨道。这个经济结构的主要标志是：国民经济各部门、各部门内部以及社会再生产的各个环节之间的比例关系大体协调；社会的人力、物力、财力得到比较合理的利用，在合理布局的原则下各地区的经济优势得到较好的发挥；生产建设的发展和人民生活的改善联系密切，互相促进；社会生产关系包括经济体制，比较适应生产力发展的要求。这样，就可以做到：经济协调发展，稳定增长，社会主义制度的优越性能够比较充分地发挥出来，人民也可以得到更多的实惠。

*　　　*　　　*

　　我们的社会主义建设一定要努力实现满足人民需要的崇高使命。我们经过几十年的努力，一定能够建设起中国式的社会主义的物质文明和精神文明。我们应当学习别国的长处，也要避免他们的短处。我们建设的社会主义的物质文明和精神文明，应当是丰富多彩的、万紫千红的，比资本主义国家及社会帝国主义国家优胜得多。在党的领导下，全国人民发扬爱国主义精神，奋发图强，努力奋斗，一定能够用自己勤劳的双手和智慧的头脑，建设一个中国式的社会主义的高尚的物质文明和精神文明的社会。这个目标，我们一定要达到，也一定能够达到，我们应当有这个信心。

日本经济管理体制的特征 *
——1981 年参加中国宏观经济考察团 赴日考察的一点体会

一、战后日本经济发展的一些特点和探讨 日本经济管理体制问题的意义

第二次世界大战以后，日本经济的发展呈现出一些重要的特点。

第一，相对于其它的主要资本主义国家来说，① 经济效益比较好。就投资效率来看，② 在 1964~1968 年期间，日本为 0.34，美国为 0.31，法国为 0.21，联邦德国为 0.17，英国为 0.16。在 1969~1973 年期间，由于防止公害和改善生活环境等方面的非生产性投资增加，日本投资效率有所下降，但仍然是较高的。即日本为 0.25，美国为 0.18，法国为 0.17，联邦德国为 0.19，英国为 0.10。就劳动生产率的年平均增长率来看，在 1960~1973 年期间，日本制造业劳动生产率的年平均增长率为 10.7%，法国为 6.5%，联邦德国为 5.99%，美国为 3.6%，英国为 3.5%。在 1974~1978 年期间，由于受到 1973 年第一次石油价格大幅度提高的影响，劳动生产率年平均增长率下降了，但日本还是较高的。即日本为 5.3%，法国为 3.9%，联邦德国为 3.7%，美国为 2.3%，英国为 0.8%。

---

* 原载《经济问题探索》1982 年第 5 期。
① 以下的各项特点，都是在这个意义上说的。
② 投资效率是指每单位追加固定资本所能增殖的国民生产总值。

第二，经济增长率比较高。[①]近30年来，日本的国民生产总值的年平均增长率为8.3%，联邦德国为5.3%，法国为4.7%，美国为3.5%，英国为2.6%。可见，在上述期间，日本的经济增长率比其它国家高出1倍上下。

第三，能够承受国际经济范围内某些重大变化的冲击，有较强的适应性。在1973年第一次石油大提价以后，日本的国民生产总值由多年的高速增长，突然转变到1974年比上年下降了0.1%。但经济增长率很快就回升了。1975年比上年增长了3.2%；1976年比上年增长了5.9%；1977年又比上年增长了5.6%。[②]

然而，如果说第一次石油大提价对日本的经济发展还有较大的冲击的话，那么，1978年底至1979年第二次石油大提价，对日本的影响就小得多了。下列四项指标的对比可以清楚地看到这一点。①如前所述，在第一次石油大提价以后，日本1974年的国民生产总值比上年下降了；当然，下降的幅度很小。但第二次石油大提价以后，日本的国民生产总值并没有下降，1979、1980和1981这三年还分别赢得了5.6%、4.2%和3.2%的增长速度。②在第一次石油大提价以后，日本失业率由1973年的1.3%上升到1976年的2%。[③]而在第二次石油大提价以后，直到1981年失业率也只有2%多一点，基本上稳定在1976年的水平上。③在第一次石油冲击之后，日本批发物价和消费品物价，逐年上升，上升的幅度很大。这两种物价指数1973年分别比1970年上升了16%和24%；1976年分别比1970年上升了65%和88%。[④]但在第二次石油冲击之后，在1979、1980两年，批发物价只是分别上涨了7.3%和17.8%；消费品物价只是分别上涨了3.6%和8%。1981年消费物价上升率只有4.3%。④在第一次石油冲击之后，日本外贸收支顺差，由1973年的36.88亿美元下降到1974年的14.36亿美元，1975年和1976年分别回升到50.28亿美元和98.87亿美元；国际收支中的经常收支出现了巨额逆差，由1973年的1.36亿美元增加到1974年的46.93亿美元，1975年下降到6.82亿美元，到1976年

---

① 经济增长率即国民生产总值的增长速度。
② 日本经济企画厅调查局编：《经济要览》（1979年），大藏省印刷局日文版，第15页。
③ 日本经济企画厅调查局编：《经济要览》（1979年），大藏省印刷局日文版，第360页。
④ 日本经济企画厅调查局编：《经济要览》（1979年），大藏省印刷局日文版，第359页。

才出现顺差 36.8 亿美元。[①] 在第二次石油冲击之后，虽然再次出现了外贸收支顺差急剧下降和国际收支中的经常收支有巨额逆差的情况，但是外贸顺差和经常收支顺差回升后的水平，大大超过了第一次石油冲击。1978 年的外贸收支顺差为 246 亿美元，1979 年下降到 18 亿美元，1980 年上升到 21 亿美元。1978 年经常收支顺差为 165 亿美元，1979 年出现逆差 85 亿美元，1980 年逆差又增加到 107 亿美元。1981 年以来，情况大大好转。据日本政府预测，外贸收支顺差在 1981 年将增长到 260 亿美元；经常收支顺差将增加到 100 亿美元。

像述情况表明：日本经济对于石油冲击不仅有较强的适应性，而且这种适应性还提高了。如果把日本在石油冲击后的经济发展情况和其它的主要资本主义国家作一下对比，还可以更清楚地看到这种较强的适应性。

像第一次石油冲击一样，第二次石油冲击也促使西方主要国家重新陷入经济增长率下降、失业率上升、通货膨胀加剧和国际收支出现逆差这样的困境中。在这方面，西方国家的情况比日本要严重得多。1980 年西方一些主要国家的经济增长率仅为 1.3%，1981 年只能达到 1%；失业率 1981 年为 7.5%；消费物价上升率 1980 年为 11%，1981 年达到 10%；普遍发生了巨额的外贸赤字。

这里需要说明两点：

第一，各个主要资本主义国家的情况是不同的，它们之间有许多不可比的因素。这种不可比的因素，有对日本的不利方面。比如，日本的石油需要量几乎全部依赖进口。从这方面来说，石油冲击对日本经济发展的不利影响要大得多。根据经济合作与发展组织估算，第二次石油冲击给石油输入国经济发展不利的影响是这样的：1980 年日本国民生产总值减少 2.7%，美国减少 0.7%，联邦德国和法国减少 0.9%，意大利减少 0.1%。另外，依据日本经济企画厅的统计，1980 年日本的石油进口费用比 1973 年多付 290 亿美元，相当于日本国民生产总值的 2.9%。当然，在不可比的因素中，也有对日本有利的方面。比如，就第二次石油冲击来说，日本正处于经济周期的上升阶段，处于固定资产投资新的高涨时期。1978 年日本企业设备投资比上年增长 6.6%，1979 年比上年增长 12.5%，

---

① 日本经济企画厅调查局编：《经济要览》(1979 年)，大藏省印刷局日文版，第 212 页。

1980 年又比上年增长 6.4%，1981 年预计还保持了上年的增长速度。这种情况自然又大大减轻了第二次石油冲击的力量。

第二，日本经济对石油冲击适应性的增长，归根结底是同加重对雇佣劳动者的剥削相联系的。比如，在两次石油冲击期间，日本实际工资增长大大低于国民经济生产率的增长。1975 年国民经济生产率和实际工资分别增长 3.2%和 1.9%，1976 年分别为 4.3%和 2.2%，1977 年分别为 3.8%和 1.3%，1978 年分别为 3.8%和 2.4%，1979 年分别为 4.3%和 1.7%，1980 年分别为 2.7%和-0.1%。

但是，无论如何，上述的战后日本经济发展的特点总体表明：日本经济发展的原因，不仅在于微观经济活动及其管理方面，而且在于宏观经济活动及其管理方面，特别是其中的第三个特点更突出地表明了宏观经济管理在日本所起的巨大作用。因为在现代化生产条件下，能源是关系经济增长全局的一个极为重要的问题；而且日本能源需要量的绝大部分是依靠进口的。这样，如果日本在宏观经济管理方面没有它的成功之处，是很难有上述的适应性的，更不用说这种适应性的提高了。

然而，当前对于日本的经济管理体制，不仅在马克思主义的学者中间，即使在资产阶级学者中间，看法也很不一致。在欧美的一些资产阶级经济学家中间，有人认为，日本是运用市场机制发展经济最成功的国家。也有人认为，日本经济高速增长的秘诀之一，就是在自由经济的基础上运用了经济计划。在日本国内的资产阶级经济学者中间，也有这样类似的观点。

这里需要着重指出：日本已经成为当代资本主义世界的第二经济大国。这样，研究日本的经济管理体制，就成为研究当代资本主义经济的一个很重要的课题。

但研究这个问题的意义还不仅是限于这一点，它还在于日本经济管理的某些方面，对于我国的经济管理，是有借鉴作用的。为了便于分析问题，这一点我们留待后面的有关部分去做说明。

二、日本经济管理体制的特征是什么

资本主义经济是商品生产发展的最高形式。因而，一般说来，在正常情况下，[①] 市场经济总是资本主义的经济管理体制的基本特征。自然也是日本的经济管理体制的基本特征。这是很清楚的，而且日本政府也是直言不讳的。因而，这一点虽然是日本经济管理体制的基本方面，然而却是毋庸赘言的。

但市场经济并不是日本经济体制的全部内容。日本在这种市场经济的基础上实行了经济计划，使得这种市场经济带有一定程度的计划性。这一点也是日本经济管理体制的主要特征。为了说明这一点，是需要做详细分析的。

第一，首先表现在：日本在战后30多年来逐渐形成了中长期计划和年度计划以及基本的经济计划和各个部门计划相结合的计划结构体系。

日本在1946~1955年之间，相继研究和起草了约十个中期经济计划。其中主要的经济计划有：1946年11月制订的《生活水平和日本经济》，1948年5月制订的《经济复兴计划第一次试案》（1948~1952年度），1949年5月制订的《经济复兴计划》（1949~1953年度），1950年6月制订的《达成自立经济的条件》（1950~1952年度），1951年6月制订的《自立经济三年计划》（1951~1953年度），1952年2月制订的《1951年经济表》（1953~1957年度）以及1955年1月制订的《综合经济六年计划的构思》（1955~1960年度）。但是，由于战后初期日本还处于美国占领军的管制之下，这些计划都没有作为政府正式决定的计划，也没有公布。[②]

但自此以后，直到目前为止，由日本政府正式决定并予以公布的中长期经济计划共有九个。即1955年12月制订的《经济自立五年计划》（1956~1960年度），1957年12月制订的《新长期经济计划》（1958~1962年度），1960年12月制订的《国民所得倍增计划》（1961~1970年度），1965年1月制订的《中期经济计划》（1964~1968年度），1967年3月制订的《经济

---

① 在战争条件下，资本主义国家也可能实行排斥市场机制的统制经济。
② 日本经济企画厅综合计划局编：《日本的经济计划》，1980年1月中文本，第3页。

社会发展计划》(1967~1971年度)，1970年5月制订的《新经济社会发展计划》(1970~1975年度)，1973年2月制订的《经济社会基本计划》(1973~1977年度)，1976年5月制订的《七十年代前期经济计划》(1976~1980年度)以及1979年8月制订的《新经济社会七年计划》(1979~1985年度)。①

这里需要说明一点：上述的中长期经济计划，除了个别的以外，都是没有到期就由后续计划代替了。这主要是由于客观情况变化了，原订的计划已经不符合实际，需要制订新的计划来代替；另外，同日本内阁的更迭也有联系。尽管如此，前后计划在内容上还是相互衔接的。

为了阐述中长期计划的内容，且以《新经济社会七年计划》(1979~1985年度)为例说明如下：

《新经济社会七年计划》首先阐述了制订本计划的基本背景。即："第一是八十年代的世界经济将会越来越多级化和复杂化。资源、能源以及粮食的需求都很不稳定。""第二是国内的经济面临下述的问题。①经济的成熟化。②增长的条件受到限制。③贸易的结构发生了变化。""第三是社会的因素。"比如，"人口年龄结构的高年龄化"；国民生活"从数量的扩大改为质量的提高"。

《新经济社会七年计划》为了实现"适切的经济增长"的目的，提出了本计划期经济运筹的基本方向。即："①修改经济各部门的不均衡点。②转换产业结构，克服能源的限制。③提高国民生活的质量。"

根据上述的基本方向，《新经济社会七年计划》提出了本计划的五项政策目标。即："①达成完全就业和稳定物价。②稳定和充实国民生活。③和国际经济社会的发展协作并作出贡献。④确保经济的安全和培养发展的基础。⑤再建立财政和应付新的金融"。

《新经济社会七年计划》还提出了本计划的概要。重要指标有：实际的年经济增长率（即国民生产总值的增长率）为5.7%左右；实际的矿工业年增长率为5.6%左右；消费者物价年平均上升率为5%左右；1985年国际经常收支余额为15000亿日元。②

日本政府依据业已确定的中长期计划的要求和本年度的经济变化的

---

① 日本经济企画厅综合计划局编：《日本的经济计划》，1980年1月中文本，第4~5页。
② 日本经济企画厅综合计划局编：《日本的经济计划》，1980年1月中文本，第5~7、23~38页。详见日本经济企画厅编：《新经济社会七年计划》，大藏省印刷局1981年日文版。

实际状况，在每年 12 月前后，发表一个叫做《经济预测和经济运营基本态度》的文件。这实际上就是日本的年度计划。这里以 1981 年底发表的《经济预测和经济运营基本态度》为例。这个文件包括下述三方面内容：①经济的现状。主要是对 1981 年经济发展作了初步总结。②经济运营的基本方向。即 1982 年发展经济的基本政策。③1982 年的经济预测。根据日本经济企画厅的资料，在 1955~1981 年的 26 年间，都有这种年度计划。

日本政府的中长期经济计划是它的中长期经济运筹的基本计划。"鉴于经济计划的性格，政府制订的各种个别的中长期计划，例如公共事业方面的中长期计划以及雇用对策基本计划等，都考虑到经济计划的目标和范围，以和它调和的方式制订、实施。"①日本政府的《经济预测和经济运营的基本态度》，即年度经济计划，也是大藏省制订财政预算和其它省厅进行经济活动的依据。可见，作为日本政府经济运筹基本计划的经济计划（包括中长期的和年度的计划），是各个部门制定计划的依据，各个部门计划是经济计划的进一步具体化，二者也是相互结合的。

第二，还表现在：日本的经济计划在许多年份，在不同程度上是实现了的。

这首先表现在产业政策的实现上。产业政策既是日本经济计划的极重要内容，又是实现其计划的极重要手段。按照日本经济研究中心理事长金森久雄的说法，"日本的产业政策，就是对有发展前途的行业进行援助和扶植，对需要缩小的行业进行抑制的政策。"金森久雄的这个说法，是符合日本的实际经济状况的。日本在战后的每个时期都提出一个叫做产业结构的政策构想，确定产业发展的重点。在战后 1946~1955 年的经济恢复时期，日本产业发展的重点，是劳动密集型的轻工业和农业。这时农业、轻工业的发展是优先于重工业和化学工业的。但是到了 50 年代中期的高速增长时期开始时，日本产业发展的重点就转到了资本密集型的重工业和化学工业，同时大力加强了电力、交通、通讯等基础设施的建设。到 70 年代初年，日本又把产业发展的重点转到了知识密集型的工业上，大力发展电子计算机等信息产业，飞机、电气汽车等高精尖加工工业和其它的尖端工业（如原子能工业），以及信息服务等知识产业。日

---

① 日本经济企画厅综合计划局编：《日本的经济计划》，1980 年 1 月中文本，第 21 页。

本政府提出的 80 年代的产业政策构想，是有创造性的知识集约型产业，把重点放在新技术开发上。

实践表明：战后日本各个时期选择的产业发展重点，大体上是符合实际情况的；同时又得到日本政府在财政、金融、外贸等方面的支持。因而，各个时期的产业政策大体上是付诸实施了的，并在实现日本政府的经济计划方面起了重要的作用。

其次，就 1955 年以后制订的九个中长期计划来看，大部分计划规定的经济增长率指标都是超额完成了的。下表可以说明这一点。

日本 1955 年以后经济计划指标与实际完成情况对照表[①]

计划名称	计划期间	实际经济增长率	
		计划指标	实际完成
经济自立 5 年计划	1956~1960 年	5.0%	8.7%
新长期经济计划	1958~1962 年	6.5%	9.9%
国民所得倍增计划	1961~1970 年	7.2%	10.7%
中期经济计划	1964~1968 年	8.1%	10.6%
经济社会发展计划	1967~1971 年	8.2%	10.9%
新经济社会发展计划	1970~1975 年	10.6%	6.1%
经济社会基本计划	1973~1977 年	9.4%	4.1%
70 年代前期经济计划	1976~1980 年	超过 6%	5.7%
新经济社会 7 年计划	1979~1985 年	5.7%左右	

①日本经济企画厅综合计划局编：《日本的经济计划》，1980 年 1 月中文本，第 4~5 页。

上表表明：在前八个中长期计划中，前五个都是超额完成了的，第六、七个由于受到石油第一次大提价的影响而没有完成，第八个是接近完成的。

但是，日本政府的经济计划，"是以自由市场为基础的经济计划"。他们公开宣称："我们认为根据积极的企业家精神而展开的企业的自主活动是经济社会不可缺少的东西。因此，在这种前提下制定的我国的经济计划并不详细地规定经济社会各领域，以及严格地强制实施该计划。"在他们看来，"经济计划由下述三宗旨构成。①根据内外各种条件的长期展望，指示出理想而且可以实现的经济社会的变化方向。②为了实现这一点，决定政府中长期应进行的经济运筹的基本方向，并阐明重点的政策目标和政策手段的体系。③以此作为家计和企业活动的指针。"① 可见，对日本私人企业来说，日本政府的经济计划是指导性的计划。

然而，这种经济计划却是战后日本经济发展具有较高的经济效益、速度和适应性的一个重要因素。日本经济企画厅顾问宫崎勇曾经分析过战后日本经济发展的国际环境和国内环境；在国内环境方面，他又分析了自然条件、经济因素和社会制度等情况；在经济因素方面，他又从劳动力、资本、技术、市场、产业组织和政府等六点作了分析。他认为，日本政府的"善诱，保护"，是战后日本经济发展的一个重要因素。② 宫崎勇对日本政府作用的估计，是有道理的。

三、日本经济管理体制形成的原因和条件

一定的经济管理体制，总是一定的生产关系的表现形式。日本经济管理体制的基本特征，是带有一定程度计划性的市场经济。这是日本的国家资本主义经济关系的具体表现形态。

按照列宁的说法，"在资本主义国家中，国家资本主义为国家所承认并受国家监督。"③ 实际上，国家资本主义就是受到资产阶级国家承认、监督、干预、管理的资本主义。日本政府在自由市场经济基础上实行经济计划，就是资产阶级国家监督、干预、管理资本主义经济的综合表现，因而也可以说是国家资本主义的一个综合表现。

那么，日本的这种国家资本主义形成的原因是什么呢？

随着资本主义生产社会化的发展，随着资本主义基本矛盾的发展，就要求资产阶级国家干预、管理资本主义经济，以便资本主义的矛盾在资本主义制度的范围内能够得到缓和。恩格斯在 19 世纪 70 年代就曾指出：在社会化生产发展的一定阶段上，"资本主义社会的正式代表——国家不得不承担起对生产的领导。这种转化为国家财产的必然性首先表现

---

① 日本经济企画厅综合计划局编：《日本的经济计划》，1980 年 1 月中文本，第 1~2 页。
② 宫崎勇：《像人的脸孔的经济政策》，中央公论社 1977 年日文版，第 212~213 页。
③ 列宁：《共产国际第三次代表大会》，《列宁全集》第 32 卷，第 477 页。

在大规模的交通机构，即邮政、电报和铁路方面"。① 然而，资产阶级国有化只是资产阶级国家管理经济的一个方面，只是国家资本主义的一种形式。资本主义生产社会化的发展，还要求资产阶级国家干预整个资本主义经济生活。特别是随着自由竞争的资本主义向垄断资本主义的过渡，帝国主义国家之间的战争的发生，大大加速了国家垄断资本主义的进程。1929~1933 年空前严重的世界资本主义经济危机的爆发，把资产阶级国家干预经济问题异常尖锐地摆到资本主义世界的面前。作为资产阶级国家宏观经济管理的理论基础的凯恩斯经济学，正是适应国家垄断资本主义发展的这一要求而产生的。

在第二次世界大战以后，随着现代科学技术的发展和运用，资本主义生产社会化得到了进一步发展，资本主义社会矛盾也大大加深了。在这个基础上，资本主义生产过剩的经济危机深化了、频繁了，并且同以通货膨胀作为主要表现形式的货币危机经常交织在一起。与此相联系，失业也成为资本主义世界更为严重的社会问题。通货膨胀的加剧和失业的增长，加深了资本主义社会的阶级矛盾，危及资本主义社会的稳定。所以，无论从缓和资本主义的经济矛盾，还是从缓和资本主义的阶级矛盾来说，都要求实行资产阶级国家对经济生活的干预和管理。

这一点，就日本来说，还有一种特殊的必要性，即日本是以贸易立国的国家。日本发展经济，在资源、能源方面主要依靠国外供应；与此相适应，在商品销售市场方面也更多地依赖国际市场。这样，随着日本经济的发展，日本同其它帝国主义国家以及同发展中国家的矛盾，必然会尖锐起来。为了解决这些矛盾，资产阶级国家干预、管理经济，也是必要的。这就能够说明日本经济计划为什么要把物价、就业和国际收支等项指标放在显著的位置上。日本经济计划通常列有四项主要经济指标：实际经济增长率，矿工业生产增长率，消费者物价上升率，国际收支。而且，按照日本经济企画厅的说明：日本"计划所表示的各种数字虽然互相保持整体性，但是有些指标的性格是截然不同的。物价、雇用等政策上的预测数字，表示计划期间内理应达成的基本方向。……另一方面，

---

① 恩格斯：《反杜林论》，《马克思恩格斯选集》第 3 卷，第 317 页。

至于今后的经济展望的数字，这是预测性格较强的数字"。^①可见，消费者
物价和国际收支在四项主要指标中占了两项；而且，物价、就业等指标
虽然也是"预测数字"，但是"计划期间理应达成的基本方向"。当然，
日本经济计划突出物价、就业指标，是有掩盖其计划的资产阶级本质、
欺骗劳动人民的意图的。但日本政府突出物价、就业和国际收支等项指
标，也反映它管理经济的主要意图，是从维护资产阶级的根本利益出发，
试图在某种限度内抑制物价上升和失业增长，并争取有利的国际收支。

总之，日本资本主义生产社会化的发展及其各种社会矛盾的加深，
是战后日本国家垄断资本主义发展的根本原因，从而也在市场经济基础
上实行经济计划的根源。

然而，日本能够实行这样的经济管理体制，同下述一系列条件也是
有关的。

第一，从历史上看，日本是后起的资本主义国家，1868 年明治维新
起，国家在发展资本主义经济中就起过特别重要的作用。后来，日本发
展成为帝国主义国家之后，又富有侵略性和军事性的特征，多次发动了
侵略战争，加速了国家垄断资本主义的发展。在 1929~1933 年的世界经
济危机之后，日本就把整个国民经济转到了战时经济的轨道，实行了完
全的统制经济。第二次世界大战后的初期，日本经济受到严重破坏，物
资匮乏，物价飞涨，失业严重，人民生活十分贫困。因而不得不继续实
行统制经济。日本在美国占领军的支持下，于 1946 年 8 月建立了凌驾于
政府各部之上的"经济安定本部"，掌握了全国的生产、流通、分配和消
费大权，运用行政命令手段，直接干预经济生活，企业的生产指标，由
"经济安定本部"下达；产品由政府"公团"收购，并按"经济安定本部"
的计划分配给企业；产品价格由"经济安定本部"统一规定；企业资金
由政府供给，亏损由政府补贴；人民生活必需品实行配给制。这种统制
经济，使得日本政府可能集中人力、物力、财力恢复经济，对日本经济
的复兴起了重要作用。然而它也扼杀了私人企业家的主动性以及他们之
间的竞争，降低了经济效率，于是从 1949 年起，日本就逐步改变统制经
济，恢复市场经济。

---

① 日本经济企画厅综合计划局编：《日本的经济计划》，1980 年 1 月中文本，第 2 页。

日本经济发展的这个历史，特别是较长时期的统制经济历史，为尔后在市场经济的基础上实行经济计划培训了干部，积累了经验。这是日本能够实行现行经济管理体制的一个重要历史条件。

第二，更重要的还是在于：日本政府掌握了财政和银行这两个综合性的经济部门。这是它能够在市场经济基础上实行经济计划的极重要的物质力量。

如前所述，日本政府的经济计划对私人企业和地方政府没有约束力，但对中央政府各部门（包括财政和银行部门）是有约束力的。大藏省财政预算和国家银行的信贷必须依据经济计划的要求来制订。而财政和银行部门在聚积货币资本和分配货币资本方面起着重要的作用。货币资本是发展资本主义生产的根本条件。尽管生产资料和劳动力也是资本主义生产的物质条件，但这需要依靠货币资本来购买的。因而，货币资本就成为资本运动的出发点。这样，日本政府的财政和银行部门就可能通过货币资本的分配来诱导私人企业和地方政府的经济活动循着国家计划的方向发展。

那么，分别地具体地说来，日本的财政和银行部门如何促进政府经济计划的实现呢？

就诱导私人企业的经济活动来说，主要有：①日本金融机构有两套体系：即政府银行系统和民间银行系统。政府系统有两行（日本银行即中央银行，开发银行）和十库（各种金融公库）。它们归大藏省领导，其资金相当大的一部分也来自大藏省的资金运用部。民间银行的资金有相当一部分来自日本银行。并且也要受到大藏省的领导。比如，民间银行在各地设立分行，就需经大藏省批准。这样，日本政府不仅可以直接支配政府系统银行的贷款方向，而且可以间接控制民间银行的贷款方向，当然，按照日本的法律说来，民间银行是有放款自由的。但在实际上，它也必须依照大藏省和日本银行下达的"投资轻重缓急顺序表"来投放；否则，日本银行就会限制它向政府银行的贷款额，大藏省也可以限制它在各地开设分行。而银行"用扩大或减少、便利或阻难信贷的办法来影响"工商业，"最后则完全决定他们的命运，决定他们的收入，夺去他们的资本，或者使他们有可能迅速而大量地增加资本等。"① 日本政府的财政和银行部门，还可以通过调整贷款利息率的办法，来扶植政府计划要发展的产业，并限制不要发展的产业。②日本政府的财政部门还可以通过税收、特别折旧率和财政补贴等等办法，来诱导民间企业按照政府计划指出的方向运转。③日本政府的财政部门也可以向国民经济的薄弱部门直接投资，或者直接投资开发落后地区，发展这些地区的基础设施，为民间企业在这些地区的发展创造条件，以求得政府计划的实现。

就诱导地方政府的经济活动来说，主要表现在日本中央政府的财政收支上。日本财政收入的主要来源是税收。国税约占税收总额的 2/3，全部由大藏省征收；地方税占税收总额的 1/3，由地方政府征收。可见，日本财政收入大部分是集中在中央的。但在支出方面，日本中央政府又通过种种办法把一部分收入返还给地方政府，结果中央政府只占支出的 1/3，地方政府占 2/3。这些办法主要有：① "地方交付税"。这是中央政府从所得税、法人税、酒税等三种国税收入中拿出 32%，按规定的标准分给地方政府，用于弥补公共事业标准需要之不足。② "地方让与税"。这是中央政府把某些特定的国税，拿出一定的份额，交地方政府按指定的用途使用。③ "国库员担金"。这是中央政府的直接财政拨款，交地方政府专款专用的资金。

日本财政的这种收支活动，对促进政府经济计划的实现，可以起到三重有益的作用。①财政收入大部分集中在中央，财政支出大部分在地方，既可以在总体上保证中央政府有足够的财政力量来诱导和控制地方政府的活动，又可以在中央政府的指导下发挥地方政府发展经济、文化事业的积极性。②通过 "国库员担金" 和 "地方让与税"，补助地方兴办的经济、文化事业，可以诱导地方政府按照中央政府的计划行事。③ "地方交付税"，是按各个地区的经济发展水平来返还的。穷的地区多返还，富的地区少返还，甚至不返还。这有助于地区经济的均衡发展。

当然，日本政府除了采取财政和金融这两大综合性的经济杠杆，来诱导私人企业和地方政府按经济计划活动以外，也采取行政命令和经济立法等手段来促进经济计划的实现。比如，私人企业的开业和歇业、进

---

① 列宁：《帝国主义是资本主义的最高阶段》，《列宁选集》第 2 卷，第 757 页。

出口贸易、技术引进等等，都是需要经过政府的批准。但既然日本的经济是以市场经济为基础的，这些手段显然不是主要的。

列宁曾经说过："要认真实行调节经济生活，就必须把银行和辛迪加（指工商业辛迪加——引者）同时收归国有。"[1] 列宁这段话，是在俄国1917年2月资产阶级民主革命以后和十月社会主义革命前夕写的。当时面临着资产阶级临时政府和苏维埃政权并存的局面。列宁给苏维埃政权提出了向社会主义革命过渡的措施。在经济方面，这种过渡措施的内容之一就是调节经济生活，对社会生产和产品分配实行监督。显然，这种调节经济生活，还不是社会主义国家对国民经济的计划管理。但即使如此，列宁还是认为，"必须把银行和辛迪加同时收归国有。"列宁的这个分析告诉我们：要干预、管理经济，就必须由国家直接掌握一定的工商业和银行。列宁在这里虽然没有提到财政，但是，列宁并不否定这一点。从日本的情况看，财政在实行日本经济计划方面起的作用，比银行还要大一些。

我们说，日本能够实行经济计划，是由于政府掌握了财政和银行这样的物质力量，这并不是说，这方面的力量愈大，就愈能实行经济计划。实际上，在经济发达的资本主义国家中，日本在这方面的力量并不是大的。从政府财政支出占国民生产总值的比重来看，70年代欧美国家为35%~45%，而日本只有30%；税收占国民收入的比重，1977年欧美国家为29%~37%，而日本1980年还只有22%。从每一千居民中公务人员数（包括中央、地方政府的公务人员数和国营企业人员数）来看，欧美国家为66.6~94.9人，而日本只有42.3人。可见，相对于欧美国家来说，日本政府无论在掌握的企业或财政力量方面，都是比较弱的。但是，日本却比欧美国家较好地实现了经济计划。这是由于日本政府建立了一个比较完善的制定和执行经济计划的机构（这一点将在下面分析），制定了比较适合日本情况的经济发展战略（特别是产业政策，这一点前面已经作了分析），较充分地发挥了财政和银行这些部门的作用（这一点前面也已做过分析）。

第三，日本政府建立了一个比较完善的、有力的制定和执行经济计

---

[1] 列宁：《大难临头，出路何在?》，《列宁选集》第3卷，第141页。

划的机构。

经济企画厅是日本政府制定经济计划（包括中长期计划和年度计划）的机构。然而经济企画厅的干部是包括了政府其它部门和民间企业的工作人员的。比如，目前经济企画厅定员为 519 人，其中由大藏省、通产省、日本银行等政府机关以及民间的企业、银行借调来的工作人员就占一半左右。这样，不仅企画厅，而且政府其他部门和民间企业都参与了计划制定的过程。

但按照日本经济企画厅的说法，"日本制定计划最大的特色就是采用咨询方式"，即要通过企画厅的经济咨询会（或称经济审议会）来制定计划。经济咨询会"是内阁总理大臣的一个咨询机关"。该会是由产业界、金融界、经济理论界、新闻界、工会和消费者等方面的代表组成的。制定经济计划的大致程序是：先由内阁总理大臣向经济咨询会发出咨询令，经济咨询会根据这个咨询令组织本会成员在经济企画厅等有关部门的协作下进行制订计划草案的工作，然后由经济咨询会会长对总理大臣的咨询作出回答，并把计划草案报给政府，最后由内阁会议决定，并予以公布。①

显然，这样制定出来的计划，不仅可能比较符合日本的实际情况，而且可能反映政府各方以及民间各方的意见，并可能在某种程度上协调各方（如产业界和金融界之间，资方和工会之间，等等）的利益，从而为计划的顺利实施创造了有利的条件。

然而，日本不仅有统一的制定经济计划的机构，而且有比较集中的执行计划的机构。如前所述，财政和金融是日本政府贯彻经济计划的两个综合性的经济杠杆。而对财政和金融的管理权是集中在大藏省的。政府其它各省厅都只能按照大藏省的预算办事，没有独立的财政分配权，并要受到大藏省的派出人员的监督。大藏省还直接监督包括日本银行（即中央银行）在内的各类银行的经营活动，并且掌握各类银行分支店的设立和关闭的审批权。作为贯彻经济计划的一个重要方面的工商业的管理权，是集中在通产省。该省不仅掌握着制定产业政策的大权，而且掌握着各种产业企业的设立和关闭的审批权。

显然，有了这种比较集中的执行计划的机构，就可以避免条条分割、

① 参见日本经济企画厅综合计划局编：《日本的经济计划》，1980 年 1 月中文本，第 11 页。

政出多门的弊病，经济计划就可以得到比较有力的贯彻。

第四，日本能够制定并执行比较符合实际情况的经济计划，除了他们在制定计划的过程中比较注意调查研究、统计资料和多方协商以外，同使用现代科学方法，同使用计量经济模型也是有联系的。日本的经济是现代化经济，出口贸易又占有很大的比重，国内各经济部门之间以及国内经济与国际经济之间的经济联系，是极为复杂的。在这种条件下，不使用现代的计算方法和计算技术，不使用计量经济模型，就很难作出正确的预测。所以，日本经济企画厅认为，"对确保计划中预测数字的综合性"，"计量经济模型的方法是十分有用的"。[①]

日本经济计划制定得比较符合实际，对它的实现有极重要的作用。在日本现代化经济的条件下，经济情报和经济预测对私人企业来说，是一种十分重要的事情。这样，日本经济计划预测数字比较符合实际，对私人企业就有巨大的吸引力。宫崎勇说："从企业来看，政府的经济计划，与其说是计划，不如说是情报，它给企业提供了不少企业自己难以得到的情报。"这种说法，是有一定的道理。

这一点，除了表现在前述的中长期计划提出的产业政策和经济指标以外，在某些年度计划预测数字方面，表现得尤其明显。例如，经济企画厅对日本 1977、1978、1979 这三年经济增长率的预测分别为：6.25%、5.7% 和 5.5%。在这三年中，日本 1000 个大企业的实际增长率也分别为 6%、5.8% 和 5.5%，差不多同预测数字完全一致。这种情况表明：日本的大企业在制定企业计划时，也多是参照政府经济计划指出的方向和提供的预测的。这一点，也正是政府诱导私人企业实现经济计划的一个重要方面。

我们在上面分析了日本经济管理体制带有一定程度计划性的原因和条件。在分析这种原因时，我们提到这是国家资本主义经济关系的表现。但是，国家资本主义经济不过是私人资本主义经济的上层建筑物。既然私人资本主义经济还是日本社会的基础，那么，市场经济的存在就是不可避免的。所以，完整地说来，日本带有一定程度计划性的市场经济，是国家资本主义经济关系的反映。

---

① 日本经济企画厅综合计划局编：《日本的经济计划》，1980 年 1 月中文本，第 15 页。

在这里有必要提到日本一位学者的观点。按照他的说法，日本经济是市场经济，但用嫁接的办法从社会主义国家引进了计划经济，把市场经济和计划经济结合起来了。

这种说法，如果指的是日本带有一定程度计划性的市场经济的建立，是受到了社会主义实行计划的影响，那么，在这种意义上可以说它是正确的。

但这种说法也有两点值得提出商榷的。①这种说法使人感到日本带有一定程度计划性的市场经济，似乎没有内在的原因和条件，只是从社会主义国家嫁接来的。但如前所述，日本这种经济管理体制的形式，主要还是日本国内的国家资本主义经济关系的表现，并有一系列内在的条件，而不只是受到社会主义国家实行计划的影响。事实上，列宁早就分析过第一次世界大战前德国国家资本主义的特征，他说："那里有现代大资本主义技术的'最新成就'，以及服从于容克资产阶级帝国主义的有计划的组织。"请注意：这时俄国十月社会主义革命还没有胜利，但列宁指出：德国国家资本主义已经具有"有计划的组织"了。可见，资本主义国家实行一定的经济计划，是国家资本主义经济的反映，而不是什么外来的因素。当然，当前日本实行的带有一定程度计划性的市场经济，在许多方面都比当年德国"有计划的组织"进一步发展了，这是国家资本主义在第二次世界大战后的一个重要发展。但如前所述，这仍然是由日本的内在原因和条件形成的，也不是外来的因素造成的。②按照这种说法，资本主义的日本可以把社会主义的计划经济引进去，并且实现了市场经济与计划经济的结合。这就更值得讨论了。但为了分析问题的方便，这一点我们将留到下一节去做分析。

四、日本经济管理体制的性质

日本市场经济的资本主义性质是不言而喻的。实际上，我们这里需要分析的只是它的一定计划性的性质。

马克思曾经分析过资本主义企业管理的二重性以及奴隶制国家监督和干涉社会生活的二重性。他写道：资本家的管理，不仅是"从共同的劳动过程的性质产生的管理职能"，同时也从资本主义的"对抗性质产生的管理职能"，即"剥削社会劳动过程的职能"和监督劳动的职能。① 马克思还认为，资本主义企业管理的二重性，"这完全同在专制国家中一样，在那里，政府的监督劳动和全面干涉包括两方面：既包括执行由一切社会的性质产生的各种公共事务，又包括由政府同人民大众相对立而产生的各种特殊职能。"②

根据马克思的这个理论和方法，我们完全可以说，日本政府实行的经济计划（即日本政府的宏观经济管理），也具有这样的二重性：一方面在某种程度上是由社会生产过程高度社会化而产生的管理职能；③ 另一方面是由资本主义的阶级对抗而产生的管理职能。

当然，日本政府的宏观经济管理同资本家对企业的管理是有区别的。① 后者是个别资本家对个别企业生产的管理。这种管理的计划性可以是很严密的，是必须执行的；前者是资产阶级国家对社会生产过程的管理。这种管理的计划性是不严格的，是预测性的，诱导性的。② 在资本主义企业管理过程中，存在着个别资本家与本厂工人的对立。在资产阶级国家宏观经济管理过程中，存在着作为"总资本家"④ 的资产阶级国家与无产阶级的对立。当然，同时也存在着资产阶级国家与个别资本家的矛盾。

当代日本资产阶级政府实行的宏观经济管理，与古代奴隶制国家对社会生活的监督也是不同的。这不仅是因为这两种管理的阶级性质是有区别的，而且因为在现代的经济、文化条件下，"由一切社会的性质产生的公共事务"，当代比过去也复杂得无法比拟了。

但所有这些区别只是表明当代日本资产阶级政府宏观经济管理二重性的特点，并不表明不存在这种二重性。

需要着重指出的是：当代日本资产阶级政府宏观经济管理的二重性，并不是平列的。这正像资本主义企业管理二重性不是平列的一样。就是说，尽管资本主义企业管理存在二重性，但从根本上说来，管理是为了

---

① 马克思：《资本论》，《马克思恩格斯全集》第 23 卷，第 368~369 页。

② 马克思：《资本论》，《马克思恩格斯全集》第 25 卷，第 432 页。

③ 说它"在某种程度上"，是因为日本政府实行的经济计划，是在资本主义私有制基础上进行的，只能在一定程度上适应生产社会化的要求进行一定的经济管理。只有在生产资料公有制的基础上，才有可能做到完全适应生产社会化的要求，实行国民经济的计划管理。

④ 恩格斯：《反杜林论》，《马克思恩格斯选集》第 3 卷，第 318 页。

从雇佣工人身上榨取更多的剩余价值，管理不过是实现这一目的的手段。所以，由资本主义"对抗性质产生的管理职能"是主导的方面，由"共同的劳动过程的性质产生的管理职能"是从属的方面。个别资本家的企业管理是这样，作为"理想的总资本家"[①]的资产阶级国家宏观经济管理也不能不是这样。列宁多次讲过：在资本主义国家中，国家资本主义"有利于资产阶级反对无产阶级"。[②]资产阶级国家对生产实行监督和调节，"是有利于财阀和富豪的监督与调节。"[③]第二次世界大战后日本政府实行的经济计划的本质也是如此。当然，由于情况的不同，这时它并没有像在第二次世界大战期间那样，给雇佣工人造成了军事苦役营，而是工人生活有了显著的提高。但是，这并没有、也不可能改变资本主义剥削加重的趋势。下列二表可以说明这一点。

表一　日本国民收入的增长速度和工资的增长速度的比较[④]

	1960 年	1970 年	1971 年	1972 年	1973 年	1974 年	1975 年
国民收入（亿日元）	141.280	614.190	693.330	794.650	969.300	1144.060	1325.260
各年为 1960 年的%	100.0	434.7	490.7	562.5	686.1	809.8	938.0
制造业平均月工资（千日元）	22.6	71.4	81.0	93.6	116.3	146.5	163.7
各年为 1960 年的%	100.0	315.9	358.1	414.2	514.6	648.2	726.1

表二　日本公司的利润率[⑤]　　　　　　　　　　　单位：%

	1955 年	1960 年	1965 年	1970 年	1973 年
各部门所有企业按股本额计算的利润率	11.4	22.1	17.4	29.4	37.7
制造业企业按股本额计算的利润率	13.0	24.7	15.6	29.2	38.3

表一表明：在 1960 年至 1975 年期间，日本的国民收入和制造业平均月工资都是逐步上升的。但在同期内，国民收入的增长速度都大大超过了制造业平均月工资的增长速度。这就是说，在国民收入的增长部分中，资产阶级占有了越来越大的部分，剩余价值率提高了。

表二表明：在 1955 年到 1973 年期间，从总的趋势看，利润率也是不

---

① 恩格斯：《反杜林论》，《马克思恩格斯选集》第 3 卷，第 318 页。
② 列宁：《共产国际第三次代表大会》，《列宁全集》第 32 卷，第 477 页。
③ 列宁：《大难临头，出路何在？》，《列宁选集》第 3 卷，第 142 页。
④《世界经济统计简编》（1978 年），三联书店 1979 年版，第 538 页。
⑤《世界经济统计简编》（1978 年），三联书店 1979 年版，第 541 页。

断上升的。当然，利润率的增长并不能准确地反映剩余价值率的提高。从资本主义生产发展的一般趋势看，资本有机构成是不断提高的。所以，利润率的增长在某种程度上是掩盖了剥削率增长的实际状况。

正因为日本政府实行的经济计划的本质是维护和加强了资产阶级对无产阶级的剥削，因而它不能从根本上解决资本主义生产的基本矛盾，即生产社会性和私人资本主义占有之间的矛盾，也不能从根本上避免社会生产的无政府状态、生产过剩的经济危机以及工人失业等等资本主义制度的固有弊病，它只能在一定时期内和一定程度上缓和这些矛盾。日本工人失业的情况，很能说明这一点。日本的完全失业率，1960 年为1.7%，1965 年为 1.2%，1970 年为 1.1%，1975 年为 1.9%。[1] 值得注意的是：上述时期正是日本经济的高速增长时期，而且日本大体上也就是在这个时期实现国民经济的现代化。但是，日本失业率在这个期间尽管有过下降，但并没有从根本上消除，而且正是在实现国民经济现代化以后，失业率还上升了。

从这里我们可以看到：上述的日本学者认为日本可以从社会主义国家引进计划经济，并可以实现市场经济和计划经济的结合，这在根本上是站不住的。社会主义的计划经济是以生产资料的社会主义公有制为基础的；它从根本上解决了资本主义的基本矛盾，并为从根本上避免社会生产的无政府状态经济危机和失业提供了经济上的客观可能性；它要求社会生产的目的主要是为了提高人民的物质、文化生活水平，实现国民经济的有计划发展。斯大林说得好，社会主义计划经济的特征，是"力求消灭失业现象"。但资本主义"失业后备军的使命，就是压制劳动市场，保证工资低廉的劳动力"。"其次，计划经济要求加强产品为人民群众特别需要的那些工业部门的生产。"可是，资本主义生产的目的是为利润。斯大林的结论是："如果不从资本家下面解放出来，如果不废除生产资料私有制的原则，那么你就不能建立计划经济。"[2] 斯大林的这个论断是完全正确的。所有这一切，从根本上说来，都是资本主义的日本所不可能做到的。那么，日本怎么可能从社会主义国家引进计划经济呢？又怎

---

[1]《世界经济统计简编》（1978 年），三联书店 1979 年版，第 552 页。

[2] 斯大林：《和英国作家赫·乔·威尔斯的谈话》，《斯大林文选》（上），人民出版社 1977 年版，第 2~3 页。

么可能实现资本主义的市场经济与社会主义的计划经济的结合呢？在这里，上述的日本那位学者显然是忽略了日本的带有一定程度计划性的市场经济与社会主义的计划经济的根本区别。

需要进一步指出：正确认识日本政府宏观经济管理（包括它所实行的经济计划）的二重性，不仅在理论上是必要的，在实践上也是有意义的。

只有明确了日本政府宏观经济管理的前一重性，才能从理论上说明这种管理某些方面的经验，对我们的社会主义的计划管理也有一定的借鉴作用。

明确这一点，在当前也并不是没有意义的，过去由于帝国主义和霸权主义对我国的封锁，也由于"左"的指导思想的影响，对学习外国先进的科学技术和管理经验，是很不注意的。粉碎"四人帮"之后，特别是党的十一届三中全会以后，这种情况有了根本的改变。但是，相对说来，对学习外国先进的科学技术和企业管理经验，议论得多些，而对学习资本主义国家先进的经济管理经验的必要性，议论得还不充分。要进一步认识这种必要性，就需要在理论上说明：日本政府宏观经济管理在一个方面在某种程度上是生产高度社会化引起的管理职能。这样，尽管社会主义国家的计划管理与日本政府的宏观经济管理在社会经济性质上是根本不同的，在管理的范围、深度和严格程度等等方面也都是不能比拟的，但就一个方面来说，又有某些共同点，即社会主义国家的计划管理也是适应生产高度社会化而引起的管理职能。这样，资本主义国家日本适应生产社会化的发展要求而采取的一些管理原则和方法，对社会主义国家的计划管理就有某种借鉴作用。

但借鉴作用还不只是限于这一点，还有其它方面。日本政府适应商品生产要求而采取的一些经济管理的办法，如运用财政和金融两大经济杠杆调节经济生活，对社会主义国家也有借鉴作用。诚然，社会主义商品生产是根本区别于资本主义商品生产的。但既然社会主义社会也存在着商品生产，那么价值规律对社会主义的生产和流通就具有一定的调节作用。这样，在国家计划指导下，利用与价值规律的作用相联系的经济杠杆，也成为社会主义国家实现计划管理的重要工具。

实际上，列宁早就指出过社会主义国家的计划管理与资产阶级国家的宏观经济管理所存在的某些共同的东西。比如，他说过："全民的计算和监督"，就是"国家资本主义和社会主义所共有的东西"。① 列宁在俄国十月社会主义革命胜利后的初期，曾经高度地评价了学习德国国家资本主义的重要意义。他说：德国"那里有现代大资本主义技术的'最新成就'，以及服从于容克资产阶级帝国主义的有计划的组织。如果把这些黑体字删掉，不要军阀的、容克的、资产阶级的、帝国主义的国家，而同样用国家，但已是另一种社会类型、另一种阶级内容的苏维埃国家，即无产阶级国家来代替，那你们就会得到实现社会主义所需要的全部条件。"他还强调指出："没有建筑在现代科学技术最新成就上的大资本主义技术，没有一个使千百万人在产品的生产和分配中最严格遵守统一标准的有计划的国家组织，社会主义就无从设想。"② 第二次世界大战以后，日本政府在实行宏观经济管理方面，在实现经济计划方面，比当年的德国已经大大向前发展了。因而是很值得注意的。

明确日本政府宏观经济管理的后一重性，即由资本主义阶级对抗性质产生的管理职能，维护和加强资本主义剥削的职能，也具有重要的意义。显然，只有明确了这一点，那么，尽管日本战后发展了国家资本主义，实行了宏观经济管理和经济计划，但仍如恩格斯曾经指出过的那样，"资本关系并没有被消灭，反而被推到了顶点"。③ 就资本主义剥削已经加重的意义上说，也确实是把资本关系"推到了顶点"。由此得出的结论就是：尽管日本当前还没有出现无产阶级革命的形势，但这种革命终究是不可避免的；日本的资本主义是不可能和平长入社会主义的。

这一点，不仅是关乎日本无产阶级革命命运的大问题，而且对统一国内学术界的认识也是有意义的。最近有的同志在文章中提出：在 1825 年经济危机以后，资本主义生产关系就"开始走上自我扬弃的道路"。然而，就他所说的具体内容来看，他讲的资本主义生产关系的"自我扬弃"，并不是马克思所说的"资本在资本主义生产方式本身范围内的扬弃"，④ 而是"社会主义生产关系新质要素不断地代替和战胜资本主义生产关系旧质要素"的过程，"正像资本主义生产关系曾经在封建社会内形成

---

① 列宁：《论"左派"幼稚性和小资产阶级性》，《列宁选集》第 3 卷，第 546 页。
② 列宁：《论"左派"幼稚性和小资产阶级性》，《列宁选集》第 3 卷，第 544~545 页。
③ 恩格斯：《反杜林论》，《马克思恩格斯选集》第 3 卷，第 318 页。
④ 马克思：《资本论》，《马克思恩格斯全集》第 25 卷，第 493 页。

起来一样，社会主义生产关系也已经在资本主义社会内逐步地发展起来。"显然，这种观点既不符合马克思主义的基本理论，也不符合资本主义国家的实际情况。按照这种观点，无产阶级革命还灵不灵也成了问题。这是需要认真辩清的。

改革也是革命 *
——学习《邓小平文选》的一点体会

《邓小平文选》（以下简称《文选》）是我国伟大历史转折时期的产物，她在马列主义、毛泽东思想的指导下，依靠党的集体智慧，科学地总结了我国人民进行社会主义建设的经验，发展了毛泽东思想，成为党在新的历史时期的重要指导文献。《文选》的出版，是我党和我国人民政治生活中的一件大事，理所当然地受到了全党和全国各族人民的关注。

《文选》包含着十分丰富的内容，涉及到政治、经济和文化等各个方面。其中，经济改革的思想占有很重要的地位。本文拟就这方面谈点学习的体会。

一

在中国共产党和毛泽东同志的领导下，中国人民经过几十年的艰苦奋斗，相继取得了民主革命和社会主义革命的胜利，在中国建立了社会主义制度。社会主义制度的建立，解决了资本主义生产关系和社会生产力之间的矛盾，二十多年来，在发展生产和提高人民生活方面初步地表现了巨大的优越性。但这并不是说，社会主义社会不存在矛盾了，不需要革命了。

　＊ 本文写于1983年第四季度。这里说的《邓小平文选》是指的《邓小平文选（1975~1982年）》（人民出版社1983年版）。

　　历史唯物主义认为，一切社会革命的终极原因，是社会的生产关系与生产力之间的矛盾。①基于这个根本原理。恩格斯早在 1890 年曾经天才地预言："我认为，所谓'社会主义社会'不是一种一成不变的东西，而应当和任何其他制度一样，把它看成是经常变化和改革的社会。"②列宁依据俄国十月社会主义革命以后的实践经验，进一步发展了马克思主义这一原理。1921 年，他指出："今后在发展生产力和文化方面，我们每前进和提高一步，都必定同时改善和改造我们的苏维埃制度。"③斯大林在一段时间内曾经否认社会主义社会生产关系与生产力之间的矛盾。针对这一点，毛泽东同志指出："在社会主义社会中，基本的矛盾仍然是生产关系和生产力这间的矛盾，上层建筑和经济基础之间的矛盾。不过社会主义社会的这些矛盾，同旧社会的生产关系和生产力的矛盾、上层建筑和经济基础的矛盾，具有根本不同的性质和情况罢了。"④这是对历史唯物主义的重大发展。邓小平同志在新的历史时期，依据我国二十多年的社会主义建设实践明确肯定：这一"提法比较好"。同时指出："当然，指出这些基本矛盾，并不就完全解决了问题，还需要就此作深入的具体的分析。"⑤这样，就坚持了毛泽东思想关于社会主义社会基本矛盾的理论，为改革就是革命这一思想奠定了坚实的理论基础，同时又向中国共产党人提出了发展这一基本理论的任务。

　　《文选》正是从这一基本理论阵地出发，正确地说明了经济改革也是革命的命题。《文选》多次提出：实现四个现代化，"这是一场根本改变我国经济和技术落后面貌，进一步巩固无产阶级专政的伟大革命。这场革命既要大幅度地改变目前落后的生产力，就必然要多方面地改变生产关系，改变上层建筑，改变工农业企业的管理方式和国家对工农业企业的管理方式，使之适应于现代化大经济的需要"。⑥这里所说的革命包括生产力的革命和社会关系的革命；社会关系的革命又包括改革生产关系中不适合生产力发展的某些具体环节，以及上层建筑中不适合经济基础需要

---

① 参见恩格斯：《反杜林论》，《马克思恩格斯选集》第 3 卷，第 307 页。
②《恩格斯致奥托·伯尼克》，《马克思恩格斯全集》第 37 卷，第 433 页。
③ 列宁：《论黄金在目前和社会主义完全胜利后的作用》，《列宁全集》第 33 卷，第 89 页。
④ 毛泽东《关于正确处理人民内部矛盾的问题》，《毛泽东选集》第 5 卷，第 373 页。
⑤《邓小平文选》，第 168 页。
⑥《邓小平文选》，第 125~126 页。

的某些具体环节。如果仅仅就经济改革来说，那就是只是指的调整生产关系中不适合生产力发展的部分。显然，《文选》把社会主义条件下社会关系的改革也称作革命，是在马克思主义关于社会主义社会基本矛盾理论指导下，对具体问题作了具体分析以后的科学结论。

　　社会主义制度下经济改革也是革命，但其性质根本区别于资本主义制度下的革命。后者产生的根源是资本主义的经济制度与社会生产力之间的对抗，以及反映这一矛盾的资产阶级与无产阶级的对立，因而必然是无产阶级推翻资产阶级的暴力革命，是对资本主义制度的根本否定。与此根本不同，前者不是一个阶级推翻另一个阶级的斗争，不是对社会主义制度的根本否定，而是在社会主义自身基础上的自我改进、自我完善。它形成的原因是部分的生产关系与社会生产力之间的矛盾。解决这个矛盾是作为社会主义生产关系主体的劳动群众的要求。当然，它也会涉及到劳动者之间的局部利益的矛盾，但从根本利益来说，大家是一致的。同时又存在着这样的基本政治条件，即以马克思主义武装起来的共产党，以及在她领导下的无产阶级专政。因而，这种改革完全可能做到：在维护社会主义基本制度的前提下，在党和国家的领导下，依靠社会主义制度本身以及作为这种制度主体的人民群众的力量自觉地进行。

　　经济改革的这种性质，并不排除对封建主义和资本主义的思想残余的批判，也不排除一定范围内的阶级斗争，而且是预定要进行这种批判和这种斗争，因为二者是进行这种改革的前提。但是，就绝大多数的情况来看，这种批判是属于人民内部的问题，根本不是一个阶级对另一个阶级的斗争。至于这种斗争，由于无产阶级已经占了统治地位，剥削阶级已经消灭，剩下的是一些残余，因而只是限制在一定的范围内，它同无产阶级革命时期的无产阶级对资产阶级的斗争，也已经有了重大的变化。

　　经济改革的这种性质，还制约着改革的形式。

　　这种改革的性质排斥大搞群众运动的形式要求采取扎扎实实、稳步前进的形式，去解决现行制度的改革和新制度的建立问题。因为在社会主义社会中解决这类问题，"同革命时期对反革命分子的打击和对反动制度的破坏，本来是原则上根本不同的两回事"。① 我国经济改革经验多次证

①《邓小平文选》，第296页。

明：用大搞群众运动的形式，"从来都是不成功的"。① 比如，在"大跃进"时期的经济改革中，由于受到"左"的思想的指导，原来由中央管理的国营企业的下放，采取群众运动的方式，其中 1958 年 6 月 2 日的通知，要求 6 月 15 日前，在不到半个月时间内就要把九个部门 880 多个单位的下放手续全部办理完毕；在农村，也只用了一个多月的时间，就把高级社、初级社和互助组全部过渡到了人民公社。且不说这次改革的其它种种缺陷，单是这种大搞群众运动的方法也使得它不可能获得成功。因为经济改革是一件非常复杂、细致的事情，需要经过周密调查，比较各国的经验，集思广益，反复论证，精心设计，提出切实可行的方案和措施，有计划有步骤通过试点逐步实行。这绝不是大搞群众运动所能济事的。这样说，并不意味着经济改革的上述性质是同党的群众路线不相容；恰恰相反，经济改革的顺利进行，要求认真地贯彻党的群众路线。

《文选》关于经济改革也是革命，以及这种革命性质的思想告诉人们：要以极大的革命热情来对待这场革命，同时又要采取十分慎重的态度。

二

前面以毛泽东同志提出，并由邓小平同志坚持的社会主义社会基本矛盾的理论，从总的方面一般地说明了经济改革的必要性，现在具体地记述《文选》对于这个问题的分析。为此，首先需要简要地叙述一下这一思想形成的历史背景，即我国经济体制形成和改革的条件。

我国经济体制的形成，除了以生产资料的社会主义公有制为基础以外，还有下列四个特殊条件：

1. 在过去的长期革命战争时期，各个革命根据地和解放区处于被分割、被包围的状况，各地形成了自给自足、各自为战和供给制的传统。显然，这是适合当时的具体情况，并且曾经是克敌制胜的一个主要因素。但这个与当时具体情况相联系的优点，到了全国解放以后的社会主义经济建设环境中，就转化为缺点了。但在长时期内对这一点缺乏认识，使我

---

① 《邓小平文选》，第 296 页。

国经济体制的形成受到了一定的消极影响。

2. 尽管建国以后党中央就提出：要结合中国具体情况学习苏联社会主义建设的经验，但在建立经济体制的实际工作中仍然发生了两种情况：①有些经济部门（如农业、商业、财政、金融和物价部门等），虽然也学习了苏联的一些东西，但基本上是在解放区管理经验的基础上，根据新中国建立后的新情况自己建立的。②有些经济部门（如现代工业、基本建设、计划管理、物资流通和劳动工资等部门），由于缺乏现成经验，基本上是照搬苏联的。而苏联经济体制本身也有两方面：①积极的方面，如重视国民经济计划的科学性、宏观经济的控制以及基本建设按严格的程序办事等。这些对我们是有益的。②消极的方面，如单一的公有制，国家对企业统得过多、过死，否定市场调节的作用等。这些是不足取的。这样，在移植苏联经济体制时，也就带来了积极的和消极的两重影响。

3. 过去长期存在的封建主义和小生产的影响。《文选》明确指出：我国政治、经济体制存在的"种种弊端（包括中央高度集权的管理体制——引者），多少都带有封建主义色彩"①小生产的习惯势力，"还顽强地纠缠着我们"。②这一点，也不会不影响我国的经济体制。

4. 建国以后，虽然对经济体制的改革做过一些有益的尝试，但从长时间来看，这种改革是在"左"的思想指导下进行的，因而大大扩大了经济体制的消极面。

"一五"时期，在社会主义公有制经济占优势的条件下，允许多种所有制并存，对国营经济实行统一计划、分级管理，对基本建设实行有效的集中统一管理；对整个经济实行直接计划和间接计划相结合的制度，并注意运用经济手段，对财政、物资和劳动工资，实行以中央集中管理为主的分级管理的体制。这种集中统一的经济体制，基本上是适应当时生产力水平较低，以及需要集中力量进行经济建设的具体情况的。

但到"一五"末期，出现了单一的社会主义公有制、中央集权过多和国家对企业管得过死等弊病。根据苏联和我国的经验，1956年毛泽东同志提出：要扩大一点地方和企业的权力和利益。③可惜，这个重要的思

①《邓小平文选》，第287~288、294页。
②《邓小平文选》，第148页。
③毛泽东：《论十大关系》，《毛泽东选集》第5卷，第273~275页。

想并没得到进一步发展，也没有真正付诸实施。而 1958 年间"大跃进"时期进行的经济改革是在"左"的指导思想下进行的，它不仅没有消除经济体制中的弊病，而且使得这种弊病进一步加重了。

接着开始的调整时期的经济改革，基本上是为了纠正"大跃进"时期"左"的错误，实现调整国民经济的任务进行的。因此，虽然做了一些有益的改革尝试，但并没有从根本上解决体制问题。

至于"文化大革命"期间的经济体制的变动，那完全是在"左"倾思想指导下进行的，大部分都是重复了"大跃进"时期的错误，有的错误还更为严重。

这样，同"一五"末期相比较，三中全会以前的经济体制，在中央和地方的关系上，几经下放和上收，中央集权过多的弊病有相当大的改变，但这方面的弊病并没根本消除，同时又出现了某些分散过头的问题；而国家对企业统得过多的弊病，则基本上没有变化；至于所有制方面的单一公有化，计划体制方面否定运用价值规律的作用，分配方面的平均主义等弊病，则更加严重了。

在对我国经济体制的形成和变动的条件及其过程作了上述的分析之后，对《文选》中揭示的经济体制的严重缺陷，如"中央高度集权的管理体制"，"经济工作中地区、部门的行政划分和管辖，经济领域中的某些'官工'、'官商'、'官农'的体制"，"不讲多劳多得，不重视物质利益"，"搞平均主义"，"吃大锅饭"，① 等等，也就比较清楚了。

本来作为生产关系的具体形式的经济体制，必须适应生产关系本质的要求，终极地说来，必须适应社会生产力发展的要求。而具有上述严重弊病的我国经济体制，既不能充分适应社会主义生产关系本质的要求，又妨碍社会主义现代化建设的发展。经济改革势在必行的根本道理也就在这里。《文选》从这两方面充分地论述了经济改革的重要意义，并尖锐地提出："如果现在再不进行改革，我们的现代化事业和社会主义事业就会被葬送。"②

1. "对经济、政治、文化、社会都实行中央高度集权的管理体制"，

---

① 《邓小平文选》，第 136、196、287、294 页。
② 《邓小平文选》，第 140 页。

"权力过分集中"、"家长制"，"干部领导职务终身制"，以及"形形色色的特权"等，[1] 曾经是"文化大革命"发生的最重要的根源。这"不是说个人没有责任，而是说领导制度、组织制度问题更带有根本性、全局性、稳定性和长期性"。[2] 把"文化大革命"发生的原因不仅仅看作是同某些领导人的思想作风有关，而是从根本上归结为具体的政治、经济制度的弊端，这是历史唯物主义的命题。与历史唯心主义根本相反，历史唯物主义从来不把历史上重大事件发生的原因归结于个别英雄人物的思想，而总是从社会制度中（特别是社会生产关系中）去探索它的终极根源。这个基本道理对社会主义社会也是适用的。这里的特点仅仅在于：事情发生的原因不在于社会主义的基本制度，而在于具体的政治、经济制度。问题在于："这些方面的制度好可以使坏人无法任意横行，制度不好可以使好人无法充分做好事，甚至会走向反面。"因此，"如果不坚决改革现行制度中的弊端，过去出现过的一些严重问题今后有可能重新出现"。[3] 所以，改革包括经济体制在内的各项具体制度问题，是一个关系党和国家是否改变颜色、社会主义经济制能否巩固的大问题。

2."对经济、政治、文化、社会都实行高度集权的管理体制"，"是目前我们所特有的官僚主义的一个总根源"。[4] 而官僚主义"同社会化大生产是根本不相容的。要搞四个现代化，把社会主义经济全面地转到大生产的技术基础上来，非克服官僚主义这个祸害不可"。[5] 可见，改革经济、政治等方面高度集权的管理体制，对于克服官僚主义，促进社会主义现代化建设，具有极重要的意义。

3. 我国现行经济管理体制权力过于集中，地方和企业的经济管理自主权过小；又搞平均主义，"吃大锅饭"，这些就会束缚地方、企业和劳动者个人的积极性。在现行管理体制下，"管工、管商、管农"作风，不讲究经营管理的情况，也是不可避免的。这样，经济效益差就成为现行经济体制的不可分离的侣伴。所以，要提高经济效益，发展社会主义生

---

① 《邓小平文选》，第287~288页。
② 《邓小平文选》，第293页。
③ 《邓小平文选》，第293页。
④ 《邓小平文选》，第287~288页。
⑤ 《邓小平文选》，第140页。

产，就必须进行经济改革。

4. 现行经济管理体制既然妨碍社会主义现代化建设的发展，也就是妨碍社会主义经济制度赖以巩固的物质基础的建立。这种体制妨碍经济效益的提高，也就是妨碍社会主义经济制度优越性的发挥，因为"这要表现在许多方面，但首先要表现在经济发展的速度和效果方面"。① 这样，如果不进行经济改革，社会主义制度在与资本主义制度的斗争中就难以站住脚，难以巩固。

因此，体制改革就成为坚持社会主义制度、搞好现代化建设的首要保证。② 《文选》关于经济改革必要性及其重大意义的论述启示人们：对经济改革必须下最大的决心，必须有紧迫感。

三

《文选》还论述了经济改革的目标是要建设具有中国特色的社会主义经济体制。《文选》依据我国三十多年来社会主义建设的实践经验，并针对过去片面强调国营经济，忽视、否定集体经济和个体经济的"左"的倾向，提出要重视集体经济和个体经济的作用。③

要给地方"更多的经济管理的自主权"，要改变地区分割和部门分割的状况。④ 强调在管理制度上，"要特别注意加强责任制，满腔热情地及时地肯定了农村包产到户和大包干这样一些好的联产承包责任制；强调最迫切的是要扩大厂矿企业、生产队的自主权"，同时，"要切实保障工人农民个人的民主权利"；要讲多劳多得，重视物质利益，"提倡一部分人和一部分地方由于多劳多得，先富裕起来"。⑤ 这样，《文选》就为建立具有中国特色的社会主义经济体制设计了一幅清晰的蓝图。

说这种体制是具有中国特色的社会主义体制，包含两方面内容：一是社会主义的；二是有中国特色。

---

① 《邓小平文选》，第 215 页。
② 《邓小平文选》，第 358 页。
③ 《邓小平文选》，第 322 页。
④ 《邓小平文选》，第 135、294 页。
⑤ 《邓小平文选》，第 135~136、140、222、275 页。

　　说她是社会主义的，因为这幅蓝图不仅继续坚持了社会主义经济的基本原则（如国营经济占主导地位），而且清除了原有体制中某些原来被误认为是社会主义的东西而实际是封建主义的影响（如经济管理权力过于集中，部门分割和地区分割，排斥市场机制等），和小生产的影响（如分配中的平均主义），使得社会主义生产关系的某些本质（如按劳分配，价值规律，劳动者在生产中的主人地位等）有了更充分的体现。

　　说她是有中国特色的，因为这幅蓝图符合中国的基本国情，如底子薄，人口多，主要是农村人口多，国家大等。在这种条件下，按照上述的《文选》提出的原则论述来处理国营经济与多种经济形式的关系，中央和地方、条条与块块的关系，国家与企业的关系，以及国家、企业与劳动者的关系，也就具有特别重要的意义。按照这幅蓝图来改革我国的经济体制，原有体制中一些不适合我国国情的东西（如生产资料所有制形式单一的公有化和工农业企业中、单一的经营形式，就不符合我国社会生产力的多层次状态）就会改革掉，而适合我国国情的东西（如在国营经济为主的条件下实行多种的所有制形式和多种经营形式）就会建立起来。然而，《文选》不仅为建立具有中国特色的社会主义经济体制树立了目标，而且为达到这个目标提供了一系列的保证。在这方面，重要的有：

　　1.《文选》着重批判了由过去长期"左"的错误形成的思想僵化、半僵化状态。因为这种思想把原有经济体制看作是唯一的社会主义经济体制，把经济改革看作是违背社会主义原则的，是不赞成改革的。同时，《文选》也提出要注意克服经济改革中的各种非社会主义倾向。比如，《文选》提出要发展集体经济和个体经济，"要切实保障集体劳动者和个体劳动者的合理利益，同时加强工商业管理工作，防止非法活动"。[①]《文选》主张扩大地方和企业的自主权，把经济搞活，但要防止对自主权的曲解和滥用。"要防止盲目性，特别要防止只顾本位利益、个人利益而损害国家利益、人民利益的破坏性的自发倾向"。[②]《文选》提倡按劳分配，提倡一部分人、单位和地区由于多劳多得而先富裕起来。"但是也要看到一种倾向，就是有的人、有的单位只顾多得，不但不照顾左邻右舍，甚至不顾

　　①《邓小平文选》，第 322 页。
　　②《邓小平文选》，第 322 页。

及整个国家的利益和纪律。"① 这也是对社会主义的按劳分配原则和物质利益原则的曲解和滥用。因为"我们提倡按劳分配，承认物质利益，是要为全体人民的物质利益奋斗。每个人都应该有他一定的物质利益，但是这决不是提倡各人抛开国家集体和别人，专门为自己的物质利益奋斗，决不是提倡各人都向'钱'看，要是那样，社会主义和资本主义还有什么区别？"②《文选》还尖锐指出：社会主义制度"需要改善，但是不能搞资产阶级自由化，搞无政府状态"。③ 这样，就划清了正常的社会主义经济改革与各种非社会主义倾向、资产阶级自由化的界限，从而有助于保证经济改革循着社会主义的轨道健康地向前发展。

2. 为了保证经济改革的社会主义方向，《文选》还提出了两项基本的政治战略：①建设社会主义的精神文明。《文选》从经济基础与上层建筑的统一以及经济工作与政治工作的统一的原理出发，强调指出："党和政府愈是实行各项经济改革和对外开放的政策，党员尤其是党的高级负责干部，就愈要高度重视、愈要身体力行共产主义思想和共产主义道德。"④ 这就深刻地揭明了经济改革对于精神文明建设（这里主要是指其中的思想建设）的依存关系。②打击经济犯罪活动。《文选》指出："我们要有两手，一手就是坚持对外开放和对内搞活经济的政策，一手就是坚决打击经济犯罪活动。没有打击经济犯罪活动这一手，不但对外开放政策肯定要失败，对内搞活经济的政策也肯定要失败。有了打击经济犯罪活动这一手，对外开放，对内搞活经济就可以沿着正确的方向走。"⑤

《文选》还为经济改革是否建立了具有中国特色的社会主义经济体制，提出了良好的检验标准。《文选》指出：改革党和国家领导制度及其他制度，是为了充分发挥社会主义制度的优越性。为此，当前和今后一个时期，主要应当努力实现以下三个方面的要求：①经济上，迅速发展社会生产力，逐步改善人民的物质文化生活。②政治上，充分发扬人民民主。③组织上，要大量培养、发现、提拔、使用坚持四项基本原则的、比较

① 《邓小平文选》，第 222 页
② 《邓小平文选》，第 297 页。
③ 《邓小平文选》，第 347 页。
④ 《邓小平文选》，第 326 页。
⑤ 《邓小平文选》，第 359 页。

年轻的、有专业知识的社会主义现代化建设人才。党和国家的各种制度究竟好不好，完善不完善，必须用是否有利于实现这三条来检验。① 显然，第一、三条可以直接检验经济改革的成果。政治民主化需要依靠政治改革来进行，但政治民主化是经济改革的重要保证，经济改革也会推动政治改革，所以，第二条也可以作为检验经济改革成果的一项间接标准。总之，这三条也是检验经济改革是否建立了具有中国特色的社会主义经济体制的标准。因为达不到这一点，就表明社会主义制度优越性没有得到充分的发挥，就表明新建立的体制不是（或不完全是）具有中国特色的社会主义经济体制。

《文选》关于经济改革目标的论述指示人们：尽管当前我国经济体制存在严重的弊端，但具有中国特色的社会主义经济体制一定能够建立起来。这就给了正在从事经济改革的中国人民以坚强的信心。邓小平同志还以无产阶级革命家和理论家的宏伟气魄和卓识远见预言：尽管我们的制度还不完善，但"将一天天完善起来，它将吸收我们可以从世界各国吸收的进步因素，成为世界上最好的制度"。② 这就是说，社会主义制度之所以能够成为世界上最好的制度，不仅在于她消灭了剥削和压迫，也不仅在于她所容纳的社会生产力发展水平将比资本主义制度高得不可比拟，而且在于她批判地吸收了世界各国的进步因素。这对中国人民来说，是一个巨大的鼓舞力量！上述的情况表明：《文选》关于经济改革的论述，反映了邓小平同志在实现伟大历史转变过程中，在依据马列主义、毛泽东思想的基本观点和我国国情确定经济改革的道路和政策的过程中，发挥的决策作用和做出的卓越贡献。这里还有必要提到：我国的经济改革是在三中全会精神指导下开展起来的。而邓小平同志关于"解放思想，实事求是，团结一致向前看"的报告，实际上是三中全会的主题报告。这个报告是我国经济改革的真正的动员令。

---

① 《邓小平文选》，第 282~283 页。
② 《邓小平文选》，第 297 页。

我国经济改革的一项大政策 *

——学习《邓小平文选》的一点体会

　　1978 年 12 月，邓小平同志在中央工作会议上所作的《解放思想，实事求是，团结一致向前看》的重要报告中首次提出："在经济政策上，我认为要允许一部分地区、一部分企业、一部分工人农民，由于辛勤努力成绩大而收入先多一些，生活先好起来。"并强调说："这是一个大政策，一个能够影响和带动整个国民经济的政策。"这项经济改革的大政策的提出，是适应了党的工作重点转移的需要，是在经济政策方面由过去"左"的错误转到马克思主义原则轨道上来的一个最重要的标志，具有重大的理论意义和实际意义。

一、贯彻这项大政策，是建设具有中国特色的社会主义的一个重要方面

　　在分析这个问题之前，首先需要明确两点：①要全面把握这项政策的含义：一是不仅要求一部分工人、农民，而且要求一部分企业和地区由于多劳多得而先富裕起来；二是如果从首先富裕和共同富裕相互联系的意义上来考察，一部分人、企业和地区先富起来是一个手段，它的终极目的是全体人民的共同富裕。②这项政策的制定，是从我国的具体经

＊《求实》1984 年第 4 期。

济条件出发的，是反映了社会主义经济一般规律在我国作用的特点的。

现在就从这些含义出发来说明我们的主题。按照社会主义基本经济规律的要求，社会主义生产的目的是为了提高人民的物质文化生活水平。因此，从问题的本质和发展趋势来说，随着社会主义生产的发展，人民的生活水平会得到不断的提高，并走向共同富裕。这里又需要区分两个概念：生活水平的提高和生活的富裕。诚然，这两个概念是有联系的。在生活还不富裕的条件下，生活水平的提高总会导致生活的富裕。但二者又是有区别的，因为并不是任何意义上的生活水平的提高都可以叫做生活富裕。在一定的历史条件下，生活水平需要达到一定的高度才可以叫做生活富裕。因此，一般说来，社会主义生产的发展，可以做到人民生活的提高，但并不是在任何条件下都可以做到人民生活的共同富裕。这样，由社会主义基本经济规律所决定的人民生活共同富裕的道路，在各个社会主义国家的不同的经济条件下，就会有不同的实现形式。

在我国具体的经济条件下，这条共同富裕的道路还只能通过一部分工人、农民、企业和地区首先富裕起来的形式实现。这些具体经济条件，重要的有下列五点：

第一，社会生产力发展水平比较低。一般地说，作为社会经济关系组成部分的消费关系，是同生产资料所有制形式相联系的，消费水平虽然会受到社会经济关系的影响，但主要还是由社会生产力所决定的。这一点，社会主义社会也不例外。因此，生产资料社会主义公有制的建立，只能摆脱资本主义所有制加给人民生活水平的限制，但没有，也不可能改变社会生产力发展状况给予人民消费水平的制约。这在我国尤其如此。半殖民地半封建中国，社会生产力发展水平是极为落后的。新中国建立后，社会生产有了巨大的发展，人民生活有了显著的提高。但是，由于原来的底子很薄，加上在一个长时期内犯了"左"的错误，特别是由于十年"文化大革命"的破坏，因而同当代经济发达国家比较起来，我国社会生产力发展水平还是比较低的。比如，1980 年我国每一社会劳动者平均国民生产总值只有 676 美元，比起西方一些国家来说，就要低得多。这种较低的劳动生产率水平，从总体上决定了我国人民不可能在一个较短的时间内共同富裕起来。

第二，人口多。旧中国人口就比较多，1949 年全国人口为 5.4 亿人。

建国后，由于人口政策上的长期失误，人口急剧膨胀。70 年代以后虽然采取了计划生育的措施，但 1980 年仍然达到 9.9 亿人。这样，原来物质生产部门平均每个劳动者创造的国民收入就不多，按人口平均计算的国民收入就更少。按可比价格计算，1980 年只有 360 元，其中约有 30%用于积累基金。如果把余下的 70%算作 100%，其中约有 10%用于社会消费基金，用于个人消费基金大约只占 90%。这就是说，在 360 元中，用于人民个人消费的还只有 227 元。可见，人口多这个基本因素也决定了我国人民不可能在短时间内实现共同富裕，从这里也提出了一部分人先富裕起来的问题。

　　第三，现阶段社会主义公有制的特点。这里需要提出的有两点：①社会主义国家所有制企业是归国家所有的，但这种企业又是相对独立的商品生产者。国有企业的这种经济地位，使得它既有可能也有必要去占有它所创造的一部分纯收入。这里所说的"必要"有两层意思：一是作为相对独立的商品生产者从事全部供产销活动所必要的；二是取得与它的生产经营成果相适应的收入所必要的。诚然，由于国有企业只是相对独立的商品生产者，因而，无论是一般的纯收入的分配，或者是额外的纯收入（即由产品的个别价值低于社会价值而形成的纯收入）的分配，都应该贯彻"国家得大头，企业得中头，劳动者个人得小头"的精神。其中由归国家所有的优越生产条件而形成的额外纯收入原则上应该归国家，但由较高的经营管理水平形成的额外纯收入，企业则可以分得一部分，甚至可以在某种限度内（即在国家分得大部分的限度内）分得一个较多的部分（相对于一般纯收入的分配来说）。这样，生产经营管理水平较高的企业，不仅可以在绝对量上，甚至可以在相对量上分得较多的纯收入。而这部分纯收入除了用于企业的生产发展基金以外，也用于企业的集体福利基金和奖励基金。这是按劳分配规律在社会主义国家所有制经济中作用的特点。就是说，在这里，按劳分配除了主要在社会主义国家所有制经济的范围内，按国家统一规定的标准付给劳动者的劳动报酬以外，有一部分劳动报酬是由企业依据本身的经营成果（由国家和企业作了必要的扣除以后）付给劳动者的。可见，国有企业的相对独立的商品生产者的经济地位，是促使一部分国有企业和国有企业的工人先富起来的一个重要因素。②在我国社会主义公有制形式中，除了占主导地位的社会主义国家所有制以外，还存在集体所有制。在农业集体所有制经济中，不仅由劳动者多投入劳动而形成的纯收入是归集体所有的，也不仅由较高的经营管理水平而形成的额外纯收入是归集体所有的，而且级差地租收入，也都是归集体所有的。当然，集体企业有向国家缴纳税收的任务，但这只占总收入的一部分。这样，付出劳动多、生产条件好和经营管理水平高的企业，收入就多，企业集体和劳动者个人就可以先富起来。这是按劳分配规律在社会主义集体所有制经济中作用的特点。因此，在集体所有制经济正常发展的条件下，必然会促使一部分农业集体企业及其社员个人先富起来。

第四，适合社会主义生产关系本质要求的经营形式。社会主义的生产关系的本质是可以通过多种经营形式表现的。其中，有的经营形式可以较完满地体现社会主义生产关系的本质；有的经营形式则不能做到这一点。应该看到，一种经营形式一经形成之后，又会成为某种独立的因素，在增加企业和劳动者个人收入方面，起着不同的作用。因而，适合社会主义生产关系本质要求的经营形式，也会成为促使一部分企业和劳动者个人先富起来的一个重要因素。就社会主义国家所有制工业企业来说，在党的十一届三中全会以来，分别进行了两方面的改革：一方面在大量的企业中实行了各种形式的利润留成制度；另一方面在少数的企业中实行了以税代利、自负盈亏的制度。实践已经证明：相对于过去长期实行的统负盈亏的制度来说，实行利润、留成制度，在改革我国经济体制方面，是前进了一大步。但这种制度也有它的局限性，就是说，它只是在一定程度上适合了社会主义国家所有制企业作为相对独立的商品生产者的要求，它还没有真正使得国有企业成为国家计划指导下的相对独立的经济实体，没有真正实现责权利的结合，没有真正实现国家利益和企业利益、职工个人利益的结合。相比之下，实行以税代利、自负盈亏的制度，却可以较好地实现这些要求。据统计，1981 年社会主义国家所有制独立核算工业企业的总产值只比上年增长 2.27%，销售收入增长 2.68%，利润和税金总额增长 1.79%，其中税金增长 6.83%，利润下降 0.99%。[①] 但依据 18 个省、市、自治区 456 个实行以税代利、自负盈亏的

---

① 《中国统计年鉴》（1981），第 260 页。

试点企业材料，1981 年这些试点企业的总产值增长 2.5%，销售收入增长8.9%，实现利润增长 18%，上缴国家税费增长 13.6%。[①] 这些数字表明：实行以税代利、自负盈亏的试点企业的总产值销售收入和实现利润的增长幅度，特别是销售收入大于总产值以及实现利润大于销售收入的幅度，都大大超过了实行利润留成的一般企业。这样，在其它条件相等的情况下，在保证国家得大头的前提下，实行前一种制度的企业和劳动者个人的收入增长仍有可能比实行后一种制度的企业要快些，不仅如此，由于它较充分地体现了国有企业的相对独立商品生产者的要求，因而能够更有力地激发企业内在的积极性，并促使企业之间竞争的展开。这样，即使在实行前一种制度的同一类企业之间，收入的增长速度也会出现较大的差别，有一部分企业和劳动者个人也可以先富起来。就农业的情况来说，三中全会以来实行了多种形式的农业生产责任制，实践已经证明，其中的家庭联产承包责任制，"扩大了农民的自主权，发挥了小规模经营的长处，克服了管理过分集中、劳动'大呼隆'和平均主义的弊病，又继承了以往合作化的积极成果，坚持了土地等基本生产资料的公有制和某些统一经营的职能，使多年来新形成的生产力更好地发挥作用。"[②] 这样，在实行家庭联产承包责任制的企业之间，特别是在实行这种制度的企业与实行其它的生产责任制的企业之间，在收入增长速度方面，就会出现较大的差别。因而家庭联产承包责任制也就成为促使一部分集体企业和劳动者个人首先富裕起来的重要因素。根据 28 个省、市、自治区（缺西藏）568 个县对 18529 社员户的调查，1981 年平均每人纯收入 300 元以上的户数占调查户总数的比重，由 1978 年的 2.4% 上升到 22.6%，平均每人纯收入 200 元至 300 元的户数由 15% 上升到 34.8%，平均每人纯收入 100 元至 200 元的户数由 49.3% 下降到 37.9%，平均每人纯入 100 元以下的户数由 33.3% 下降到 4.7%。上述情况表明：近几年来，随着家庭联产承包责任制的普遍推行，社员的生活水平都有了显著的提高，其中的平均每人纯收入 300 元以上的比较富裕户在调查户总数的比重，有了大幅度的上升。这就清楚地表明了家庭联产承包责任制在促进一部分农民

①《人民日报》1982 年 12 月 12 日第 4 版。
②《当前农村经济政策的若干问题》。

先富起来方面起了十分重要的作用。

第五，地区之间的经济发展不平衡。新中国成立后，半殖民地半封建中国存在的那种政治经济发展不平衡状态，已经有了改观。这种改观有两种不同的情况：就其经济、政治的社会关系方面来说，已经根本改变了；但就各个地区生产力发展水平的差异来说，虽然已经发生了巨大的改变，却还不是根本的改变。按人口平均计算的工农业总产值是各个地区经济发展水平的一个综合指标，且以它为例说明如下：1982 年按人口平均计算的工农业总产值，经济发展水平最高的上海、天津、北京三个市分别为 5762 元、3020 元和 2742 元，经济发展水平较高的辽宁、江苏和黑龙江三省分别为 1590 元、1219 元和 1117 元，而经济发展水平最低的云南、西藏、贵州三省区分别只有 446 元、396 元和 357 元。显然，在上述四种条件存在的情况下，各个地区经济发展的不平衡，确乎是经济发展水平较高地区能够先富起来的一个因素。综上所述，可以看到：正是以上各项条件决定了我国要达到全体人民的共同富裕，还必须通过一部分工人农民、企业和地区首先富起来的形式来实现。这是社会主义基本经济规律和按劳分配规律在我国经济条件下发生作用的重要特点。提倡一部分工人、农民、企业和地区先富起来的重要政策，正是适合了我国的国情，因而成为建设具有中国特色的社会主义的一个重要方面。

二、这项大政策能够带动整个国民经济的发展

提倡一部分地区、企业和工人、农民先富起来，之所以能够带动整个国民经济的发展，首先在于它是促进整个国民经济发展的强大动力。应该肯定，在社会主义制度下，劳动者已是为自己为社会劳动，劳动已经成了光荣豪迈的事业。但是，就大多数劳动者来说，劳动又还是谋生的手段，还没有成为生活第一需要。正是这种社会主义的劳动性质决定了要充分调动劳动者的积极性，必须贯彻按劳分配原则，必须实行物质鼓励。当然，同时也要加强思想政治工作。但在调动劳动者的积极性方面，物质鼓励起着思想政治工作所不能代替的三种作用：①保证的作用。在任何社会制度（包括社会主义制度）下，劳动者为了维持和再生产劳

动力，都需要有一定的生活资料基金。马克思把这种生活资料基金叫做劳动基金。①而且，由于各个劳动者提供的劳动数量和质量有差别，需要的劳动基金的数量也是不等的。因此，只有正确地贯彻按劳分配原则，实行物质鼓励，才能满足不同类型的劳动者在劳动基金方面的需要，为他们各尽所能地为社会劳动提供物质保证。②促进的作用。贯彻按劳分配，实行物质鼓励，就要坚持多劳多得，少劳少得。多劳多得，首先是劳动者多劳，为国家或集体多作贡献，其次才是多得；而多得首先又是国家或者集体，其次才是劳动者自己。少劳少得，首先是劳动者少劳，对国家或者集体的贡献少，其次才是少得；而少得的首先也是国家或者集体，其次才是劳动者自己。所以，社会主义按劳分配原则本身就兼顾了国家、集体和个人三方面的利益，它是按照先国家、后集体、后个人的原则把三方面利益兼顾起来的一把尺子。这把尺子比较恰当地适应了社会主义劳动性质的要求，因而能够充分调动劳动者的积极性，促使他们各尽所能地为社会劳动。③巩固的作用。前面谈到的物质鼓励的保证作用和促进作用，能够使劳动者的积极性稳定地、持久地保持下去。应当看到：思想政治工作在提高劳动积极性方面也有重要的作用。但是，如果单靠这一点，劳动积极性是不能持久的。邓小平同志讲得好："不讲多劳多得，不重视物质利益，对少数先进分子可以，对广大群众不行，一段时间可以，长期不行。"②这是对我国社会主义建设经验教训的深刻总结。

这项大政策之所以能够促进整个国民经济的发展，还在于它是一种具有特殊重要意义的示范力量。这里说的"特殊"有三重含义：①与资本主义社会制度根本不同，在社会主义制度下，尽管人们之间也存在着局部利益上的矛盾，但根本利益是一致的。这样，示范作用就要比资本主义社会大得不可比拟。更何况推行这项大政策，是同社会主义劳动者的物质利益息息相关的。②我国曾经是一个小生产占优势的国家，小生产思想有着不可忽视的影响，因而有些人在提高生活问题上往往囿于小生产的眼光。③由于长期存在的"左"的错误的影响，特别是由于林彪、

①《马克思恩格斯全集》第23卷，第623页；第22卷，第581~582页。
②《邓小平文选》，第136、142、322、326页。

"四人帮"在十年动乱中荒唐地把富同资本主义联系起来,因而普遍存在着一种怕富的思想。因此,让"一部分人生活先好起来,就必将产生极大的示范力量,影响左邻右舍,带动其他地区、其他单位的人们向他们学习。这样,就会使整个国民经济不断地波浪式地向前发展。"①

实践证明:这项大政策不仅是促进整个国民经济发展的强大动力,而且又为这种发展创造了一系列的条件。①在社会主义制度下,一部分地区、企业和工人、农民先富起来,是靠辛勤劳动,靠提高经营管理水平和生产技术水平。这样,在他们先富起来的过程中,必然会创造出比较先进的经营管理水平和生产技术水平;而这些正是发展社会生产的重要条件。②在社会主义制度下,一部分地区、企业和工人、农民先富起来,就意味着他们为社会生产了更多的产品(包括生产资料和生活资料),为国家和本单位提供了更多的资金积累。这样,就从物质形态和价值形态两方面为发展社会生产提供了条件。比如,根据山西省襄汾县毛收入超万元的157户的调查,1982年出售的商品总值175.75万元,每户平均1.12万元,比该县平均每户出售商品总值高9倍多,比全国平均每户农村产品收购额大约高18倍。③一部分地区、企业和工人、农民先富起来,必然扩大了生产资料和消费资料的市场。这也是发展社会生产的一个重要条件。

总之,如同邓小平同志所指出的:允许和提倡一部分地区、企业和工人、农民先富起来,"这是一个大政策,一个能够影响和带动整个国民经济的政策"。②

三、提倡一部分地区、企业和工人、农民先富起来的思想,是马克思主义的重大发展

马克思和恩格斯曾经预言:在生产资料社会主义公有制条件下,在生产发展的基础上,全体社会成员的物质文化生活水平将会不断提高;同时,由于实行按劳分配原则,社会成员之间的生活富裕程度又是有差别的。

---

①②《邓小平文选》,第136、142、322、326页。

当时，他们是以机器大工业比较充分发展的资本主义国家（如英国）为背景来探讨未来社会主义社会的发展的；他们还没有把实现全体社会成员的共同富裕作为一个长时期内才能实现的战略任务提出来。这是因为，在这样的国家，大工业已经成为社会生产的主要物质技术基础，整个社会生产力发展水平都比较高，因而在消灭资本主义制度，建立社会主义公有制以后，在较短时期内可以使劳动者摆脱贫困的生活，实现全体人民的共同富裕。他们对这一点作过多次论述，比较明显的是下面这段话："通过社会生产，不仅可能保证一切社会成员有富足的和一天比一天充裕的物质生活，而且还可能保证他们的体力和智力获得充分的自由的发展和运用，这种可能性现在第一次出现了，但是它确实是出现了。"①

然而，当他们考察资本主义机器工业还未得到充分发展、个体农民经济在国民经济中还占有较大比重的法、德两国未来社会主义的发展时，却从农业的范围提出了全体农业劳动者走合作社这条共同富裕道路的问题。关于这一点，恩格斯写道："这里主要的任务是使农民明白地看到，我们要挽救和保全他们的房屋和土地，只有把他们变成合作社的占有和合作社的生产者才能做到"，"如果他们要坚持自己的个体经济，那么他们就必然要丧失房屋和家园，大规模的资本主义经济将排挤掉他们陈旧的生产方式。"②恩格斯的这些话只是说明：农业的资本主义发展道路，是少数人发财致富、多数人贫困破产的道路；只有社会主义合作化道路，才是全体农业劳动者共同富裕的道路。这里，恩格斯并没有提出在合作化的基础上实现共同富裕的具体形式。这是同当时的革命任务主要是推翻资产阶级专政，建立和巩固无产阶级专政相联系的。恩格斯关于通过合作社实现全体劳动农民共同富裕的思想，为后来列宁、斯大林和毛泽东所发展了。比如，斯大林曾经说过："事实上农业有两条发展的道路：资本主义的道路和社会主义的道路。资本主义的道路是使大多数农民陷于贫困而让城乡资产阶级上层发财致富的道路。恰恰相反，社会主义的道路则是使大多数农民的物质生活不断提高的道路。"③毛泽东也强调要

①《马克思恩格斯选集》第3卷，第322页。
②《马克思恩格斯全集》第23卷，第623页；第22卷，第581~582页。
③《斯大林全集》第7卷，第92页。

"逐步地实现对于整个农业的社会主义的改造，即实行合作化，在农村中消灭富农经济制度和个体经济制度，使全体农村人民共同富裕起来。"① 但是，他们也都没有从整个国民经济的范围内提出全体人民共同富裕的思想。而且，就中国的情况来看，尽管明确提出了使全体农村人民共同富裕的思想，但由于"左"的错误和小生产思想的影响，把平均主义误认为共产主义而加以崇奉，把社会主义的按劳分配和商品生产误认为同资本主义差不多的东西而加以限制甚至否定，从而在相当大的程度上把农村共同富裕的道路误解为平均主义的道路，束缚了农民劳动积极性，阻碍了他们生活的提高。这样，也就在相当大的程度上把共同富裕的道路变成了共同守穷的道路。

邓小平同志在这个问题上的重大贡献就在于：

第一，他不是局限于农业，而是从整个国民经济范围内提出了共同富裕的思想，要求"使全国各族人民都能比较快地富裕起来。"②

第二，他提出了一条真正地、有效地实现全体人民共同富裕的道路，即"允许一部分地区、一部分企业、一部分工人、农民，由于辛勤努力成绩大而收入先多一些，生活先好起来"。③ 如前所述，这条道路是适合我国的具体经济条件的，它能够带动整个国民经济的发展，能够使全体人民比较快地富裕起来。

第三，他还提出了旨在保证这条道路循着共同富裕这个社会主义方向前进的一系列原则和措施，主要有：①反复强调一部分地区、企业和工人、农民先富起来，要"由于辛勤努力成绩大"，要"由于多劳多得"，就是说，要遵循社会主义的按劳分配原则。②一部分地区、企业和工人、农民先富起来，必须遵循"个人利益要服从集体利益，局部利益要服从整体利益，暂时利益要服从长远利益"的社会主义原则。③发扬社会主义的互助合作关系。经济先进的地区要支援经济落后的地区，比如，西北、西南和其他一些地区，"那里的生产和群众生活还很困难，国家应当从各方面给予帮助，特别要从物质上给予有力的支持"。同时，在企业之间以及工人之间、农民之间也都要发扬社会主义的互助合作关系。而这

---

① 《毛泽东选集》第 5 卷，第 187 页。
②③ 《邓小平文选》第 136、142、322、326 页。

种互助合作关系在促进全体人民共同富裕道路方面也起着重要的作用。④在加强行政的和法律的管理的同时，还要加强思想政治工作，加强共产主义思想教育。邓小平同志强调说："党和政府愈是实行各项经济改革和对外开放的政策，党员尤其是党的高级负责干部，就愈要高度重视、愈要身体力行共产主义思想和共产主义道德。否则，我们自己在精神上解除了武装，还怎么能教育青年，还怎么能领导国家和人民建设社会主义！"显然，这些原则对于保证这条道路沿着社会主义方向前进，具有特殊重要的、直接的指导意义。它使我们清楚地看到：这项大政策本身是一项社会主义的政策。它是以社会主义经济规律和我国社会主义的国情为依据的，与鼓吹"一切向钱看"的资产阶级自由化的政策有着本质的区别。我们只要坚持上述四项原则，就可以保证这项大政策始终沿着共同富裕的社会主义方向前进。

香港工业经济的基本特征 *

我国正在进一步开放沿海城市。在这种形势下，探讨香港工业经济的基本特征，不仅具有理论意义，而且具有现实意义。

香港工业经济特征涉及许多方面，这里只就其中几个基本方面谈点体会。

从转口贸易的附属物，迅速发展成为主要的经济部门

香港在鸦片战争以后一百多年的时间中，经济上的一个基本特征，就是中转贸易港。这个时期开始建立起来的工业，就成为转口贸易的附属物，为转口贸易服务。这个工业特征，一直延续到 20 世纪初年。

在第一次世界大战以后，香港工业有了某种程度的发展（主要是轻工业，如纺织业、制衣业、搪瓷业等）。但发展速度很慢，在经济中不占重要地位。

在第二次世界大战期间，香港工业受到日本占领者的严重破坏。只是在战后，香港工业才有了迅速的恢复和发展。1947 年工厂恢复发展到 996 家，工人有 51672 人；1949 年二者分别增长到 1284 家和 65271 人。1950 年香港工厂数为 1525 家，工人数为 89512 人。50 年代工厂数增长了 2.19 倍，工人数增长 1.07 倍。60 年代工厂数增长了 1.74 倍，工人数增加

---

* 本文是依据 1984 年 8 月我在香港所做的调查写的。原载《财经问题研究》1985 年第 3 期。

了 1.29 倍。70 年代，香港工厂数增加了 1.56 倍，工人数增加了 0.59 倍。1983 年，香港工厂数增加到 46817 家，工人数增加到 8650073 人。在 1950 年到 1983 年期间，工厂数增加了 29.7 倍，工人数增加了 8.66 倍。

需要说明：上面数字没包括作为工业重要组成部分的电力、煤气和矿业等。但制造业毕竟是香港工业的最重要部分，因而可以表明香港工业的发展概况。

伴随着香港工业的迅速发展，工业逐步由转口贸易的附属物上升为主要的经济部门。

1. 制造业人口占就业人口的比重，1961 年为 43%，1971 年为 47.8%，1976 年为 45.3%，1981 年为 40.94%。尽管 1976 年以后，制造业就业人口比重下降了，但直到 1981 年，这个比重仍然是最大的。如果再把电力，煤气和矿业的就业人口算在内，那么工业就业人口的比重还要大一些。

2. 制造业产值占香港生产总值的比重，1961 年为 23.6%，1970 年为 30.9%，1976 年为 28.3%，1979 年为 27.6%，1981 年为 23%。如果再把电力、煤气和矿业的产值算上，那么 1970 年工业产值占香港生产总值的比重当为 33.2%，1976 年当为 29.3%。虽然 1970 年以后工业在香港生产总值中比重下降了，但还是举足轻重的。

上面是依据西方资产阶级经济学流行的统计概念即国民生产总值来计算工业产值所占的比重。如果按照马克思主义政治经济学的科学概念即社会总产值来计算这个百分比，那还可以更明显地看出工业在香港经济中的重要地位。根据某些统计资料计算，工业（包括制造业、电力、煤气和矿业）占香港本地总产值（包括农业、工业、建筑业、运输业和商业）的比重，1970 年为 48.9%，1976 年为 45.1%。

3. 鉴于对外贸易在香港经济中具有极端重要的地位，因而出口工业品在出口贸易总额（包括香港本地产品出口额和转口贸易额）的比重上升，也是香港工业由转口贸易附属物上升为主要经济部门的一个最重要指标。出口工业品在出口贸易总额中的比重，1947 年只有 10%，1955 年上升到 29%，1960 年又上升到 72.8%，1970 年为 82%，1980 年为 69.4%，1983 年为 65%。如果单看出口工业品在香港产品出口总额中的比重，那么，问题还要明白一些。据统计，1961 年，香港产品出口总额为 29.4 亿港元，其中单是制造业产品就有 26.3 亿港元占 89.5%。尔后的年份，比重还要高些。1978 年达到 96.4%。

上述情况表明，香港工业到 60 年代初年已经上升为主要的经济部门，80 年代以后的几年。工业比重有所下降。但这种下降的幅度并不表明工业不能成为经济的主要部门。

现在需要进一步探讨战后香港工业迅速发展的原因。香港在 40 年代后半期完成了工业恢复之后，在 50 年代获得了迅速的发展，这并不是偶然的现象，而是当时这个地区内外形势发展的必然结果。

1949 年，在当时条件下，新成立的中华人民共和国理所当然地发展了同苏联和东欧等社会主义国家的经济联系。这样，香港作为中国和西方资本主义国家的转口贸易港的地位就大大下降了。美帝国主义发动侵朝战争，迫使许多资本主义国家（包括英国及其港英政府）对新中国实行禁运。于是，作为香港经济主要领域的转口贸易大体上被堵死了。当时香港经济唯一出路，就是转向发展以出口为主的轻工业。

当时不仅必须这样做，而且有条件这样做。这除了香港长期作为转口贸易港为工业的发展提供了一系列有利因素（包括积累了资金，建立了交通、港口和通讯等基础设施，培养了技术力量和经营管理人员，以及广泛地发展了同世界各地的贸易关系等）以外，当时还有许多有利的条件。①40 年代末期，上海等地的一些资本家把大量资金和机器设备转移到香港。同时，也有一批技术人员和管理人员流入香港。②第二次世界大战以后，全世界的民族解放运动空前高涨。这种情况也使得东南亚地区的大批资金流向香港。③日本由于战争的破坏还没有回到曾为其所控制的东南亚市场上来。④当时香港享有英联邦特惠制的优待，输入英联邦其它国家的关税比较低，有利于香港工业品开拓市场。正是这些有利因素促进了香港工业在 50 年代迅速地发展。

在 60 年代以后，香港工业的发展面临着远比 50 年代严峻得多的形势。日本经济的发展，东南亚地区本身的民族工业的发展，东南亚地区市场竞争加剧了。保护主义的抬头，整个世界资本主义市场的竞争剧烈了。就香港内部情况来看，由于地价、房租和工资的增长，工业品的成本增长了，在国外市场的竞争能力削弱了。然而，60 年代以后香港工业毕竟获得了迅速的发展。这种迅速发展的原因很多，但同香港工业发展的模式、产业结构、企业规模结构和所有制结构有着更重要的联系。我们在下面分别考察这种联系。

产出出口主导型和投入入口为主型的结合

　　香港工业发展模式可以简单地概括为：工业产出出口主导型和工业投入入口为主型的结合。这是香港工业的一个基本特征，它制约着其它特征。所谓产出出口主导型包含这样几方面意思：工业生产主要是为了出口的。技术进步、部门结构以及产品结构的变化，均要适应出口的需要。

　　投入入口为主型，主要是指两点：①工业生产的技术装备、能源和原材料乃至半成品，主要都是靠进口。②维持工业劳动力再生产的基本生活资料也主要依赖进口。

　　产出出口主导型和投入入口为主型，是相互联系的两个方面。就香港工业的具体情况来看，前一方面是以后一方面作为前提条件的。没有投入的入口，也就没有产出和产出的输出。投入的输入是为了产出的输出。但前后两方面不是并列的关系，产品出口处于主导地位。

　　香港工业产出出口主导型的特点并不是一开始就具有的。它是在香港工业发展的过程中逐步形成的。在香港工业还是转口贸易附属物的时候，它就不具有这个特征。据统计，1955 年，香港工业总产值为 14.6 亿港元。其中出口的工业品为 7.3 亿港元，占 50%。1961 年，工业总产值为 33.6 亿港元，其中出口为 26.3 亿港元，占 78.3%。其后的年代，工业品出口的比重进一步上升到 80% 以上以至 90% 以上。1983 年达到了 99%。

　　如果说香港工业有了一定的发展以后，出口的工业品才在工业总产值中占了大部分。那么，香港工业的发展，一开始就在生产资料和消费品的供应上大部分有赖于进口。香港工业生产无论在生产资料的供应上，或者在维持劳动力再生产所需要的消费品的供应上，对于入口都存在着极大的依赖性。

　　一般说来，资本主义商品经济制度的建立和资本主义商品经济的发展，都是以世界市场的开拓作为前提的。但就香港工业对世界贸易具有特殊的极大依存性来说，这样讲是不够的，还必须从香港特有的经济条件和自然条件方面去做说明。

1. 香港地区人口少。据估计，1841 年，香港人口才有 2000 人。到 1947 年也只增长到 180 万人。1983 年为 354.4 万人。香港地区消费品市场的容量是很小的。这同时就限制了香港地区生产资料市场的容量。尽管在资本主义经济制度下，生产的直接目的是利润，但归根结底是为消费资料生产服务的。所以，整个说来，香港地区的市场容量是很有限的。市场容量就直接决定着它的生产规模。因此，香港工业发展要摆脱本地区市场容量的限制，就必须面向世界市场。

2. 香港土地面积很小。适宜耕种的土地只占 9%。香港的矿产资源也很少。这种情况必然限制了香港的农业和矿业的发展。尽管香港经济比较发展，但国民收入总量不是很多。要建立耗资巨大的机器制造业等重工业有一定的困难。建设场地狭小，也极大地限制了需要占地较多的重工业发展。所有这些，都使香港发展工业所需要的生产资料和消费品，不得不依赖于世界市场的供给。

3. 需要进一步指出：产出出口主导型和投入入口为主型的模式，不仅有利于香港摆脱由它本身经济、自然条件所造成的市场容量和生产资料、消费品供应的限制，而且有利于发挥香港在其它方面的经济优势。这主要是：香港地理位置适中，是优良的深水港；已经具有先进的、完善的交通、通讯和其他服务设施；既无关税保护、又无外汇管制的自由港地位，对世界商人更是具有极大的吸引力；长期的转口贸易，为香港和世界各地建立了广泛的经济联系。所有这些，这不仅解决了香港工业生产的投入问题，而且可以降低香港工业品的成本，提高它在国际市场上竞争能力，有利于产品的输出。可见，产出出口主导型和投入入口为主型的模式，是适合了香港的经济、自然特点的，并且具有巨大的经济效益。这个模式是促进香港工业由转口贸易的附属物发展成为主要经济部门的一个重要因素。

一直着重发展轻工业

纵观近代资本主义工业发展史，都是首先发展轻工业。在农业和轻工业有了一定的基础以后，再发展重工业，以完成工业化的过程。香港工业发展在这方面的特点是：一直着重发展轻工业，轻工业产值在工业总产值中的比重很大。重工业虽有一定的发展，但比重很小。

在 50 年代，香港规模较大的重工业要算造船工业，最大的两个造船厂太古和黄浦船坞有工人 8500 名，每年造船能力达到 80000 吨。还有钢铁轧制工业，每年能提供约 50000 吨钢材，主要供建房用。虽有机器制造业，但多数是修配厂。据估计，到 1961 年，香港工业总产值为 33.6 亿港元。其中，轻工业产值占 91.96%；重工业产值占 8.04%。1970 年，在工业总产值中，矿业占 0.6%，电力、煤气等占 5.7%；1976 年，依次为 0.4%、6.1%。在这两年中，轻工业的比重高于 90%，而重工业的比重低于 10%。

可见，一直着重发展轻工业，是香港工业化道路的一个重要特点。香港工业的这条发展道路的实现是以产出出口主导型和投入入口为主型的发展模式作为保证的，反过来又成为实现这个模式的有效途径，成为香港工业迅速发展成为主要经济部门的重要因素。同发展重工业相比，发展轻工业具有投资少，建设周期短，投资回收快，经济效益高，生产发展速度快的特点。在 1970 年到 1976 年期间，香港固定资产投资率为 19% 到 21.7%。在这个期间内，美国固定资产投资率为 18.6% 至 19.9%，苏联为 26.6% 至 29.5%，日本为 36.7% 至 44.6%，联邦德国为 25.4% 至 30%，法国为 26.4% 至 29%，英国为 19.5% 至 22.3%。在这个期间内，香港工业每年大约增长 8.3%；而美国为 3.4%，苏联为 7%，日本为 3.8%，联邦德国为 2.2%，法国为 3.5%，英国为 0.3%。这里的原因很多。但香港主要发展轻工业，因而经济效益较高，无疑是一个重要因素。

小型企业的特殊重要作用

在香港工业从转口贸易的附属物上升为主要经济部门的过程中，小型企业的发展，起着特殊重要的作用。这是香港工业发展的一个重要特点。它不仅表现在香港小型企业及其雇员和产值绝对量的增长上，而且表现在三者相对量的增长上（见表一、表二）。

表一　小型企业及其雇员相对量的增长　　　　单位：%

	1955 年	1965 年	1975 年	1981 年	1983 年
一、大中小企业相对量：					
1. 小型企业（1~49 人）	82.4	81.8	92.2	92.1	92.6
2. 中型企业（50~499 人）	16.3	17.1	7.4	7.7	7.1
3. 大型企业（500 人以上）	1.3	1.1	0.4	0.2	0.3
4. 合计	100.0	100.0	100.0	100.0	100.0
二、大中小企业雇员相对量：					
1. 小型企业	27.9	24.3	38.4	42.1	42.6
2. 中型企业	45.8	49.4	43.9	44.3	43.8
3. 大型企业	26.3	25.8	17.7	13.6	13.6
4. 合计	100.0	100.0	100.0	100.0	100.0

表二　小型企业产值相对量的增长　　　　单位：%

	1973 年	1978 年	1981 年
小型企业（1~49 人）	25.5	27.4	29.8
中型企业（50~499 人）	47.3	49.3	48.4
大型企业（500 人以上）	27.2	23.3	21.8
合计	100.0	100.0	100.0

　　表一、表二表明：①在 1955 年至 1983 年期间，尽量小型企业及雇员的相对量有过曲折的变化。但总的说来，是上升的。雇员相对量的上升比企业相对量的上升还要大一些。②在 1973 年到 1981 年期间，小型企业产值占全部工业产值的比重也是上升的。

　　香港工业发展的这个特点，首先反映了产出出口主导型这一工业发展模式的要求。如前所述，香港工业产品主要是输往世界市场的。世界市场的要求是很复杂的，而且是多变的。香港工业要发展，就必须适应世界市场这一要求，必须具有很大的灵活性。而同大中企业相比较，小企业具有投资少，资本有机构成低，生产批量小的特点。根据 1978 年对香港 415 家小型企业（每厂雇员 49 人以下）的抽样调查资料，企业开设时资本额在 10 万港元以下的占小企业总数的 71%；调查时企业资本额在 10 万港元以下的占 39.1%，在 10 万~40 万港元之间的占 37.5%。根据一些资料来估算，这一年平均每个企业雇员有 9.5 人。这样该年小型企业每个雇员使用的资本额大约只有 1 万~4 万港元。据估算，这年每个小型企业平均只有 57.48 万港元产值。这样，无论是创立小企业，或者改变已有小企业的产品结构，都具有较大的灵活性。这是其一。其二，香港工业产品要能够在世界市场的竞争中站得住脚，并能进一步扩大市场，还必须要产品成本低。同经济发达国家比较起来，香港的工资水平是比较低的。这是香港工业产品成本低的极重要因素。香港工资水平低，是同它长期地大量地从中国内地进口廉价的粮食等消费品有着密切的联系。此外，香港小企业的劳动生产率虽不及大中企业，但也是不低的。这也是小企业产品成本低的一个重要条件。决定这一点的有下列两个重要因素：①生产机械化有较高的发展。据 1978 年对小企业的抽样调查资料，使用电动机器企业占小企业总数的 94%。②生产专业化协作有很高的发展。

香港工业发展的这种特点，同香港的某些经济、自然条件有直接的联系。

1. 相对说来，小型企业多是劳动密集型企业，需要较多的劳动力，对劳动者的文化水平的要求也要低得多。而在过去的 20 多年的时间内，即使单从香港本地的劳动力的供给来看，也是比较充裕的。香港劳动者的文化水平虽有提高，但还是比较低的。到 1981 年没有受过教育的劳动者占劳动者总数的 12.6%，只受过小学教育的占 42.9%，受过中学教育的占 39.7%，受过大学教育的占 4.8%。

2. 同大企业相比较而言，小企业对企业经营管理水平的要求也要低得多。而香港小企业主的管理水平是不高的。根据 1978 年对香港小型企业的抽样调查，没有受过管理训练的小企业主占 71.8%。

3. 小企业占用的场地也少。香港一般小厂的厂房面积多在 1000 平方英尺以下。这也是适合香港土地面积小、建设场地狭小的特点的。

香港工业中实行的某些制度，也促进了小型企业的发展。香港广泛存在承包制。承包制不仅降低了由于货单忽多忽少而给小企业带来的风险，而且提高了小企业对市场需要商品数量、产品设计和质量的适应能力。承包制是由数以万计的进出口商人和大工厂主推行的。进出口商专门经营商品，在推销商品费用上较为节省，在开拓市场方面也更有效能。数量众多的进出口商之间的竞争是很激烈的。这一点，使得利润在工业和商业之间的分配有利于小企业。推行承包制的进出口商和大工厂不只是向小企业定货，而且供应原料，代购机器设备，并提供技术服务。这一切，不仅有利于解决小企业在供产销方面的困难，而且有助于降低生产成本。

雇用外工和亲属，是香港小企业的特点之一，对香港小企业的发展也有重要的作用。据 1978 年的抽样调查资料，有三分之一的小企业经常雇用外工。雇用外工具有很大的灵活性，能够适应订货单多少的变化。小企业不仅雇用亲属做工人多，特别是雇用亲属做管理人员多，而且工资水平并不比大中型工厂低。据 1978 年的抽样调查资料。比大中工厂工资水平高的小工厂占 15.9%，同大中工厂相等的为 82%，比大中工厂低的只占 2.1%。这对于缓和劳资矛盾，提高经济效益，促进小企业的发展，都起了积极的作用。

包工制度在这方面也有不可忽视的作用。包工制度在香港的制衣和塑料行业中是很流行的。这两个行业分别有 12% 和 8% 的小企业采用包工制度。包工制度大多由包工头领导包工小组的工人与小企业主（或经理）签订包工合同。合约规定：包工小组运用小企业的场地、原料、燃料和机器设备等，以一定的价格完成一定的工作量。工作完结后，包工小组又转到另一个工厂去完成另一个合约。包工虽然不能像雇用外工那样，可以节省固定成本和厂房，但也具有很大的灵活性，以适应市场变化的需要。

我们在前面分析了香港小型工业企业及其雇员和产值的绝对量和相对量增长的原因和条件。这并不否定大中工业企业对于小型工业企业的优越性。

在 1973 年至 1981 年期间，小企业每个雇员每年产值同大中企业相比，不论在绝对量方面还是在相对量方面的差距，都是越来越大的。这表明大中企业不仅在劳动生产率水平方面，而且增长速度方面都大大超过了小企业。而这一点正是大中企业优越于小企业的一个最重要方面。

但是，由于小企业雇用工人的增长速度很快，在产值的增长方面起的作用更大，因而在上述期间内，小企业产值的相对量是上升的，大中企业合计的产值相对量是下降的。这突出地说明了小企业在发展香港工业中的特殊重要作用。

论控制我国固定资产投资规模的经济机制[*]

一、 控制固定资产投资规模的必要性

邓小平同志最近又强调指出："一定要控制固定资产的投资规模。"（《人民日报》1985 年 9 月 24 日）这是当前我国建设实践提出的、需要在今年和"七五"时期头两年（1986~1987 年）着重解决的重大问题。据统计，1984 年全社会固定资产投资总额达到 1833 亿元，比上年增长 464 亿元，增长 33.9%；扣除不可比因素，实际增长 25.6%。

在社会主义经济建设正常发展的情况下，全社会固定资产投资是逐年增长的。而且，在适当的限度内，固定资产投资较快的增长，可以看做是社会主义经济制度优越性的一种表现。但是，像 1984 年固定资产投资这样的超高速增长，就不只是包含了正常增长的因素，而且包含了不正常的因素，即膨胀的因素。这种固定资产投资膨胀使我国经济生活中出现了某些新的不稳定因素。

1. 加剧了能源供求之间的矛盾。

由于固定资产投资的膨胀，刺激了工业（特别是重工业）的超高速增长。据大致匡算，每亿元固定资产投资需要重工业产值 1.2 亿元才能保

---

* 汪海波、周叔莲合著。原载《求索》1986 年第 1 期。

证其实现。依此计算,1984 年,只是社会主义国家所有制单位增加的固定资产投资就需要相应增加重工业产值 249.6 亿元。如果再加上社会主义集体所有制单位增加的固定资产投资,则需要增加重工业产值 350 亿元以上,占 1984 年重工业产值增长额的 80%。

由于固定资产投资的膨胀,以及与此相联系工业(特别是重工业)的超高速增长,使得原来已经成为国民经济薄弱环节的能源工业的供求之间的矛盾更加尖锐起来。应该肯定,经过调整,这几年能源工业连年增长。但是,能源工业的发展速度仍越来越落后于整个工业的发展速度。二者之间的对比关系,1982 年为 0.73:1,1983 年下降为 0.64:1,1984年再下降到 0.53:1,1985 年上半年又下降到 0.51:1。这种情况一方面表明近几年来我国在节能工作方面已经取得了巨大的成效;另一方面也反映能源供求之间的矛盾尖锐化。根据有关部门测算,1985 年全国缺电450 亿~500 亿度。

2. 加剧了原材料供应之间的矛盾。

一方面,固定资产投资的膨胀引起了对建筑材料的大量需要,而这些材料生产的增长速度又大大落后于固定资产投资的增长速度。1984 年全社会固定资产投资增长了 25.6%。而这年钢材、木材、水泥和平板玻璃的增长速度分别只是 9.7%、5.1%、11.8% 和 13.7%。1985 年上半年,国家基本建设投资比上年同期增长了 43.5%,而钢材、水泥和平板玻璃只是分别增长了 10.6%、18.4% 和 22.9%。另一方面,由于价格体系不合理以及其它原因,加工工业投资的增长速度又大大快于原材料工业投资的增长速度。与此相联系,前者的增长速度也大大快于后者。上述两方面的情况使得原材料供求之间的矛盾变得更加尖锐起来。

3. 加剧了运输力供求之间的矛盾。

这几年,由于国家把交通运输业作为建设重点,因而交通运输业有了很大的发展。但是,由于固定资产投资的膨胀以及与此相联系的工业增长过快,交通运输业的增长速度和工业增长速度的差距还进一步扩大了。依据历史的经验,铁路货运量与工业产值的增长速度的对比点最少不能低于 0.5:1。但 1984 年下降到 0.33:1,1985 年上半年又进一步下降到 0.21:1。这样,积压待运的物资越来越多。1985 年 5 月,全国积压待运的煤炭约 3000 万吨,木材约 400 万立方米,粮食约 1000 万吨,其他物资约 600 万吨，共计 5000 万吨左右。

4. 不利于企业的技术改造。

固定资产投资的膨胀以及与此相联系的工业增长速度过快，对工业品提出了巨额需求，强化了原来的大部分产品的卖方市场，并且使得刚刚出现的某些产品的买方市场又重新回到卖方市场。这种情况不仅不能有效地推动企业开发新产品，提高技术水平，而且使得某些性能落后、技术水平低、已经淘汰的产品，又重新大量生产。比如，近两年普通机床又销路很畅。在有些地区，技术很落后的小高炉又恢复生产，或重新建立起来。

固定资产投资膨胀以及工业增长速度过快，使得材料和设备供应紧张，延长了更新改造项目的建设周期，延缓了技术改造进程。1984 年，建成投产的更新改造和技术措施项目 38839 个，占施工项目的 73862 个的 52.6%，比上年的 54.9% 下降了 2.3 个百分点。

5. 加剧了消费基金的膨胀。

近年来，与固定资产投资膨胀相伴随，消费基金也在膨胀。其集中表现是社会商品购买力的增长超过了社会商品零售额的增长。1984 年，前者增长了 21.8%，后者只增长 17.8%，二者的对比关系为 1∶0.82。1985 年上半年，社会商品购买力达到了 2194 亿元，比去年同期增长 34.2%；而社会商品零售额为 1995 亿元，比去年同期增长 26.59%。

诚然，社会商品购买力的过多增长，有各种原因，但固定资产投资的膨胀也是消费基金膨胀的一个重要因素。依据有关部门的资料，当前约有 1/3 的固定资产投资通过工资、奖金等各种形式转化为消费基金。

6. 不利于实现财政收支、信贷收支和外汇收支的平衡。

据统计，1984 年国家财政总支出超预算 146 亿元，财政赤字为 50 亿元。其中，固定资产投资就超预算 61 亿元。显然，国家预算内固定资产投资的过多增长，是扩大国家财政赤字的一个重要因素。1984 年，信贷不平衡主要也是同固定资产投资膨胀相联系的。据有关部门分析，由于扩大投资规模面增加的货币支出占 1984 年增发货币的 38%。如前所述，由于固定资产投资的膨胀，以及与此相联系的工业增长过快，形成了对原材料和设备的巨额需求，而国内生产不能满足这种急剧增长的需要，于是不得不用大量外汇进口原材料和设备。同一原因又导致内贸与外贸互争货源的情况更加严重，刺激外贸商品价格上升，造成外贸成本大幅度上升。据有关部门的统计，1984 年全国出口商品是 2.79 元人民币换 1 美元，1985 年上半年上升到 2.92 元人民币换 1 美元。这样，一方面用汇大量增加，另一方面创汇变得更加困难，持续下去，外汇来源势必难以为继，难以维持外汇收支平衡。

7. 导致固定资产投资效益下降。

近年来，由于固定资产投资膨胀，交通运输、能源、建筑材料和设备供应都很紧张，影响工程进度，建设项目竣工投产的情况较差。全部基本建设项目投资率由 1983 年的 53.2% 下降到 1984 年的 48%，房屋建筑面积竣工率由 52.3% 下降到 49%，固定资产交付使用率由 76.3% 下降到 73.8%。1985 年上半年，由于固定资产投资继续膨胀，几项投资效益的指标又比上年同期下降。

8. 不利于经济体制改革的顺利进行。

一般说来，经济体制改革要求有较宽裕的经济环境，要社会总供给略大于社会总需求，要形成有限的买方市场。而近年来固定资产投资的膨胀以及与此相联系的工业增长过快，使得社会总需求超过了总供给，进一步强化了卖方市场，正好违反了经济体制改革的上述要求。这就必然给经济体制改革造成困难，延缓体制改革的进程。1985 年相继进行工资改革和价格改革，这在推进我国经济体制改革方面具有重要的意义。但工资改革还只能是低标准，价格改革也只能是小步。这是同固定资产投资膨胀造成的紧张的经济环境相联系的。

可见，控制固定资产投资规模是一个势在必行的、迫切需要解决的重大问题。但为了由于避免急刹车而造成的损失，可以分散在近三年（1985~1987 年）解决。

二、控制固定资产投资规模的经济机制

现在我们探讨控制固定资产投资规模的经济机制。我们先从构成近年来固定资产投资膨胀的基本要素考察起。①1984 年，全社会自筹的固定资产投资 1014 亿元，自筹投资的膨胀，是构成 1984 年固定资产投资膨

胀的一个基本要素。②1984 年，用国内贷款完成的固定资产投资共达 258 亿元，比上年增长 47.3%。信用膨胀是 1984 年固定资产投资膨胀另一个基本要素。

现在的问题是：形成这些基本要素的经济机制是什么呢？乍一看来，固定资产投资膨胀，似乎仅仅是由于宏观失控的结果。但实际上，原有的经济体制没有根本改革，其中的资金供给制还没有根除，也是一个重要的甚至是更重要的原因。

资金供给制是原有的、高度集权的、以行政管理为主的经济管理体制的一个重要特征。在这种体制下，国家对国有企业实行统收统支。就是说，企业提供的剩余产品价值，只能留一小部分，绝大部分都要上交国家，连折旧基金都是这样。企业扩大再生产投资，甚至主要属于简单再生产的更新改造投资，基本上都是依靠国家的财政拨款。这样，生产经营好的企业，尽管获得的盈利较多，但却得不到多少收益；而生产经营差的企业，虽然盈利少，但也受不到多少损失；至于那些亏损的企业，还要由国家财政给予补贴。这是原有经济管理体制下资金供给制的主要形态。除此以外，还有一种补充形态，即作为国家银行对国有工、商、交、建企业的资金供给制。在原有的经济管理体制条件下，企业需要的固定资金和定额流动资金（这是主要的部分）是由国家财政拨款，非定额流动资金（这是小部分）是由银行贷款。银行对那些生产经营好、经济效益高的企业，可以按时收回贷款，并能取得很低的利息；而对那些生产经营差、经济效益不好的企业，银行就不仅不能按时收回贷款，在企业需要时还需发放新的贷款。所以，从严格的、实际的意义上说，这不是金融企业与生产企业之间的信贷关系，而是国家银行对国有企业的资金供给制。资金供给制的形成，从理论上来说，在于政企不分，把企业看成国家行政机关的下属机构，否认企业是相对独立的商品生产者和经营者。这样，尽管也实行经济核算，但实际上是企业核算，国家统负盈亏。企业的生产经营活动的效益（包括资金运用的效益）和企业物质利益没有联系，企业不承担责任。这种僵化的经济管理体制一方面窒息了企业的活力，另一方面又使得企业缺乏内在的经济机制，以便自觉地调节投资需求，控制高投资和低效益投资，于是形成了一种被有的经济学家称之为扩张冲动和投资饥渴的现象。

在这种体制下，在过去的长时期内，并没有把国家银行和专业银行分开，更说不上要把专业银行也要看作是金融企业，即相对独立的、自主经营的、自负盈亏的经济实体，并且依据这种经济实体的本质要求同作为相对独立商品生产者和经营者的国有工、商、交、建企业发生真正的、严格的信贷关系。这样，银行对于是否按时从企业收回投资，既没有物质利益，也不承担经济责任。因而就不能利用信贷这个经济杠杆，有效地调节企业的投资需求，有效地截止企业的低效益投资，反而成为一种助长"扩张冲动和投资饥渴"的经济机制。

在这种体制下，有中央部属企业与地方企业之分，在实际上形成了某种程度的部门所有和地区所有，助长了部门和地区的本位利益；而在资金供给制的条件下，部门或地区对国家分配的建设投资不承担经济责任。这是部门之间和地区之间重复建设盲目发展，固定资产投资膨胀的重要经济机制。

在这种体制下，管理权限高度集中，经济决策（包括确定固定资产投资规模）不可避免地会发生各种违背客观经济规律的失误。资金供给制使得各级领导并不承担这种决策失误的责任。这样，不仅可以经常发生失误；失误了还难以纠正；甚至不允许纠正；纠正了还可以再犯。这也是固定资产投资膨胀的重要经济机制。而在过去经济工作几次发生"左"倾错误的时候，这也许是最重要的经济机制。总之，高度集权的、以行政管理为主的经济管理体制，特别是其中的资金供给制，是固定资产投资膨胀的一个最主要根源。

当然，1979年以来，高度集权的、以行政管理为主的经济管理体制（包括资金供给制）已经有了部分的改革，并成为近几年推动我国经济发展的重要因素。但是同时还要看到：这种体制还没有根本的改变。这正是当前固定资产投资继续膨胀的一个最主要的根源。

就银行与国有工、商、交、建企业的关系看，先后实行了定额流动资金和固定资产投资的"拨改贷"，而且建设银行已经作为专业银行从中国人民银行分离出来，专门承担对工、商、交、建企业固定资产投资的贷款。这些在我国金融体制改革方面，无疑是一个重要的进步。但是，现在建设银行并没有真正成为金融企业，成为相对独立的自主经营、自负盈亏的经济实体，银行与工、商、交、建企业之间也并没有形成一种真正的、严格的信贷关系。①银行并没有建立独立的经营资金。现在通过建设银行供应的投资，大部分还是非信贷资金，即财政资金，银行无权调动，还只能起着财政出纳的作用。②银行还没有必要的经营自主权，对需要贷款的建设项目的投资也无决策权。现在银行发放贷款仍然是以中央和省两级指令性计划为依据，并受到国家各级行政机关多方面的行政干预。③目前工、商、交、建企业归还银行的投资贷款，都是由税前利润支付。从主要方面来说，也就是由国家财政资金还款。对无力归还贷款的企业，也没采取有效的措施。诚然，1985 年 3 月国家在《借款合同条例》中已经规定："借款方无力偿还贷款时，贷款方有权要求依照法律程序处理自己的借款方作为贷款保证的物资和财产。"但由于这个法律程序还没有具体规定以及其他原因，一般也难以执行。第四，过去我国固定资产贷款利率低于储蓄存款利率，远远没有发挥利率这个经济杠杆在调节投资方面的作用。只是从 1985 年 8 月 1 日起，才大幅度提高固定资产贷款利率，使其高于储蓄存款利率。但"拨改贷"的贷款利率由于各种原因 1985 年暂还不能变动，到以后才能改为按统一的固定资产贷款利率执行。上述情况表明：经过几年的改革，我国资金供给制已经有了部分的破除，但还没有根本的变革，只是在资金供给的渠道上由过去的财政资金为主、信贷资金为辅改变为以信贷资金为主了。这样，专业银行对投资规模及其效益就不负什么责任，也没有多少物质利益，还缺乏有力的手段去左右投资。这样，就不只是没有在固有的工、商、交、建企业内部，而且也没有在银行企业内部建立起一种内在的经济机制，自觉地调节投资的需求，有效地控制高投资和低效益的投资。

　　经过几年的改革，"部门所有"和"地区所有"的情况已经有了很大的改变。但由于还没有做到政企职责分开，问题也还没有真正解决。为了扩大地方的财权，1980 年起，国家对多数地方实行了五年为期的划分收支，"分级包干"的财政管理体制，即"分灶吃饭"的制度。这种制度对于调动地方增收节支的积极性起了重要的作用。但这种制度不仅没有使企业摆脱地方行政的束缚，而且使企业和地方的经济利益更密切地结合起来了，从而加强了地方对企业的行政干预。这是当前地区之间重复建设盲目发展、固定资产投资膨胀的一个重要因素。1985 年 3 月国务院已经决定：从 1985 年起国家对多数地方改行"划分税种，核定收支，分级包干"的财政管理体制。这对进一步明确各级财政的权利和责任，做到权责结合，充分发挥中央和地方两个积极性，无疑是有益的。但它还不是完全以税种划分中央和地方财政收入的体制，更没有涉及到政企职责分开，因而还不能解决地区之间盲目发展重复建设的问题。

总之，无论从同有工、商、交、建企业部门和地区方面来说，或者从银行企业方面来说，都还没有根除资金供给制，都还没有建立起内在的、自觉的调节投资需求的经济机制，以有效地遏止高投资和低效益投资。这些正是构成1984年以来固定资产投资膨胀两个基本要素——自筹投资膨胀和信用膨胀——赖以形成的最主要经济根源。

因此，要控制固定资产投资规模，就要使国有企业成为相对独立的商品生产者和经营者，成为自主经营、自负盈亏的经济实体，在这些企业内部建立起自觉调节投资需求的机制。同时，要实行政企职责分开，使企业从部门、地区行政管理的束缚下解脱出来。还要结合税制的改革使企业按照税种分别向中央和地方上交税金；在税收总额的分配上，要保证中央税收占大部分，地方税收只占一部分。在地方财政支付的投资方面，要按照经济体制完成以后的地方政府的职能，规定主要用于市政公用设施方面，而不能用于新建工业企业。这样，就可以从隶属关系、财政收入和财政支出等三方面切断地方政府和企业之间的经济联系，以控制地区之间重复建设的盲目发展，以及与此相联系的固定资产投资的膨胀。

当然，固定资产投资膨胀是属于宏观经济问题，绝不只是从企业、部门和地区方面建立良好的经济机制所能完全解决的，它还有赖于国家的宏观经济控制。而且，在改革已经进行、企业部门和地区有了一定的财权和其他权利以后，这种宏观控制显得更加必要了。同时，要进一步建立和完善有关的法律程序，并且严格按照法律程序办事，实行严格的责任制。

值得着重指出：从1984年底以来，党中央、国务院除了依据党的十二届三中全会的精神，继续全面地把经济体制改革推向前进，以期逐步在企业建立起内在的调节投资需求的机制以外，并采用了法律的和行政的手段加强宏观的控制，现在已经开始取得了成效。我们深信：固定资产投资膨胀必将得到控制。随着将来经济体制改革的完成，作为传统体制痼疾的固定资产投资膨胀也必将作为一种历史现象在中国这块土地上消失。

论固定资产投资重点转向技术改造*

最近党中央提出的"七五"计划建议指出："立足现有基础，对老企业进行技术改造和改建扩建，是加速国民经济现代化的基本途径。"① 这项方针要求把固定资产投资重点转向现有企业的技术改造。

一、重点转移是历史经验的总结

新中国建立以来，进行了大规模的固定资产投资。从 1950 年至 1983 年，全民所有制单位固定资产投资累计达 11633 亿元，其中基本建设投资 8970 亿元，更新改造投资 2663 亿元。这个期间，全民所有制单位基本建设投资而新增的固定资本即达 6440 亿元，相当于解放初期全国国营企业所有固定资产总值的 27 倍；建成大中型项目 3800 多个，小型项目 10 万多个；竣工各种房屋建筑面积 22.9 亿平方米。

我国固定资产投资对于发展国民经济，对于迅速实现社会主义现代化，对于满足人民群众日益增长的物质和文化的需要，都起了十分重要的作用。但也存在一些严重问题，除了多次发生投资规模过大，投资结构上片面强调重工业而忽视其它生产部门，片面强调生产性建设而忽视非生产性建设以外，就是在固定资产再生产形式上长期把重点放在基本建设上，迟迟没有把重点转到现有企业的技术改造上。

* 周叔莲、汪海波合著。原载《财经科学》1986 年第 1 期。
① 《中共中央关于制定国民经济和社会发展第七个五年计划的建议（草案）》。

统计资料表明：[①]"一五"时期更新改造投资在固定资产投资中占的比重是最小的。因为，半殖民地半封建中国工业是很落后的，尽管经过国民经济恢复时期的工作，这种落后的状况有了一定的改变，但工业基础仍然是薄弱的，许多工业部门（特别是重工业的部门）还是空白。在这种情况下，把固定资产投资的重点放在基本建设上，无疑是必要的。

诚然"一五"时期更新改造投资占用固定资产投资的比重同后续时期比较，差距很大。但并不能由此认为"一五"时期忽视了现有企业的技术改造。因为，①如果考察一下"一五"时期更新改造投资占固定资产净值的比重，那差距就小多了。社会主义国家所有制单位更新改造投资占国有企业固定资产净值的比重，1957 年为 2.1%，1962 年为 1.7%，1965 年为 3.4%，1970 年为 3.9%，1975 年为 5.5%，1980 年为 5.1%。②"一五"时期更新改造投资尽管占固定资产投资的比重很小，但增长速度最快。1957 年比 1953 年提高了 3 倍多；"二五"时期提高了 2.5 倍，三年调整时期下降了 6.5%；"三五"时期下降了 12.2%；"四五"时期增长了 64.9%；"五五"时期仅增长了 0.8%。[②]③"一五"时期更新改造投资的比重固然很小，但在包括新建项目和改进扩建项目在内的基本建设投资总额中，改建、扩建占的比重最大。"一五"时期为 52.6%，"二五"时期为 36.7%，三年调整时期为 42.5%，"三五"时期为 39.9%，"四五"时期为 37.3%，"五五"时期为 38.9%。[③]这样，如果我们把基本建设投资总额中的新建投资算一方，把其中的改建、扩建投资和更新改造投资算另一方，并计算二者在固定资产投资总额中的比重，那将是另一番景象。这双方的对比关系，"一五"时期为 43.9 : 53.7，"二五"时期为 53.1 : 41.6，1963~1965 年为 44.2 : 51.5，"三五"时期为 44.1 : 51.5，"四五"时期为 44.2 : 51.4，"五五"时期为 40.5 : 55.1。[④]可见，"一五"时期基本建设中改建、扩建项目和更新改造项目的投资在固定资产投资总额中的比重达到了 53.7%，高于"二五"、三年调整、"三五"和"四五"时期，仅略低于"五五"时期。

---

① 参见《中国统计年鉴》（1984），中国统计出版社版（后同），第 301 页。

②《中国统计年鉴》（1984）。

③《中国统计年鉴》（1984），第 305 页。

④《中国统计年鉴》（1984），第 333 页。

　　成为问题的是：在"一五"时期建立了社会主义工业化初步基础以后，在"二五"时期本来应该开始实现固定资产投资重点的转移，然而不仅没有这样做，在"大跃进"时期的头两年更新改造投资在固定资产投资中的比重反而下降了，只是到1960年略有上升。从1961年调整国民经济开始，直到1965年调整时期结束，更新改造投资比重才有显著上升，但也只是在15%上下波动。"三五"、"四五"和"五五"时期，这个比重又有进一步上升，但有四年还停留在20%以下，十年在25%上下波动，只有一年达到了30%。[①]当然，即使是达到了30%也没有表明固定资产投资重点的转移。可见，在"一五"时期以后的长达二十多年的时间里，在政策上没有提出把固定资产投资重点转移到技术改造上来，在实践上更没有这样做。

　　这是一个重大的失误，是经济工作指导思想上"左"倾错误的一个重要方面，是长期以来经济效益差的一个十分重要的原因。据统计"一五"时期的积累系数[②]为3.13，"二五"时期为108.25，1963~1965年为1.75，"三五"时期为3.80，"四五"时期为6.32，"五五"时期为4.21。可见，如果不说三年调整时期，我国积累的经济效益是趋于下降的。在这方面比西方经济发达国家相差甚远。1953~1982年的30年中，我国积累系数为4.53；而近20年美国、法国大约在2左右，英国远低于2，日本大约在3左右，联邦德国超过3。这里有经济结构不同等不可比因素，但我国积累经济效益差是很明显的。需要说明：固定资产投资虽不全属积累基金，但大部是积累基金，并在积累基金总额中占了大部分。所以，我们这里列举的积累效益差的数字，也反映了固定资产投资效益差的状况。

　　显然这种状况是由政治、经济等多方面的原因造成的。但在"一五"时期以后的一个长时期内迟迟不把固定资产投资的重点转移到现有企业的技术改造上来，也是一个极重要的因素。据粗略匡算，在1953年到1983年期间，工业基本建设投资为4698.82亿元，工业更新改造及其它措施投资为1408.9亿元，前者占工业固定资产投资总额的76.9%，后者占

---

① 参见《中国统计年鉴》(1984)，第301页。
② 即每增加一个单位的国民收入需要的积累基金数。

23.1%。由基本建设投资而增加的产值为 2167.6 亿元，由更新改造而增加的产值为 1990 亿元，前者占新增产值总数的 57.4%，后者占 42.6%。这就是说，在这期间，工业基本建设投资约占工业固定资产投资总额的 4/5，但占新增产值大约只有 3/5；而工业更新改造及其它措施投资大约占工业固定资产投资的 1/5，但占新增产值 2/5。可见，工业更新改造投资的经济效益比工业基本建设投资的经济效益要高得多。

　　党的十一届三中全会以后，特别是 1980 年底党的中央工作会议以后，赵紫阳同志代表党中央对我国三十多年的社会主义建设的经验作了系统的总结，提出了"一条速度比较实在、经济效益比较好、人民可以得到更多实惠的新路子"。围绕提高经济效益这个社会主义建设的核心问题，又提出了十条方针。其中第四条就是"有重点有步骤地进行技术改造，充分发挥现有企业的作用"。①"六五"计划期间开始贯彻了这一方针。1981~1984 年的四年中，社会主义国家所有制单位基本建设投资与更新改造及其它措施的投资的对比关系分别为：66.4∶33.6，65.7∶34.3，62.4∶37.6，62.7∶37.3。但还没有完成固定资产投资重点向技术改造的转移。1984 年下半年党中央和国务院在总结过去（特别是"六五"期间）建设经验的基础上又进一步提出："七五"计划以至"八五"计划前期，实行以现有企业技术改造和改建扩建为主的方针。依此方针，显然需要进一步实现固定资产投资重点向技术改造的转移。

二、重点转移是实现经济发展战略目标的要求

　　把固定资产投资重点转向技术改造，是实现本世纪末工农业年总产值翻两番的要求。

　　第一，提高经济效益，是实现本世纪末工农业年总产值翻两番的前提。而现有企业的技术改造是提高经济效益最重要的因素。

　　相对说来，现有企业技术改造投资效益比用于新建的基本建设投资效益，要高得多。一般说来，新建企业需要进行征地、勘测、建筑设计

① 赵紫阳：《当前的经济形势和今后经济建设的方针》，人民出版社 1981 年版，第 14、27 页。

和大量的土建工程。在许多场合，还要进行交通运输、排水、输电等一系列厂外工程。而现有企业的改造，则因为可以利用原有基础（包括厂房和公用设施等），一般不需要进行这些工程建设，就是有，也要少得多。此其一。其二，新建企业需要组织全套班子的经营管理人员、工程技术人员和工种齐全的工人，而且他们对新建企业的熟悉还要一个过程。而现有企业的技术改造，则可以利用原有的职工，他们对生产和经营管理都比较熟悉。其三，新建企业需要涉及多方面的复杂的新情况，容易发生某些失误。而现有企业的技术改造，是在原有的基础上进行的，客观情况比较清楚，改造措施比较容易做到符合实际。这样，同新建企业相比较，现有企业的技术改造就具有投资省，建设周期短，投资效果发挥快的优点。据有关部门的调查和估算，形成同样的生产能力，现有企业的技术改造比新建企业，投资大致可节约 2/3，物资可省 60%，建设周期可以缩短一半以上。

第二，提高技术水平，也是实现本世纪末工农业年总产值翻两番的重要条件。而技术改造是提高现有企业技术水平的途径。

在现代化生产条件下，技术水平的提高在发展社会生产方面起着十分重要的作用。依据国外资料，20 世纪初期，大工业劳动生产率的提高有 5%~20% 是由于运用新技术获得的。到了 70 年代，这个比例已经增长到 60%~80%。据估计，苏联和东欧国家 1950 年至 1972 年期间，国民收入增长额的 60% 是靠提高劳动生产率（主要与技术进步相联系）取得的，1975 年至 1980 年大约提高到 75% 以上。

但在我国，由于种种原因，长期忽视现有企业技术改造，与技术进步，与技术进步相联系的劳动生产率在发展社会生产方面的作用远远没有得到发挥。按 1980 年不变价格计算，在工业总产值的增加额中，由于提高劳动生产率而增加产值占的比重，"一五"时期为 33.7%，"二五"时期为 -166.1%，三年调整时期为 111.4%，"三五"时期为 33.7%，"四五"时期为 -1.3%，"五五"时期为 49.2%。可见，如果不说带有恢复性质的调整时期，那么，在"一五"时期以后的长时时期内，这个比重也是存在着下降趋势的。

提高技术水平的意义，不仅在于它是实现工农业年总产值翻两番的重要条件，而且它本身就是本世纪最后 20 年我国经济发展宏伟目标的重要组成部分。胡耀邦同志在党的十二大中谈到这一点时曾经提出：到本世纪末，我国"整个国民经济的现代化过程将取得重大进展"。①赵紫阳同志还提出这样的设想："到本世纪末，把经济发达国家在 70 年代或 80 年代初已经普遍采用了的、适合我国需要的、先进的生产技术，在我国厂矿企业中基本普及，并形成具有我国特色的技术体系"。②显然，如果到本世纪末，我国的技术水平不能得到提高，仅仅是实现了工农业年总产值翻两番（这当然也是不可能的），那并不能算是全部实现了经济发展的宏伟目标。

要在提高技术水平方面实现这样的目标，仅仅依靠采用现代技术建设新企业是远远不够的（虽然这也是重要的），主要还是运用新技术改造现有企业。机械工业部以 1982 年为分析统计基期，组织有关研究所选择了有代表性的 93 大类、471 小类、35928 种产品，同国外同类产品的技术水平进行了分析对比。从分析看，1982 年机械工业部系统产品属于国际50 年代水平的产品系数的 16.4%，属于 60 年代水平的产品占 61.6%，属于 70 年代、80 年代初水平的产品占 22%。显然，如果不对现有机械工业企业进行普遍的技术改造和产品的更新换代，那么现在机械工业产品中还有将近 80% 的产品技术水平就不能在本世纪 90 年代中期提高到 70 年代和 80 年代初的国际水平。我们这里没说本世纪末，而说 90 年代中期，是考虑到机械工业是国民经济的技术装备部，它的产品技术水平的提高比其它部门产品需要有一定的超前期。

第三，解决资金、能源和原材料的供需矛盾，同样是实现本世纪末工农业年总产值翻两番的要求。而对现有企业进行技术改造，正是解决这个供需矛盾的较重要的手段。

如前所述，现有企业技术改造投资的效益比基本建设投资的效益高得多。这既能节约资金，又能节约能源和原材料。此其一。其二，在企业得到技术改造以后，既成为促进国民收入增长较重的因素，又意味着作为价值形态的资金的增长和作为使用价值形态的能源和原材料的增长。其三，在企业得到技术改造以后，还可以进一步促进资金和能源、原材

①《中国共产党第十二次全国代表大会文件汇编》，人民出版社 1982 年版，第 15 页。
②赵紫阳：《经济振兴的一个战略问题》，《光明时事》1982 年 10 月 27 日第 4 版。

料的节约。就节约资金来说，经过改造后的技术先进的设备，其生产效率往往一台可以代替多台技术落后的设备。技术改造还可以加速生产过程和降低产品的材料消耗定额，减少材料的消耗量和储备量。应用电子技术改造老机床，不仅可以提高加工精度一至二级，而且可以大大提高生产效率。就节约原材料和能源来说，改进机器设备和工艺过程不仅可以提高它的生产效率和利用率，也可以降低能耗定产品质量，减少废品率，提高原材料的处用率。

这几年的实践表明：通过技术改造和其它措施从增产和节约的两个方面来解决资金和能源原材料的供需矛盾是可能的。

第四，城乡人民收入的成倍增长，使人民的物质文化生活达到小康水平，既是本世纪末实现工农业年总产值翻两番的根本动力，又是重要条件。而对现有企业进行技术改造，正是实现城乡人民收入成倍增长的重要条件。

如前所述，对现有企业进行技术改造，是提高经济效益的重要手段，因此是同民收入增长的重要因素。在国民收入较快增长的情况下，就可以在积累基金增长的同时，保证消费基金的增长，从而实现人民收入的成倍增长。还要看到，伴随人民消费水平的提高，消费质量和结构也在发生变化。显然，要满足这种需要，也离不开企业的技术改造。

总之，把固定资产投资重点转向技术改造，是实现本世纪末工农业年总产值翻两番的——极重要的战略措施。

三、"企业自主"和"开放"的技术改造道路，
是实现重点转移量根本的有利条件

实现固定资产投资重点转向现有企业的技术改造，不仅有其必要性，还有它过去所没有的有利条件。长时期内，在传统的经济体制下，我国企业技术改造走的是一条"国家包办"和"封闭"的道路，严重地阻碍了企业的技术改造，是一条不成功的道路。党的十一届三中全会以来进行的经济体制改革，开辟了一条新的技术改造的道路，为实现固定资产投资重点转移向技术改造提供了最根本的有利条件。这条道路的基本特

点似乎可以归结为"企业自主"和"开放"。其主要内容是：

第一，通过经济体制改革，使企业正在成为相对独立的、自主经营、自负盈亏的社会主义商品生产者和经营者。这样，企业在技术改造方面就有了充沛的动力和压力，并有了财力和权力，就会极大地调动企业自主进行技术改造的积极性，有力地推动技术改造的进展。

第二，通过经济体制、军事工业体制和科学技术体制的改革，正在打破部门分割、地区分割、军民分割以及科研与生产脱节的状态，大大加速了科学技术由先进部门、地区向落后部门、地区转移的过程，由军事工业向民用生产转移的过程，由科学研究单位向生产单位转移的过程。这种在国内实行的、多方面的开放政策，正在科学技术和设备等方面为固定资产投资重点转向现有企业技术改造创造有利条件。据统计，1984年省际之间达成的经济技术合作项目有17000多个，比1983年增长了一倍。

第三，通过作为改革的一个重要方面的对外开放，引进技术和利用外资，既可以弥补国内技术改造资金的不足，又可以取得国内缺乏的先进技术设备。根据对北京、天津、上海等20个城市社会主义国家所有制单位更新改造项目的调查，1979年至1984年，20个城市已经成交的引进技术设备项目共1704个，价值14.71亿美元。需要着重指出：引进在提高技术水平方面具有特殊重要的作用。比如，大连重型机器厂从联邦德国引进小方坯速铸机技术，生产出具有国际水平的方坯速铸机，从而使铸钢技术从国际50年代跨入70年代末期的水平。天津塘沽阀门厂从美国引进牛线蝶阀产品图纸和工艺资料，两年内形成两万台生产能力，产品水平从原来的国际40年代一步跨入80年代初期。产品质量得到国际权威机构的技术认可，成为国际市场上的畅销货。

我们说现有企业技术改造要走"企业自主"和"开放"的新路子，并不否定国家对企业技术改造实行计划指导，也不否定国家对企业技术改造项目在财政和信贷等方面给予支持，更不否定坚持自力更生的方针。这些都是显而易见，毋庸多言的。

一个具有强大活力的联合企业*
——湛江家用电器工业公司经验的理论分析

搞活企业，增强大中企业的活力，是今年经济体制改革工作的中心。在这种形势下，总结搞活企业的经验，具有重要的现实意义。在这方面，湛江家用电器工业公司（以下简称"湛电"）的经验值得重视。

"湛电"这个集体所有制的巨型联合企业表现了强大的活力。企业活力表现为多方面。就企业活力所形成的最终成果，集中地表现为在经济效益提高的基础上生产的高速度增长。

以"湛电"统负盈亏的12个工厂为例。1979年，工业总产值为622万元，1986年增长到2亿元，增长了31.2倍。光管支架和电饭锅是"湛电"的两种主要产品。在这期间，由于市场因素的作用，前者虽然只由111.63万套增长到240万套，增长了1.2倍，而后者却由1.6万只猛增到250万只，增长了155.3倍。

然而，"湛电"经验的可贵之处，并不只是在于它的生产发展速度快，更重要的还在于它把生产的高速度增长建筑在经济效益提高的基础上。仍以"湛电"统负盈亏的12个工厂为例。①1979年，按每个工人生产的产值计算的劳动生产率为8532元，1986年上升到26718元，提高了2.13倍。②在1984~1986年间，由于铝材和铁板价格大幅度上升，每个电饭锅材料成本增加7.8元，同时职工月平均工资也由135元增加到180

* 本文是1986年12月29日在国家体制改革委员会在湛江市召开的"湛电"经验评论会上的发言。原载《经济管理》1987年第3期。

元。但是，由于劳动生产率提高的速度高于工资的增长速度，因而每只电饭锅的工资含量是下降的。比如，1984 年为 3.09 元，1985 年为 2.56 元，1986 年为 2.46 元。再加上物化劳动的节约，因而，电饭锅的成本还下降了 2%。③在 1979~1986 年间，每百元固定资产原值实现的利润和税收由 22.2 元上升到 24.7 元。这是依据一些偏低的数字算的，实际情况还要高些。

形成"湛电"这个联合企业的强大活力的主要因素有哪些呢？

第一，"湛电"是适应社会主义条件下资金集中规律的要求而形成联合企业，在形成联合以后又比较充分地发挥了大经济的优越性。

我国学术界长期流行的一种观点认为，在社会主义制度下，并不存在资金集中规律。这种观点是同否定社会主义制度下存在商品生产的错误理论相联系的。在社会主义商品生产条件下，确实不存在资本集中规律，但却存在着资金集中或资金吸引资金的规律。问题在于，社会主义商品生产也是以社会化大生产作为物质基础的。其特征是不断的扩大再生产。现代工业的技术基础是革命的。产业结构、消费结构和市场需求能够在某个较短时期内发生剧烈的变化。这样，单靠企业自身的资金积累往往不能满足扩大再生产的需要，因而需要依赖资金集中。同时，在社会主义商品生产条件下，还存在着竞争，因而必然出现优胜劣汰。这样，在某种条件下，优胜企业与劣汰企业的合并就成为双方经济上的需要。社会主义信用的发展，以及与此相联系的股份公司的发展，也是资金集中的一个强有力的杠杆。但是，社会主义条件下的资金集中和资本主义制度下的资本集中却存在着根本的区别。后者表现的是资本家之间的你死我活的竞争关系，是优胜资本强制吞并劣汰资本的关系，是大鱼吃小鱼的关系。而前者表现的是根本利益一致，但有局部利益差别的社会主义企业之间的竞争关系，是大鱼带小鱼、大鱼喂小鱼的关系；是坚持自愿互利原则的。

"湛电"经验的可贵之处，在于这个联合企业形成过程的每一步都适应了资金集中规律的要求，这又因为资金集中能够迅速地适应扩大生产的需要。值得提出："湛电"在实现联合的过程中，是坚持了自愿互利的原则的，即使是对待 1985 年以后联合的一批濒临"死火"的企业（即负债累累、临近破产的企业），也是采取大鱼喂小鱼的办法，达到大鱼和小鱼同肥的目的。在联合的过程中，"湛电"为这些企业支付了大量的债务和转产费用；联合以后，又投入了大量更新改造资金。在 1979~1986 年间，这两项费用达到了近 4000 万元。

然而，"湛电"经验值得注意之处，不仅在于同传统经济体制下依靠行政办法而实现的联合（在当前新旧体制交替的过程中仍然存在这种状况）不同，是适应作为社会主义商品经济规律的资金集中规律的要求而实现联合的，因而具有强大生命力，而且在于在这种联合实现之后比较充分地发挥大经济的优越性。

（1）企业功能的优化。"湛电"作为联合企业是以生产功能为主的，目前拥有 28 个专业生产厂。但在一定程度上又具有流通、运输和科学研究等项功能。这种以生产功能为主的多功能配合，是大经济优越性的一个重要方面。

"湛电"设有国内贸易部和国际贸易部。目前"湛电"生产和行政管理干部只有 68 人，但却拥有 210 多名销售人员，兼负产品销售、维修和情报工作。"湛江"还联合全国 28 个省、市、自治区的有关单位设立了1300 多个经销点和 130 个维修站，并与 66 个电气化试点县签订了供销合同。这些对于开拓"湛电"的国内市场起了重要作用。"湛电"还联合我国外贸部门、驻外贸易机构和外国财团，并发挥它作为出口基地的优势，以开拓国外市场。这样，就使得"湛电"能够综合运用两种市场、两种货币和两种原料的有利条件，做到内外条件相互支持，企业能进能退，立于不败之地。

"湛电"还建立了大型的汽车运输队，目前已经拥有 62 辆大型汽车，对 1500 公里以内的用户实行送货上门，并且只收单程运费。这一点，特别是在当前交通运输紧张的情况下，对于迅速地及时地满足用户的需要，减少用户流动资金的占用，具有明显的好处。因而成为竞争和开拓长江以南地区 5 亿人口市场的重要手段。同时，对于"湛电"迅速获得市场信息，加速流动资金周转，以及减少运输中的损耗，也都颇有益处。

"湛电"还设有技术开发部和家用电器研究所，并与国内的一些高等院校和科研单位有长期的合作协议，组成内外结合、专群结合的技术开发网络，促进了新产品、新工艺和新技术的开发。

（2）企业结构的优化。"湛电"在实现了联合之后，就以产品为核心，组织专业化生产，依据各厂的特点和专长，将产品的零部件分散到各厂生产，然后再汇总装配。比如，作为主要产品的电饭锅的生产，就分为发热盘、电木塑料配件、电镀、喷漆、外壳和内胆，由 5 个分厂分别生产，然后总装。这种专业化协作，对于保证高质量、低成本和大批量的生产，起了重要的作用。

（3）生产要素的利用效益和投资效益的优化。上述生产专业化的优越性明显地表现了"湛电"的生产要素的利用效益。至于投资效益的优化，突出地表现在"湛电"在实现联合以后的更新改造上。同新建工厂相比较，这不仅可以做到投资省，而且可以避免征地、基本建设和招工，从而大大缩短了形成新的生产能力的时间，做到投资少，见效快。

（4）产品结构的优化。目前"湛电"已经形成了电热炊具、照明灯具、降温取暖器具、清洁卫生用具和胶木电料五大类，共 50 多个品种规格的系列产品。这也是大经济优越性的重要之点。因为，尽管从每种产品来说，都要经过试制、投产、成长、成熟和衰退阶段，但在系列产品存在的条件下，总有某几种处于成长和成熟阶段。这样，即使有一些产品处于衰退阶段，也不影响企业的稳定发展。此其一。其二，尽管由于市场各种因素的作用，一个时期某种产品畅销，另一种产品滞销；另一个时期则可能出现相反的情况。但在系列产品存在的情况下，即使某个时期有些产品滞销，但总有一些产品畅销，因而也不影响企业的稳定发展。其三，在系列产品存在的情况下，还便于用户一次采购多种产品，以缩短采购时间，减少流通费用。所有这些，都有利"湛电"开拓市场，并使它在竞争中有较大的回旋余地。

上述四种优化必然形成这样的结果：

（1）稳定的、较强的积累能力和扩大再生产的能力。"湛电"在1979~1986 年期间，尽管上缴国家税收和职工月平均工资分别增长了 52.5倍和 2.2 倍，但固定资产还是增长了 33.9 倍，而且是逐年增长的。在这个期间，工业总产值、光管支架和电饭锅分别增长了 31.2 倍、1.2 倍和155.3 倍。诚然，在 1981~1985 年间，光管支架的产量是下降的，但由于电饭锅的产量大幅度上升了，因而工业总产值还是稳步上升的。

（2）较强的市场开拓能力和应变能力。市场的开拓能力是一种综合性指标，它反映了产品的质量、价格、品种和批量等因素的作用。如果只是在其中某一个方面具有优势，如产品质量高，但在价格、品种和批量等方面并不具有优势，那就不会有很强的市场开拓能力，就难以开发市场，即使开发了，也是暂时的，不巩固的，市场的占有率也不会高。只有在这些因素诸方面都具有优势，才会有较强的市场开拓能力，就能够稳定地、长期地保持较高的市场占有率。"湛电"目前在某种程度上就是这种情况。它的产品质量比较高。"湛电"主要产品电饭锅和光管支架都被评为轻工业部和广东省的优质产品，并获经贸部优质产品荣誉证书，多用电饭锅获国家经委"金龙"奖和轻工业部优秀新产品奖。它的产品价格比较低。多年以来，"湛电"的电饭锅一直以低于市场上同类产品的10%~15%的价格出售的。近年来推出的各类风扇价格也比市场上同类产品低20%左右，有的甚至低一半多。它的产品品种多，批量又大。因此，市场占有率高。1985年，它的电饭锅销售量占全国市场的40%左右，它的光管支架的销售量占香港市场的92%。

"湛电"作为大经济的优越性，还表现为较强的应变能力。比如，"湛电"的光管支架一直主要销往香港。前几年，由于客观原因（如换汇率低）造成光管支架出口亏损。但"湛电"为了给国家出口创汇，也为了自己稳住香港市场的占有率，一直坚持出口，并以电饭锅生产的盈利每年补亏几十万元。近年来，客观情况有了变化，亏损也有改变，光管支架产量大幅度上升，在香港市场的占有率也由前几年的80%上升到近年来的92%。

第二，在当前新旧经济体制交替的经济环境中，"湛电"作为社会主义集体所有制企业，已经享有比较完整的经营自主权，并具有自我积累的能力，真正在比较完全的意义上成了商品生产者。这就极大地增强了这个联合企业的活力。

商品生产是生产过程与流通过程的统一。在商品生产条件下，生产要素不仅表现为自然形态，使用价值形态，而且表现为价值形态，资金形态。因此，集体所有制企业要真正成为商品生产者，并具有活力，就必须在供产销和人财物方面享有自主权。还需着重提出：企业具有自我积累能力是它成为真正的商品生产者的一个极重要的标志。问题在于：①集体所有制企业的生产目的无疑主要是为了满足本企业劳动者的生活需要。但在商品生产条件下，这一目的的实现，离不开剩余产品价值或其表现形态利润的生产。因此，从直接意义上说，作为商品生产者的集体企业的生产目的，就是为了剩余产品价值或利润；作为这种生产关系具体体现的社会主义资金，也就是带来剩余产品价值或利润的价值。要实现这一点，就离不开积累。因而，自我积累能力成为集体企业商品生产内在活力不可分割的因素。②社会主义的竞争也推动企业不断改进生产技术，这也需要积累，而与积累相联系的生产技术进步，又是提高企业竞争力的极重要的物质基础。③社会主义商品生产是与社会化大生产相联系的，其技术基础是革命的，这个革命的实现，也是以积累为前提的。所有这些都说明，企业的自我积累是它成为真正的商品生产者的极重要的因素，也是它具有强大活力的十分重要的因素。

"湛电"之所以能够真正在比较完全的意义上成为商品生产者，并具有较大的活力，就在于它享有了比较完全的经营自主权，并具有较强的自我积累能力。在1979~1986年间，"湛电"仅是固定资金积累就达到了6314万元，大约占了利税总额的70%。正是这种较大的积累能力，使得"湛电"以新建的12万平方米的宽大厂房代替了油毛毡和竹篾搭起来的工棚作坊，用17条自动生产线、130多台专用设备以及数十台新引进的先进设备淘汰了许多笨重的手工操作。

第三，"湛电"依据社会主义商品经济的特点及其发展要求的，在公司内部建立了一系列的制度，较好地理顺了内部关系，较充分地调动了各工厂、各职能部门和职工群众积极性。

这些制度的主要内容是：①"湛电"作为联合企业分三个层次：第一层次为14家统一核算、统负盈亏的分厂。第二层次为两家联合投资、联合经营的企业。双方派人组成董事会，工厂实行董事会领导下的厂长负责制，公司只负责统一安排计划和经营。第三层次是12家协作配套厂。这些工厂仍然实行独立核算，自负盈亏，其所有制、隶属关系和利税上缴渠道不变，公司只安排生产配件、标准件和包装物等，并按商定价格收购。②对统一核算的14家分厂实行统分结合的管理。即在计划、经营、核算、盈亏和纳税五方面由公司统一管理，公司把生产调度、劳动招工，中层干部任免和人才选用、辅助材料和零星配件的采购、超计划产品的收入分配和自有资金的使用六方面权利放给分厂。③在统一核算的范围内，公司、分厂、车间、班组和职工个人之间实行四级承包的经济责任制。公司依据市场的需求，并在严格经济核算的基础上，对分厂实行定人员、定产量、定质量、定消耗、定价格（即核定主要原材料的内部供应价、产品计件工资单价和产品内部收购价），分厂对公司承包产品成本和上缴内部利润、折旧和管理费用，并保品种、保产量、保质量和保安全。分厂、车间、班组和职工个人之间的承包也依次类推。比如，公司对电饭锅总装厂，在按内部固定价格保证原材料供应的前提下，总装厂每生产 1 只电饭锅，公司以 39.7 元的内部价收购（其中包括工资单价 1.7 元，其它成本费 36 元和上缴公司利润 2 元）。由分厂节约工时和降低物耗形成的额外收入（如工资单价和其它成本费合计不是用了 37.7 元，而是用 36 元，则有 1.7 元的额外收入）也归分厂。没有废品给予奖励，定额内的废品不扣工资，超定额的废品则予罚款。④在上述范围内，将原来的职能部门按事业部制的原则改为一种享受企业某种权限的组织，并按各职能范围实行专业经营、各自核算。⑤对上述范围内的工人实行计件工资制，并实行入股分红制，每股 1000 元，按股计息，年终分红；对领导干部实行选举制，公司总经理由全体职工选举产生，各分厂和各职能部门的领导干部分别由各单位职工选举，经总经理任命。并制定 5 年任期目标和实施方案，每年考核一次，考核合格并经职工投信任票过半数的可以留任，否则就不得留任；对技术干部实行聘任制，并搞技术承包。

　　需要着重指出："湛电"结合社会主义商品经济的特点，较好地贯彻了按劳分配原则。①公司依据市场需要向各分厂定生产任务，分厂依此取得劳动报酬。显然，这符合商品经济的要求，即只有生产了市场需要的产品，才可能创造价值，才可以取得劳动报酬。②在"湛电"，劳动报酬不仅同产品数量挂钩，而且同产品的质量挂钩。这也符合商品生产的特点。如果质量不好，以致成为社会所不需要的使用价值，也就没有价值，当然也不能取得劳动报酬。③在"湛电"，各分厂依据公司规定的内部收购价格，由节约工时和物耗而获得的额外收入归各分厂。这反映了价值规律作用的要求。这样讲，并不是说"湛电"各分厂也是独立的商品生产者，也不是说公司规定的内部收购价和商品的社会价值量是一个等量，只是意味着"湛电"这种支付劳动报酬的办法在方向上是符合价值规律作用要求的。

第四，"湛电"建立了一个会经营的领导班子，使得这个联合企业的各生产要素得到合理配置和有效利用。

在社会主义商品生产条件下，企业的经营管理人员不仅是生产劳动者，而且起着极为重要的作用。还需着重提到"湛电"总经理李秀森同志的经营才能，以及他在开拓国内和国外市场方面所起的突出作用。他在这两方面都做了一番周密调查研究。在开拓国内市场方面，他依据我国国情提出：①我国森林资源缺乏，保护森林是我国长期实行的基本国策。这样，农村烧柴做饭的局面必将逐步得到改变。②我国煤炭资源丰富，但烧煤污染环境。而保护环境也是我国的基本国策。③包括农民在内的收入正在逐步提高。他由此做出结论：在本世纪最后 20 年，中国炊具革命的一个重要方面，就是广泛使用电炊具（如电饭锅等）。因此，在 1981 年"湛电"的光管支架出现出口亏损、产量下降的情况下，他就决定大力发展电饭锅的生产，并且取得了巨大的成效。1981~1986 年期间，"湛电"的电饭锅的产量由 13.73 万只增长到 250 万只。这就不仅使得"湛电"摆脱了由光管支架出口亏损而形成的困境，而且大大地促进"湛电"这个联合企业的发展。在开发香港市场和国外市场方面，他认为世界市场上存在着一高（即经济发达国家生产技术水平高和消费水平高）一低（即发展中国家生产技术水平低，消费水平低）的形势。经济发达国家工资高，地价也高，生产某些产品成本高；而发展中国家则是相反的情况。正是这种情况使得发达国家从发展中国家进口某些商品成为一件划算的事情。应该说，这种分析是符合李嘉图的比较成本学说的；而这个学说正是资本主义国家发展进出口贸易的一个最重要的指导思想。他还提出：这类商品如果在质量和价格方面具有某种优势，大量输入某些发展中国家也不是不可能的。基于这样的分析，他提出了小商品也有世界大市场的主张。他从这一点出发，除了巩固和扩大了光管支架在香港市场的占有率以外，又把近年来新开发的电扇等家用电器逐步打入美国和东南亚地区。

第五，"湛电"这个联合企业富有强大的凝集力，也是它具有充沛活力的一个重要因素。

这种凝聚力主要来自下列四根支柱的力量：一是产品支柱。即以光管支架和电饭锅等这样一些拳头产品为龙头，组织各工厂进行专业化生产。这就在围绕一个最终产品的生产及其销售方面，把公司和各工厂、各部门紧紧联系在一起。二是资金支柱。"湛电"在实现联合的过程中，即以其拥有较强的积累能力，向新加入联合的企业投入大量资金，进行更新改造。这样，在"湛电"，新形成的固定资产不仅成为发展生产的强大支柱，而且成为把公司和各工厂、各部门的利益紧密联系在一起的强大支柱。三是制度支柱。"湛电"实行的一套制度，特别是其中的"统分结合"和"四合承包"的制度，是把公司和各工厂、各部门紧密联系在一起强有力的纽带。四是领导支柱。以李秀森为首的有威信、会经营的"湛电"领导集团是所全公司团结起来的中坚力量。